中國古代地理總志叢刊

太平寰宇記

二

〔宋〕樂史撰
王文楚等點校

中華書局

太平寰宇記卷之二十五

關西道一

雍州一

雍州，京兆郡。今理長安、萬年二縣。禹貢雍州之域，舜置十二牧，雍其一也。周武王都酆、鎬，平王東遷，以岐、酆之地賜秦襄公，至孝公始都咸陽。秦兼天下，置内史以領關中。項籍滅秦，分其地爲三：以章邯爲雍王，都廢丘；今興平縣。司馬欣爲塞王，都櫟陽；今櫟陽縣。董翳爲翟王，都高奴，今延州金明縣。謂之三秦。高祖入關定三秦，復并爲内史。景帝分置左、右内史。武帝太初元年改左内史爲京兆尹、左馮翊；右内史爲右扶風，〔一〕謂之三輔，其理俱在長安城中，又置司隸校尉以總之。光武都洛陽，以關中地置雍州，尋復立三輔。魏分河西爲涼州，分隴右爲秦州，三輔仍舊屬司隸。晉初省司隸，復置雍州。愍帝後，劉聰、石勒、苻健、姚萇相繼竊據之，萇孫泓爲劉裕所滅。東晉復置雍州及京兆郡，尋爲赫連勃勃所破，遣子璝鎮長安，〔二〕號曰南臺。後魏太武破赫連昌，復于長安置雍州。孝武自洛陽遷都長安，改爲京兆尹。隋開皇三年自長安故城遷都龍首川，廢京兆尹，又置雍州。煬帝改爲京兆郡，領大興、長安、新豐、渭南、鄭、華陰、藍田、鄠、盩音輈。厔、音質。〔三〕始平、武功、上宜、醴泉、涇陽、雲陽、三原、宜君、同官、華原、富平、萬年、高陵二十二縣。唐武德元年改爲雍州，改大興縣爲萬年，萬年縣爲櫟陽，分櫟陽置平陵，以渭南縣屬華州，分醴泉置溫秀縣，分雲陽置石門縣；二年分萬年置芷陽縣，分藍田置白鹿縣，分涇陽、始平置咸陽縣，分高陵置鹿苑縣，改平陵爲粟邑縣，分醴泉置好畤縣，分盩厔置終南縣；三年改白鹿爲寧人縣，分藍田置玉山縣，分始平置扶風縣。仍分武功、好畤、盩厔、扶風四縣置稷州，分溫秀、石門二縣置泉州；四年改三原爲池陽；五年復以華州之渭南來屬；六年改池陽爲華池縣；七年廢芷陽入萬年縣。貞觀元年廢鹿苑入高陵縣，廢寧人、玉山入藍田縣，改雲陽爲池陽縣，改華池爲三原縣，又廢稷州，以武功、好畤、盩厔三縣來屬；八年廢粟邑入櫟陽縣，廢終南入盩厔縣，廢雲陽入池陽縣，仍以池陽爲雲陽縣，廢上宜入岐州之岐陽縣；十七年罷宜州，以華原、同官二縣來屬；二十年又置宜君縣。永徽二年廢宜君縣。總章元年置乾封、明堂二縣。〔四〕咸亨二年置美原縣。〔五〕文明元年置奉天縣。天授元年改雍州爲京兆郡，其年復舊；二年分始平、武功、奉天、盩厔、好畤等縣復置稷州，雲陽、涇陽、醴泉、三原、富平、美原等縣置宜州。大足元年罷，以鴻、宜、鼎、稷四州依舊爲縣，以始平等十七縣還隸雍州。長安二年廢乾封、明堂二縣。景龍三年以邠州之永壽、商州之安業二縣來屬。景雲元年復以永壽屬邠州，安業隸商州。開元元年改雍州爲京兆府，復隋舊名；四年改同州蒲城縣爲奉先縣，仍隸京兆府。天寶元年以京師爲西京；七載仍置真符縣，十一載廢。朱梁開平元年都汴，改此爲佑國軍，府爲大安府；二年改爲永平軍。後唐同光初復爲西京京兆府。晉天福中改爲晉昌軍。漢乾祐初改爲永興軍，其京兆府仍舊。皇朝因之。謹按：漢五年，高祖在洛陽，婁敬説曰：「陛下都洛陽，豈欲與周室比隆哉？周之都洛，以爲此天下中，丁仲切。四方納貢職，道理鈞，有德則易以王，無德則易以亡。凡居此者，欲令務以德致人，不欲阻險，令後世驕奢也。今陛下欲比隆成、康之時，爲不侔矣。且夫秦地被山帶河，四塞以爲固，卒然有急，百萬之衆可具。因秦之故，資甚美膏腴之地，此所謂天府。陛下入關而都之，山東雖亂，秦故地可全而有也。夫與人鬬，不搤其亢而拊其背，未能全勝。今陛下入關而都，按秦之故，〔六〕此亦搤天下之亢而拊其背也。」高祖問羣臣，羣臣皆山東人，爭言周王數百年，秦二世而亡，不如都周。高祖疑未決。及留侯明言入關便，即日駕西都關中；六年擒韓信，田肯賀高祖曰：「甚善，陛下得韓信，又治秦中。秦，形勝之國，帶河阻山，持戟百萬，秦得百二焉。地勢便利，其以下兵于諸侯，譬猶居高屋之上建瓴水也。」

自漢至唐，常爲王者奥區。

元領縣二十四。今十三：萬年，長安，鄠縣，藍田，咸陽，醴泉，涇陽，櫟陽，高陵，興平，昭應，武功，乾祐。十一縣割出：華原，富平，三原，雲陽，同官，美原，已上六縣屬耀州。奉天，好畤，已上二縣屬乾州。奉先，入同州。渭南，入華州。盩厔。入鳳翔。

州境：東西三百一十里。南北四百七十里。

四至八到：東至東京一千二百七十里。東至西京八百五十里。東至華州一百八十里。東南至商州二百六十里。南取庫谷路至金州六百八十里。西南至洋州六百四十里。正西微北至鳳翔府三百一十里。西北至邠州三百里。北至坊州三百五十里。正東微北至同州二百五十里。

户：唐開元領縣二十三，户三十六萬二千九百九。皇朝領縣十三，户主三萬四千四百五十，客二萬六千二百七十六。

風俗：秦有四塞之固，漢高納劉敬之言都之，因徙齊諸田，楚昭、屈、景，燕、趙、韓、魏之後，豪族名家于關中，强本弱末以制天下，自是每因諸帝山陵，則遷户立縣，率以爲常，故五方錯雜，風俗不一。漢朝京輔稱爲難理。

姓氏：京兆郡八姓：韋、杜、扶、段、宋、田、黎、金。武功郡二姓：蘇、韓。始平郡四

姓：馮、龐、陰、宣。〔七〕

人物：魏尚，興平人，拜雲中守。〔八〕　蘇武，京兆人。　田千秋，咸陽人。拜相，封富民侯。〔九〕　袁盎，高陵人。〔一〇〕　張安世，字子孺，杜陵人。擢尚書令，封富平侯。父湯，子孫七葉宦侍中、諸曹散騎者數十人。〔一一〕　云敞，字幼孺，平陵人。游吴章門下。〔一二〕　張仲蔚，平陵人。博學，善詞賦。杜門自養，蓬蒿没三徑。〔一三〕　史丹，本魯人，徙居杜陵。成帝時爲左將軍、武陽侯。〔一四〕子男女二十人，九男爲侍中諸曹，親近在左右。史氏凡四人侯，至卿大夫二千石者十餘人。　楊政，字子行，京兆人。從范升受易。諺曰：「説經鏗鏗楊子行。」〔一五〕　陳遵，字孟公，杜陵人。爲嘉威侯。嗜酒，每飲賓客，閉門，取客車轄投井中。　龍述，字伯高，京兆人。馬援戒子曰：「伯高敦厚清謹，口無擇言，願汝曹效之也。」〔一六〕　第五倫，字伯魚，京兆長陵人。歷會稽、蜀郡太守，以清節著，擢司空。〔一七〕　宋弘，字仲子，長安人。帝姊湖陽公主寡，意屬弘。一日引見，帝令主坐屏風後，謂弘曰：「貴易交，富易妻，人情乎？」弘曰：「貧賤之交不可忘，糟糠之妻不下堂。」帝顧主曰：「事弗諧矣。」官大司空，封宣平侯。所入租俸，悉分贍九族。〔一八〕　杜篤，平陵人。大司馬吴漢卒，光武詔諸儒作誄，篤於獄中具草上，帝奇之，得釋。〔一九〕　張千秋，安世長子，與霍光子禹並爲中郎將，擊烏桓。　韓康，字伯休，霸陵人。隱姓名賣藥長安，不貳價。一女子曰：「是韓伯休耶？」遂遯入山中。桓帝以安車聘康，康佯諾，自乘柴車先行，亭長方修道，見康柴車，不知爲韓徵君，奪其牛，因中路逸去。〔二〇〕　竇武，字游平，茂陵人，融耳孫。李、杜坐黨事瀕死，武抗疏出之，拜大將軍，與太傅陳蕃謀誅宦侍，曹節等矯詔殺武。郭林宗哭之，曰：「人之云亡，邦國殄瘁。」〔二一〕　梁鴻，字伯鸞，平陵人。家貧力學，有清節。孟光慕而歸之，乃共入吴，寓伯通廡下。光每饋食，舉案齊眉。　馬援，字文淵，茂陵人。拜伏波將軍，平交趾，封新息侯。〔二二〕　郭伋，字細侯，茂陵人。歷漁陽、潁川、并州太守，有善政。〔二三〕　魯恭，字仲康，平陵人。爲中牟令，有三異：蝗不犯境，化及鳥獸，童子有仁心。累官司徒。〔二四〕　蘇純，字桓公，平陵人。性高潔，擊匈奴有功，封中陵侯。〔二五〕　蘇章，字孺文，純孫。博學，舉賢良。〔二六〕　韋誕，字仲將，京兆人。少與兄康齊名。孔融遺康父書曰：「不意雙珠，近出老蚌。」〔二七〕　脂習，字元升，京兆人。少與孔融善，融被誅，莫敢收者，習獨往哭之。〔二八〕　杜預，字元凱，杜陵人。博學，號杜武庫。平吴功，進爵當陽侯。〔二九〕　韋夐，字敬遠，杜陵人。文帝高其風節，賜號逍遥公，勅有司日給河東酒一升。〔三〇〕　唐杜如晦，京兆萬年人。爲相。　顔師古，雍州萬年人，齊黄門侍郎之推孫。爲唐弘文館學士。　閻立本，萬年人。官中書令。〔三一〕　杜黄裳，長安人。入參大政，李師古嚴憚之。〔三二〕　韓思復，長安人。遷襄州刺史，治行名天下。及卒，上手題其碑曰：「唐忠孝韓長山之墓」。　李泌，長安人。拜相，封鄴侯。　杜佑，萬年人。以太傅致仕，封岐國公。　李勉，京兆人，德宗朝拜相。　韋綬，萬年人。翰林學士。　柳公權，華原人。　令狐綯，字子直，華原人。宣宗朝拜相。〔三三〕　姚思廉，雍州萬年人。爲隋代王侍讀。唐師至，思廉曰：「唐公舉義，卿等不宜無禮。」衆服其義，人謂之「忠烈之士」。　蘇世長，武功人。周武帝時，世長十餘歲，上書言事。唐初拜諫議大夫，諫高祖畋獵。子良嗣，相則天。　樂彦瑋，雍州長安人。相則天。〔三四〕　李昭德，長安人。王慶之請立武承嗣爲皇太子，昭德便杖殺之。

韋安石，萬年人。陸元方謂之「真宰相」。子陟、斌，俱宦達。安金藏，長安人。剖腹明睿宗不反。韋見素，京兆萬年人。蘇瓌，京兆武功人。子頲爲相。韓休，長安人。爲相。第五琦，長安人。爲相。崔沔，長安人。中書侍郎。子祐甫爲相。牛僧孺，自隋以來，世居長安下杜樊鄉。韋處厚。京兆人。爲相。

土產：隔紗，地骨皮，韉氈，粲席，酸棗仁，已上貢。葛粉，藕粉，紫稈粟。

萬年縣，在宣陽坊。四十五鄉六十坊，今七鄉。本漢舊縣也，屬左馮翊，在今櫟陽縣東北二十五里櫟陽故城是也。〔三五〕周地圖記云：「後周明帝二年分長安、霸城及姚興所置山北三縣地，始于長安城中置萬年縣，理八角街已東，屬京兆尹，取漢舊縣名也。」天和三年廢山北縣，建德二年又省霸城、杜城二縣，以三縣地併入萬年。隋開皇三年遷都于龍首川，改萬年爲大興縣，屬雍州，仍移于宣陽坊東南隅，蓋取文帝初封國號以名城及縣也。唐武德元年九月改大興爲萬年縣，至總章元年析置明堂縣，理永樂坊。至長安二年六月廢明堂縣，復入萬年縣。天寶七年改爲咸寧縣，乾元元年復爲萬年縣。按縣門樓，即宇文愷所造。高宗末，太平公主出降薛紹，于此縣納婚席。初以縣門隘窄，衆欲毀之。高宗勑云：「萬年縣門屋，宇文愷所建造，制作多奇，不得毀折，仍以別地開之可也。」梁開平元年改爲大年縣。後唐同光元年復舊名。

終南山，在縣南五十里。禹貢：「終南、惇物，至于鳥鼠。」孔安國注：「三山名，言相望也。」詩云：「終南何有？有條有梅。」毛注云：「周之名山終南也。」左傳：「荆山、終南，九州之險也。」杜注云：「終南在始平、武功縣南。」皇甫謐高士傳曰：「秦有東園公、夏黄公、綺里季、角里先生，時呼爲「四皓」，共入商洛，隱地肺山，以待天下定。及秦敗，漢高祖重其節，四人乃深自匿終南山，不能屈之。」漢東方朔傳：「夫南山，天下之阻也。其山出玉石，金、銀、銅、鐵，豫章、檀、柘，異類之物，不可勝原，此百工所取給，萬民所仰足也。」

子午谷。風土記：「王莽以皇后有子，通子午道，從杜陵直抵終南山。」〔三六〕

硯山福地。遁甲開山圖曰：「驪山之西，川中有阜曰風涼原，亦雍州之福地。」即此水有二源，西川水出硯山之研盤谷是也。

畢原，在縣西南二十八里。詩謂：「終南何有？有紀有堂。」堂，畢道平如堂也。畢，終南山之道名。成王葬周公于畢是也。

白鹿原，在縣東二十里。亦謂之霸上，即漢文帝陵也。王仲宣詩：「南登霸陵岸，回首望長安。」即此也。

長樂坡，在縣東北十三里，〔三七〕即滻川之西岸也，舊名滻坂，隋文帝惡有「反」字，改爲長樂坡焉。更始墓在此坡。

少陵原。即漢鴻固原也，宣帝許后葬于此。

高望堆。潘岳西征賦云「憑高望之陽隈」是也。

神皋。張平子西京賦云：「奧區神皋。」

金城。漢書曰：「關中金城千里，天府之國。」

霸岸，在通化門東三十里。秦襄王葬于其坂，謂之霸上。其城即秦繆公所築，漢爲縣，在今縣東北二十三里霸水東霸陵故城是也，東南至文帝陵十里。晉改爲霸城，宇文周建德二年省，即此城也。又魏明帝徙秦鑄金人至此，重不可勝，留之霸城。薊子訓與一老翁以手摩銅人曰：「適見鑄此已近五百年矣！」

南陵，漢爲縣，在縣東南二十四里白鹿原上，後漢省。漢舊儀云：「即文帝薄太后葬之所，亦謂南霸陵，因置縣以奉陵寢。」

杜陵，漢縣，在今縣東十五里。漢志注云：「古杜伯國也。」又墨子云：「周宣王殺其臣杜伯。」漢宣帝以杜東原上爲初陵，更名杜縣爲杜陵。後魏改爲杜城縣，周建德二年省。

金塢，在縣北苑內。

漢文帝廟，在金塢北大道南。

樊川，一名後寛川，在縣南三十五里。其地即杜陵之樊鄉，漢高至櫟陽，以將軍樊噲灌廢丘功最，賜噲食邑于此，故曰樊川。

洛女陂，在縣東十五里。〔三八〕三輔舊事云：「洛女冢南有洛陂，俗號曰洛女陂。」

豐潤陂，在縣東北二十五里。周太祖名爲中都陂，隋初爲豐潤陂。周迴六里。

皇子陂，在啟夏門南三十里。〔三九〕陂北原上有秦皇子冢，因以名之，隋文改爲永安陂。周迴九里。

御宿川，在縣南三十七里。漢武帝爲離宫别館，禁禦人不得往來遊觀，止宿其中，故曰御宿川。

軹道，秦王子嬰素車白馬迎沛公處，今在東都通化門東北十六里。漢時有白蛾飛自東都門，經軹道入苑内。

渭水，北去縣五十里。西自長安縣界流入，霸水注之。

霸水，東去縣二十一里。

滻水，荆溪、狗枷川二水之下流也。封禪書：「秦都咸陽，霸、滻、長水、灃、澇、涇、渭皆非大川，〔四〇〕以近咸陽，盡得祠之。」

沈水。説文曰：「滈水出杜陵。」〔四一〕今名沈水，自南山皇子陂西北流入。

福水，即交水也。上承樊川、御宿諸水，出縣南山石壁谷南三十里，與直谷水合，即子午谷水。

芙蓉園，隋文帝之離宫也，在敦化坊南。周迴七十里，即廟院，〔四二〕東坡下中有涼堂，堂東臨水亭，即曲江也。司馬相如弔胡亥云：「臨曲江之隑州。」

樂遊廟，即漢宣帝立廟于曲江之北，號曰樂遊原，在昇平坊。

太極殿。戴延之西征記云：「苻秦築宫于長安城東，〔四三〕中有太極殿，殿上有金井焉。」

秦獸圈，在通化門東二十五里。列士傳云：〔四四〕「秦王召魏公子無忌，不行，使朱亥敬奉璧一雙詣秦。秦王怒，使置亥獸圈中。亥瞋目視獸，眥血濺于獸面，獸不敢動。」即此。亦漢文問上林尉及馮媛當熊，皆此處。

青綺門，在城東南面。即東陵侯邵平，秦末爲布衣，種瓜于此門。

廢明堂縣廨，在永樂坊。總章元年分萬年縣置。其廨地本越王侑宅，置縣後，縣北有古冢十數，每夜見冢上數人，衣冠甚偉，似是貴者，來入廨内，縣令元邃、于大猷相繼卒官，後縣令于他視事。長安二年廢，還入萬年縣。後以其廨地賜于駙馬裴巽，以至毁折盡矣。

橫橋。三輔舊事云：「秦造橫橋，漢承秦制，橋廣六丈，南北三百八十步，置都水令以掌之，號爲石柱橋，橋南屬京兆，以北屬扶風。」

宣平門，長安南門也。〔四五〕潘岳西征賦云「踐宣平之清閾」是此。故庾子山云「望宣平之貴里」，言貴戚之里也。

張安世冢，在明德門南八里，俗呼爲張車騎冢。

馬冢，滕公夏侯嬰冢也，東臨霸水。滕公乘馬至此，馬跲地悲鳴，因掘地得石槨，銘曰：「佳城鬱鬱，三千年見白日，吁嗟！滕公居此室。」公曰：「天也，吾死即安此乎！」冢在飲馬橋南，故時人謂之馬冢。

霍光冢，在茂、平二陵間。霍光葬，詔賜黄腸，即柏木心也。今人耕田時得柏木如塹形，謂之柏塹。

漢宣帝廟，在縣東南本陵北，去縣十里。

漢文帝廟，在縣東本陵北，去縣二十五里。

漢光武廟，在縣東南勾家嘴，去縣四十里。

四皓廟，在縣南終南山下，去縣五十里。

薄后陵，在縣東南白鹿原上。
杜如晦墓，在縣南三十里大趙村。
顔師古墓，在縣南二十里三趙村。
元載墓，在縣南三十里大楊村。
邴吉墓，在縣南二十里三趙村。
渾瑊墓，在縣西南十五里西李村。
王珪墓，在縣南四十五里。

長安縣，在長壽坊。舊五十九鄉六十坊，今六鄉。縣即秦之地，〔四六〕漢高祖五年置。周文王作酆，今縣西北靈臺鄉豐水上游是也。武王理鎬，今昆明池北鎬池是也。至秦爲縣，始皇弟成蟜封爲長安君，即此。楚懷王封項羽爲長安侯，盧綰亦封之，屬京兆尹。莽曰常安。潘岳關中記云：「長安地皆黑壤，赤城，今赤如火，〔四七〕堅如石。父老所傳云，鑿龍首山土以爲城。〔四八〕」按賈耽郡國縣道記云：「長安縣故城，今謂之苑城。漢京兆府在故城内上冠里，其縣理今失其所在。」長安，蓋古鄉聚名，在渭水南，隔渭水，北對秦咸陽宫。漢于其地築未央宫，謂大城曰長安城。〔四九〕五年置縣，以長安名焉。歷後漢、魏、晉、苻、姚、後魏及周不改。隋開皇三年遷都，移于長壽坊西南隅。唐總章元年分置乾封縣，理懷直坊。〔五〇〕長安二年廢乾封縣,〔五一〕以地復歸長安縣。梁開平元年改爲大安縣。後唐同光三年復舊名。

左馮翊,故秦内史職也。漢高二年更名河上郡,〔五二〕九年罷郡,復爲内史。景帝二年又分置左内史。〔五三〕武帝太初元年改名左馮翊,領縣二十四,所理在故城長安城内太上皇廟西南,失其所在。

右扶風,即秦内史職也。漢高二年改爲中地郡,〔五四〕九年罷,復爲内史。武帝建元六年分爲右内史。太初元年更名主爵都尉爲右扶風,治内史右地,領縣二十一,初理在長安故城。三輔黄圖云:「在夕陰街北。」後漢移理槐里,其槐里一名犬丘城。周衰,懿王自鎬遷都之。秦更名廢丘,章邯爲雍王守此城。漢高二年,章邯自殺,漢收其地改爲槐里。

龍首山,在縣北十里。長六十里,頭入渭水,尾達樊川。秦時有黑龍從南山出飲渭水,其行道因成土山。疏山爲臺殿,不假版築,高出長安城。西京賦所云「疏龍首以抗殿」也。三輔黄圖云:「營未央宫,因龍首制前殿。」

細柳原,在縣西南三十三里。别是一細柳,非亞夫屯軍之所。

南山,即四皓所隱。尚書謂「終南、惇物,至于鳥鼠」,言三山可相望也。餘已解在上。

武將山。按長安記云:「長安城西北有武將山,即前漢末辛孟所隱處。」

高陽原，〔五五〕渭水西自鄠縣界流入。漢武建元三年造便門橋以跨之，斯滮池之别名也。詩云「滮池北流」是也。

渭橋石人。水經注云：「秦始皇造渭橋，鐵鐓重不能勝，故刻石作力士孟賁等像祭之，鐓乃可動。」今石人猶在邑界。

滮水，〔五六〕亦謂聖女泉，又曰高都水，源出縣西北，合渭水。詩所謂「滮池北流」是也。故漢百姓歌云：「五侯初起，曲陽最怒，壞決高都，連竟外杜。」即此水也。

漕水，即沈水也，東自萬年縣界流入，亦謂潏水，亦謂高都水。漢末王氏五侯大修池沼，引高都水入城，即此水。

野韭澤，即漢牛首池之地，在内苑西。上林賦謂「濯鷁牛首」，在豐水西北是也。

灞涘，即漢文帝陵也，〔五七〕在灞水之濱，故曰灞涘。

八川。司馬相如上林賦云「蕩蕩乎八川」，謂灞、滻、涇、渭、豐、鎬、潦、潏也。

涇水，出涇谷山。左傳襄公十四年：「諸侯伐秦，濟涇而次。秦人毒涇上流，師人多死。」

竹水，俗謂之大赤水，出媚加谷。

太液池，在建章宫北，池周迴十頃，中有采菱、越女、鳴鶴之舟。〔五八〕又按三輔舊事云：「日出暘谷，浴于咸池，至虞泉即暮，此即象之。」

曲江池。漢武帝所造，名爲宜春苑，其水曲折，有似廣陵之江，故名之。韋述記云：「漢爲樂遊苑于曲江池，及世祖以爲校文之所，〔五九〕在芙蓉園，漢武帝廟在池側。又一説唐玄宗明皇帝封張九齡于此，故號曰張曲江。後以秀士每年登科第，賜宴于此，皆不忘校文之義也。」

釣璜浦、黑龍津，皆渭水之岸也。浦即太公釣玉璜之所；〔六〇〕津即秦時黑龍飲渭之處。

昆明池。漢武帝紀：「元狩三年減隴西、北地、上郡戍卒之半，發謫吏穿昆明池。」臣瓚曰：「西南夷傳有越嶲、昆明國，有滇池，方三百里。漢使求身毒國，而爲昆明所閉。今欲伐之，故作昆明池象之，以習水戰，在長安西南，周迴四十里。」食貨志云：「時越欲與漢用船戰，遂乃大修昆明池也。」〔六一〕廟記云：「中有二石人，如牽牛、織女。」西京雜記：「昆明池有戈船、樓船，各數百艘。樓船上建樓櫓，戈船上建戈矛，四角悉垂幡旄葆麾蓋，照燭涯涘。」三輔故事：「昆明池蓋地三百二十頃。〔六二〕」初穿得黑土，帝問，東方朔曰：「西域胡人知。」明帝時有憶方朔言者，乃問，胡人曰：「劫燒之餘灰也。」池中有豫章臺及石鯨。西京雜記：「昆明池，刻玉石爲魚，每至雷雨，魚常鳴吼，鬣尾皆動，漢世祭之以祈雨，〔六三〕往往有驗。」三秦記：「昆明池有臺沼，〔六四〕名神池，云堯時治水，停船此池。通白鹿原，有人釣魚，綸絶而去。夢于武帝，求去其鉤。明日戲于池，見大魚銜鉤，〔六五〕曰：『豈非昨所夢乎！』乃去鉤放之。〔六六〕間三日，帝復遊池，池濱得明珠一雙，帝曰：『豈昔魚之報耶？』」

定昆池。唐神龍中，安樂公主恃寵請昆明池，〔六七〕中宗不與。主怒，自以家財别穿池，號曰定昆池。

鴈鶩陂，地方六頃，承昆明池下流，在鎬池北。沈約詩曰：「東出千金堰，西臨鴈鶩陂。」

河池陂，亦承昆明池而東注渭。一名女觀陂。

戲水。水經注云：「源出麗山。」〔六八〕

靈沼。詩云：「王在靈沼，於牣魚躍。」

靈囿，即周文王苑名。詩云：「王在靈囿，麀鹿攸伏。」注云：「囿，所以域養禽獸也，天子百里，諸侯四十里。〔六九〕靈囿，言靈道行于囿也。」齊宣王曰「文王之囿，方七十里」是也。

昆明觀。三輔黄圖云：「上林苑中有昆明觀，蓋漢武帝所置。」

柏梁臺。廟記云：「漢武帝造，在北闕内。〔七〇〕」三秦記：「柏梁臺上有銅鳳，亦名鳳闕。」

玉堂。漢書：「建章宫有玉堂璧門。」

栗園，漢御宿園地。

清泠臺。水經注云：「鎬水北逕清泠臺。」

嗚犢泉。按三輔舊事云：「昔有犢失母，哀鳴甚苦，地爲發泉。今大旱祭之，〔七一〕降雨。」

永安渠，在大安坊西。隋開皇二年引渠水西北流入城，〔七二〕經西市而入苑。

清明渠，亦在大安坊。開皇初引沈水西北流入城，經大社、尚食局、將作監、内侍省而入宫城。

龍首渠，一名滻水渠，在永嘉坊。隋開皇初，自東南龍首堰下支分至長樂坡西北，〔七三〕分爲二渠入苑。

鳳凰陂。太公金匱云：「武王伐紂至鳳凰陂，韈系解。」蓋此也。

丹水，在上林南。

紫泉，在上林北。

鎬池。皇甫謐帝王世紀云：「鎬池，即周之故都也。」廟記云：「長安城西有鎬池，在昆明池北，周匝二十二里，溉地三十三頃。〔七四〕」史記云：「秦始皇三十六年，使者從關東夜過華陰平舒道，有人持璧遮使者曰：『爲吾遺鎬池君。』因言曰：『今年祖龍死。』使者問其故，忽不見，置其璧去。使者奉璧具以聞。始皇默然良久，曰：『山鬼固不過知一歲事也。』退言曰：『祖龍者，人之先也。』使御府視璧，乃二十八年行渡江所沈璧也。」蘇林曰：「祖，始也。龍，人君象。謂始皇也。」

下杜城。左傳：范宣子云：「在周爲唐杜氏。」周宣王殺杜伯所築。〔七五〕東有杜原城在下，故曰下杜。宣帝時因原爲陵而置縣焉，更名曰下杜是也。在安僊門南七里。〔七六〕

長安故城，在縣西北十三里。自光化門向西趣北，乃漢高帝七年修長樂宮成，自櫟陽徙都此，本秦離宮也。按惠帝元年正月城長安；〔七七〕三年春發長安六百里内男女十四萬六千人，三十日罷，六月發徒隸二萬人常役；至五年正月復發十四萬五千人，三十日乃罷，九月城成。城南爲南斗形，城北爲北斗形，周迴六十五里。

大興城，即今城也。按隋書：「開皇二年，以長安故城年代既久，宮宇朽蠹，謀欲遷都。僕射蘇威、太師李穆并太史令庾季才等議合于帝旨，遂以其年六月十八日詔規建置制，至三年三月十八日移入新都。」其地即漢故城之東南，屬杜縣，周之京兆郡萬年縣界，南值子午谷，西北據渭水，東臨滻、灞，西枕龍首原。僕射高熲總領其事，安平公宇文愷創制規模，將作大匠劉龍、鉅鹿郡公賀婁子幹等充使營建，謂之大興城，以帝始封爲大興公，因以爲名。

八街九陌。按三輔舊事云：「長安城中八街九陌。」漢丞相劉屈氂妻，梟首華陽街。京兆尹張敞，走馬章臺街。陳湯斬郅支王首懸藁街。三輔黄圖：「有香室街、夕陰街、尚冠前街。」張衡西京賦云：「觀其城郭之制，則旁開三門，參塗夷庭，方軌十二，街衢相經，廛里端直，甍宇齊平」是也。

九市。廟記云：「長安市九所，各方二百六十六步。六市在道西，三市在道東。四里爲一市，凡九市，致九州之人在突門。夾横橋大道。」又曰：「旗亭樓，在杜門大道南。」又有當市樓。〔七八〕張衡西京賦云：「廓開九市，通闠帶闤，旗亭五重，俯察百隧。」是也。又按郡國志云：「長安大俠萬子夏居柳市，司馬季主卜于東市，晁錯斬于東市。西市在醴泉坊，隋曰利人市，因有西市署。」

直市。按三輔黄圖云：「直市，在富平津西南十五里，〔七九〕即秦文公造。物無二價，故以直市爲名。」

直城。按三輔黄圖云：「南頭第二門名直城，王莽改曰端路。〔八〇〕」今名直城路是也。

犬丘城。三輔決録云：「漢平陵縣犬丘城，一名槐里城，亦名廢丘。」皇甫謐帝王世紀：「周懿王二年，王室大衰，自鎬徙都，生非子，因居犬丘，今槐里是也。」

老子陵。即郡國志云：「大陵西，俗謂之老子陵，非也。」

漢戾園，漢戾太子史良娣葬于此。其地本秦白亭，在金城坊，後省。

漢博望苑，武帝爲太子時，接賓客之所，〔八二〕在金城坊戾園東南。

漢思后園，漢武帝衛皇后之陵園也。漢書：「衛后，字子夫。其家號曰衛氏，出平陽侯邑。子夫爲平陽主謳者。武帝即位，子夫入宮有寵，生戾太子，遂立爲皇后。巫蠱事起，江充爲姦，太子懼不能自明，遂與后同謀誅江充，發兵，兵敗，太子走，后自殺。」宣帝即位，改葬置園邑于此，在金城坊，即故城杜門外大道東，宣帝置倡優、雜伎千人，以地爲千人鄉，〔八三〕即此處。

上林苑。漢書云：「武帝建元三年起上林苑，吾丘壽王所奏。東南至藍田、宜春、鼎湖、御宿、昆吾，傍南山而西，至長楊、五柞，北繞黄山，瀕渭而東。」漢舊儀云：「上林苑方三百里。」漢宮殿疏云：「方三百四十里。」

長樂宮。關中記云：「長樂宮，本秦之興樂宮也，周迴二十里。漢太后常居之。」長安記云：「興樂宮，秦始皇造，漢修飾之。」宣帝元康四年，神雀五采以萬數，集長樂宮。

五鳳三年，鸞鳳集長樂宫東闕中樹上。」三輔黄圖云：「長樂宫前殿，東西四十九丈七尺，兩杼中二十五丈，深十二丈。」關中記又云：「長樂宫有長信、長秋、永壽、永寧四殿。」三輔黄圖云：「長樂宫有鴻臺，有臨華殿，有温室殿。」

未央宫。漢書曰：「高帝七年，蕭何治未央宫，立東闕、北闕、前殿、武庫、太倉。上見其壯麗甚，怒曰：『天下匈匈，勞苦數歲，成敗未可知，是何治宫室過度也。』何曰：『天下方未定，故可因以就宫室。天子以四海爲家，非令壯麗，無以重威，且令後世無以加也。』上説，自櫟陽徙都之。」三輔黄圖：「未央宫有宣室、麒麟、金華、承明、武臺、鉤弋等殿。」廟記云：「未央宫有增城殿、昭陽殿。」三輔黄圖又云：「未央宫有白獸殿。」又云：「未央宫臺殿三十二，有壽成殿、萬歲、廣明、椒房、清涼、永延、玉堂、壽安、平就、宣德、東明、飛雨、鳳凰、通光、曲臺、白虎等殿。」廟記云：「未央宫有延年殿、合歡殿、四車殿。〔八三〕」三秦記云：「未央宫有朱鳥堂、畫室、非常室。」關中記云：「未央宫有天禄閣、麒麟閣，有司馬門、金馬門、青瑣門、玄武闕、蒼龍闕，又有鉤盾署、弄田。」

桂宫。廟記云：「桂宫，漢武造。」漢書云：「桂宫有紫房複道，通未央宫。」關中記云：「桂宫在未央宫北，周迴十餘里。中有明光殿，殿上有複道，從宫中西上城，至建章宫神明臺蓬萊山。〔八四〕」三秦記云：「未央宫漸臺西有桂宫，宫中有明光殿，皆金玉珠璣爲簾箔，處處明月珠，金戺玉階，晝夜光明。」又云：「桂宮，一名甘泉，作迎風臺以避暑。」西京雜記云：「武帝爲七寶床，雜寶案，廁寶屏風，列寶帳，設于桂宮，時人謂爲四寶宮。」漢書又云：「北宮中有神君居壽宮，張羽旗，設供具，以禮神君。神君來則肅然風生，〔八五〕幃帳皆動。」又有明光宮、太子宮甲觀。漢書曰：「孝成皇帝，元帝太子也。母曰王皇后，元帝在太子宮生甲觀畫堂也。」

建章宮。漢書曰：「武帝太初元年，柏梁殿災。越巫勇之曰：『越俗有火災，復起屋，必以大，用勝服之。』于是作建章宮，度爲千門萬户。前殿度高未央。其東則鳳闕，高二十餘丈。其西則商中，數十里虎圈。其北治大池。漸臺高二十餘丈，名曰太液。池中有蓬萊、方丈、瀛洲、壺梁，象海中神山龜魚之屬。其南有玉堂、璧門、大鳥之屬。立神明臺、井幹樓，高五十丈，輦道相屬焉。」三輔舊事云：「建章宮周廻三十里，殿東起別風闕，〔八六〕高二十五丈，乘高以望遠。又于宮門北起圓闕，高二十五丈，上有銅鳳凰，赤眉賊壞之。」西京賦云「圓闕聳以造天，若雙碣之相望」是也。廟記云：「建章北闕門也。又有鳳凰闕，漢武帝造，高十七丈五尺。〔八七〕」長安記云：「俗謂鳳凰闕爲貞女樓。〔八八〕古歌辭云：長安城西有雙闕，上有雙銅雀，一鳴五穀生，再鳴五穀熟。」按銅雀，即銅鳳凰也。廟記云：「建章宮有鳳凰闕，〔八九〕一名別風闕，又云嶕嶢闕。又有鼓簧宮也。」

漢奉明園，宣帝悼考墓園也。皇考名進，武帝之孫，戾太子之子也。母曰史良娣，故號曰史皇孫。漢書云：「戾太子敗，皇孫及妃王夫人遇害，葬廣明。」蘇林注云：「苑名也。」又曰：「史皇孫位在廣明郭北。」文穎注云：「位，家位也。」又曰：「宣帝即位，謚考曰悼，母悼后，比諸侯王園，置奉邑三百家，以廣明成鄉爲悼園，皆改葬焉。後八歲，尊號曰皇考，立廟，因園爲寢。益奉園民，立奉明縣。」潘岳西征賦云：「兆惟奉明。」

太和宮，在縣南五十里終南山。〔九〇〕唐武德八年造。貞觀十年廢，二十一年以時熱，公卿重請修築，于是使將作大匠閻立德繕理焉，改爲翠微宮。今廢爲寺。

周武王宮，即鎬京也，在縣西北十八里。自漢武穿昆明池于此，鎬京遺址淪陷焉。

秦阿房宮，在縣西北十四里。殿東西五百步，南北五十丈，上可坐萬人，下可建五丈旗。表南山之顛以爲闕。〔九一〕爲複道，自阿房渡渭，屬之咸陽。庭中可受十萬人。仍置銅人十二于宮前。十五年始成，〔九二〕未暇擇令名而亂。以在山阿之旁，故號曰阿房。

蒲萄宮。漢哀帝元壽二年，單于來朝，以太歲厭勝所在，舍之，因起此宮。在上林苑西。

漸臺，在長安故城中未央宮西。王莽死于此。

神明臺，在縣西北二十里長安故城西。上有承露盤。

酒池，在長樂宮中。武帝作，以誇羌胡，飲以鐵盃，重不能舉，皆抵牛飲。西征賦云：「酒池監于商辛，追覆車而不悟。」

子午關，在縣南百里。王莽通子午道，因置關也。

樗里子墓，在縣北長安故城中。秦惠王之弟也，卒葬于此。初謂人曰：「後百歲，當有天子之宮夾我墓。」及漢興，長樂宮在其東，未央宮在其西，武庫正直其墓。

二十四獄。三輔黃圖云：「長安城中有二十四獄。」

漢高祖廟，在縣西四里班政坊。〔九三〕至皇朝開寶二年勑建修。

周穆王陵，在縣西南二十五里張恭村。〔九四〕

李靖墓，在縣西南大李村，二十五里。〔九五〕

賈耽墓，在縣南二十里居安坊。

卷二十五校勘記

〔一〕太初元年改左内史爲京兆尹左馮翊右内史爲右扶風　漢書卷二八地理志上：京兆尹，高帝爲内史，武帝建元六年分爲右内史，「太初元年更爲京兆尹」。右扶風，高帝爲内史，建元六年分爲右内史，「太初元年更名主爵都尉爲右扶風」。左馮翊，高帝爲内史，建元六年分爲左内史，「太初元年更名左馮翊」。是太初元年，右内史分爲京兆尹與右扶風，左内史更名左馮翊，此以京兆尹爲左内史分置，誤。

〔二〕遣子瓚鎮長安 「瓚」，萬本同；庫本、中大本作「隗」，傅校改同。按元和郡縣圖志卷一京兆府亦作「瓚」，賀次君校曰：「各本『瓚』作『隗』。清張駒賢考證云：『按晉志平劉義真於長安，遣子瓚鎮焉，魏書、北史、十六國春秋並作瓚。又按字書，瑰爲瓚之或體，此疑瑰轉譌隗』。」

〔三〕音翰 音質 萬本、庫本皆無此四字，傅校删，蓋非樂史原文。

〔四〕總章元年 「總章」，萬本、中大本、庫本、傅校皆作「乾封」。按新唐書卷三七地理志一作「總章」，元和郡縣圖志京兆府、舊唐書卷三八地理志一作「乾封」。長安志卷一一作「總章」，畢沅注「總章」爲「乾封」之誤。下同。

〔五〕咸亨二年 「二年」，傅校同，萬本、中大本、庫本皆作「元年」。按舊唐書地理志一作「元年」，元和郡縣圖志京兆府、新唐書地理志一、唐會要卷七〇州縣改置上、長安志卷二〇皆作「二年」。

〔六〕按秦之故 底本「故」下衍「地」字，據萬本、庫本及史記卷九九劉敬傳、漢書卷四三婁敬傳改。

〔七〕始平郡四姓馮寵陰宣 萬本、庫本皆作「始平郡二姓：馮、寵」，未知是否。

〔八〕魏尚興平人拜雲中守 萬本、庫本皆無。按漢書卷五〇馮唐傳：「魏尚，槐里人也」。此云「興平人」，誤。

〔九〕田千秋咸陽人拜相封富民侯　萬本、庫本皆無。按史記卷九六張丞相列傳：「車丞相，長陵人也。」漢書卷六六車千秋傳：「本姓田氏，其先齊諸田徙長陵。」此云「咸陽人」，誤。

〔一〇〕袁盎高陵人　萬本、庫本皆無。史記卷一〇一袁盎列傳：「袁盎者，楚人也，字絲。父故爲羣盜，徙處安陵。」漢書卷四九爰盎傳同。此云「高陵人」，誤。

〔一一〕張安世至數十人　萬本、庫本皆無。按漢書卷五九張安世傳：「安世子孫相繼，自宣、元以來爲侍中、中常侍、諸曹散騎、列校尉者凡十餘人。」此云「子孫七葉官侍中、諸曹散騎者數十人」，誤。

〔一二〕云敞字幼孺平陵人游吴章門下　萬本、庫本皆無。「云」，底本作「曹」。按漢書卷六七云敞傳：「字幼孺，平陵人也。師事同縣吴章。」此「曹」爲「云」字之誤，據改。此云「游吴章門下」，與史載不合。

〔一三〕張仲蔚平陵人博學善詞賦杜門自養蓬蒿没三徑　萬本、庫本皆無。

〔一四〕武陽侯　「武」，底本作「咸」，萬本、庫本同，據中大本及漢書卷八二史丹傳改。

〔一五〕楊政字子行京兆人從范升受易諺曰説經鏗鏗楊子行　萬本、庫本皆無。

〔一六〕龍述至願汝曹效之也　萬本、庫本皆無。按後漢書卷二四馬援列傳：兄子嚴、敦並善譏議，而通輕俠客，援書誡之曰：「龍伯高敦厚周慎，口無擇言。」此「子」上當脱「兄」字。

〔一七〕第五倫至擢司空　萬本、庫本僅書「第五倫京兆長陵人」，無「字伯魚」及「歷會稽、蜀郡太守，以清節著，擢司空」十七字。

〔一八〕宋弘至悉分贍九族　萬本、庫本僅書「宋弘長安人」，無「字仲子」及「帝姊湖陽公主寡」以下文。

〔一九〕杜篤至得釋　萬本、庫本皆無。按後漢書卷八〇上文苑列傳：杜篤，「京兆杜陵人也。」此云「平陵人」，誤。

〔二〇〕韓康至中路逸去　萬本、庫本皆無。

〔二一〕竇武至邦國殄瘁　萬本、庫本皆無。按後漢書卷六九竇武列傳：「字游平，扶風平陵人，安豐戴侯融之玄孫也。」此「茂陵」乃「平陵」之誤，「耳孫」爲「玄孫」之誤。

〔二二〕梁鴻至封新息侯　萬本、庫本皆無梁鴻、馬援傳略。

〔二三〕郭伋至有善政　萬本、庫本皆無。按後漢書卷三一郭伋列傳：建武五年，爲漁陽太守，九年徵拜潁川太守，十一年「調伋爲并州牧。」此「漁陽、潁川」下脱「太守」二字，「并州」下「太守」爲「牧」字之誤。

〔二四〕魯恭至累官司徒　萬本、庫本皆無。

〔二五〕蘇純至封中陵侯　萬本、庫本皆無。按後漢書卷三一蘇章傳：祖父純，「出擊北匈奴、車師有功，封中陵鄉侯。」此「匈奴」上脱「北」字，「中陵」下脱「鄉」字。

〔二六〕蘇章字孺文純孫博學舉賢良　萬本、庫本皆無。

〔二七〕韋誕至近出老蛤　萬本、庫本皆無。按三國志卷一〇魏書荀彧傳裴松之注：孔融與韋康父端書曰：「不意雙珠，近出老蚌。」此「蛤」爲「蚌」字之誤。

〔二八〕脂習至獨往哭之　萬本、庫本皆無。按後漢書卷七〇孔融列傳：「京兆人脂習元升，與融相善，每戒融剛直。及被害，許下莫敢收者。」三國志卷一一魏書王脩傳裴松之注：脂習，中平中仕郡，「天子西遷及東詣許昌，習常隨從。與少府孔融親善。」此「少與孔融善」之「少」疑衍字。

〔二九〕杜預至當陽侯　萬本作「杜預，杜陵人」，無「字元凱」及「博學，號杜武庫。平吳功，進爵當陽侯」十七字。庫本無。

〔三〇〕韋敻至給河東酒一升　萬本、庫本皆無。按周書卷三一韋敻傳：明帝「敕有司日給河東酒一斗，號之曰逍遥公。」北史卷六四韋敻傳同。此「文帝」爲「明帝」之誤，「升」爲「斗」字之誤。又萬本、中大本、庫本皆列有「劉文静，雍州武功人。唐起義功臣」，而此缺。

〔三一〕閻立本萬年人官中書令　萬本、庫本皆無。

〔三二〕長安人入參大政李師古嚴憚之　萬本、庫本皆作「杜陵人，相」，傅校同。按舊唐書卷一四七杜黄裳傳：「京兆杜陵人也。」新唐書卷一六九杜黄裳傳：「京兆萬年人。」本書卷下文記杜陵縣云在萬年縣東十五里，北周建德二年省，則新唐書是。

〔三三〕韓思復至宣宗朝拜相　萬本、庫本皆不列韓思復、李泌、杜佑、李勉、韋綬、柳公權、令狐綯諸傳略。

〔三四〕樂彦瑋雍州長安人相則天「瑋」，底本、萬本、庫本皆作「禕」。按舊唐書卷八一樂彦瑋傳：雍州長安人，高宗時累遷西臺侍郎、同東西臺三品，乾封元年爲大司憲，改爲御史大夫，上元三年卒。此「禕」爲「瑋」字之誤，據改，此云「相則天」，恐誤。

〔三五〕在今櫟陽縣東北二十五里「縣東北」，底本、庫本脱，據萬本及傳校補。史記卷七項羽本紀正義引括地志：「櫟陽故城一名萬年城，在雍州櫟陽東北二十五里。」同此。元和郡縣圖志京兆府萬年縣，漢縣「在今櫟陽縣東北三十五里。」所載里距稍差。

〔三六〕風土記王莽以皇后有子通子午道從杜陵直抵終南山「有」上底本衍「未」字，據長安志卷一一引風土記删。萬本作「王莽傳：莽以皇后有子孫瑞，通子午道，從杜陵直絶南山」。引之漢書卷九九上王莽傳，恐非。

〔三七〕在縣東北十三里「三」，萬本、中大本、庫本皆作「二」，元和郡縣圖志京兆府同。長安志卷一一作「一十里」。

〔三八〕在縣東十五里「東」，底本、庫本脱，據萬本、中大本、嘉慶重修一統志卷二二七西安府引本書、傅校及長安志卷一一補。

〔三九〕在啟夏門南三十里「三」，底本作「五」，據萬本、中大本、庫本及嘉慶重修一統志卷二二七西安府引本書改。

〔四〇〕霸滻長水灃澇涇渭皆非大川　「灃澇涇渭」，底本、庫本脱，據萬本及史記卷二八封禪書補。

〔四一〕沈水説文曰潏水出杜陵　「沈」，庫本同，萬本據水經渭水注改「泬」。漢書卷五七司馬相如傳顔師古注：「地理志鄠縣有潏水，北過上林苑入渭，而今之鄠縣則無此水。許慎云『潏水在京兆杜陵』，此即今所謂沈水，從皇子陂西北流經昆明池入渭者也。蓋爲字或作水旁穴，與沈字相似，俗人因名沈水乎？」則潏水或作泬水，或作沈水。後同。又「出杜陵」，萬本作「在京兆杜陵」，同説文。

〔四二〕即廟院　庫本同，萬本無此三字，嘉慶重修一統志卷二二八西安府引本書同。

〔四三〕苻秦築宫于長安城東　「城東」，底本作「東城」，據萬本、庫本及嘉慶重修一統志卷二二八西安府引戴延之西征記乙正。

〔四四〕列士傳　「列」，底本作「烈」，萬本、庫本同，據水經渭水注及太平御覽卷一九七、四八三改。

〔四五〕長安南門也　按三輔黄圖卷一：「長安城東出北頭第一門曰宣平門，民間所謂東都門。」漢書卷九九下王莽傳顔師古注：宣平門，「長安城東出北頭第一門。」此誤。

〔四六〕縣即秦之地　長安志卷一一：長安縣，「本漢舊縣，蓋秦之地名也。」雍録卷二：「長安也者，因其縣有長安鄉，而取之以名也。」此「地」下疑脱「名」字。

〔四七〕赤城今赤如火　萬本作「城中今赤如火」。按三輔黄圖卷一：長安城，「地皆黑壤，今赤如火。」續漢書郡國志一劉昭注引辛氏三秦記：「長安地皆黑壤，城中今赤如火。」太平御覽卷一九二引關中記曰：「長安地皆黑壤，城今赤如火。」則萬本是，此前一「赤」字衍，「城」與「今赤如火」連讀。

〔四八〕父老所傳云鑿龍首山土以爲城　「所」，底本作「皆」，據萬本、庫本及續漢書郡國志一劉昭注引辛氏三秦記、太平御覽卷一九二引關中記改。萬本「鑿」上有「盡」字，同辛氏三秦記，而庫本及關中記無。

〔四九〕長安城　底本「長安」下衍「宫」字，據萬本、庫本、嘉慶重修一統志卷二二八西安府引本書及傅校删。

〔五〇〕懷直坊　「直」，底本作「真」，庫本同，據萬本及元和郡縣圖志京兆府、舊唐書地理志改。

〔五一〕長安二年　「二年」，庫本同，萬本作「三年」。按新唐書地理志一作「二年」，元和郡縣圖志京兆府、舊唐書地理志一、唐會要州縣改置上皆作「三年」。

〔五二〕漢高二年更名河上郡　萬本此前有「高帝元年屬塞國」，同漢書卷二八地理志上。

〔五三〕景帝二年　萬本作「武帝建元六年」。按漢書卷一九百官公卿表上載景帝二年，漢書地理志上作「武帝建元六年」。

〔五四〕漢高二年改爲中地郡　萬本此前有「高帝元年屬塞國」，同漢書地理志上。

〔五五〕高陽原　傅校此下有「在縣西南二十里」。

〔五六〕滮水　庫本同，萬本作「彪池水」。按水經渭水注、魏書卷一〇六地形志下、長安志卷一二皆作「彪池水」，此蓋脱「池」字。

〔五七〕灞滻即漢文帝陵也　「漢文帝陵」，萬本作「漢文帝勞軍之所」。「滻」，傅校：疑是「陵」字之誤。按水經渭水注：霸水歷白鹿原東，即霸川之西，故芷陽矣，「漢文帝葬其上，謂之霸陵。」如本刊「漢文帝陵」，當指霸陵，傅説有據。

〔五八〕中有采菱越女鳴鶴之舟　「采菱」，庫本同，萬本作「采蓮」；「越女」，庫本同，萬本無。按三輔黄圖卷四引廟記：太液池「有采蓮女、鳴鶴之舟。」則與萬本合。又西京雜記卷六：「太液池中有鳴鶴舟、容與舟、清曠舟、采菱舟、越女舟。」則底本亦是。

〔五九〕及世祖以爲校文之所　底本「及」作「乃」，庫本同；底本脱「以爲」二字，庫本脱「爲」字，並據萬本、嘉慶重修一統志卷二二七西安府引本書、傅校改補。

〔六〇〕浦即太公釣玉璜之所　萬本、庫本「釣」下皆有「得」字，此蓋脱。

〔六一〕時越欲與漢用船戰遂乃大修昆明池也　「遂」，庫本及漢書卷六武帝紀注引臣瓚曰同，萬本作「逐」，漢書卷二四食貨志下及三輔黄圖卷四引漢書食貨志亦作「逐」。

〔六二〕三百二十頃　「二十」，萬本據三輔黄圖改爲「三十二」。按長安志卷四引三輔故事、類編長安志卷三引三輔舊事作「三百二十頃」；三輔黄圖引三輔舊事作「三百三十二頃」。

〔六三〕漢世祭之以祈雨　「漢世」，底本作「代」，庫本同，據萬本及西京雜記卷一改補。

〔六四〕昆明池有臺沼　「臺沼」，三輔黄圖卷四引三秦記、初學記卷七引潘岳關中記皆作「靈沼」。後漢書卷四〇班固傳西都賦：「神池靈沼，往往而在。」此「臺」疑爲「靈」字之誤。

〔六五〕有人釣魚至見大魚銜鉤　「有」，庫本同，萬本作「原」，同三輔黄圖卷四引三秦記。「明」，庫本同，萬本據三輔黄圖改「三」。「銜鉤」，庫本同，萬本據三輔黄圖改「銜索」。

〔六六〕乃去鉤放之　「乃」，底本脱，庫本同，據萬本及三輔黄圖引三秦記補。

〔六七〕安樂公主恃寵請昆明池　「安樂」，底本作「樂安」，萬本、庫本同，據新唐書卷八三諸帝公主傳安樂公主及通典卷一七三州郡三、長安志卷一二乙正。「請昆明池」，庫本同，萬本作「請昆明池爲私沼」。按通典、長安志皆同本刊。

〔六八〕戲水水經注云源出麗山　「源出麗山」，萬本作「源出麗山馮公谷」，同水經渭水注。庫本作「源出驪山」，長安志卷一二、類編長安志卷六引水經注皆同。又戲水，唐屬昭應縣東境，見本書卷二七昭應縣，不知樂史何由誤入長安縣，宋敏求長安志亦然。

〔六九〕所以域養禽獸也天子百里諸侯四十里　「域」，底本脱，庫本同，據萬本及詩大雅靈臺注補。

「侯」，底本作「依」，據萬本、中大本、庫本、傅校及詩大雅靈臺注改。

〔七〇〕在北闕内 「内」，底本脱，庫本同，據萬本及三輔黄圖卷五補。按三輔黄圖「闕」作「關」，長安志卷一二引廟記作「在北闕内道西」。

〔七一〕今大旱祭之 「今」，底本作「若」，據萬本、中大本、庫本及太平御覽卷七〇引三輔舊事改。又「大」，三輔舊事作「天」。

〔七二〕開皇二年 「二年」，長安志卷一一、類編長安志卷六皆作「三年」，疑此「二」爲「三」字之誤。

〔七三〕自東南龍首堰下支分至長樂坡西北 「支分至長樂坡西北」，萬本作「分支滻水北流至長樂坡西北」，同長安志卷九，唯「分支」，長安志作「支分」。當以宋敏求所記爲長。

〔七四〕周匝二十二里溉地三十三頃 「二十二」，萬本同，中大本作「二十一」，庫本、傅校改同。按三輔黄圖卷四引廟記作「二十二」，長安志卷一二引廟記作「二十一」。「三十三」，三輔黄圖作「三十二」，長安志作「二十三」。

〔七五〕周宣王殺杜伯所築 原校：「按長安志載城，廟記曰『下杜城，杜伯所築』，今云『宣王殺杜伯所築』，小差。」

〔七六〕在安僊門南七里 「僊」，萬本、庫本同；中大本作「宣」，嘉慶重修一統志卷二二八西安府引本書同。按三輔黄圖卷一：長安城南出東頭第一門曰覆盎門，一號杜門。「長樂宮在城中，近東直杜門，其南有下杜城。漢書集注云：故杜陵之下聚落也，故曰下杜門。」又載：「長安城南出第二門曰安門，亦曰鼎路門。」水經渭水注同。雍録卷七：杜縣名下杜，「北即漢都城之覆盎門矣，故此門一名杜門。」則下杜城應在覆盎門南，如以安門而言，也不稱「安遷門」，此云可疑。

〔七七〕惠帝元年正月城長安　庫本同，萬本「城」上有「初」字，同三輔黃圖卷一，漢書地理志上亦載：長安，「惠帝元年初城。」

〔七八〕又有當市樓　太平御覽卷一九一引宮闕記：「旗亭樓，在杜門大道南。又有當市觀。」三輔黃圖卷五、長安志卷四皆作「當市觀」，此「樓」疑爲「觀」字之誤。

〔七九〕在富平津西南十五里　「十五」，中大本、庫本同，萬本據三輔黃圖改爲「二十五」。按本書卷三一耀州富平縣引三秦記、太平御覽卷一九一引郡國志皆作「十五」。

〔八〇〕王莽改曰端路　按三輔黃圖卷一：直城門，「王莽更曰直道門端路亭。」當以三輔黃圖爲正。

〔八一〕武帝爲太子時接賓客之所　按漢書卷六三武五子傳：戾太子據，「及冠就宮，上爲立博望苑，使通賓客。」三輔黃圖卷四：「武帝立子據爲太子，爲太子開博望苑以通賓。漢書曰：武帝年二十九乃得太子，甚喜。太子冠，爲立博望苑，使之通賓客從其所好。」此云非是。

〔八二〕千人鄉　「鄉」，漢書卷九七外戚傳上孝武衛皇后顏師古注作「聚」。

〔八三〕四車殿　「四」，長安志卷三同，三輔黃圖卷二引三輔決録作「回」，此「四」蓋爲「回」字之誤。

〔八四〕至建章宮神明臺蓬萊山　底本「至」上衍「西」字，庫本同，據萬本及三輔黄圖卷二引關輔記、長安志卷四引三輔故事、類編長安志卷二引關輔記删。

〔八五〕神君來則肅然風生　「則」，底本脱，據萬本、庫本及長安志卷四補。漢書卷二五郊祀志上：「神君，『時來時去，來則風肅然。』」

〔八六〕殿東起别風闕　三輔黄圖卷二引三輔舊事云：「建章宮周迴三十里，東起别風闕。」類編長安志卷二引三輔舊事同，此「殿」字疑衍。

〔八七〕高十七丈五尺　「十七」，長安志卷一二引廟記同，水經渭水注引三輔黄圖作「七」，類編長安志卷二引廟記作「七十丈」。

〔八八〕貞女樓　「貞」，底本作「真」，據萬本、中大本、庫本及水經渭水注、漢書卷六武帝紀顔師古注、長安志卷三引長安記改。

〔八九〕鳳凰闕　萬本同，中大本、庫本作「折風闕」，傅校改同。按長安志卷三引關中記：「建章宮閶闔門内東出有折風闕，一名别風。」則折風闕即鳳凰闕。

〔九〇〕在縣南五十里終南山　「五十」，庫本同，萬本據元和郡縣圖志改作「五十五」。按新唐書地理志一作「五十」。

〔九一〕表南山之顛以爲闕　「之顛」，底本脱，庫本同，據萬本及史記卷六秦始皇本紀、三輔黄圖卷一、元和郡縣圖志京兆府、長安志卷三補。

〔九二〕十五年始成 「十五」,庫本同,萬本作「十二」。按史記秦始皇本紀載,秦始皇三十五年作阿房宫,至秦二世元年,陳勝起事,始皇共三十七年,則作阿房宫後不及四年而亂。

〔九三〕在縣西四里班政坊 底本「西」作「南」,「四里」倒誤於「班政坊」下,據萬本及長安志卷一二改乙。

〔九四〕在縣西南二十五里張恭村 底本「二十五里」倒誤於「張恭村」下,庫本同,據萬本、嘉慶重修一統志卷二二九西安府引本書及長安志卷一二乙正。

〔九五〕李靖墓在縣西南大李村二十五里 萬本、庫本皆無此文。長安志卷一二引本書同,云:「考李靖陪葬昭陵,當在醴泉,樂史云在此,誤也。」則萬本、庫本此皆不載,是也。

太平寰宇記卷之二十六

關西道二

雍州二

鄠縣，西南六十五里。舊二十四鄉，今五鄉。本夏有扈國也。書序「啟與有扈戰于甘之野」，即今縣也。有扈鄉，復有扈谷亭，又有甘亭是也。殷爲崇國，文王伐崇，即此。秦改爲鄠，漢屬右扶風，自漢至隋皆以鄠城置縣，即今縣北二里故鄠城是也。其城周四里，頹垣尚在。大業十年移于今所。

雞頭山，在縣東南三十一里。十六國春秋云：「僞趙主石生不能守長安，欲西上隴，士卒散盡，遂入雞頭山，爲追兵所害。」即此也。

牛首山，〔一〕澇水出焉，而注于潏水。是多飛魚，狀似鮒，音甘。可療痔疾。山海經云：「此山有鬼草，其葉如葵，其秀如禾，服之使人不憂。」〔二〕

五Ｘ山。郊祀志謂「鄠有五Ｘ」，即此也。

豐水，源出終南山。書謂「豐水攸同」，即同于渭也。

澇水，〔三〕源出終南澇谷，經縣理西北，經萯音附。〔四〕陽宮注于渭。

檀谷水，長樂渠水之上流也，〔五〕源亦出終南檀谷中。

太平谷水，一名林谷水，即清渠水之上流也，源亦出終南山。

扈陽谷水，一名扈水，今名馬腹陂。〔六〕水經注云：「扈水上承扈陽池。」

萯陽宮。漢地理志：「鄠縣有萯陽宮，秦文王所起。」宣帝甘露二年冬，幸之。

龍臺澤，一云觀水也，在豐水西北，近渭。上林賦云「登龍臺」是也。

宜春宮，〔七〕漢武帝所築，今爲苑名。

甘亭，在縣西南五里。〔八〕夏啟伐有扈，誓師于甘之野，即此處也。續漢書云：「鄠縣有甘亭。」水經注云：「亭在甘水之東。」

八部澤，在縣東南五里，周迴五十里。

故鄠城，在縣北二里。夏之扈國也。

鍾官故城，一名灌鍾城，在縣東北二十五里。蓋始皇收天下兵器，銷爲鍾鐻，此或其處。

馬祖壇，在縣東北三十二里龍臺澤中。每年太常太僕四時祭焉，〔九〕春祭馬祖，夏祭先牧，秋祭馬社，冬祭馬步。

隋太平宮，在縣東南三十一里。對太平谷，因名。

隋甘泉宮，在縣西南二十二里。對甘泉谷，因名。

周酆宮，周文王宮也，在縣東三十五里。詩云「既伐于崇，作邑于酆」是也，崇侯無道，文王伐之，命無殺人，無壞宮室。崇人聞之，如歸父母。遂虜崇侯，作酆邑。〔一〇〕崇國，在秦、晉之間。

藍田縣，東北八十里。舊二十二鄉，今四鄉。本秦之舊縣也。竹書紀年云「惠王命秦子向爲藍田君」是此。漢地理志曰：「藍田，本秦孝公置。山出美玉。」周禮注曰：「玉之美者曰球，其次曰藍。」〔一一〕蓋以縣出美玉，故名藍田。周閔帝割京兆之藍田，又置玉山、白鹿等三縣置藍田郡。〔一二〕至武帝省郡復爲藍田縣，屬京兆，後遂因之。今縣理即嶢柳城也，俗亦謂之青泥城。桓温伐苻健，使將軍薛珍擊青泥城，破之，即其處也。〔一三〕

藍田山，古華胥氏陵，在縣西三十里。〔一四〕一名玉山，一名覆車山。郭緣生述征記云：「山形如覆車之象也。」按後魏風土記云：「山巔方二里，仙聖遊集之所。」劉雄鳴學道于此。下有祠甚嚴，亦灞水之源出于此。又西有尊盧氏陵，次北有女媧氏谷，則知此地是三皇舊居于此。

蕢山，在縣東南二十五里。漢書謂「沛公入嶢關，踰蕢山」，即謂此也。

倒虎山，一名玄象山，在覆車山北。苻堅時，王子年始隱于東陽谷，後避石季龍之亂徙于此。

白鹿原，在縣西六里。〔一五〕按三秦記云：「周平王東遷之後，有白鹿遊此原，以是得名。」則秦運之象也。晉桓温伐苻健，都護鄧遐等奮擊于白鹿原，〔一六〕即此地也。

風涼原。按水經注云：「研盤谷、苦谷二水合而東北流經風涼原。」〔一七〕即謂此原也。

藍田關，即秦之嶢關也，在縣東南九十八里。〔一八〕史記：「秦將趙高將兵拒嶢關，沛公引兵攻嶢關，踰蕢山擊秦軍，大敗之。」〔一九〕周明帝武成元年，自嶢關移置青泥故城側，改曰青泥關。武帝建德三年改爲藍田關。〔二〇〕

思鄉城，在縣東南三十三里。〔二一〕宋武帝征關中，築城于此，南人思鄉，因以爲名。

灞水，源出藍田谷，古謂之滋水，秦穆公改焉，以霸盛徵名。即秦嶺水之下流，東南自商州上洛縣界流入，又西北流合滻水入渭。

金谷水，東北流至滻水，源出終南山之金谷。

咸陽縣，北四十里。舊二十鄉，今五鄉。本周王季舊都也。秦孝公十二年于渭北作咸陽，徙都之。按三秦記云：「咸陽，秦所都，在九嵕山南，渭水北，山水俱陽，故名咸陽。」胡亥時閻樂爲咸陽令。漢高元年更名新城，七年罷，屬長安。元鼎三年置渭城縣，屬右扶風。按秦咸陽在今縣東十五里，咸陽故城是也。〔二二〕漢地理志：「渭城縣，故咸陽。〔二三〕」苻堅時于今縣東北長陵城置咸陽郡。後魏太和二十年移咸陽郡于涇水北，今涇陽縣也。隋開皇十一年移咸陽于故咸陽城西北三里，即今縣城也。按今縣即秦之杜郵也。大業二年省。唐武德二年權寄理鮑橋，〔二四〕三年移就白起堡，〔二五〕六年又移于便橋西北百步官路北，即今縣。〔二六〕天授二年四月，武后以其母順陵在其界，升爲赤縣。神龍元年十月卻爲畿縣。

畢原。左傳：「王使詹桓伯辭于晉曰：『我自夏以后稷、魏、駘、芮、岐、畢，吾西土也。』」又曰：「畢、原、酆、郇，文之昭也。」蓋武王克商之後，以其地封文王子也。杜注：「畢國在長安西北。」關中記：「高陵北有畢原。」〔二七〕原南北數十里，東西二三百里，無山川陂湖，井深五十丈。亦謂之畢陌，秦謂池陽原，漢名長平坂，漢氏諸陵並在其上，下又名石安原，即石勒置石安縣之所。

渭水，南去縣三里，〔二八〕西南自始平界流入，東與豐水會于矩山。〔二九〕舊有便門橋，即此處。

咸陽故城。秦自孝公、惠文王、悼武王、昭襄王、莊襄王、孝文王、始皇帝、胡亥並都咸陽，即此城也，漢以爲渭城縣。史記秦本紀：「孝公十二年作咸陽，築冀闕，徙都之。」始皇本紀：「二十六年，秦初併天下。收天下兵器，聚之咸陽，鑄以爲鍾鐻，金人十二，重各千石，置庭中。徙天下豪富于咸陽十二萬户。諸廟及章臺、上林皆在渭南。秦每破諸侯，寫倣其宮室，作之咸陽北坂上，南臨渭，自雍門以東至涇、渭，殿屋複道周閣相屬。所得諸侯美人鍾鼓，以充之。」漢書：鄒陽上書云：「秦倚曲臺之宮。」應劭注云：「始皇所理處，若漢之未央也。」三輔黄圖云：「秦始皇兼天下，都咸陽，因北陵營殿，端門四達，以則紫宮，象帝居。渭水貫都，以象天漢；横橋南渡，以法牽牛。」廟記云：「北至九嵕、甘泉，南至長楊、五柞，〔三〇〕東至河，西至汧、渭之交，東西八百里，南北四百里，〔三一〕離宮別觀相屬也。木衣綈繡，土被朱紫，宮人不移。樂不改懸，〔三二〕窮年忘歸，猶不能遍。」三輔舊事云：「始皇表河以爲秦東門，表汧以爲秦西門，中外殿觀百四十五，後宮列女萬餘人，婦人之氣上衝于天。」至胡亥時，天下苦秦。漢元年，秦王子嬰降。項羽引兵西屠咸陽，殺子嬰，燒秦宮室，火三月不滅。及漢興，以爲渭城縣，屬右扶風。按秦咸陽在今縣東二十里，漢渭城縣亦理于此。

長陵故城，在今縣東北四十里。〔三三〕初，漢徙關東豪族以奉陵邑，長陵、茂陵各萬户，其餘五陵各五百户，〔三四〕皆屬太常，不隷于郡。去高帝長陵三里。晉省。今廢城存，故杜牧詩曰「小市長陵住」，即此也。

故渭城，在今縣東北二十二里，渭水北。即秦之杜郵，白起死于此。其城周八里，秦自孝公至始皇皆都于此城。武帝元鼎三年更名渭城。後漢省，併地入長安，故此城存。

安陵故邑，周之程邑。漢爲縣，惠帝置。周書曰：「惟王季宅于程。」孟子曰：「文王卒于畢郢」，即此地也。帝王世紀：「文王徙宅于程。」〔三五〕

陽陵城，故弋陽地，景帝改爲陽陵縣，屬左馮翊。廢城在縣東北四十一里，東至景帝陵二里。曹魏省之。

張敖冢，在安陵東三十里。冢上有五嶽之象，今人謂之五角冢。

平陵城，漢平陵縣，屬右扶風，在今縣西北八十里故城是也。〔三六〕昭帝陵，在故縣城北二里。魏黄初中改爲始平縣。苻秦移縣于茂陵故城，因而荒廢。按郡國記云：「平陵故城與茂陵故城相去二里。」

細柳倉，在縣西南三十里，漢舊倉名。文帝六年，周亞夫屯軍之所也。張揖云「在昆明池南」，恐爲疏遠。

棘門，在縣東北一十八里。本秦闕門也，漢文帝使將軍徐厲屯兵于棘門，謂此也。

周氏陂，周迴一十三里。漢太尉周勃冢在陂。〔三七〕其子亞夫有功，遂賜此陂，故地以氏稱之。

杜郵亭，在縣西南三十八里，白起自刎之處。

秦蘭池宮，在縣東二十五里。〔三八〕

秦磁石門，在縣東南一十五里。東西有閣道，〔三九〕即阿房之北門也，累磁石以爲之，著鐵甲入者，磁石吸之不得過，羌胡以爲神。

蘭池陂，即秦之蘭池也，在縣東二十五里。初，始皇引渭水爲長池，東西二百里，南北二十里，築爲蓬萊山，刻石爲鯨魚，長二百丈。始皇嘗微行，遇盜于蘭池，見窘，武士擊殺盜，關中大索二十日。〔四〇〕

中渭橋，在縣東南二十里。本名横橋，架渭水上。始皇都咸陽，渭水貫都，以象天漢。横橋南渡，以象牽牛。渭水南有長樂宫，渭水北有咸陽宫，欲通二宫之間，故造此橋。漢末董卓燒之，魏文帝更造，劉裕入關又毁之，後魏重造，貞觀十年移于今所。

便橋，在縣西南一十里，架渭水上。武帝建元三年，初作便門橋，在長安北茂陵東，去長安四十里。〔四一〕長安城西門曰便門，此橋與門相對，〔四二〕因號便橋。

白起祠，在縣城中。

周文王陵，在縣北一十五里。

周武王陵，在縣北一十五里。
周成王陵，在縣西北二十里。
周康王陵，在縣北一十五里。
漢長陵，高帝陵也，在縣東三十里。
安陵，漢惠帝陵也，在縣東北二十里。
霸陵，漢文帝陵也，在縣東北二十五里。〔四三〕
陽陵，漢景帝陵也，在縣東四十里。
平陵，漢昭帝陵也，在縣東北一十三里。
杜陵，漢宣帝陵也，在縣西北二十二里。〔四四〕
渭陵，漢元帝陵也，在縣西北七里。
延陵，漢成帝陵也，在縣西北一十三里。
義陵，漢哀帝陵也，在縣北八里。
康陵，漢平帝陵也，在縣西北九里。
太公冢，在縣東北二十五里。
周公墓，在縣北十里。

蕭何墓，在縣東北三十七里。

張良墓，在縣東北三十六里。

曹參冢，在縣東北三十五里。〔四五〕

紀信冢，在縣北四十里。

馮唐冢，在縣東北七里。〔四六〕

李左車冢，在縣北一十五里。〔四七〕

董賢冢，在縣東北一十八里。

蒙恬冢，在縣東北二十里。

鉏麑冢，在縣東北三十里。

尉遲敬德冢，在縣東三十里。

戚夫人冢，在縣西一十五里。

醴泉縣，西北一百二十里。舊十六鄉，今六鄉。本漢谷口縣地，在九嵕山東仲山西，當涇水出山之處，故謂之谷口。溝洫志云：「白渠首起谷口，尾入櫟陽，注渭中，袤二百里，溉田四千五百餘頃。人得其饒，歌曰：『田于何所？池陽谷口。鄭國在前，白渠起後。舉臿爲雲，決渠爲雨。涇水一石，其泥數斗。且溉且糞，長我禾黍。衣食京師，億萬之口。』」即謂此也。後漢及晉，又爲池陽縣。魏改爲寧夷縣。隋開皇十八年改爲醴泉，縣界有後周醴泉宮，因以爲名。其城即古仲橋城也。

九嵕山，高六百五十丈，周迴十五里。〔四八〕按四夷郡國縣道記：「九嵕山東連仲山，西當涇水出處，故謂之谷口。」

承陽山，山有石泉所出。三輔黃圖所謂浪水是也。

谷口城，漢縣城也，在今縣東北四十里古城是也，屬左馮翊。溝洫志云：「田于何所？池陽谷口。」即此城也。王莽改爲谷喙。漢郊祀志云：「公孫卿言，黄帝升僊于寒門。〔四九〕」水經注：「九嵕山東、仲山西謂之谷口，即寒門也。」指謂此耳。今按雲陽縣谷池水所出，亦謂之谷口。

唐太宗昭陵，在縣西北六十里九嵕山。〔五〇〕南有陪葬功臣岑文本、馬周、房玄齡、李靖、長孫無忌、魏徵、尉遲敬德、李勣、高士廉、蕭瑀、虞世南、唐儉等，此不備述。

唐肅宗建陵，在縣東北一十八里武將山。

唐太宗廟，皇朝建隆四年勅立廟祭祀。

涇陽縣，北二百里。〔五一〕舊十八鄉，今六鄉。本秦舊縣。史記「秦昭王弟封涇陽君」，是此地。漢書地理志涇陽屬安定郡。按此前涇陽縣，在今渭州平涼縣界涇陽故城是也。惠帝改池陽縣，屬左馮翊，故城在今縣西北二里，以其地在池水之陽，故曰池陽。後魏廢，于今縣置咸陽郡。苻秦又置涇陽縣。〔五二〕隋文帝罷郡，移涇陽縣于咸陽郡，屬雍州，即今縣是也。

石安原，在縣南七里。高二十丈，東西三十八里，南入咸陽縣界。

涇水，西北自池陽縣界流入，〔五三〕經縣南七里，東南入高陵縣界。左傳襄公十四年：「諸侯伐秦，濟涇而次，秦人毒涇上流，師人多死。」

龍泉陂，在縣南三里。周迴六里，多蒲魚之利。

太白渠，在縣東北十里。

中白渠，首受太白渠，東流入高陵縣界。

南白渠，首受中白渠，東南流，亦入高陵界。

焦穫藪，在縣北，亦名瓠口。史記河渠書：「韓水工鄭國説秦孝公，令鑿涇水，自中山西抵瓠口爲渠。」水經云：「涇水東南流經瓠口，鄭、白二渠出焉。」爾雅十藪，謂「周有焦穫」是也。溉田萬頃，皆見溝洫志。〔五四〕

長平觀，在縣東南九里。

秦望夷宮，在縣東南八里。北臨涇水以望北夷，故名之。史記云：「秦二世三年，夢白虎嚙其左驂馬，殺之，心不樂。卜『涇水爲祟』。二世乃齋于望夷宮，欲祠涇，沈白馬。

趙高乃使其壻閻樂弒胡亥于望夷宮。」

長平坂，俗名睦城坂，在縣西南五十里。東方朔記曰：「漢武上甘泉，至長平坂上馳道，有蟲盤而伏地，赤如生肝狀，頭目口鼻耳齒俱具，先驅旄頭馳還以聞，方朔從在後，上使往視之，還對曰：『怪也！』上曰：『何謂？』對曰：『秦始皇拘繫無罪，幽殺無辜，衆庶怨恨，憤氣之所生也，是地必秦之故獄處也。』詔丞相公孫弘按地圖，果秦獄也。〔五五〕上曰：『善，當何以去之？』朔曰：『積憂者得酒而忘，置酒其上必消糜。』以酒澆之，果消。上大笑曰：『東方生真先生！』賜帛百匹。自此之後，屬車載酒。」

櫟陽縣，東北一百里。舊二十五鄉，今四鄉。秦舊縣，秦獻公自雍始都于此。漢高元年，項羽封司馬欣爲塞王，都此，高祖亦曾都之，七年徙都長安。高祖既葬太上皇于萬年陵，分櫟陽城置萬年縣以爲陵邑，理櫟陽，故櫟陽城，亦名萬年城，後屬左馮翊。後漢省櫟陽入萬年縣，後魏太和中又分置鄣縣，宣武又分置廣陽縣。周明帝二年省萬年入廣陽、高陵二縣，更于長安城別置萬年縣，廣陽仍屬馮翊郡。隋開皇三年罷郡，廣陽屬雍州。唐武德元年改爲櫟陽。元和十五年四月並移隸奉先縣，以奉景陵。〔五六〕後漢書曰：「周躬，字子宇，爲櫟陽令。有萬良者，爲父報仇，自械詣獄。躬謂良曰：『見惡不報，非孝也；逃罪忘君，非忠也。今良忠孝已立。』遂解械而釋之。」

沮水，一名石川水，北自富平縣界流入。水經注云：「沮水東經萬年故城，在涇、渭北小河。」〔五七〕是也。

畤畤。史記封禪書：「秦獻公時，櫟陽雨金，自以得金瑞，故作畦畤，祠于櫟陽以祀白帝。」注云：「畦畤，形如韭畦，各一土封也。」〔五八〕

煮鹽澤，在縣南一十五里。澤多鹹鹵。苻秦時於此煮鹽。周迴二十里。

清水陂，在縣西南十里，多水族之利焉。

漢太上皇陵。郡國縣道記云：「高帝葬太上皇于櫟陽北原，因置萬年縣于櫟陽大城内，以爲奉陵邑。其陵在東者太上皇，在西者即昭靈后陵也。」

大澤鄉，元和初割屬富平。

萬年鄉，元和元年六月勅割隸奉先縣，〔五九〕以奉景陵。

高陵縣，東北八十里。舊七鄉，今五鄉。本漢舊縣，屬左馮翊。秦孝公所置，魏文帝改爲高陸縣，屬京兆郡。〔六〇〕自此以前，其縣在今縣西南一里故城是也。〔六一〕後魏移于今所。隋大業二年復爲高陵，縣城大業七年所築。

鹿苑原。三輔黄圖云「安陵有果園鹿苑」謂此也。

鹿臺祠，在鹿苑原上，百姓祈禱，〔六二〕水旱有感，今號爲「龍臺將軍」。

後秦二主冢，在縣東一十三里，即姚萇、姚興也。

龍躍宫，在縣西十四里。唐高祖太武皇帝龍潛舊居也，武德六年置龍躍宫，德宗改爲修真觀，翰林學士吴通微撰碑文，順宗皇帝書。

唐西平王李晟墓，在縣東南一十里。〔六三〕裴度撰碑文，柳公權書。

渭水，在縣西南二十里。

卷二十六校勘記

〔一〕牛首山　庫本同，萬本「山」下據元和郡縣圖志補：「在縣西南二十三里。南接終南，在上林苑中，西京賦云『繞黄山而款牛山』，即此。」按「牛山」，文選卷二張平子西京賦、元和郡縣圖志卷二京兆府引西京賦皆作「牛首」。

〔二〕澇水出焉至服之使人不憂　庫本同，萬本據山海經改爲「又山海經云：牛首之山，有草焉，名曰鬼草，其葉如葵而赤莖，其秀如禾，服之不憂。澇水出焉，而西流注於潏水。是多飛魚，其狀如鮒魚，食之已痔衕是也」。按本刊引山海經而變其文，萬本不足爲正。

〔三〕澇水　底本「澇」下衍「谷」字，庫本衍「谷水」二字，據萬本及水經渭水注、長安志卷一五、類編長安志卷六删。

〔四〕音附 萬本、庫本皆無此二字，傅校删，蓋非樂史原文。

〔五〕長樂渠水 「樂」，底本作「安」，萬本、庫本同，據嘉慶重修一統志卷二二七西安府引本書、傅校及長安志卷一五、類編長安志卷六並引十道志改。

〔六〕扈陽谷水一名扈水今名馬腹陂 前「水」字，底本脱，萬本、庫本同，據傅校及長安志卷一五、類編長安志卷六補。又原校：「扈陽谷，今名馬腹陂，别本作『馬復』。」按長安志、類編長安志皆作「馬腹」。

〔七〕宜春宫 按水經渭水注：滂水「北逕漢宜春觀東，又北逕鄠縣故城西。」藝文類聚卷六三引漢宫殿名曰，長安有宜春觀，太平御覽卷一七九引漢宫殿名同。長安志、類編長安志皆載鄠縣漢宜春觀，與長安之宜春宫有别，此「宫」爲「觀」字之誤。

〔八〕在縣西南五里 「南」，底本脱，據萬本及元和郡縣圖志、長安志補。庫本「西南」二字皆脱。

〔九〕太常太僕 底本作「太僕太常」，據萬本、庫本、傅校及元和郡縣圖志京兆府乙正。

〔一〇〕作酆邑 「作」，底本脱，庫本同，據萬本、傅校及元和郡縣圖志京兆府補。史記卷四周本紀：西伯「伐崇侯虎，而作豐邑」。

〔一一〕周禮注曰玉之美者曰球其次曰藍 萬本同，庫本無「注」字，元和郡縣圖志京兆府亦作「周禮」，按周禮及注無此文，通典卷一七三州郡三有此語而不言周禮或周禮注。

〔一二〕周閔帝割京兆之藍田又置玉山白鹿等三縣置藍田郡　元和郡縣圖志京兆府藍田縣：「周閔帝割京兆之藍田，又置玉山、白鹿二縣，置藍田郡。」此或「等」字衍，或「等」爲「以」字之誤，「三」爲「二」字之誤。

〔一三〕今縣理即嶢柳城也至即其處也　按唐宋藍田縣理即古嶢柳城，亦名青泥城，水經渭水注：嶢柳城，「魏置青泥軍於城内，世亦謂之青泥城也。」另有青泥城在縣南，長安志卷一六：藍田縣，「青泥城在縣南七里。」資治通鑑卷九九東晉永和十年：桓温別將進擊青泥，破之，「秦主健遣太子萇、丞相雄、淮南王生、平昌王菁、北平王碩帥衆五萬軍于嶢柳以拒温。」正與縣南之青泥城、縣理之嶢柳城位置合，此以桓温進擊之青泥城爲藍田縣，誤矣。

〔一四〕在縣西三十里　按元和郡縣圖志京兆府：「在藍田縣東二十八里。」長安志卷一六、類編長安志卷六皆載：「在縣東南三十里。」此「西」疑爲「東」或「東南」之誤。

〔一五〕在縣西六里　底本「西」下衍「北」字，據萬本、庫本及元和郡縣圖志京兆府、長安志卷一六删。

〔一六〕都護鄧遐　「都護」，元和郡縣圖志京兆府、長安志卷一六引晉中興書皆作「督護」。

〔一七〕水經注云研盤谷苦谷二水合而東北流經風涼原　底本脱「注」字，「苦」作「若」，「而」作「于」，脱「北」字，並據長安志卷一六、類編長安志卷七引水經注補改。水經渭水注：狗枷川水有二源，「西川上承磈山之斫槃谷（即本書研盤谷），次東有苦谷，二水合而東北流，逕風涼原西。」萬本作

「在縣西南四十五里」，又據水經注、長安志改作「關中圖曰：麗山之西川中有阜，名風涼原」。按水經渭水注引作「開山圖」，長安志、類編長安志引作「遁甲開山圖」，「關中」字誤。萬本不足爲據。

〔一八〕在縣東南九十八里　「九十八」，長安志卷一六、類編長安志卷七同，史記卷五四曹相國世家正義引括地志作「九十」。元和郡縣圖志京兆府作「南九十里」。

〔一九〕史記至大敗　「攻」，庫本同，萬本作「繞」。按此文不見於史記，而載於漢書卷一高帝紀，「史記」當爲「漢書」之誤。

〔二〇〕建德三年　「三」，萬本、中大本、庫本及嘉慶重修一統志卷二二九西安府引本書皆作「二」。按長安志卷一六、類編長安志卷七皆作「三」。

〔二一〕在縣東南三十三里　後「三」字，底本作「二」，據萬本、中大本、庫本及元和郡縣圖志京兆府、長安志卷一六、類編長安志卷七改。

〔二二〕在今縣東十五里咸陽故城是也　「十五」，史記卷五秦本紀正義引括地志、卷六秦始皇本紀正義引括地志同，元和郡縣圖志京兆府作「二十二」，長安志卷一三作「二十」。

〔二三〕故咸陽　底本「咸陽」下衍「地」字，萬本、庫本同，據漢書卷二八地理志上删。按本書上文云，秦咸陽，漢高帝元年更名新城，七年罷，元鼎三年置渭城縣，漢渭城縣治即秦咸陽縣理。

〔二四〕唐武德二年權寄理鮑橋　按長安志卷一三：唐武德元年置，「寄治鮑橋。」舊唐書卷三八地理志一：「武德二年復分涇陽置，初治鮑橋，其年移治杜郵。」前文置年不同，後文同年又移治，亦不同。

〔二五〕三年移就白起堡　按元和郡縣圖志咸陽縣：「武德元年置白起堡，二年置縣。」長安志卷一三云：武德二年，咸陽縣「徙白起堡」。與此徙治年又不同。

〔二六〕六年又移于便橋西北百步官路北即今縣　按嘉慶重修一統志卷二二八西安府引本書作「六年又移於便橋西北百步官路北杜郵亭，在縣西南三十八步」，與底本、萬本、庫本不同。

〔二七〕高陵北有畢原　「畢原」，萬本同，庫本作「畢原陌」，同長安志引關中記。

〔二八〕南去縣三里　底本「三」下衍「十」字，庫本同，據萬本及元和郡縣圖志京兆府删。

〔二九〕矩山　按水經渭水注作「短陰山」，元和郡縣圖志京兆府、長安志卷一三皆載咸陽縣「短陰原在縣西南二十里」，疑此誤。

〔三〇〕南至長楊五柞　庫本及史記卷六秦始皇本紀正義引廟記同，萬本據三輔黄圖卷一改爲「南至鄠、杜」。

〔三一〕南北四百里　三輔黄圖卷一同，史記卷六秦始皇本紀正義引廟記無此文。

〔三二〕離宮別觀相屬也至宫人不移樂不改懸　「離宮別觀相屬也」，萬本據三輔黄圖改爲「離宮別館相望聯屬」，按史記秦始皇本紀正義引廟記作「離宫别館相望屬也」，此疑脱「望」字。「移」，三輔黄圖同，史記正義引廟記作「徙」。「欒不改懸」，三輔黄圖同，史記正義引廟記無此文。

〔三三〕在今縣東北四十里　按史記卷八高祖本紀正義引括地志作「東三十里」，元和郡縣圖志京兆府作「東北三十里」，長安志卷一三作「東三十五里」，並不同。

〔三四〕其餘五陵各五百户　「五百」，庫本同，萬本據元和郡縣圖志改「千」，未知孰是。

〔三五〕帝王世紀文王徙宅于程　「世」，底本作「代」，庫本同；「文王」，底本作「王季」，庫本同，並據萬本、中大本及毛詩大雅皇矣正義引皇甫謐帝王世紀改。

〔三六〕在今縣西北八十里故城是也　按元和郡縣圖志京兆府載：平陵，「在咸陽縣西北二十里。」此「八十」當爲「十八」之倒文。

〔三七〕周勃冢　「冢」，底本作「家」，庫本同，據萬本、嘉慶重修一統志卷二二七西安府引本書及長安志卷一三、類編長安志卷六改。

〔三八〕在縣東二十五里　「二」，萬本、中大本、庫本皆作「三」，傅校改同。按元和郡縣圖志京兆府作「二」。

〔三九〕東西有閣道　「西」，萬本作「南」，注云「原本訛西，據三輔黄圖改正」。按三輔黄圖無此文，元和郡縣圖志京兆府作「東南有閣道」，此「西」疑爲「南」字之誤。庫本作「西」，無「東」字，亦誤。

〔四〇〕關中大索二十日「二十日」，底本脱，庫本同，據萬本及史記秦始皇本紀、元和郡縣圖志京兆府補。

〔四一〕去長安四十里「四十」，漢書卷六武帝紀顏師古注引蘇林説同，元和郡縣圖志京兆府、長安志卷一三作「二十」。

〔四二〕此橋與門相對「相」，底本脱，庫本同，據萬本及元和郡縣圖志京兆府補。

〔四三〕霸陵漢文帝陵也在縣東北二十五里「二」，萬本作「三」，庫本同。原校：「按元和郡縣志具載諸陵，無霸陵、杜陵，而長安志霸陵、杜陵皆在萬年縣，今記萬年亦已有杜陵，蓋誤載于咸陽耳。」按賀次君括地志輯校：「霸陵，漢文帝陵，在雍州萬年縣東二十里。」本書卷二五萬年縣：「漢文帝廟，在縣東本陵北，去縣二十五里。」原校是也。

〔四四〕杜陵漢宣帝陵也在縣西北二十二里　原校云萬年縣有杜陵，記「誤載于咸陽縣」，參見校勘記〔四三〕。按史記卷八高祖本紀引括地志：「杜陵故城在雍州萬年縣東南十五里。漢杜陵縣，宣帝陵邑也，北去宣帝陵五里。」本書卷二五萬年縣：「漢宣帝廟在縣東南本陵北，去縣十里。」原校是也。

〔四五〕在縣東北三十五里「東」，底本脱，據萬本、庫本及元和郡縣圖志京兆府、長安志卷一三補。

〔四六〕在縣東北七里「七」，嘉慶重修一統志卷二二九西安府引本書同，長安志卷一三引本書作「三十五」。

〔四七〕在縣北一十五里　「五」，萬本及嘉慶重修一統志卷二二九西安府引本書同，庫本及長安志卷一三引本書作「四」。

〔四八〕周迴十五里　「十五」，底本作「五十」，據萬本、庫本、嘉慶重修一統志卷二二七西安府引本書、傅校及長安志卷一六、類編長安志卷六乙正。

〔四九〕黄帝升僊于寒門　「寒」，底本作「塞」，萬本、庫本同，據傅校及漢書卷二五郊祀志上、長安志卷一六改。下引水經注文同改。

〔五〇〕在縣西北六十里九嵕山　「六十里」，底本、萬本、庫本誤于「九嵕山」下，據新唐書卷三七地理志一、長安志卷一六、類編長安志卷八乙正。

〔五一〕北二百里　按元和郡縣圖志京兆府：涇陽縣，「南至府七十里。」長安志卷一七同，元豐九域志卷三：涇陽縣，「府北七十里。」此載里數誤。

〔五二〕後魏廢于今縣置咸陽郡苻秦又置涇陽縣　按長安志卷一七：「苻堅於今縣東南二十八里置涇陽縣，後魏於縣置咸陽郡。隋開皇三年罷咸陽郡，徙縣置於廢郡，隸雍州，即今縣也。」類編長安志卷一同。則此「苻秦又置涇陽縣」文，應叙於「後魏廢于今縣置咸陽郡」之前，才合，此文倒誤。

〔五三〕西北自池陽縣界流入　按本書卷三一載，唐貞觀八年改池陽爲雲陽，天授二年以縣置鼎州，久視元年廢州，神龍初復爲雲陽縣，直至宋初不改，其時無池陽縣，此「池陽」宜作「雲陽」。

〔五四〕皆見溝洫志　按永樂大典卷一二一四八引本書「溝洫志」下有「詩云：『獫狁匪茹，整居焦穫。』穫，音護。」此當脱。

〔五五〕詔丞相公孫弘按地圖果秦獄也　「地圖」，原倒誤「圖地」，據藝文類聚卷七二、長安志卷一七、類編長安志卷七乙正。

〔五六〕元和十五年四月並移隸奉先縣以奉景陵　唐會要卷七〇州縣改置上：「元和十五年四月以美原縣龍原鄉、櫟陽縣萬年鄉，隸奉先，以奉景陵。」此「四月」下蓋脱「以美原縣龍原鄉櫟陽縣萬年鄉」十三字，或脱「以櫟陽縣萬年鄉」七字。

〔五七〕沮水東經萬年故城在涇渭北小河　按水經沮水注：沮水東逕萬年縣故城北，「闞駰曰：縣西有涇、渭，北有小河，謂此水也。」又史記卷二夏本紀正義引十三州志云：「萬年縣南有涇、渭，北有小河，即沮水也。」則此「萬年故城」下脱「北」字，「在涇渭」爲「縣西（或『南』）有涇渭」之脱誤，「北小河」爲「北有小河」之脱誤。

〔五八〕形如韭畦各一土封也　萬本作「形如種韭畦各一土封也」。史記卷二八封禪書集解引晉灼曰：「形如種韭畦，畦各一土封。」此「形如」下蓋脱「種」字，「各」上脱「畦」字。

〔五九〕元和元年六月勅割隸奉先縣　按唐會要卷七〇州縣改置上：「元和十五年四月以美原縣龍原

鄉、櫟陽縣萬年鄉，隸奉先，以奉景陵。」本書櫟陽縣序亦記元和十五年四月，此「元」爲「十五」之誤，「六」爲「四」字之誤。參見本卷校勘記〔五六〕。

〔六〇〕屬京兆郡　「郡」，底本脱，庫本同，據萬本及元和郡縣圖志京兆府、長安志卷一七補。

〔六一〕其縣在今縣西南一里故城是也　「一里」，底本無，庫本同，萬本有此二字。按史記卷一〇孝文本紀正義引括地志：「高陵故城在雍州高陵縣西南一里。」通典卷一七三州郡三：「其縣在今縣西南一里高陵故城是也。」此「西南」下脱「一里」二字，據補。

〔六二〕百姓祈禱　「祈」，底本作「所」，據萬本、庫本、嘉慶重修一統志卷二三〇西安府引本書及長安志卷一七改。

〔六三〕在縣東南一十里　「東」，底本作「西」，據萬本、庫本及長安志卷一七改。按嘉慶重修一統志卷二二九西安府引本書作「在縣東十里」。

太平寰宇記卷之二十七

關西道三

雍州三

興平縣，西九十里。舊二十鄉，今六鄉。本周犬丘之地也。按漢地理志：「周曰犬丘，秦曰廢丘。」項羽封章邯爲雍王，都于此，漢高帝改爲槐里，今縣北故城是也。武帝又割置茂陵縣，以茂陵在此邑，昭帝又割其地置平陵縣，以平陵之故也，屬右扶風。魏黄初元年改爲始平縣，〔一〕因原以建名。歷晉至苻堅，移于茂陵城。後魏永安元年移于今縣東北一十五里，恭帝元年又移于縣東北二十五里，大象二年復移于今縣東南一十五里文學城。隋大業九年自文學城移于今所。唐景龍四年，車駕送金城公主至縣，因改爲金城縣，置于馬嵬故城，即姚萇時扶風王駢以數千人保馬嵬故城，是此處也。至德二年復爲興平縣，尋又復爲金城。今改爲興平。

渭水，南去縣二十九里。

馬牧澤，在縣東南二十里。南北廣四里，東西二十一里。

百頃澤，在縣西二十五里。周迴一十六里，多蒲魚之利。

始平原。三秦記云：「長安城北有始平原數百里，其人井汲巢居，井深可五十丈。」即此原。

犬丘城，一名槐里城，一名廢丘城，今在縣東南一十里。秦仲之子莊公伐西戎，復其地，爲西垂大夫，即此。周懿王所都。項羽封章邯爲雍王，都廢丘，亦此城。魏黄初元年于故城置扶風郡。至晉泰始中，郡徙理郿，改此城爲始平國。領槐里縣。後魏真君七年自此城徙槐里縣于今縣理西二十五里槐里故城，此城遂廢。

茂陵故城，在今縣東北一十九里。漢武帝陵在槐里之茂鄉，因以爲名。守陵溉樹掃除，凡五千人。至宣帝始爲縣，晉併入始平縣。後魏曾于此置始平郡，領始平縣。真君七年廢郡。莊帝永安元年又移于今縣東北一十五里始平故城，此城遂廢。

馬嵬故城，一云馬嵬坡。馬嵬，姓名也，〔三〕于此築城以避難，未詳何代人。唐天寶末年，玄宗西幸次馬嵬驛，爲禁軍不發，殺楊妃于此。復有端正樹存焉。劉禹錫經馬嵬坡詩：「緑野扶風道，黄塵馬嵬驛。路邊楊貴人，墳高三四尺。乃問里中兒，皆言幸蜀時。軍家誅佞倖，〔三〕天子捨妖姬。羣吏伏門屏，貴人牽帝衣。低徊轉美目，風日爲無暉。貴人飲金屑，倏忽蕣英暮。平生服杏丹，顏色真如故。屬車塵已遠，里巷來窺覷。共愛宿妝妍，君王畫眉處。履綦無復有，履組光未滅。不見巖畔人，空見凌波襪。郵童愛踪迹，私手解鞶結。〔四〕傳看千萬眼，縷絶香不歇。指環照骨明，首飾敵連城。將入咸陽市，猶得賈胡驚。」

漢龍泉廟，〔五〕在縣東北二十四里，武帝廟號也。

漢黄山宮，在縣西南三十里。武帝微行，西至黄山宮，即此也。

章邯臺，在縣東南一十里。

漢公孫弘墓，在縣東北一十八里。

衛青墓，在縣東北一十九里，起冢象廬山。

霍去病墓，在縣東北一十九里，起冢象祁連山。

李夫人墓，在縣北一十六里，俗謂之英陵。

李延年墓，在縣東北一十八里。

董仲舒墓，在縣東北二十里。

昭應縣，東五十八里。舊十八鄉，今三鄉。〔六〕縣即漢新豐之地。本驪戎國，晉獻公伐驪戎是此地，秦滅之爲驪邑。漢高帝七年，以太上皇思彭城之豐欲東歸，于是高帝築此以爲新豐縣，屬京兆，今縣東一十二里故城，即漢縣之所。後漢靈帝末移安定郡陰盤縣寄理于此，今亦謂陰盤城。後魏太和九年自此移陰盤縣于今昭應縣東三十二里泠水西、戲水東司馬村故城也。其新豐縣自陰盤縣寄理之後，又移理于故城東三十里，〔七〕蓋在零水側。周閔帝元年又徙于天寶廢新豐縣東南七里。隋大業六年又移于天寶中廢縣所治。垂拱二年以新豐縣東南三十里有山湧出，因改爲慶山縣。天授二年于縣界零口置鴻州，取慶山、渭南兩縣十二鄉于郭下置鴻門縣，以慶山、高陵、櫟陽、渭南、鴻門五縣隸焉，〔八〕至久視元年廢州，并廢鴻門縣。神龍元年復爲新豐縣。天寶初，玄宗每歲十月幸温湯，歲盡而歸，以縣去湯泉稍遠，四年析新豐置會昌縣。〔九〕後以太宗昭陵之故，數有徵應事，宰臣稱賀；〔一〇〕至七載十二月改爲昭應。

驪山，在縣東南二里，即藍田山也。温湯出于山下，其陽多寶玉，其陰多黄金。三秦記云：「始皇作閣道至驪山八十里，人行橋上，車行橋下，今石柱猶存。山上立祠，名曰露臺。」

浮胏山。水經注云：「蓋驪山之别麓而有異名也。」〔一一〕

鳳凰原。後漢書「延光二年，鳳凰集于新豐」，即此原也。亦驪山之别麓。

㮨音恒。〔一二〕石，在縣東一十里。初，秦始皇之葬，遠採此石，將致之驪山，在此不復動。石高一丈八尺，周迴一十八步。

坑儒谷，在縣東南五里。〔一三〕始皇以驪山温處，令人冬月種瓜，招天下儒者議之，各説不同，因發機陷之。唐玄宗改爲旌儒鄉，立旌儒廟，賈至爲碑文。

鴻門坂。續漢書：「沛公見項羽處。」〔一四〕在縣東十七里，〔一五〕舊大道北下坂口名也。〔一六〕按關中記：「鴻門在始皇陵北十里。」

新豐路。漢書云：「文帝登霸陵，指新豐路示慎夫人曰：『此是北走邯鄲道也。』」又亭尉呵李廣處。

温泉，在驪山之西北。按三秦記云：「入湯須以三牲祭之，不爾，即爛人肉。」張衡賦序云：「余適驪山，觀温泉，浴神井，嘉洪澤之普施，乃爲之賦。」今按泉有三，其一所即有皇堂石井，周武帝天和四年，大冢宰宇文護所造，隋文帝列樹松柏。唐開元十一年置温泉宫于驪山；至天寶六年改爲華清宫，始移于岳南。又造長生殿以祠神。玄宗歲常幸焉。杜牧過華清宫三絶句云：「長安迴望繡成堆，山頂千門次第開。一騎紅塵妃子笑，無人知是荔枝來。新豐緑樹起黄埃，數騎漁陽探使回。霓裳一曲千峯上，舞破中原始下來。萬國笙歌醉太平，倚天樓殿月分明。雲中亂拍禄山舞，風過重巒下笑聲。」

戲水，在縣東二十七里。水經注云：「泠水出浮胏山，戲水出驪山鴻谷，〔一七〕又北歷戲亭東。」即周章軍西至戲，秦將章邯拒破之，亦此地也。

百丈水，即泠水之别名，歷陰盤、新豐兩原之間，北流注于渭。

陰盤故城，漢舊縣，屬安定郡，後遇亂徙于此，屬京兆。後魏文帝太和九年移此額于泠水西、戲水東以城之，是此也。

步昌亭。三輔黄圖云：「成帝于霸陵北步昌亭起昌陵，即成帝之廢陵也。〔一八〕」

曲郵亭，張良送漢高祖處也。

露臺祠，即始皇祠也。按辛氏三秦記云：「驪山頂有始皇祠，〔一九〕不齋戒而往，即風雨迷道。」

幽王城，一名幽王壘。國語：「幽王滅于戲。」史記：「幽王以申侯女爲后，王愛褒姒之子伯服爲太子。申侯怒，乃與犬戎共攻幽王，殺之驪山之下，虜褒姒，取周賂而去。」潘岳西征賦云：「履犬戎之侵地，疾幽后之詭惑。舉僞烽以沮衆，淫嬖褒而縱慝。軍敗戲水之上，身死驪山之北。赫赫宗周，滅爲亡國。」

驪戎故城，在縣東二十四里，殷周時驪戎國地也。

新豐故城，在縣東一十八里，漢新豐縣也。漢七年，高祖以太上皇思東歸，于此置縣，徙豐人以實之，故曰新豐。并移枌榆舊社，街衢棟宇，一如舊制。士女老幼，〔二〇〕各知其室，雖雞犬混放，亦識其家焉。

周幽王陵，在縣東北二十五里。

秦始皇陵，在縣東八里。始皇即位，治驪山陵，役徒七十萬人。今按其陵高大，亦不足役七十萬人積年之功，蓋以驪山水泉本北流者，皆陂障使東西流，又此山無石，取于渭北諸山，其費功力由此也。

漢成帝陵、廢昌邑王陵，已上二陵，俱在邑界。

馮衍墓，後漢人，在縣西四里。〔二一〕

段太尉墓，在縣西十五里，即段秀實也。

武功縣，西北一百四十里。舊十四鄉，今四鄉。漢舊縣。古有邰國，堯封后稷之地。周平王東遷，以錫秦襄公。孝公作四十一縣，斄、美陽、武功，各其一也。「斄」與「邰」音同字異，武功蓋在渭水南，今郿縣地是也。按舊縣境有武功山。斜谷水亦曰武功水。故諸葛武侯表云：「遣孟琰據武功水。」又杜彥達云：〔二二〕「太白山南連武功山。」是則縣本以山水立名也。唐武德三年分雍州之武功、好畤、盩厔、扶風四縣，于今理置稷州，〔二三〕因后稷所封爲名。貞觀元年廢州，以縣屬京兆。武后天授二年又爲稷州，以武功、奉天、始平、盩厔、好畤等五縣屬焉。至大足元年廢州，縣還屬雍州。〔二四〕後唐同光中割屬鳳翔，長興元年卻復京兆。

三時原，在縣西南二十里，高五十丈。西入扶風縣界。

敦物山，〔二五〕即華山之別名也。自華州華陰縣東接潼關，連亘經于是邑。

莫谷水。水經注云：「莫谷水，南經美陽縣，與中亭川水相合。〔二六〕」

雍水，俗名白水，〔二七〕亦曰圍川水，西北自扶風界流入。

斄城，一名武功城。在周爲邰國，后稷所封之邑，漢爲斄縣也，在今縣西南二十二里。後漢省，復自渭水南移武功縣于斄故城，因謂之武功城。後魏孝文太和十一年改武功爲美陽縣，仍于此置武功郡。周武天和四年，美陽還舊理；建德三年省郡，別立武功縣于中亭川，即今縣理也。晉地道記云：「省斄以併郡。」蓋取斄之南境，渭之南以併郡，非省縣也。唐武德三年于此置稷州，貞觀元年廢。

斜谷，其斜谷水出衙嶺山，北至郿入渭。

周城，一名美陽城。漢志美陽縣：「西北中水鄉，〔二八〕周太王所居邑。」即此也。詩云：「古公亶父，來朝走馬，率西水滸，至于岐下。」又曰：「周原膴膴，堇荼如飴。爰契我龜，築室于茲。」帝王世紀：「周太王避狄，循漆水，踰梁山，徙邑于岐山之陽，今扶風美陽西北有岐陽城，舊周地也。」

小槐里。李奇曰：「即槐里之西城也，東已有槐里城，以此城爲小槐里。」魏志：「太祖以楊阜爲武都太守，以武都孤遠，欲移之，人多戀土。然阜威信素著，前後徙人居京兆、扶風、天水界者萬餘户，于是徙郡于小槐里，百姓襁負隨之。」此城也。

六門堰。西魏文帝大統十三年，置六斗門節水，因名之。

斄亭。後漢王忳，音屯。〔二九〕除郿令。之官，至斄亭。亭長曰：「亭有鬼，數殺過客，不可宿也。」忳曰：「仁勝兇邪，德除不祥，何鬼之避！」即入亭止宿。夜中聞有女子稱冤之聲。忳叱曰：「有何枉狀，可前求理乎？」女子曰：「無衣，不敢進。」忳便投衣與之。女子乃前訴曰：「妾夫爲涪令，之官過宿此亭，亭長無狀，枉殺妾家十餘口，埋在樓下，悉盗取財貨。」忳問亭長姓名，女子曰：「即今門下游徼者也。」忳曰：「汝何故數殺過客？」對曰：「妾不得白日自訴，每夜陳冤，客輒眠不見應，不勝感恚，故殺之。」忳曰：「當爲爾理此冤，勿復殺良善也。」因解衣于地，忽然不見。明旦召游徼詰問，懼伏罪，〔三〇〕即收繫，得同謀十餘人悉伏罪。遣吏送其喪歸鄉里，于是亭遂清安。

美陽城，漢縣，在今縣西七里。南有周原。後魏太和十一年移廢縣于古斄城中，後改武功爲美陽縣。周天和四年，武功復還舊理；建德三年省，此邑今縣餘址殆盡。漢書注：「岐山在美陽西北。」

五泉渠，西自岐州扶風縣界流入，經三時原，隋文葬此原上。水入成國渠合。亦有六堰門，西魏大統十三年築以節水。

后稷祠，在縣西南二十里。郊祀志：「周興于邰邑，至今血食焉。」

姜嫄祠，在縣西南二十里。關中記：「姜嫄祠，在邰城東。」

隋文帝泰陵，在縣西南二十里三時原上。

慶善宮，在縣南一十八里，唐家舊宅，〔一〕南臨渭水。武德元年置宮。貞觀六年，鑾駕親幸，宴羣臣，賦詩焉。

蘇許公墓，在縣西一十里蘇村。神道碑存。

乾祐縣，東南三百五十里。〔二〕舊三鄉，今四鄉。本漢洵陽縣地。唐萬歲通天元年分豐陽縣及招諭、左綿等谷逃户以置安業縣。〔三〕景龍三年改屬雍州。景雲元年復隸商州。乾元元年改爲乾元縣，〔四〕仍屬京兆府，尋又歸商州。漢乾祐二年又屬京兆，便以年號名縣。

蘊谷，在縣西南七里。

卷二十七校勘記

〔一〕魏黄初元年改爲始平縣　「縣」，底本作「國」，萬本、庫本同，據嘉慶重修一統志卷二二八西安府引本書及長安志卷一四改。宋書卷三七州郡志三：「始平令，魏立。」魏書卷一〇六地形志下：始平縣，「魏置」。

〔二〕馬嵬姓名也　雍録卷六同，長安志卷一四引孫景安征途記作「馬嵬，人名」，類編長安志卷七同，傅校改同。

〔三〕軍家誅倖倖　「家」，底本作「中」，據萬本、庫本、傅校及全唐詩卷三五四劉禹錫馬嵬行改。

〔四〕私手解槃結　「槃」，全唐詩劉禹錫馬嵬行作「鞶」，此「槃」蓋爲「鞶」字之誤。

〔五〕龍泉廟　按三輔黄圖卷五：「武帝廟，號龍淵宫。」長安志卷一四：「龍淵廟，在縣東北二十四里，武帝廟也。」此唐避李淵諱改「泉」。

〔六〕今三鄉　「三」，萬本、庫本皆作「二」。按長安志卷一五：臨潼縣（北宋大中祥符八年改昭應縣爲臨潼縣），「三鄉，管一百一十六村。」類編卷一同，萬本、庫本誤。

〔七〕又移理于故城東三十里　「東」，底本脱，庫本同。據萬本、嘉慶重修一統志卷二二八西安府引本書及長安志卷一五補。

〔八〕以慶山高陵櫟陽渭南鴻門五縣隷焉　「鴻門」，底本脱，庫本同。據萬本及舊唐書卷三八地理志一、新唐書卷三七地理志一補。又底本「五縣」下衍「以」字，據傅校及長安志卷一四删。

〔九〕以縣去湯泉稍遠四年析新豐置會昌縣　「泉」，底本脱，據萬本、中大本、庫本、嘉慶重修一統志卷二二八西安府引本書、傳校及長安志卷一五補。又「析」，底本、庫本作「廢」；「置」，底本、庫本作「改爲」。按舊唐書地理志一：「天寶二年分新豐、萬年置會昌縣。」新唐書地理志一：天寶三載，「以縣去宫遠，析新豐、萬年置會昌縣。」唐會要卷七〇州縣改置上：「天寶三載十二月五日析新豐縣，於會昌山令置會昌縣。」長安志卷一五：「天寶四載析新豐、萬年二縣，於温泉宫置會昌縣於今治。」又舊新唐書地理志載，天寶七載廢新豐縣，改會昌縣爲昭應縣，則此當誤，萬本作「析新豐置會昌縣」，與上引記載合，據改。

〔一〇〕辛臣稱賀　「臣」，底本作「相」，據萬本、庫本、嘉慶重修一統志西安府引本書及傳校改。

〔一一〕蓋驪山之别麓而有異名也　「别麓」，水經渭水注作「連麓」。

〔一二〕音恒　萬本、庫本皆無此二字，傳校删，蓋非樂史原文。

〔一三〕在縣東南五里　「東南」，長安志卷一五及類編長安志卷六、卷七皆作「西南」。

〔一四〕續漢書沛公見項羽處　「續漢書」，萬本作「後漢書郡國志」。按續漢志郡國志一：新豐縣「東有鴻門亭」。劉昭注：「前書高帝見項羽處。」長安志卷一五、類編長安志卷七皆作「漢書沛公會項羽處」，此「續漢書」乃「漢書」之誤。

〔一五〕在縣東十七里　「十七」，底本作「七十」，萬本同，據庫本、傳校及長安志卷一五、類編長安志卷七乙正。

〔一六〕舊大道北下坂口名也　「名也」，底本脱，庫本同，據萬本及水經渭水注、長安志卷一五、類編長安志卷七補。

〔一七〕驪山鴻谷　「鴻谷」，庫本及長安志卷一五同，萬本作「馮公谷」。按水經渭水注：「戲水出麗山馮公谷。」史記卷八高祖本紀索隱引述征記云：「戲水自驪山馮公谷北流，歷戲亭。」則作「馮公谷」是也。

〔一八〕即成帝之廢陵也　「成」，底本作「武」，萬本同，庫本作「成」。長安志卷一五引三輔黄圖：「成帝於霸陵北步昌亭起昌陵，即成帝之廢陵也。」陳直三輔黄圖校證引同，並云：「所引當爲三輔黄圖原注之文，太平寰宇記卷二十七并同。原注『武帝』廢陵，疑爲『成帝』之誤字。」據改。

〔一九〕驪山頂有始皇祠　「頂」，底本作「巔」，據萬本、庫本、嘉慶重修一統志卷二三〇西安府引本書及傅校改。

〔二〇〕士女老幼　「士」，傅校改「男」，同元和郡縣圖志京兆府昭應縣。

〔二一〕在縣西四里　後漢書卷二八下馮衍傳李賢注：「在今新豐縣南四里。」按所云「縣」指新豐縣，廢於唐天寶七年，即今臨潼縣東北新豐，此「縣西」，與李賢注「縣南」不同。又長安志卷一五載「在臨潼縣東十四里」，乃指宋臨潼縣，即今縣。

〔二二〕杜彦達　「達」，庫本同，萬本作「遠」。按水經渭水注作「達」，元和郡縣圖志卷二京兆府、資治通鑑卷二一六唐天寶八年注皆作「遠」。

〔二三〕分雍州之武功好畤盩厔扶風四縣于今理置稷州　「扶風」，庫本作「郿」，萬本作「扶風之郿」，元和郡縣圖志京兆府武功縣序、傅校同。按舊唐書地理志一武功縣序同此，新唐書地理志一又作「以武功、好畤、盩厔及郇州之郿、鳳泉置稷州」，皆不同。

〔二四〕縣還屬雍州　底本作「縣仍隸府」。據元和郡縣圖志、舊新唐書地理志載，唐開元元年改雍州爲京兆府，本書卷二五載同，此云「府」，誤。萬本作「縣還屬雍州」，同舊唐書地理志一，是也，據改。庫本作「縣及隸府」，誤。

〔二五〕敦物山　「敦」，庫本同，萬本作「惇」，同尚書禹貢、漢書卷二八地理志上序，史記卷二夏本紀作「敦」，漢書地理志上右扶風武功縣：「垂山，古文以爲敦物。」「惇」、「敦」，義同。

〔二六〕南經美陽縣與中亭川水相合　庫本同，萬本據水經渭水注改爲「南逕美陽縣之中亭川，注雍水，謂之中亭水」。按長安志卷一四、類編長安志卷六引水經注並同此，蓋樂氏引而變其文，萬本改而失其原意。

〔二七〕俗名白水　「白」，底本作「別」，萬本、庫本同。嘉慶重修一統志卷二四七乾州引本書作「白」，長安志卷一四、類編長安志卷六引十道志皆作「白」，此「別」字誤，據改。

〔二八〕漢志美陽縣西北中水鄉　萬本、庫本同。按漢書地理志上：「美陽，禹貢岐山在西北。中水鄉，周大王所邑。」此引作「西北中水鄉」，當誤。長安志卷一七：「周城，在美陽城西北中水鄉，周太王所居邑也。」蓋是。

〔二九〕音屯　萬本、庫本無此二字，傅校删。按後漢書卷八一獨行列傳王忳傳李賢注：「忳音純。」此「屯」或爲「純」字之誤。

〔三〇〕懼伏罪　「懼」，萬本、庫本同，傅校改「具」，同後漢書王忳傳。

〔三一〕唐家舊宅　「唐」，元和郡縣圖志京兆府作「皇」。

〔三二〕東南三百五十里　「東」，底本作「西」，萬本、庫本同。元豐九域志卷三京兆府乾祐縣：「府東南三百五十里。」按唐宋雍州京兆府治萬年、長安二縣，即今陝西西安市，乾祐縣即今柞水縣，在西安市東南，此「西」爲「東」字之誤，據改。

〔三三〕唐萬歲通天元年分豐陽縣及招諭左綿等谷逃户以置安業縣　「萬歲」，底本無，萬本、庫本同，據舊唐書地理志二、新唐書地理志一、唐會要卷七一州縣改置下、長安志卷一七補。又「招諭」，庫本及長安志引本書作「招喻」。

〔三四〕乾元元年　「元年」，底本作「三年」，庫本同，據萬本及舊唐書地理志二、新唐書地理志一、長安志卷一七改。

太平寰宇記卷之二十八

關西道四

同州　沙苑監

同州

同州，馮翊郡。今理馮翊縣。禹貢雍州之域。春秋屬秦，戰國時爲秦、魏二國之境。按漢史，自高陵以東皆魏分。始皇平天下，爲内史地。項羽分爲塞國。漢高帝初置河上郡，九年復罷。按其地，即漢臨晉縣地。臨晉，故大荔國，秦獲之，更名臨晉。景帝分左右内史，此爲左内史。武帝改爲左馮翊。後漢因之。魏除「左」字，但爲馮翊郡。舊理在長安城内太上皇廟西南，今失所在。又按魏略云「建安初分馮翊爲右内史，高陵東爲左内史」是也。晉因之。後魏兼置華州。按後魏書云：「孝明帝分華山郡置武鄉郡。」〔一〕西魏改華州爲同州，以「漆、沮既從，灃水攸同」，言二水至斯同流入渭，以城居其地，因爲州之名在馮翊縣，而馮翊郡如故。按郡國記云：「同州所理城，即後魏永平三年，刺史安定王元爕所築。其東城，正光五年，刺史穆弼築，西與大城通。其外城，大統元年，刺史王羆築。」自今奉先縣東北五十里李潤鎮，分秦州置華州理于此。廢帝三年又改爲同州。其州城蓋自後魏以後修築，非漢之臨晉縣也。地志以爲漢臨晉縣，未詳其事，蓋後漢于此置臨晉縣，取今朝邑界故臨晉城爲名。晉改爲大荔。〔二〕後魏初復名臨晉，孝文太和十一年又改爲華陰。至孝昌二年，以重名又改爲武鄉縣，仍屬武鄉郡，即摭實也。隋開皇初廢郡。煬帝初州廢，復置馮翊郡。唐武德元年改爲同州，領馮翊、下邽、蒲城、朝邑、澄城、白水、郃陽、韓城八縣；三年分朝邑置河濱縣，分郃陽置河西縣，分澄城置長寧縣，仍割河西、韓城、郃陽三縣，于河西置西韓州；九年分馮翊置臨沮縣。貞觀元年省河濱、臨沮二縣；八年省長寧縣，廢西韓州，以郃陽、河西二縣來屬。垂拱元年割下邽屬華州。開元四年割蒲城縣屬京兆府。天寶元年改同州爲馮翊郡。乾元元年復爲同州。本匡國軍節度使，梁改爲忠武軍。一作定國軍。〔三〕後唐同光初復舊。周顯德六年降爲刺史。〔四〕皇朝改爲定國軍節度。

元領縣七。今八：馮翊，郃陽，澄城，白水，夏陽，韓城，朝邑，蒲城。雍州割到。

州境：東西一百八十五里。南北二百二十八里。

四至八到：東至東京一千一百里。東至西京六百五十里。西至長安二百八十里。東至河東郡八十一里。南至華州七十八里。西至華州下邽縣八十九里。北至鄜城縣二百四十二里。東南至華州華陰縣。缺。〔五〕西南至京兆府二百七十里。西北至京兆府同官縣九十里。東北至龍門縣一百六十六里。

户：唐開元户五萬六千五百九十九。皇朝户主二萬二千六百七十六，客四千八百一十九。河東户一百九十五。

風俗：漢書地理志云：「濱南山，近夏陽。人俗質木，不恥寇盜，性剛毅而好勝敵。」

姓氏：馮翊郡五姓：郭、蓋、雷、黨、吉。

人物：蒼頡，姓侯岡氏，馮翊人。黄帝史官，造書契。嚴幹。善春秋公羊，鍾繇不好，與繇答難，幹曰：「故吏爲明公服耳，公羊未肯也。」

土産：皺文韡，今貢。蒲合，麝香，鶻，〔六〕石燉餅，舊貢。草坐，白蒺藜。本草云：「防風生沙苑。」

馮翊縣，舊三十四鄉，今一十一鄉。本漢臨晉縣，故大荔戎城，秦獲之，更名。古戎國城，在今州東三十七里朝邑縣界，故王城是也。舊説秦築高壘以臨晉國，故曰臨晉。晉武帝改爲大荔。後魏改爲華陰，後以名重，改爲武鄉。隋大業三年改爲馮翊縣。馮，輔也，翊，佐也，義取輔佐京師。

渭、洛、河三水，皆經郡界。

九龍泉，在縣東南八里。有九穴，同爲一注，因名九龍，今謂之鵝鴨池。

甘泉，出匱谷中，〔七〕其水尤美，最堪造酒。

商原，在州北三十五里。水經注云：「洛水南經商原西，俗謂許原也。」

洛水，自西北澄城縣界流入，亦曰沮水。

沙苑，一名沙阜，在縣南十二里。酈道元注水經云：「洛水東經沙阜北，其阜東西八十里，南北三十里，俗名之曰沙苑。」即西魏文帝大統三年，周太祖爲相國，與高歡戰于沙苑，大破之。其時，太祖兵少，隱伏于沙草之中，以奇勝之。後于兵立之處，人栽一樹，以表其功，今樹往往猶存。仍于戰處立忠武寺。今以其戰處宜六畜，置沙苑監。

興德宮，在縣南三十二里。唐義旗將趣京師，軍次于忠武園，因置亭子，名興德宮，屬家令寺。

苦泉。按梁氏志云：「在許原下，地有苦泉，水味鹹苦，羊飲之肥而肉美。」今于泉側置羊牧，因相傳謂「沙苑細肋羊」，諺云：「苦泉羊，洛水漿。」

遺柳。西魏宇文泰敗高歡于沙苑，泰矜功，令騎士種柳各一株，數及七千。至今沙苑最多柳焉。

重泉城。三秦記云：「馮翊西北三十里有重泉城，即漢武帝爲李夫人所築。」

龍首渠。史記云：臨晉人「穿渠得龍首，〔八〕故曰龍首渠」。

司馬遷祠。代父談畢史記者，昔居于郡，今有祠在焉。

郃陽縣，東北一百二十里。舊十六鄉，今七鄉。漢舊縣，屬左馮翊。按郡國志云：「今縣南二十里有城，即古莘國地也。」散宜生爲文王求有莘氏美女以獻紂，即此地。按應劭注云「在郃水之陽」，詩大雅大明篇云「在洽之陽」，即此也。水經注云：「郃陽城南有瀵水，東流于河。」與刳首水相近。郡國縣道記云：「郃陽城，魏文侯築，今夏陽縣南三里故城是也。周武帝時屬澄城郡。隋開皇十六年，自故城移縣于今理。」梁割隸河中府。後唐天成元年復舊。

刳首水。〔九〕左傳：「晉敗秦師于令狐，至于刳首。」杜注云：「令狐在河東，當與刳首相接。」刳首坑，在郃陽也。

羈馬城。左傳文公十二年：「秦伯伐晉，取羈馬。」又成公十三年：「晉侯使吕相絶秦曰『翦我羈馬』。」即此也。

太姒廟。周文王娶有莘之女太姒，即邑人。今郡有文母祠，存祀典。

故蒲城縣，唐開元中改爲奉先縣，割入京兆府。

澄城縣，北一百里。舊一十七鄉，今九鄉。本漢徵縣之地。韋昭云：「徵，音懲。」徵、澄同聲，後人誤爲「澄」。春秋文公十年：「秦伐晉，取北徵。」〔一〇〕即此城是也。後魏太平真君七年分部陽縣置，又于今縣理置澄城郡。隋開皇三年罷郡，以縣屬同州。〔一一〕唐長慶四年割隷奉先縣，以奉先陵。〔一二〕梁割屬河中府。後唐同光三年復舊。

温泉。水經注云：「泉有三原，奇川鴻瀉，西注于洛，亦曰帝嚳温泉。」又有甘泉水，出匱谷中，其水尤美，堪造酒。泉東至新里。左傳僖公十八年：「梁伯益其國而不能實也，命曰新里，秦取之。」即此也。

徵城，在今縣西南二十二里。即左傳文公十年「秦伐晉，取北徵」是也。漢以爲徵縣，屬馮翊，今俗名避難堡。後漢省，晉復置，尋又省。

新城。左傳文公四年：「晉侯伐秦，圍邧、新城。」即此是也。

雲門谷。水經注云：「雲門谷水源出澄城縣界。」

王官城，即秦邑名也，廢城在縣西北。又左傳成公十三年：〔一三〕晉侯使吕相絶秦，「俘我王官，翦我羈馬」。

乾坑。漢書溝洫志云：武帝時，「嚴熊上言『臨晉人願穿洛以溉重泉以東萬餘頃故惡地』云。〔一四〕于是發卒萬人穿渠，自徵引洛水至商顔。商顔，今在馮翊縣界。名曰龍首渠。」按州西三十里有乾坑，即龍首之尾。

白水縣，西北一百二十里。舊十七鄉，今七鄉。按史記秦文公分清水爲白水縣，即此地也，後廢。在漢爲粟邑縣。粟邑故城，在縣西北二十八里。漢薛宣爲左馮翊，以粟邑縣小，僻在山中，其人謹樸，以頻陽令薛恭換粟邑令尹賞，二縣俱大理。又爲漢衙縣地，春秋時秦、晉戰于彭衙是也。後魏和平三年分澄城郡于此置白水縣及白水郡，南臨白水，因以立名。永平三年移郡于今縣西南三十五里奉先縣界。〔一五〕隋開皇三年罷郡，以縣屬同州。邑有會賓鄉，唐長慶四年割隸奉先縣，以奉先陵。

沮水。按酈道元注水經云：「洛水東南，沮水入焉，故洛水亦名漆沮水。其境東南谷多白土，因曰白水。」

柳谷水。郡國縣道記云：「衙城側有柳谷水，即彭衙水，南流至縣理東北合洛水。」是也。

姚谷。魏書云：「姚谷屬白水。」

粟邑城，漢縣，在縣西北二十八里，有故城存。又云：「粟邑縣僻在山中，其人謹樸，薛宣爲馮翊，以頻陽令薛恭換粟邑令尹賞，二縣皆大理。」

彭衙故城，在今縣東北六十里，有古城。左傳：「秦、晉戰于彭衙。」即此也。後漢安帝以上郡避羌寇寄理于此，因省衙縣。晉惠帝再置，尋又省焉。

夏陽縣，東北一百三十里。舊十一鄉，今六鄉。古有莘國，漢郃陽縣地。按梁氏十道志云：「唐武德三年分郃陽于此置河西縣，以在河之西爲名。」又割同州之郃陽、韓城二縣于今理置西韓州，取古韓國爲名也。以河東有韓州，故此加「西」。貞觀八年廢西韓州，以縣屬同州。乾元三年改爲夏陽縣。

瀵水。總名，發源黃河西岸平地。〔一六〕爾雅：「瀵大出尾下。」郭璞注：「河東汾陰縣有水口如車輪許，〔一七〕濆沸涌出，其深無限，名爲瀵魁。馮翊郃陽縣復有瀵，〔一八〕亦如之。相去數里而夾河，河中渚上，又有一瀵，水源皆潛相通。」

莘城。系本及詩：「莘國，姒姓。夏禹之後，武王之母太姒即此國之女。」有冢在焉。

長城。魏惠王所築，以備秦。

劉仲城。漢高祖兄也，封仲于代。十年，爲匈奴所攻，棄國而走，廢爲郃陽侯，〔一九〕居此城也。

姚武壁。十六國春秋：「苻堅二十一年，慕容泓起兵屯華澤，〔二〇〕堅使子叡討之，以龍驤將軍姚萇爲司馬，爲泓所敗，叡死之。萇使趙都謝罪，堅殺之。萇懼，奔渭北。西州豪族率衆歸之，推萇爲盟主，萇乃僭號于此。」蓋以武功立，因名姚武壁。

韓城縣，東北二百里。舊十三鄉，〔二一〕今五鄉。古韓國及梁國，漢爲夏陽縣地。今縣西南三里有夏陽故城存。〔二二〕韓國故城在今縣理南一十八里，梁國在今縣理南二十二里，有少梁故城。〔二三〕隋文帝分郃陽于此置韓城縣，以古韓城爲名。梁割屬河中府。後唐天成元年復舊。

梁山。漢志注云：「梁山在夏陽西北。」即尚書禹貢「治梁及岐」，詩韓奕篇云「奕奕梁山」，爾雅曰「梁山，晉望也」，注云謂「晉國所望祭也」。故曰大梁，別小梁之號，〔二四〕俱在韓城縣界，大梁山在今縣西五里。又按三秦記：「梁山宮城，又名織錦城。」

三累山。水經注云：「三累山層密三成，俗因名三累。」爾雅所謂「山三成爲崑崙丘」。

龍門山，在縣北五十里。禹貢所謂「導河積石，至于龍門。」三秦記云：「河津一名龍門，水懸船而行，〔二五〕兩傍有山，川陸不通，魚鼈莫上，故江湖大魚，有暴鰓龍門之困。」

韓原。詩云「有倬其道，韓侯受命」是也。〔二六〕按古今地名云：「韓武子食采于韓原。」亦晉、秦戰于此，即獲杜回。又秦獲晉惠公以歸之處。

崌谷水，在縣南一里，注于河。

少梁城，亦春秋秦、晉戰處也。

龍門關，一謂龍門戍，極峻嶮。西魏文帝大統元年置在龍門山下，關口有龍門城，即戍所也。司馬彪注莊子云：「呂梁，即龍門也，在縣東北。」

夏陽城，漢縣名。唐初廢縣，後復置。今在縣東北一百三十里。〔二七〕

高門原。按水經注：「高門原南有層阜，秀出雲表，俗謂馬門原」〔二八〕是也。

禹祠。書云：「禹治水至于龍門。」今夏陽縣是也。禹巡遶至于遶山，〔二九〕即此，因有祠存。

子夏石室。孔子弟子，爲毛詩序，昔處于此，有石室存焉。

朝邑縣，東三十五里。舊二十四鄉，今七鄉。地即古大荔戎國，在今縣東三十步，故王城是也。在漢爲臨晉故地。後魏文帝分置南五泉縣。西魏廢帝三年改爲朝邑縣，以北據朝坂爲名。

朝坂。按水經注云：「洛水東南歷强梁原，俗謂之朝坂。」

臨晉城，史記魏文侯十六年伐秦所築臨晉城。晉襄王六年，與秦會臨晉；〔三〇〕史記：「武王元年，與魏惠王會臨晉。」謂此城也。故城在今縣西南。

懷德城，漢縣，在今縣西南三十二里懷德故城是也。〔三一〕漢志注云：「洛水東南入渭。」今故城在渭水之北，沙苑之南，一名高陽城。

長春宮，在强梁原上。周武帝保定五年，〔三二〕宇文護所築，初名晉城。武帝建德二年置長春宮。隋文帝開皇十二年增構殿宇。煬帝大業十三年，高祖起義兵，自太原赴京師，九月大軍濟河，舍于此宮，休甲養士，而西定京邑。自後凡牧此州，多帶長春宮使。

蒲津關。因在蒲坂，〔三三〕又以河津之湊，因以爲名。十六國春秋：「苻健皇始四年十月大雨霖，河、渭俱溢，蒲津監寇登得一履于河中，〔三四〕長七尺三寸，人跡稱之，指長尺餘，大厚一寸。〔三五〕健見歎曰：『覆載之内，何所不有。』」

河橋。左傳昭公元年：「秦后子出奔晉，造舟于河。」杜注云：「造舟爲梁，通秦晉道。」即此橋。

西瀆河水祠。〔三六〕漢書地理志云：「左馮翊臨晉縣有河水祠。」郊祀志：「祀河于臨晉。」穆天子傳：「陽紆之山，河伯、馮夷之所都，是爲河宗氏。」山海經云：「馮夷，人面，乘兩龍。」太公金匱云：「馮修也。」〔三七〕龍魚河圖：「河伯姓呂，名公子，夫人姓馮，名夷。」尚書、中候：伯禹云：「臣觀河伯，面長人頭魚身。」張揖云：「馮夷，河伯，字也。華陰潼津鄉隄首陽里人也，〔三八〕水死化爲河伯。」博物志：「昔夏禹觀河，見長人魚身出水曰：『吾河精。』豈河伯也？〔三九〕馮夷者，華陰人，得道水仙，化爲河伯，豈道同哉？〔四〇〕」抱朴子：「河伯八月庚子日渡河溺死，天帝署爲河伯。」應劭曰：「馮夷，水仙也。」西魏文帝大統十三年於漢祠更加營造，因立四瀆祠于廟庭。周武天和四年，太宰宇文護于祠廟建碑一所。宣帝大象元年，江、淮、濟各從本所祠，唯有一祠依舊不改，每歲發使致璧加牲以祠焉。禮記云：「先王之祭川也，皆先河而後海。」今因河而祭海，即其義也。唐天寶十四年封爲靈源公。

芮鄉。郡國縣道記云：「今縣西南二里臨晉故城，是古芮鄉。」又縣東一里有王城，蓋大荔戎王之城。左傳云「晉陰飴甥會秦伯于王城」，即此也。

通靈陂，在縣北四里二百三十步。唐開元初，姜師度爲刺史，引洛水及堰黄河以灌之，種稻田二千餘頃。

蒲城縣，東南九十里。舊二十二鄉，今一十鄉。本漢重泉縣地。史記謂「秦簡公城重泉」，即今縣南五十里有重泉故城也。今縣即後魏太和十一年分白水縣于此置南白水縣，以在白水之南爲名。西魏廢帝三年改白水縣爲蒲城，以縣東故蒲城爲稱，屬同州。唐開元四年十月改爲奉先縣，仍隸京兆府，以奉睿宗橋陵，至十七年昇爲赤縣。皇朝開寶四年改爲蒲城縣。

故重泉縣。後漢書云：「王阜，字代公，爲重泉令，時大旱，收奪强吏，按察豪猾，于是澍雨。有鸞集縣屋，縣爲雅樂，應聲而舞，旬日方去，而化感如此。」

洛水，亦曰沮水。

賈城，古之賈國。左傳謂「芮伯、梁伯、賈伯伐曲沃」是也。

五味陂。漢書宣帝紀：「常困于蓮勺鹵中。」如淳曰：「爲人所困辱也。蓮勺縣有鹽池，縱廣十餘里，其鄉人名曰鹵中。」服虔曰：「鹵中，或曰澤中。」孟康曰：「蓮勺縣西北也。」按漢蓮勺縣，在此縣東南下邽縣界，此即鹵中也。

塹洛。史記：秦孝公九年築長城；簡公二年塹洛，〔四二〕故云「自鄭濱洛」。今沙苑長城是也。又按三秦記云：「在蒲城東五十里，秦築長城，即是塹洛也。」

唐睿宗橋陵，在縣西北三十里豐山。

玄宗泰陵，在縣東北二十里。

惠莊太子陵，在橋陵東南三里。

惠宣太子陵，在橋陵東六里。

惠文太子陵，在橋陵東三里。並在柏城内。

憲宗景陵，在縣西北二十里。

僖宗靖陵，在邑界，去長安一百五十里。

沙苑監

沙苑監者，在同州馮翊、朝邑兩縣界。按唐六典：「掌牧養隴右諸牧羊牛，以供其宴會、祭祀及尚食所用，每歲與典牧分月供之。若百司供應者，則四時皆供。凡羊毛及雜畜皮角，皆具數申送所由焉。」唐末廢。皇朝顯德二年于苑内牧馬。在州南一十五里。

古跡：沙苑古城，在朝邑縣南一十七里。從馮翊縣東界，沿洛水南岸，入朝邑縣界，及南至渭水。其城廣四十八里。

太沙。

鴻鶴池。

李公池。

土産：出白蒺藜，麻黄。

卷二十八校勘記

〔一〕孝明帝分華山郡置武鄉郡　按隋書卷二九地理志上：西魏改華陰縣爲武鄉縣，「置武鄉郡」。與此不同。

〔二〕晉改爲大荔　按嘉慶重修一統志卷二四四同州府引本書作「晉武帝改爲大荔」。

〔三〕一作定國軍　萬本、庫本皆無，傅校删。按新五代史卷六〇職方考：「同州，唐故曰匡國，梁改曰忠武，後唐復曰匡國。」元豐九域志卷三：同州，「唐匡國軍節度，周降軍事，皇朝太平興國七年爲定國軍節度。」宋會要輯稿方域五之三：同州，「唐正德軍節度（疑爲匡國軍之誤），梁爲忠武軍，後唐復舊，周降爲軍事，國朝改定國軍節度。」不聞梁爲「定國軍」，此當誤。

〔四〕周顯德六年降爲刺史　舊五代史卷一一八周書世宗紀：顯德五年正月，「乙酉，降同州爲郡。」資治通鑑卷二九四後周顯德五年正月，「乙酉，廢匡國軍。」此「六年」爲「五年」之誤。

〔五〕東南至華州華陰縣缺　通典卷一七三州郡三：馮翊郡同州：「南至華陰縣七十八里。」此缺者「七十八里」四字。

〔六〕鶻　萬本、庫本皆無，傅校删，蓋非樂史原文。

〔七〕出匱谷中　萬本「出」上有「水經注云」四字。按本書卷後文澄城縣亦引水經注甘泉水，文同，此或重出。

〔八〕穿渠得龍首　按史記卷二九河渠書：「穿渠得龍骨，故名曰龍首渠。」正義引括地志：「漢時自徵穿渠引洛，得龍骨。」漢書卷二九溝洫志文同史記，此「首」爲「骨」字之誤。

〔九〕刳首水　「刳首」，萬本作「刳谷」，庫本同。按新唐書卷三七地理志一作「洿谷水」。

〔一〇〕春秋文公十年秦伐晉取北徵　按秦伐晉，取北徵，載於左傳文公十年，此「春秋」宜作「左傳」。

〔一一〕以縣屬同州　「縣」，底本、庫本脱，據萬本及元和郡縣圖志卷二京兆府補。

〔一二〕唐長慶四年割隷奉先縣以奉先陵　唐會要卷七〇州縣改置上：「長慶四年五月，以富平縣豐水鄉、華州下邽縣翟公鄉、同州澄城縣撫道鄉、白水縣會賓鄉，並隷奉先縣，以奉景陵。」此「奉先縣」下脱「撫道鄉」三字。

〔一三〕左傳成公十三年　「左傳」，底本脱，庫本同，據萬本及左傳成公十三年補。

〔一四〕臨晉人願穿洛以溉重泉以東萬餘頃故惡地　「故惡地」，底本作「田」，庫本同，據萬本及漢書溝洫志改補。

〔一五〕移郡于今縣西南三十五里奉先縣界　「三十五」，底本作「三十三」，據萬本、庫本、嘉慶重修一統志卷二四四同州府引本書及傳校改。

〔一六〕總名發源黄河西岸平地　萬本、庫本同，嘉慶重修一統志卷二四三同州府引本書作「總發源黄河西岸平地」，無「名」字。按水經河水注：「瀵水出汾陰縣南四十里，西去河三里，與郃陽瀵水夾河。」則河東、河西皆有瀵水。元和郡縣圖志卷二同州郃陽縣：「中瀵水、蒲池瀵水與南瀵水，並在舊河西縣南五里，今郃陽界内。」則河西縣境瀵水數源，此「名」疑衍字。

〔一七〕有水口如車輪許　「許」，底本脱，據萬本、庫本及爾雅釋水郭璞注補。

〔一八〕馮翊郃陽縣復有瀵　「瀵」，底本脱，萬本、庫本同，據傅校及爾雅釋水郭璞注補。

〔一九〕十年爲匈奴所攻棄國而走廢爲郃陽侯　按漢書卷一高帝紀下、卷一四諸侯王表皆載，高帝七年，匈奴攻代，代王喜棄國自歸，廢爲郃陽侯，此「十年」爲「七年」之誤。

〔二〇〕苻堅二十一年慕容泓起兵屯華澤　「華澤」，底本作「必華澤」，據萬本、庫本、傅校及太平御覽卷三一四引十六國春秋、資治通鑑卷一〇五東晉太元九年删「必」字。又東晉太元九年，前秦苻堅建元二十年，資治通鑑於是年記：「燕主垂至鄴，改秦建元二十年爲燕元年。」湯球十六國春秋輯補亦列此事於建元二十年，此脱「建元」二字，「二十一」爲「二十」之誤。

〔二一〕舊十三鄉　「三」，萬本、中大本、庫本皆作「二」。

〔二二〕今縣西南三里有夏陽故城存　「三里」，萬本、庫本作「二里」。按史記卷七〇張儀列傳正義引括地志：「夏陽故城在同州韓城縣南二十里。」此里數疑誤。

〔二三〕梁國在今縣理南二十二里有少梁故城　「二十二」，庫本同，萬本作「二十三」。按史記卷四三趙世家正義引括地志：「少梁故城在同州韓城縣南二十二里。」同此。元和郡縣圖志同州韓城縣：「梁國在今縣理南二十三里，有少梁故城。」則同萬本。

〔二四〕故曰大梁別小梁之號　嘉慶重修一統志卷二四三同州府引本書作「有大梁、小梁之號」，無「別」字，文義亦異。

〔二五〕水懸船而行　底本作「外懸泉而」，庫本同，萬本作「懸船而行」。按史記卷二夏本紀正義引三秦記：「龍門水懸船而行，兩旁有山，水陸不通。」則萬本僅脱「水」字，據改補。

〔二六〕韓原詩云　「韓原」，萬本、庫本皆作「韓奕」。按詩韓奕：「有倬其道，韓侯受命。」則萬、庫本作「韓奕」，與下引文合。又史記卷五秦本紀正義引括地志云：「韓原在同州韓城縣西南十八里。十六國春秋云魏顆夢父結草抗秦將杜回，亦在韓原。」此目「韓原」，是。此「詩」下蓋脱「韓奕」二字。

〔二七〕漢縣名唐初廢縣後復置今在縣東北一百三十里　「三十」，萬本、庫本皆作「二十」。按漢夏陽縣在唐宋韓城縣（即今縣）南二十里，見於史記張儀列傳正義引括地志，唐夏陽縣在同州治馮翊縣東北一百三十里，載於元和郡縣圖志及本書同州夏陽縣，此既混淆漢縣、唐縣爲一，又誤方位里數。

〔二八〕水經注高門原南有層阜秀出雲表俗謂馬門原　按水經河水注：「陶水又南逕高門南，蓋層阜墮缺，故流高門之稱矣。」無本書引文，蓋出自它書，非水經注文。

〔二九〕遠山　庫本同，萬本作「逵山」，未知孰是。

〔三〇〕晉襄王六年與秦會臨晉　按戰國晉無「襄王」，魏有襄王，不聞與秦會臨晉事。史記卷一五六國年表及卷四四魏世家載：魏哀王六年，「與秦會臨晉。」疑此「襄王」爲「哀王」之誤。

〔三一〕在今縣西南三十二里懷德故城是也　「三十二」，史記卷五七絳侯周勃世家正義引括地志作「四十三」。

〔三二〕保定五年　「五年」，底本作「元年」，萬本、庫本同，據嘉慶重修一統志卷二四四同州府引本書及雍録卷四引十道志、玉海卷一五七改。

〔三三〕因在蒲坂　「在」，底本脱，庫本同，據萬本、嘉慶重修一統志卷三四四同州府引本書補。

〔三四〕得二履于河中　「二」，萬本作「大」，庫本同。按太平御覽卷一六四引十六國春秋作「一」，疑此「二」爲「一」字之誤。

〔三五〕大厚一寸　「大厚」，十六春秋輯補卷三一作「文深」，傅校改同，此誤。

〔三六〕河水祠　萬本作「大河祠」，庫本及傅校改同。按史記卷二八封禪書正義引括地志亦作「大河祠」。

〔三七〕馮修　「修」，底本作「循」，庫本同，據萬本及史記封禪書正義引括地志、文選張平子思玄賦李善注引太公金匱改。

〔三八〕潼津鄉隄首陽里人也　按淮南子齊俗訓注、史記封禪書正義引括地志、文選張平子思玄賦李善注、後漢書卷五九張衡傳李賢注引聖賢冢墓記皆作「潼鄉隄首里人」，此「潼津鄉」是否「潼鄉」，未知；「隄首陽里」疑衍「陽」字。

〔三九〕吾河精豈河伯也　「河」，底本脱，庫本同，據萬本、傅校及博物志卷七異聞、太平御覽卷八二引尚書、中候補。又「豈」下底本衍「不爲」二字，庫本同，據萬本及博物志删。

〔四〇〕豈道同哉　「道」，底本脱，庫本同，據傅校及博物志卷七異聞補。「道同」，萬本作「同道」，屬倒文。

〔四一〕秦孝公九年築長城簡公二年塹洛　按史記卷五秦本紀：簡公六年，塹洛。孝公元年，「魏築長城，自鄭濱洛。」此「九年」、「二年」爲「元年」、「六年」之誤，且孝公元年魏築長城、簡公六年塹洛，倒誤。

太平寰宇記卷之二十九

關西道五

華州

華州，華陰郡。今理鄭縣。禹貢雍州之域，今州境兼有豫州之域。周禮職方氏云：「豫州其山鎮曰華山。」括地志：「華山，古以爲敦物。」在華陰縣南。周時爲畿内之國，鄭桓公友所封采邑。一名咸林，故國語曰：「鄭桓公爲周司徒，采地咸林也。」春秋時爲秦、晉地，左傳曰：「晉侯許奉秦伯以河外列城五，南及華山。」按華山記云：「此山分秦、晉之地，鄙晉之西則曰陰晉，邊秦之東則曰寧秦。」戰國時，自高陵以東，皆魏之分。史記曰：「魏築長城，自鄭濱洛。」今州東南三里魏長城是也。按郭緣生述征記云：「長城，或説秦、晉分境祠華岳，故築此城。」秦併天下，爲内史之地。兩漢及晉，爲京兆、弘農二郡之地。按後魏書云：「太平真君元年置華山郡，至孝明帝分華山郡又置武鄉郡。〔一〕孝昌二年又改爲東雍州，仍領華山郡，以西有雍州，故曰東雍。」至西魏廢帝三年改東雍爲華州，今馮翊郡也。隋開皇三年郡廢，而華州如故。大業二年省華州，其地屬京兆、馮翊郡。至義寧元年割京兆之鄭縣、華陰二縣置華山郡，因後魏郡名。武德元年改爲華州，割雍州之渭南來屬，五年改渭南還雍州。〔二〕垂拱元年割同州之下邽來屬，二年改爲太州，避武后諱。〔三〕神龍元年復舊名。天寶元年改爲華陰郡。乾元元年復爲華州。上元中，肅宗不豫，又爲太州。寶應元年復爲華州，兼京城防禦使，又爲鎮國軍節度使。梁爲感化軍節度。後唐同光元年改爲鎮國軍。周顯德元年降爲刺史。皇朝升爲鎮國軍節度。

元領縣三。今四：鄭縣，下邽，華陰，渭南。京兆府割到。

州境：東西一百四十三里。南北一百三十五里。

四至八到：東至東京約九百八十里。東至西京約六百一十里。西至長安一百五十里。東至陜州二百六十里。南至商州二百八十里。北至同州六十里。東南至虢州一百六十里。西南至金州一千八百里。東北至河中府一百五里。西北至耀州一百五十里。

户：唐開元户三萬七百八十七。皇朝管户主一萬一百六十九，〔四〕客六千九百四十六。

風俗：同長安。

姓氏：武功郡二姓：蘇、韓。始平郡四姓：馮、龐、陰、宣。

人物：翟公，渭南人。官廷尉。〔五〕楊寶，華陰人。光武高其行，封靖節先生。〔六〕楊震，弘農華陰人，號關西孔子。楊彪，震曾孫。難董卓，不欲遷都。楊秉，震中子。官太尉。〔七〕劉寬，華陰人。有人錯認寬牛，下車與之。唐嚴挺之，華陰人。爲左丞。嚴武，挺子。母裴氏不容于父，獨厚妾。武方八歲，以鐵鎚碎妾之首，曰：「安有大臣厚妾而薄妻者。」父大奇之。〔八〕官劍南節度使。郭子儀，華陰人。封汾陽王。〔九〕楊炯，華陰人。楊綰，華陰人。〔一〇〕爲相十日，天下望風而懼。姚南仲，下邽人。多諫疏，官至右僕射。白居易，字樂天，渭南人。與元稹唱和，時號「元白」。官刑部尚書。〔一一〕楊於陵，字達夫，太尉震之後。韓滉妻以女，滉執朝政，於陵隱居山中。滉没，始出，累官右僕射。〔一二〕白敏中。字用晦，居易從弟。宣宗朝拜相。〔一三〕

土產：茯苓，茯神，細辛，已上今貢。綿，絹，朱柿子，出豐原鄉董侯里。石踏爐，出將相鄉獮猴谷。此二物元貢，今停。鶻，採于金氏陂。唐時貢五粒松。一名乳毛松，十二月採，出蒲谷。今不貢。

鄭縣，舊二十九鄉，〔一四〕今九鄉。本秦舊縣，漢屬京兆，即鄭桓公封邑，今郡北故鄭城是其故城。按郡國縣道記云：「古城連接今州城，齊天保中，官路經其中，〔一五〕東西相連有三小城。至宇文朝〔一六〕，縣移于西南九里。隋開皇三年又移理于州北故鄭城，四年又移于廢華州城。」唐武德四年又自州城移于州東一里。興元元年新築羅城，共古鄭城並在羅城内，仍移鄭縣于州西三里官路南周智先生祠邊，即今縣是也。

少華山，在縣東南十里。山海經云：「太華之西八十里，曰少華之山。其木多荆杞，其獸多㸲牛，其陰多磬石，其陽多㻬琈之玉，鳥多赤鷩。」爾雅云：「西南之美者，有華山之金石焉。」

五部祠。按水經注云：「鄭縣城南山北有五部神廟，〔一七〕東南向華岳。其廟前有碑，後漢光和四年，鄭縣令河東裴畢字君光所立。〔一八〕今按碑文，有石隄，樹谷，御史大夫、將軍、牧伯，其廟中題署有五部者，謂石隄，西戍樹谷，明神，五婁先生東臺御史王翦。〔一九〕

王喬谷，俗謂太公谷，即王喬所隱之處。谷有喬祠堂，歲常祀之。

英山，在縣西南一百三十里。山海經云：「英山其上多杻橿。」

竹水，亦曰大赤水，又名箭谷水。水經注云：「竹水南出竹山，經媚加谷，歷廣鄉原，北流注于渭。」

灌水，一名小赤水，今名高谷水。按山海經云：「出石脆山。」

孤柏原。水經注云：「孤柏原，禺水出焉，亦合灌水。」〔二〇〕

沈水，按漢書地理志沈陽縣屬左馮翊。水經注云：「沈水又北經沈城北。」

聖山，在縣西南，去州二十五里。舊圖經云：「垂拱四年十一月，飛土掩谷，〔二一〕擁水爲池，羣峰競起。其月十二日，忽踊四峰，高二百餘丈，有白龜、黄龍，紫雲蓋地。其山東西五里，南北七里，後立聖山廟。

竹山，在縣西南一百四十里，高一千二百六十丈。〔二二〕山海經云：「竹山，其上多喬木，其陰多鐵。」

細腰原，在縣西南一十六里。原中狹，因以名之。

符禺山，在縣西南一百里，高一百丈。山海經云：「其陽多銅，其陰多鐵。符禺之水出焉，北注于渭。」

沈陽故城，在州東北一十五里驛路南、石橋東有沈陽城。按此城與故武城二縣，並後漢省。按漢京兆尹、渭南郡所管諸縣多在渭水之南，此二縣並是馮翊屬縣，據三輔地界言之，皆合在渭水之北，當在同州及高陵、涇陽之北界。蓋因後漢安、順閒，西羌擾亂關中，縣人移于渭水南鄭縣界，權修壁壘以居，年代綿遠，因而稱爲漢縣焉。

下邽縣，東北隔渭水八十里。〔二三〕舊二十八鄉，今七鄉。本秦舊縣地，漢書地理志下邽屬京兆尹，以邽戎之人而來爲此縣，〔二四〕秦有上邽，此故加下也。魏志云：「董卓遷都長安，華歆求出欲爲下邽令。」即此邑。後魏改「邽」爲「封」，以「下」爲「夏」，避道武帝諱也。隋開皇三年以夏封縣屬華州，十七年屬同州，置在雄霸故城。大業二年復舊名。按四夷縣道記云：「下邽縣東南二十五里有下邽故城，在渭水之北，即大業十一年自此城移入西魏廢延壽郡城，即今縣理是也。唐垂拱元年十二月，自同州來屬。」

故甘泉城，在縣東南四十里。以此地水多鹹苦，城中井泉美，遂名甘泉，〔三五〕亦謂之夏王城。俗傳赫連勃勃所築。

廢下邽縣城，在縣東南三十五里。地志云：「秦下邽縣也。」〔三六〕自漢及晉不改，魏初移于雄霸城。水經注云「渭水逕下邽故城南〔三七〕」，即此也。

古蓮勺城，在今縣北二十二里。蓮音輦。勺，音酌。以草爲名。晉地道記云：「蓮勺縣屬馮翊。」後秦姚萇廢。後魏太和三年改馮翊爲延壽郡，〔三八〕蓮勺縣仍舊。隋開皇十年罷郡，〔三九〕以蓮勺屬華州，今縣城是也。大業二年省蓮勺入下邽。漢張禹自河内徙家于此城也。

金氏陂，在縣東南二十里。按輿地志云：「漢昭帝時，車騎將軍金日磾有功，賜其地。」摯虞三輔決録云：「金氏本下邽人也。」今陂久廢，即渠西廢陂是也。唐武德二年引白渠入陂，復曰金氏陂。貞觀三年，陂側置金氏監；十二年，此監廢，其田賜王公。古云：「此陂水滿，即關内豐熟。」西又有金氏陂，俗號曰東陂，南有月陂，形似月也，亦名金氏陂。

金日磾冢，在縣城内東南三百步，〔三〇〕高二丈。年多不見，墳闕地勢猶存。史記：「金翁叔名日磾，丁黎切。以匈奴休屠音除。王太子從渾邪王將衆五萬降漢。」位至將軍，賜田于此，歸葬，因冢焉，非下邽人也。

翟公冢，在縣東三十五里，高九尺。漢廷尉翟公之冢。

萬壽渦，在縣南四十里。古來此渦或興霧起雲，時有牛馬猪羊，變見形狀，〔三一〕遨遊沙渚，還入其渦，村坊往往見之。今乾無水。

六石人。元在縣東南七里，同在一處，前趙石勒所造，置在石人村。西魏入關，遂移石人于府門外，經宿還歸本處，往往夜行，晝則在本處。今縣東南一十五里有二枚，縣東北一里有二枚，東南七里有二枚，村人禱祭之。

華陰縣，東六十里。舊二十三鄉，今七鄉。尚書禹貢曰：「導河積石，南至于華陰。」戰國屬魏，爲陰晉地，今縣東南五里有古城，即六國時陰晉地也。魏納于秦，秦得之改爲寧秦。漢書：「高帝八年更寧秦爲華陰縣。」以在太華山之陰，故名之。隋大業五年移于今理。唐龍朔三年廢潼津縣入華陰。垂拱元年改爲仙掌縣。神龍中復爲華陰。〔三二〕上元二年爲太陰縣。〔三三〕寶應元年復舊。

太華山，在縣南八里。山海經云：「太華之山，削成而四方，其高五千仞，廣十里，鳥獸莫居。有蛇焉，名肥𧔥，六足四翼，見則天下大旱。」遠而望之，有若華狀，故名華山。按名山記云：「華岳有三峰，直上數千仞，基廣而峰峻疊秀，迄于嶺表，有如削成。今博山香爐形實象之。」又華山與首陽本一山，河神巨靈，以手擘開其上，以足踏離其下，分爲兩山，以通河流，故掌與脚迹存焉。曹植述征賦云：「表神掌于巖首。」〔三四〕又張衡西京賦云：「綴以二華，巨靈贔音避。屭，音戲，解作力也。〔三五〕高掌遠蹠，以流河曲，厥跡猶存。」又水經注云：「華山頂上靈泉二所，一名蒲池。〔三六〕」又按華山記云：「山頂有池，生千葉蓮花，〔三七〕服之羽化，因名華山。」白虎通云：「西方華山，少陰用事，萬物生華，故曰華山。」以西有少華，故曰太華。昔有太原真人茅盈内記云：「始皇三十一年九月庚子，盈曾祖父濛，于華山乘雲駕龍，白日昇天。先是邑人謠曰：『神仙得者茅初成，駕龍上昇入太清，時下玄洲戲赤城，繼業而往在我盈，帝若學之臘嘉平。』」漢武内傳：「魯女生，長樂人，初餌胡麻，乃永絶穀，八十餘年，少壯色如桃花。一日與親知故人别，入華山。後五十年，先識者逢女生于廟前，乘白鹿，從王母，人因識之，謝其鄉里而去。」神仙傳：「中山衛叔卿，常乘雲車，駕白鹿，見漢武，將臣之，叔卿不言而去。武帝悔，求得其子度世，令還追其父。度世登華岳，見父與數人博于石上，勅度世令還。」詩含神霧：「華山上有明星玉女，手持玉漿，得服之，則仙矣。」

集靈宮、存神殿、存仙殿、望仙臺、集仙宮、望仙觀，皆漢帝宮觀名也。漢書云：「華陰縣有集靈宮。」三輔黄圖云：「望仙觀在華陰縣。」餘出華山記及三輔故事。又華山記云：「弘農鄧紹，八月曉入山，見童子執五綵囊，盛柏葉露以食之。」

石鼓。華山記云：「北有石鼓。」左太沖西京賦云「神鉦迢遞于高岡」是也。

南北二廟。北廟有古碑九所，其一是漢鎮遠將軍段煨更修之碑，黄門侍郎張昶書。〔三八〕魏文帝與鍾繇各于碑陰刻二十字。此碑垂名海内。南廟是華北君祠，今有北君靈臺，上仙下仙四神童院。其廟外柏樹二千餘株，即後周文帝所植。

潼關，有潼水焉。按三輔記：「關因水得名，水去關一里。」即左傳云：「晉侯使詹嘉處瑕，〔三九〕守桃林之塞。」是此。按今潼關自函谷至于潼關，高出雲表，幽谷秘邃，深林茂木，白日成昏。又曰：「潼關本名衝關，河水自龍門衝激至華山東，故以名之。信神明之奥區，帝宅之户牖，有百二之固。又按今關即隋大業七年移于南北鎮城間坑獸檻谷以置，〔四〇〕去舊關四里餘。至唐朝天授二年移近向北，臨河爲路。玄宗開元十三年于華岳祠南通衢立碑，御製其文并書，即此，是新關南路也，舊路在岳北。是後牧是州者，多帶防禦潼關軍使。

瓊岳宮，在縣西一十八里。隋大業四年置，本名敷水宮，五年改爲華陰宮。義寧二年移宮置長監。貞觀六年改爲華陰宮。顯慶三年爲瓊岳宮。今廢。

雲臺觀，在縣南山下六里。圖經云：「爲嶮峻難登，先置下方于山下。天寶元年勅于熊牢嶺置中方，號曰太清宮。」

松果山，在縣東南二十七里。山海經云：「華山首曰錢來山，其上多銅。有鳥名曰䳋音彤。渠，狀如山雞，黑身赤足。」與松果山相連。〔四一〕

糧餘山，在縣西南三十里。酈道元水經注云：「糧餘水出糧餘山。」

潼谷水，在縣東四十里。〔四二〕水經注云：「南自松果山，北入黄河。」神靈經云：「馮夷者，恒農華陰潼鄉人也，食水八石得仙。」

王猛冢，在縣東北八十里。按晉書云：「猛，北海人。家貧，鬻畚于洛陽，與華陰神遇。〔四三〕」苻堅時爲僕射，卒葬華陰。唐貞觀十年致祭，〔四四〕禁樵牧。

車箱谷，一名車水渦，在縣西南二十五里，去敷水谷七里。深不可測，祈雨者以石投之，其中有一鳥飛出，應時獲雨。

好女泉，在永豐原下，其水微細。

鎬泉，在縣東十九里。其水或涌或止，深不可測。括地圖云：「是河眼，亦謂之鎬池。」

敷西城。郭緣生述征記云:「敷西縣,夷狄所置,謂苻堅、姚萇時置有敷西縣,尋省之。」在縣西南。

定城。郭緣生述征記云:「或云段煨所造,未詳。夾道各一城。」城下有泥泉水出焉。按煨在漢爲鎮遠將軍。後魏孝武帝永熙三年于城中置定城驛。〔四五〕

平舒城。史記云:「秦始皇三十六年秋,使者從關東夜過華陰平舒道,有人持璧遮使者曰:『爲我遺鎬池君。』」春秋後傳:「華山君託書致鄗池君云:『子過鎬池,見大梓樹下有文石,取以款叩梓,當有應者,以書與之。』書入,讙聲言:〔四六〕『祖龍死。』」按水經注云:「渭水又東經平舒城北,昔始皇之將亡,江神返璧于華陰平舒道。」即此是也。在縣西南。

長城,在今縣西二里。即春秋時秦、晉分界處。

楊震墓。按三輔故事云:「震改葬華陰潼亭,先葬十餘日,有鳥高丈餘,集震喪前,〔四七〕悲鳴,葬畢,始飛去。時人刻石象鳥立于墓前。」與苻秦丞相王猛墓相近,二家並在今潼關西道北,有楊震碑,見存。周文帝破東魏軍,殺大將竇泰于此。貞觀十一年,太宗因幸墓所,傷其忠赤非命,親爲文以祭之。

漕河。唐天寶三年,以韋堅爲左常侍兼陝州刺史開漕河,自苑西引渭水,因古渠自華陰入渭，引永豐倉及三門倉米，〔四八〕以給京師，名曰廣運潭，以堅爲天下轉運使。灞、滻亦會于渠。天寶中，每年運米二百五十萬石，〔四九〕後以漸損。大曆之後，纔可及四十萬石也。

永豐倉，在今縣東北四十里。即韋堅所置，在渭水之南，號曰渭渠。

廢潼津縣，唐則天后割仙掌縣置，屬虢州，蓋因潼川爲名。按潼水又名灌水。潘岳西征賦云「泝黄卷以濟潼」是也。按唐曆云：「聖曆二年割虢州潼津縣入于太州。神龍三年廢。」

巨靈神廟，在縣北一百二里。〔五〇〕

渭南縣，西三十五里。舊十九鄉，今八鄉。本漢新豐縣地，蓋苻堅新置。漢初有渭南郡，因以取名。郭緣生述征記云：「渭南縣，夷狄所置。」則謂苻、姚也。後魏孝昌三年于今縣東四里明光原上，置渭南郡及南新豐縣。西魏廢帝三年改南新豐爲渭南縣。周建德二年省郡，以縣屬京兆府。隋開皇十四年，〔五一〕自明光原移于今理。周顯德三年，自京兆割隸華州。

三門水。按溝洫志云：「秦始皇引渭水貫都，以象天漢。」〔五二〕

新豐原，一名青原。水經注云「泠水歷陰盤、新豐二原之間」是也。又郡國縣道記云：「渭水在縣北一十四里。」

灃河，在縣北一里。

鳳凰原。三秦記云：「新豐界有鳳凰原，以鳳集得名。」

半日村，此村山高蔽虧，陽影常照其一半。〔五三〕

風門。三秦記云：「風門在新豐縣東南，兩阜相對，其所多風。」

倒獸山，一名玄象山，在縣東南五十里。十六國春秋云：「王昭，字子年，隱于東陽谷，鑿穴而居。弟子受業者百人，亦皆穴處。石季龍兵亂，棄其徒衆，遷于倒獸山。」〔五四〕即此也。

隋崇業故宮，在縣東一十五里。

步壽宮。三輔黄圖云：「步壽宮在新豐縣。」水經注：「首水經秦步壽宮西。〔五五〕」

步高宮。三輔黄圖云：「步高宮在新豐縣。」水經注：「首水經秦步高宮東，〔五六〕亦名市丘城。」

首水，出縣西南石樓山，北經二宮，過渭之東陽谷水而合渭。〔五七〕

卷二十九校勘記

〔一〕孝明帝分華山郡又置武鄉郡　按隋書卷二九地理志上：西魏改華陰縣爲武鄉縣，「置武鄉郡」。

與此不同。參見本書卷二十八校勘記〔一〕。

〔二〕五年改渭南還雍州　「改」，底本脱，庫本同，據萬本及舊唐書卷三八地理志一補。

〔三〕避武后諱　傳校「武后」下增「祖」字，同元和郡縣圖志卷二華州。

〔四〕皇朝管户主一萬一百六十九　「管」，底本無，據萬本、中大本、庫本及傳校補。

〔五〕翟公渭南人官廷尉　萬本、庫本皆無。按漢書卷五〇鄭當時傳：「下邽翟公爲廷尉。」此云「渭南人」，誤。

〔六〕楊寶華陰人光武高其行封靖節先生　萬本、庫本皆無。按後漢書卷五四楊震列傳：父寶，「光武高其節，建武中，公車特徵，老病不到，卒於家。」不載「封靖節先生」。

〔七〕楊秉震中子官太尉　萬本、庫本皆無。

〔八〕母裴氏不容于父至父大奇之　萬本、庫本皆無此三十六字。

〔九〕郭子儀華陰人封汾陽王　萬本、庫本皆無。按舊唐書卷一二〇、新唐書卷一三七郭子儀傳載：「華州鄭縣人。」此云「華陰人」，誤。

〔一〇〕華陰人　萬本、庫本皆作「華州人」，傳校改同。按舊唐書卷一一九、新唐書卷一四三楊綰傳皆載「華州華陰人」。

〔一一〕白居易至刑部尚書　萬本、庫本皆無。按舊唐書卷一六六白居易傳載，其先太原人，後移籍同州，又徙於下邽，「今爲下邽人焉」。新唐書卷一一九白居易傳略同，此云「渭南人」，不知所據。

〔一二〕楊於陵至累官右僕射　萬本、庫本皆無。

〔一三〕白敏中字用晦居易從弟宣宗朝拜相　萬本、庫本皆無。

〔一四〕舊二十九鄉　「九」，萬本、中大本、庫本皆作「四」。

〔一五〕齊天保中官路經其中　按周書卷二文帝紀下：大統十六年九月東伐，軍出長安，「遂於弘農北造橋濟河，自蒲坂還。於是河南自洛陽，河北自平陽以東，遂入於齊矣。」通典卷一七一州郡一序：「河南自洛陽之東之北，河東自平陽之界，屬於高齊。」齊周以此爲疆界，齊不至河西之地，何以官路經此？當誤。

〔一六〕宇文朝　「朝」，庫本同，萬本及嘉慶重修一統志卷三四四同州府引本書作「周」。

〔一七〕鄭縣城南山北有五部神廟　「北」，底本脱，庫本同，據萬本、傅校及水經渭水注補。

〔一八〕鄭縣令河東裴畢字君光所立　「河東」，底本脱，庫本同，據萬本及水經渭水注補。「君光」，萬本作「君先」，同水經渭水注，傅校改同，水經注疏：「畢爲宿名，與光字義相應，似作『光』較合。」

〔一九〕今按碑文至東臺御史王翦　「西戍」，底本作「西戎」。萬本、中大本、庫本皆作「西戍」。萬本注云：「按所引碑文，句義多不可曉。」王先謙合校水經注：趙一清曰：五部神廟碑，洪氏适隸釋作殽阮君神祠碑，其辭曰：「石隄、樹谷，南通商雒，以屬熊耳。百川鍾集，充崖滿谷。時有盛雨，彭濞涌溢，乘高趨下，揚波跳沫。於是𣪘阬以爲之防，承寫其流，北注諸渭，𤃩渫滀暴，使不爲害。前世通利，吏民興貴。有御史大夫、將軍、牧伯，故爲立祠以報其功。」又曰：「歐陽公嘗託部使者模此碑，命工以麪填其刻而鐫剔之，始可讀云，廟前有石隄，西戍樹谷，五樓先生東臺御史王翦將軍之像。」「西戎」蓋爲「西戍」之誤，據萬本、中大本、庫本改。

〔二〇〕水經注云孤柏原禺水出焉亦合灌水　按水經渭水注：小赤水「北逕蕭加谷于孤柏原西，東北流與禺水合，水出英山。」與本書引文不同。

〔二一〕飛土掩谷　萬本、庫本同；中大本、嘉慶重修一統志卷二四三同州府引本書皆作「飛土掩谷爲山」，與下文「擁水爲池」相應，似是，此疑脱「爲山」二字。

〔二二〕高一千二百六十丈　「二」，底本作「八」，據萬本、中大本、庫本及嘉慶重修一統志卷二四三同州府引本書改。

〔二三〕東北隔渭水八十里　元和郡縣圖志華州下邽縣：「東南至州八十里。」元豐九域志卷三：華州下邽縣，「州西北六十五里」。按唐宋華州治鄭縣，即今陝西華縣，下邽縣即今渭南市渭河北下邽鎮，在華州西北，李書記「東南至華州」，王書載「州西北」，皆是，此云州「東北」，乃州「西北」之誤。

〔二四〕以邽戎之人而來爲此縣　「而來」，底本作「來而」，據萬本、庫本及漢書卷二八地理志上顔師古注乙正。

〔二五〕城中井泉美遂名甘泉　庫本同，萬本作「城中井泉獨甘，故名甘泉城」，嘉慶重修一統志卷二二八西安府引本書同，當是。

〔二六〕秦下邽縣也　「縣」，底本作「城」，庫本同，據萬本、中大本、嘉慶重修一統志西安府引本書及傳校改。

〔二七〕渭水逕下邽故城南　「逕」，底本作「注」，萬本、庫本同，據嘉慶重修一統志西安府引本書、傅校及水經渭水注改。

〔二八〕後魏太和三年改馮翊爲延壽郡　王仲犖北周地理志卷一：「謝氏啓昆曰：『太和爲大統之誤。』按謝氏説不云出何書，當因地形志無此郡，故疑『太和』爲『大統』之譌。今按周書于謹傳，子寔，『孝閔踐阼，進爵延壽郡公』。而魏書列傳未有爲延壽郡守者，是至西魏始立延壽郡至確，謝氏之説誠是也。」

〔二九〕隋開皇十年罷郡　按隋書卷一高祖紀上：開皇三年，「罷天下諸郡」。同書卷二九地理志上：下邽縣，「舊置延壽郡，開皇初郡廢。」此「十年」爲「三年」或爲「初」字之誤。

〔三〇〕在縣城内東南三百步　「三」，萬本、庫本同，嘉慶重修一統志卷二二九西安府引本書作「二」。

〔三一〕變見形狀　「變」，底本脱，據萬本、庫本、嘉慶重修一統志卷二二七西安府引本書補。

〔三二〕神龍中　按舊唐書卷三八地理志一、新唐書卷三七地理志一皆作「神龍元年」。

〔三三〕上元二年　「二年」，新唐書地理志一同，舊唐書地理志一作「元年」。

〔三四〕表神掌于巖首　「巖首」，萬本據八代文抄改爲「仙谷」。

〔三五〕音避音戲解作力也　萬本無八字，庫本同，傅校删，蓋非樂史原文。

〔三六〕靈泉二所一名蒲池　底本脱「二所」二字，「一名」作「曰」，庫本同，並據萬本及水經河水注補改。

〔三七〕生千葉蓮花　「花」，底本脱，據萬本、庫本及初學記卷五引華山記補。

〔三八〕張昶　「昶」，底本作「㫗」，萬本同，庫本作「昶」。水經渭水注：「一碑是建安中立，漢鎮遠將軍段煨更修祠堂，碑文，漢給事黄門侍郎張昶造，昶自書之。」後漢書卷六五張奂傳：奂子昶，「善草書，至今稱傳之。」此「㫗」爲「昶」字之誤，據改。

〔三九〕晉侯使詹嘉處瑕　「處瑕」，底本脱，庫本同，據萬本及左傳文公十三年補。

〔四〇〕移于南北鎮城間坑獸檻谷以置　底本「間」作「門」，脱「獸」字，庫本同，據萬本及通典卷一七三州郡三改補。

〔四一〕華山首至與松果山相連　萬本據山海經改爲「華山之首，曰錢來之山，其上多松，西四十五里，曰松果之山。有鳥焉，其名曰螐渠，其狀如山雞，黑身赤足」。按樂氏乃據山海經文改寫，又山海經松果之山下云「其中多銅，有鳥焉，其名曰螐渠」。萬本妄改「多銅」爲「多松」。原校：「按山海經，華山之首曰錢來山，又西四十五里曰松果山，所産各異，今錯言之，小誤。」

〔四二〕在縣東四十里　「四十」，嘉慶重修一統志卷二四三同州府引本書同，萬本作「四十五」，庫本同，傅校改同。

〔四三〕與華陰神遇　原校：「按晉書載記『猛嘗見一父老于嵩高山』，與太平廣記所載中興書略同，今云華陰神，當別有所據，否則誤耳。」按晉書卷一一四苻堅載記：王猛至深山，見一父老，「既出，顧視，乃嵩高山也。」原校是也。

〔四四〕唐貞觀十年致祭　「十」，萬本作「十一」，庫本及嘉慶重修一統志卷二四四同州府引本書同，此疑誤。

〔四五〕定城驛　「城」，庫本同，萬本作「遠」，嘉慶重修一統志卷二四四引本書同。

〔四六〕讙聲言　庫本同，萬本作「聞語聲言」，同水經渭水注引春秋後傳。

〔四七〕集震喪前　「震」，底本無，庫本同，據萬本及後漢書卷五四楊震列傳補。

〔四八〕因古渠自華陰入渭引永豐倉及三門倉米　「自」，庫本同，萬本作「至」，同元和郡縣圖志華州。又「引」，元和郡縣圖志作「運」。

〔四九〕每年運米二百五十萬石　庫本同，萬本據元和郡縣圖志於「運」上補「水陸」二字。

〔五〇〕在縣北一百二里　「一百二」，萬本、庫本皆作「一百」，無「二」字。

〔五一〕隋開皇十四年　「隋」，底本脱，庫本同，據萬本及嘉慶重修一統志西安府引本書補。

〔五二〕溝洫志云秦始皇引渭水貫都以象天漢　按「渭水貫都，以象天漢」，載於水經渭水注、初學記卷六引三輔黄圖，非漢書溝洫志。

〔五三〕此村山高蔽虧陽影常照其一半　按嘉慶重修一統志西安府引本書作「此村以山高蔽虧，日影常照其半」。

〔五四〕王昭至遷于倒獸山　按長安志卷一七引十六國春秋作「王嘉，字子平，隱于東陽谷，鑿崖穴而居，弟子傳業者數百人，亦皆穴處。石季龍兵亂，棄其徒衆，至于長安，潛德終南山，結庵而止。門人聞而復隨之，乃遷于倒獸山」，與此稍異。

〔五五〕首水　「首」，萬本作「酋」。按水經渭水注作「首水」，即魏書卷一〇六地形志下京兆郡新豐縣之首谷水，長安志亦稱首水。元和郡縣圖志卷一、類編長安志卷六皆作「酋水」，則「首」、「酋」錯出，難以定之。下同。

〔五六〕首水經秦步高宫東　「東」，底本脱，庫本同，據萬本及水經渭水注補。

〔五七〕過渭之東陽谷水而合渭　按水經渭水注：「首水逕秦步高宫東，「北逕步壽宫西，又北入渭。」又載：「渭水又東得西陽水，又東得東陽水，並南出廣鄉原北垂，俱北入渭。」則首水、東陽水並北流入渭，此疑誤。

太平寰宇記卷之三十

關西道六

鳳翔府　司竹監

鳳翔府

鳳翔府，扶風郡，理天興縣。禹貢雍州之域。春秋及戰國時爲秦都，秦德公初居雍，即今天興縣也。至獻公始徙櫟陽。始皇併天下，屬内史。項羽封章邯爲雍王，即此地。高帝更名中地郡，復爲内史。景帝初分屬右内史。武帝太初元年更名右扶風，所以扶助京師行風化也，與京兆尹、左馮翊謂之三輔，理皆在長安城中。後漢出理槐里，即今興平縣東南七里故槐里城是。魏文帝除「右」字，但爲扶風郡，亦是重鎮，曹操使張郃屯陳倉，建興中諸葛武侯攻陳倉及郿，皆不克。晉太康八年爲秦國。後魏太武于今州理東五里築雍城鎮，文帝改鎮爲岐州。隋開皇元年于州城内置岐陽宫，岐州移于今理。大業三年罷州，爲扶風郡。唐武德元年復爲岐州，領雍、陳倉、郿、虢、岐山、鳳泉等六縣，又割雍等三縣置圍川，屬稷州。〔一〕貞觀元年廢稷州，以圍川及麟州之麟遊、普潤等三縣來屬；七年又置岐陽縣；八年改圍川爲扶風縣，省虢縣及鳳泉。天授二年復置虢縣。天寶元年改爲扶風郡。至德二載，肅宗自順化郡幸扶風郡，置天興縣，改雍縣爲鳳翔縣，並治郭下。初以陳倉爲鳳翔縣，乃改爲寶雞縣。其年十月克復兩京，十二月置鳳翔府，號爲西京，與成都、京兆、河南、太原爲五京。寶應元年併鳳翔縣入天興縣，後罷京名。

元領縣九。今十：天興，扶風，郿縣，岐山，寶雞，麟遊，普潤，虢縣，盩厔，京兆府割到。崇信。新置。　一縣舊廢：岐陽。入岐山、扶風。

州境：東西一百八十三里。〔二〕南北三百八十九里。

四至八到：東至東京一千五百八十里。東至西京一千一百七十里。東至長安三百一十九里。南取太白山路至興元府六百里。西至隴州一百五十里。北至涇州二百六十里。東南至京兆府界一百七十五里。西南至鳳州二百四十里。西北至涇州三百里。東北至邠州二百二十里。

户：唐開元户四萬四千五百三十二。皇朝管户主二萬六千七百九十，〔三〕客一萬三千三百一十五。

風俗：天水隴西迫近戎狄，修習戰備，高尚氣力，以射獵爲先。六郡良家子選給羽林、期門，以才力爲官，名將多出焉，故曰「山西出將」。秦詩謂：「王于興師，修我甲兵，與子偕行。」此實遺風。又曰：「在其板屋。」乃山多林木，人獲居之。

姓氏：扶風郡六姓：馬、竇、班、輔、魯、惠。

人物：公孫枝，字子桑，岐山人。〔四〕蹇叔，〔五〕孟明，子車奄息，白起，郿人。封武安君。〔六〕班彪，〔七〕班超，班固，〔八〕傅毅，法真，字高卿，郿人。稱關西大儒，號玄德先生。〔九〕馬融，〔一〇〕馬樞，扶風郿人。梁邵陵王綸引爲學士。〔一一〕覽二萬卷書，乃歎曰：「吾聞貴爵位者以巢、由爲桎梏，愛山林者以伊、吕爲管庫。」井丹，字大春，郿人。博學高論，時語曰：「五經紛綸井大春。」〔一二〕法正，字孝直，真之孫。佐先主進兵漢中，定巴、蜀，謚翼侯。〔一三〕王世充，天興人。〔一四〕本姓支，西域胡種，代居白鹿原。其父收幼卒隨母嫁灞城王粲，遂冒姓王氏。唐元載，竇威，字文蔚，岐山人。性躭典籍。〔一五〕楊炎，李淳風，岐山人。制渾天儀，著法象書七篇。〔一六〕王珪，郿人。馬璘。扶風人。〔一七〕

土產：龍鬚席，貢。蠟燭，貢。麻，布，松布，胡桃，駝羊。〔一八〕

天興縣，舊十六鄉，今十四鄉。本秦雍縣，秦國都也。漢縣，屬右扶風。四面積高曰雍。又四望不見四方，故謂之雍。秦回中宫在縣西，漢文帝十四年，匈奴入蕭關，燒回中宫，候騎至雍，即此也。〔一九〕唐至德二年分置鳳翔縣，永泰元年廢，乃改雍縣爲天興縣。

吴嶽。秦都咸陽，謂之西嶽。

三時原。史記封禪書曰秦文公作鄜時，宣公作密時，靈公又作吴陽上時在此原，故號三時原也，亦謂之周原。

乾歸故城，在縣西四十三里。十六國春秋曰：「苻登太初三年，乞伏乾歸西據苑川，號爲西秦。」因築此城也。〔二〇〕

五水，汧、渭、岐、漆、雍，已上五水皆歷郡界。

雍水，在縣北二里，源出縣西北平地。水經注：「雍水歷中牢音牢。溪，俗號中牢水，亦曰冰井水。」

野人塢，在縣南一百八十步。〔二一〕秦繆公失駿馬，野人盗食之處也。

漢五帝時。〔二二〕

祈年宫。漢書地理志：「祈年宫，秦惠公起造。」又有祈年觀。

回中宫。史記：秦始皇二十七年，「巡隴西、北地，出雞頭山，過回中宫。」漢書：「文帝十四年，匈奴入蕭關，殺都尉，燒回中宫，候騎至雍。武帝元封四年，幸雍，通回中道，遂北出蕭關。」又有三良宫相近。

故長安城，漢惠帝所築，今在天興縣城西北苑中也。

石鼓文，在縣南二十里許。石形如鼓，其數有十，蓋紀周宣王畋獵之事，其文即史籀之跡。唐貞觀中，吏部侍郎蘇勗紀其事，云：「虞褚歐陽，共稱古妙。雖歲久訛缺，然遺迹尚有可觀，而歷代紀地理志者不存紀録，尤可歎惜。」

扶風縣，東一百里。舊一十鄉，今十七鄉。〔三三〕本漢美陽縣地，今京兆府武功縣北美陽故城是也。後周天和元年于此置燕州。隋開皇十六年于今岐陽縣置岐山縣，以屬岐州，隋末廢州。唐武德三年分岐山縣于圍川城置圍川縣，四年隸稷州。貞觀元年廢稷州來屬，至八年改爲扶風縣。又按説文云：「圍川字作湋，近代訛舛，故爲圍。」

三時原，在縣南二十里。

湋音韋。〔三四〕水，在縣南三十里。

白水，在縣南二百步。

雍水，在縣東一百步，源出雍山。〔三五〕

郿縣，東南一百里。依舊十鄉。〔三六〕本秦縣也。漢志郿屬右扶風。三輔黄圖云：「右輔都尉理所。」秦寧公徙居平陽，即此地。〔三七〕今縣東十五里，渭水北故郿城是也。後魏廢帝因縣内郿城，改爲郿城縣，至天和三年以郿城縣并入周城縣。隋開皇三年廢岐山郡，以周城縣屬岐州；十八年改周城縣爲渭濱縣。大業二年復郿縣。唐武德三年移縣于郇州城，即今理也。白起，此縣人。

縣理城，亦曰斜城，城南當斜谷，因以爲名。斜谷南口曰褒，北口曰斜。

終南山，在縣南三十里。

郿塢，在縣東北一十六里。董卓封郿侯，據北阜築塢，高七丈，〔二八〕號曰萬歲塢，亦曰董卓塢，以寫長安城形。

太白山，在縣東南五十里。辛氏三秦記云：「太白山在武功縣南，去長安三百里，不知高幾許，俗云武功、太白，去天三百。山下軍行，不得鳴鼓角，鳴則疾風暴雨立至。」周地圖記云：「太白山上恒積雪，無草木。半山有横雲如瀑布，則澍雨，人常以爲候，驗之如離畢焉，故語云：『南山瀑布，非朝即暮。』」魏略曰：「吉茂、蘇則遇亂，隱于扶風南太白山中，以經籍自娱。」按唐史玄宗天寶八載，太白山人李渾上言：「有神人言金星洞内有玉版石，〔二九〕紀聖皇福壽之符。」命御史中丞王鉷入山求獲之，上御勤政樓受焉。于是大赦天下，封太白山神爲神應公，四時祭祀，金星洞改爲嘉祥洞。

積石原，在縣西北二十五里。水經注云：「積石原，即北原也。〔三〇〕魏青龍二年，諸得上。」即此原也。

葛武侯出斜谷，與司馬懿拒屯渭南。〔三一〕郭淮算孔明必争北原，遂先據之。孔明至，果不得上。」即此原也。

五丈原，在縣西南三十三里。〔三二〕魏氏春秋云：「諸葛孔明據渭南，司馬懿謂諸將曰：『亮若出武功，依山東轉，是其勇也。若西上五丈原，諸君無事矣。』亮果屯此原，與懿相拒。」

渭水，經縣東南。

成國渠，在縣東北九里。至上林入蒙籠渠。溝洫志云：「關中有成國渠。」如淳注云：「成國渠，在陳倉也。」

斜谷。按唐書：「永貞元年，西川節度使劉闢反。〔三三〕先是鳳翔斜谷路館驛停廢，今宜卻置，命高崇文爲神策行營節度使，崇文領兵馬取鳳翔斜谷路，李元奕領兵取駱谷路，同赴梓州應接。」當秦惠王時用司馬錯之策以伐蜀，漢光武使吴漢伐公孫述，魏司馬懿使鄧艾伐蜀，晉穆帝使桓温伐李子仁，宋武帝使朱齡石伐譙縱，梁武帝使鄧元起伐劉季連，周太祖使尉遲迥平蕭紀，隋文帝使梁睿平王謙，唐憲宗命高崇文平劉闢，自秦至元和，九度伐蜀，四爲水軍泝江而上，唯秦與鄧艾、尉遲迥、梁睿及崇文五在斜谷、駱谷出師南討不庭矣。

斜水，出斜谷，歷邑界東入渭。

斜城，在渭水南一里。周武帝天和元年築，置雲州于此，建德三年廢。唐武德元年又于此置郇州，三年又廢。故此城存。

武功故城，在今縣東四十里，即鳳泉故縣北、渭水之南。水經注云：「渭水東經武功故縣北。」南對太白山，北隔渭水與武功故斄城對。

岐山縣，東五十里。舊十鄉，今一十四鄉。周古公徙于岐，〔三四〕即此地。本漢雍縣之地，後周天和四年割涇州鶉觚縣之南界置三龍縣，屬岐州。隋開皇十六年移三龍縣于岐山南十里，改爲岐山縣，屬州不改，因山爲名。大業九年移于今縣東北八里。唐武德元年移理于今岐陽縣界張堡壘，七年移理龍尾城。貞觀八年又移理猪驛南，今縣理是也。

岐山，在縣東北十里，亦名天柱山。禹貢曰：「導汧及岐。」河圖括地象曰：「岐山在崑崙山東南，爲地乳上多白金，周之興也，鸑鷟鳴于山上，時人亦謂此山爲鳳凰堆。」酈道元注水經云：「天柱山有鳳凰祠。或云其峰高峻，迴出諸山，狀若柱，因以爲名。」

渭水，在縣南三十里，經邑界。

姜泉。皇甫謐帝王世紀云：「炎帝神農氏，母有蟜氏女，登爲少典妃，遊華陽，感神而生炎帝。長于姜水，因以氏焉。」酈道元注水經云：「炎帝長于姜水。」即此水也。

終南山，東連亘入京兆府界。

廢岐陽縣，在州東一百里。亦漢杜陽之地，屬右扶風。隋開皇十六年移三龍縣于此，因改爲岐山縣。唐貞觀七年割扶風、岐山二縣之土，以置此邑，蓋在岐山之陽，因以爲名。元和三年二月以其地復入岐山、扶風二縣，此額已廢。

五將山，在縣西北六十里。十六國春秋曰：「苻堅爲慕容沖所逼，長安謠曰『帝出五將，久長得。』先是又謠曰：『堅入五將山長得。』〔三五〕堅大信之，率騎數百，出五將，宣告州郡，期以孟冬拔長安。堅至五將山，姚萇遣吴忠圍之。堅衆奔散，忠執堅以歸新平。」即此山也。

漳谷水，源出縣東北六里漳谷，南流入扶風縣界。

寶雞縣，西南九十里。舊四鄉，今十鄉。漢書地理志陳倉縣屬右扶風。三國志云：「在魏爲重鎮，太和二年，蜀將諸葛孔明攻圍，郝昭守之，不拔。」即此城也。又周地圖記云：「陳倉縣，晉末廢。苻姚時于縣界置宛川縣，後魏大統十六年移宛川縣入漢陳倉故城，復爲陳倉縣。」即今縣東二十里古城是也，屬武都郡。後周天和三年又于此置顯州。建德三年又廢顯州及陳倉。隋開皇十八年又置陳倉縣，屬岐州。大業十年移縣理于渭水北留谷城，〔三六〕今縣是也。唐至德二載改爲寶雞縣，以秦文公獲若石于此，以徵爲名，今猶有寶雞祠存焉。咸通三年于縣東南開渠，〔三七〕引渭水入昇原渠，通船筏至京故城。即長安城，漢惠帝所築，在今大興縣之西北苑中也。〔三八〕

陳倉山，在縣南十里。辛氏三秦記云：「太白山南有陳倉山，山上有石雞，〔三九〕與山雞不別。趙高燒山，山雞飛去，而石雞不去，晨鳴山頭，聲聞三十里，〔四〇〕或謂是玉雞。録異傳云：『秦文公時，雍南山有大梓樹，〔四一〕文公伐之，輒有大風雨，樹生合不斷。有一人病，〔四二〕夜往山中，聞有鬼語樹神曰：秦若使人被髮，以朱絲繞樹伐汝，汝得不困耶？樹神無語。明日，病人語聞，〔四三〕文公如其言伐樹，樹斷，其中有一青牛出，走入灃水中。復出，使騎擊之，不勝。有騎墮地復上，髮解，牛畏之，入不出，〔四四〕故置髦頭。』」因此也。

渭水、汧水，皆歷縣界。

磻溪。太公釣此，得一魚，腹有璜玉，其文曰：「周受命，吕佐。」今石上隱隱有兩膝痕。〔四五〕

箕谷水，源出縣東南箕谷。

陳倉故城，在今縣東二十里，即秦文公所築。魏略曰：「太和中，魏遣將軍郝昭築陳倉城，適訖，會諸葛孔明來攻。亮本聞陳倉城惡，及至，怪其整頓，聞知昭在其中，大驚愕。孔明素聞昭在西有威名，念攻之不易。初，太原靳詳少與昭相親，後爲蜀所得。及孔明圍陳倉，詳爲孔明監軍，使于城外呼昭喻之。昭于樓上應詳曰：『魏家科法，卿所練也；我之爲人，卿所知也。曩時高剛守祁山，坐不專意，雖終得全，于今誚議不止。我必死矣，卿還謝孔明，便可攻也。』詳以告孔明，孔明進兵，雲梯衝車，晝夜攻拒，二十餘日，孔明無利，會費曜等救至，孔明乃引去。」按本城有上下二城相連，上城是秦文公築，下城是郝昭築。

三交故城，在縣西四十六里。〔四六〕耆舊傳：「司馬懿與諸葛武侯相拒于此，因築此城。」十六國春秋：〔四七〕「苻健于此置武都郡。」

大散關，在縣西南五十二里。〔四八〕老子著書處，或云在函谷。按郡國志云：「岐陽大山一本「大」作「太」，無「山」字。嶺通褒斜大路。」

寶雞祠，漢書郊祀志曰：「秦文公獲若石于陳倉北阪。」今有神祠是也。

玉女祠，秦穆公女弄玉凰臺之地。又秦穆公陵在此。〔四九〕

麟遊縣，東北一百一十里。舊十一鄉，今四鄉。本漢杜陽之地。隋義寧元年，唐高祖輔政于仁壽宮，置鳳棲郡及麟遊縣；二年改鳳棲爲麟遊郡及靈臺縣，〔五〇〕仍割安定郡之鶉觚縣同來屬。唐武德元年罷郡，改麟遊郡爲麟州，〔五一〕領縣不改。貞觀元年廢麟州，以所管普潤、麟遊二縣屬岐州，六年以縣自宮城移于今所。

崔模嶺，在縣東北五十里。

大横水，在縣東南流入。

九成宫，在縣西一里。〔五二〕本隋仁壽宫，隋文帝置。按隋書：「開皇十三年，楊素于岐山北建仁壽宫，夷山堙谷，館宇相屬，督役嚴急，作者多死，高祖不悦。及幸新宫遊觀，乃喜。後帝歲暮日晚登仁壽殿，周望原隰，見宫外烽火瀰漫，又聞哭聲，令左右觀之，報曰鬼哭。上曰：『此即役死之魂，歲暮思歸耳！』取酒奠之，乃止。」義寧元年廢宫，置立郡縣。貞觀五年復舊宫，以爲避暑之所，改名九成宫。

永安宫，在縣西三十里，唐貞觀八年置。

普潤縣，北七十里。舊十鄉，〔五三〕今四鄉。本漢安定、鶉觚二縣之地，在漢又爲漆縣，并有鐵官。今城西有漆水，復有小城，蓋置鐵官之處也。隋大業元年于細川谷置普潤縣，以屬岐州，蓋以杜、漆、岐三水溉灌田疇，民獲利濟，以爲縣名。十三年移于今理。貞元十一年改屬隴右經略使。今屬鳳翔。

細川谷水，在縣南，北流入涇州界。

杜水，源出縣東南溪澗間。

漆水，源出縣東南漆溪。按許慎説文曰：「漆水，出右扶風杜陽岐山，東入渭也。」

岐水，即大巒水也，源出縣，東南流入漆水，即古岐水是也。

漢杜陽縣城。郡國縣道記云：「杜陽，晉省。在今鳳翔府北九十里普潤縣東南界，已失其所在。」

文王故城。按郡國縣道記云：「隴州吴山縣東四十五里，即岐山縣之西南界，有一故城，彼人謂之文王城。」按周文王都酆，不合于此更有城，其城恐是漢杜陽縣。又岐山縣東十九里有杜陽谷，内亦有一杜陽故城。二縣俱在扶風郡界，若據十三州志云郡道里數，即隴州杜陽故城近之，據漢志注云「杜水南入渭」，即普潤縣界，文王城近之。

虢縣，南四十里。舊四鄉，今六鄉。古虢國之地，即周文王弟虢叔所封，是曰西虢。〔五四〕按禮記注云：「虢，或謂郭，在武都南一百里有虢叔城是也。」又按地理志云：「虢，漢并于雍。」〔五五〕今虢縣，後魏立爲武都郡。大統十三年遷同州洛邑縣入于武都城西，〔五六〕置洛邑縣，還取舊名。後周天和中又于洛邑置朔州，〔五七〕尋廢州，移州原郡理之。隋開皇三年廢郡，以縣屬岐州。大業三年改洛邑爲虢縣。唐貞觀七年廢，〔五八〕至天授二年復置。

桃虢二城。史記云：「秦武公滅虢爲縣，謂之小虢。」〔五九〕今虢西有二城，相去十里，今纔分餘址，〔六〇〕城之所居，俗謂之桃虢川，有路通漢中。漢志注云：「虢宫，秦宣太后起。」其二城一爲虢國，一爲虢宫。

磻溪神祠。酈道元注水經云：「磻溪中泉也，即太公釣所，石壁深高，幽隍邃密，林障秀阻，人跡罕交，東南隅有石室，蓋太公所居。水次平石釣處，即太公垂釣之所。其水清泠神異，北流十二里，注于渭也。」

周原。史記封禪書云：「秦文公作鄜畤，秦靈公作吴陽上畤，宣公作密畤。〔六一〕」是三畤焉。畤，止也，神靈所止處。

廢清水縣，漢縣，本屬秦州。按唐書州郡志録鳳翔府，元無此邑，即知是秦州之屬邑。獨續會要云：「天寶末陷于蕃中，至大中三年，鳳翔節度李玭奏：『七月二十五日收復。』」至秦州東北一百二十五里，即與隴城接界，故屬鳳翔府，尋廢。

盩厔縣，東南二百里。依舊十七鄉。本漢舊縣也，武帝置，屬右扶風。山曲曰盩，水曲曰厔，因山水之曲以名之。後漢省，晉武復立，魏因之。後周天和二年乃移于今鄠縣西北三十五里，又割雍州之終南郡，于此置恒州，領周南郡。建德三年從鄠縣西北移于今所，置周南郡。〔六二〕唐武德二年廢恒州。天寶中改名宜壽，〔六三〕後又爲盩厔。後唐同光元年割屬鳳翔。

漳水，在今縣北五里。

隋宜壽宫，在縣東南三十二里。

漢長楊宫，在縣東南三十三里。〔六四〕中有射熊觀，漢武帝好自擊熊羆，司馬相如從至上林，上疏諫。揚雄作長楊賦。

秦五柞宮，在縣東南三十八里。漢武後元二年，幸盩厔五柞宮，帝崩于五柞宮。張晏注：「以宮有五柞樹，因以名。」西京雜記：「五柞樹皆連三抱，上枝覆蔭數畝。〔六五〕」水經注：「長楊、五柞二宮，相去八里。」

青梧觀，在五柞中。西京雜記：「觀前有三梧桐樹。」〔六六〕

望仙澤，在縣東五十七里，〔六七〕中有龍尾堆。雍州記云：「望仙澤，在盩厔縣東南。」周地圖記云：「望仙宮南澤中有石盤龍兩所，鱗甲動，有雲氣，如鐘鳴。〔六八〕」

讀書臺，在縣東北三十七里。〔六九〕後漢馬融讀書之所。

姜維嶺，本名沈嶺，在縣南五十里。蜀後主延熙二十年，大將軍姜維率衆出駱谷，經沈嶺，即此

司竹園，在縣東一十二里。〔七〇〕穆天子西征至玄池，乃植之竹，是此。故史記云「渭川千畝竹」。漢謂鄠、杜竹林，故有司竹都尉。其園周迴百里，以供國用。義寧元年，義師起，高祖第三女平陽公主舉兵于司竹園，號「娘子軍」。

駱谷關，在縣西南一百二十里。唐武德七年開駱谷道以通梁州，在今關北九里。貞觀四年移于今所。

駱谷道，漢、魏舊道也，南通蜀、漢。魏少帝正始四年，曹爽伐蜀，諸軍入駱谷三百餘里，不得前，牛馬驢騾，以轉運死略盡。少帝甘露二年，蜀將姜維出駱谷，軍于長城，即此谷道也。按此道近代廢塞，唐武德七年復開，東北自鄠縣界，西南經縣，又西南入駱谷，出駱谷入洋州興勢縣界。

樓觀，在縣東三十二里。〔七一〕晉惠帝時置。其地舊有尹先生樓，因名樓觀，唐武德初改名宗聖觀。

老子廟。華陽子録記：「秦始皇好神仙，于尹先生樓南立老子廟。」即此也。晉惠帝元康五年重更修葺，蒔木萬株，南北連亘七里，給户三百供灑埽。隋文帝開皇元年復修建堂宇。

老子陵。酈道元注水經云：「就水北經大陵西，世謂之老子陵。昔李耳爲周柱下史，以時衰適西戎，于此有冢，事非經證。然莊子著書云：老子死，秦失三號，〔七二〕是非不死。」有冢可徵也。

終南故城。郡國記云：「唐武德二年于漢盩厔故城置終南縣，八年廢縣，因名爲終南城。」

崇信縣，西北二百二十五里。只五鄉。〔七三〕本唐神策軍之地，後改爲崇信軍。皇朝建隆四年，以崇信暨赤城東、西兩鎮及永信鎮等四處，于此合爲崇信縣。

司竹監

司竹監，按唐六典：「掌植養園竹之事，其管内及百司所須簾、籠、筐、篚之屬，擇其材幹以供之。其筭，以時供上食。歲終，以竹功之多寡爲考課。」又按漢官有司竹長、丞，魏、晉河内淇園竹各置司守之官，江左省。後魏有司竹都尉，北齊、後周俱闕。隋有司竹監及丞，唐因之，在京兆鄠、盩厔，懷州河内。今皇朝惟有盩厔、鄠一監，屬鳳翔。

卷三十校勘記

〔一〕屬稷州　萬本據舊唐書卷三八地理志一改補爲「其年割圍川屬稷州」。

〔二〕東西一百八十三里　「三」，庫本同，萬本作「五」。按元和郡縣圖志卷二鳳翔府同此，萬本恐誤。

〔三〕皇朝管户主二萬六千七百九十　「管」，底本無，據萬本、中大本、庫本及傅校補。

〔四〕公孫枝字子桑岐山人　萬本「公孫枝」列於「孟明」後，無「字子桑岐山人」六字，庫本同。按史記卷八七李斯列傳正義引括地志：「公孫支，岐州人，游晉，後歸秦。」此有誤。

〔五〕蹇叔　萬本「蹇叔」上有「春秋時有」四字，庫本及傅校同，此蓋脱。

〔六〕封武安君　萬本、庫本皆無此四字。

〔七〕班彪　萬本「班彪」上有「漢有」二字，庫本同，傅校改爲「漢以來有」。

〔八〕班超班固　萬本作「班彪子超固」，庫本、傅校同。

〔九〕法真至玄德先生　萬本、庫本皆無。

〔一〇〕馬融　萬本、中大本此下列有「馬援、郭伋，扶風茂陵人」，傅校同，庫本列「馬援」於馬融之前，書「郭伋扶風茂陵人」於馬融之後。按本書卷二七雍州興平縣：「茂陵故城，在今縣東北一十九里。」則馬援、郭伋不應列此，底本是。

〔一一〕扶風郿人梁邵陵王綸引爲學士　「郿」、「梁」，底本脱，據萬本、庫本及陳書卷一九馬樞傳補。

〔一二〕井丹至井大春　萬本、庫本皆無。

〔一三〕法正至謚翼侯　萬本、庫本皆無。

〔一四〕天興人　按舊唐書卷五四王世充傳：「本姓支，西域胡人也。寓居新豐。」新唐書卷八五王世充傳：「祖西域胡，號支頽耨，後徙新豐。」此云天興人，不知何據？

〔一五〕竇威字文蔚岐山人性躭典籍　萬本、庫本皆無。按舊唐書卷六一竇威傳：「扶風平陵人。」此云岐山人，未知所據。

〔一六〕制渾天儀著法象書七篇　萬本、庫本皆無此十字。

〔一七〕王珪郿人馬璘扶風人　萬本、庫本皆無。

〔一八〕駝羊　萬本、庫本皆無。

〔一九〕秦回中宫在縣西至即此也　按秦回中宫不在雍，漢書卷六武帝紀顔師古注引應劭曰：「回中在安定高平，有險阻，蕭關在其北。」漢書卷九四匈奴傳上顔師古注曰：「回中，地在安定，其中有宫也。」即在漢安定郡治高平縣（今寧夏固原縣）境。又漢書武帝紀顔師古注引如淳曰：「三輔黄圖云回中宫在汧。」續漢書郡國志一右扶風汧縣（今陝西隴縣南）：「有回城，名回中。」乃取安定回中宫爲名焉。

〔二〇〕乾歸故城至築此城也　「四十三」，底本作「四十二」，庫本同，據萬本及元和郡縣圖志鳳翔府改。按本書卷一五一蘭州序曰：「西秦乞伏乾德自苑川徙都焉，十六國南涼秃髮烏孤都廣武，皆此也。」蘭州治五泉縣苑川城：「在郡西，即乞伏國仁所都。」與天興縣無涉，此傳鈔誤入。

〔二一〕在縣南一百八十步　按史記卷五秦本紀正義引括地志：「野人塢在岐州雍縣東北二十里。」與此不同。

〔二二〕五帝畤　按漢書卷二八地理志上作「五畤」。

〔二三〕舊一十鄉今十七鄉　「一十」，萬本、庫本皆作「十七」；「十七」，萬本同，庫本作「十九」。

〔二四〕音韋　萬本、庫本皆無此二字。

〔二五〕源出雍山　萬本、庫本皆無此四字，傳校删，蓋非樂史原文。

〔二六〕依舊十鄉　「十」，底本作「七」，據萬本、中大本、庫本及傳校改。

〔二七〕秦寧公徙居平陽即此地　按史記秦本紀正義引括地志：「平陽故城在岐州岐山縣西四十六里，秦寧公徙都之處。」則平陽不在郿，此誤。

〔二八〕高七丈　「七」，底本作「七十」，庫本同，據萬本删「十」字。後漢書卷七二董卓列傳：「築塢於郿，高厚七丈。」水經渭水注引漢獻帝傳曰：「董卓發兵築郿塢，高與長安城同。」三輔黄圖卷一：長安城「高三丈五尺」。按高三丈五尺，厚亦三丈五尺，故後漢書董卓列傳謂「高厚七丈」。

〔二九〕金星洞内有玉版石　「内」，底本作「口」，據萬本、庫本及嘉慶重修一統志卷二三五鳳翔府引唐史改。資治通鑑卷二一六唐天寶八載作「金星洞有玉板石記」，無「内」字。

〔三〇〕即北原也　「北」，底本作「此」，萬本、庫本同，據水經渭水注改。讀史方輿紀要卷五五郿縣：「積石原，在縣西渭水北，亦曰北原。」

〔三一〕與司馬懿拒屯渭南　三國志卷二六魏書郭淮傳：「青龍二年，諸葛亮出斜谷，並田于蘭坑。是時司馬宣王屯渭南；淮策亮必争北原，宜先據之。」水經渭水注：青龍二年，「諸葛亮出斜谷，時司馬懿屯渭南，雍州刺史郭淮策亮必争北原而屯，遂先據之。」則此「與」爲「時」字之誤，「拒」字衍。

〔三二〕在縣西南三十三里　「三十三」，萬本作「二十五」，庫本作「二十三」，元和郡縣圖志鳳翔府作「三十五」。

〔三三〕永貞元年西川節度使劉闢反　「永貞」，萬本據資治通鑑改「元和」。按舊唐書卷一四憲宗紀上、卷一四〇劉闢傳皆載永貞元年八月，劉闢反，新唐書卷七憲宗紀同。

〔三四〕周古公徙于岐　「古公」，底本作「太公」，萬本同。史記卷四周本紀：古公「乃與私屬遂去豳，度漆、沮，踰梁山，止於岐下。」庫本作「古公」，是，據改。

〔三五〕堅入五將山長得　庫本同，萬本無「山」字，「長」上有「久」字，傅校改「山」爲「久」。按太平御覽卷四四引崔鴻十六國春秋作「堅入五將長得」。

〔三六〕大業十年　「十年」，元和郡縣圖志鳳翔府作「九年」。

〔三七〕咸通三年　「咸通」，新唐書卷三七地理志一同，元和郡縣圖志鳳翔府、册府元龜卷四九七皆作「咸亨」，按元和志成書在咸通前，當以「咸亨」爲是。

〔三八〕大興縣　「大」，底本作「天」，庫本同，據傅校及元和郡縣圖志鳳翔府改。萬本誤改「大」爲「天」。

〔三九〕太白山南有陳倉山山上有石雞　「南」，史記卷二八封禪書正義引三秦記作「西」。按本書郿縣：「太白山在縣東南五十里。」此載「陳倉山在寶雞縣南十里」，則陳倉山在太白山之西北，此「南」爲「西」字之誤。「雞」，底本脱，萬本同，據中大本、庫本及史記封禪書正義引三秦記、太平御覽卷一六四引三秦記補。

〔四〇〕聲聞三十里　「三十」，太平御覽卷一六四引三秦記同，史記封禪書正義引三秦記作「三」，無「十」字。

〔四一〕雍南山有大梓樹　「大」，底本脱，庫本同，據萬本、傳校及史記卷五秦本紀正義引括地志補。

〔四二〕有一人病　「病」，底本脱，庫本同，據萬本及史記秦本紀正義引括地志補。

〔四三〕汝得不困耶樹神無語明日病人語聞　底本「困耶」作「憂否」，「無」作「不」，脱「病」、「聞」二字，庫本同，並據萬本及史記秦本紀正義引括地志改補。

〔四四〕有騎墮地復上髮解牛畏之入不出　「有」、「入」，底本脱，庫本同，皆據萬本及史記秦本紀正義引括地志補。

〔四五〕磻溪至石上隱隱有兩膝痕　萬本無此文，庫本同，傳校删。按初學記卷二二、太平御覽卷八三四引尚書大傳皆作「呂望釣得玉璜，刻曰：『周受命，呂佐檢，德合於今昌來提。』」

〔四六〕在縣西四十六里　「四十六」，元和郡縣圖志鳳翔府作「十六」。

〔四七〕十六國春秋　「春秋」，底本作「志」，據中大本、嘉慶重修一統志卷二三六鳳翔府引本書及傳校改。萬本、庫本皆脱。

〔四八〕在縣西南五十二里　「西南」，元和郡縣圖志鳳翔府同，史記卷六三老子列傳正義引括地志作

「東南」。

〔四九〕秦穆公陵在此　按史記秦本紀集解引皇覽曰：「秦繆公冢在橐泉宫祈年觀下。」正義引廟記云：「橐泉宫，秦孝公造。祈年觀，德公起。蓋在雍州城内。」引括地志云：「秦穆公冢在岐州雍縣東南二里。」則秦穆公陵不在此。

〔五〇〕靈臺縣　「靈」，底本作「雲」，庫本同，據萬本及舊唐書地理志一、新唐書地理志一改。

〔五一〕改麟遊郡爲麟州　「改」，底本作「以」，據萬本及舊唐書地理志一改。

〔五二〕在縣西一里　元和郡縣圖志鳳翔府同，新唐書地理志一作「縣西五里」。

〔五三〕舊十鄉　「十」，庫本同，萬本作「十四」。

〔五四〕是曰西虢　同元和郡縣圖志鳳翔府，賀次君校記：「漢志『右扶風虢，有虢宫』，太康地記、水經注、括地志均謂漢虢縣即虢叔所封之西虢，此志亦從括地志爲説。但虢叔所封，實爲東虢，即今河南滎澤縣之虢亭，後漢書郡國志『滎陽，有虢亭，虢叔國』，是。」

〔五五〕地理志云虢漢并于雍　按漢書卷二八地理志上，右扶風領有雍、虢縣，續漢書郡國志一右扶風有雍縣，無虢縣，則後漢時虢縣省併入雍縣，讀史方輿紀要卷五五鳳翔府：虢縣「後漢初併入雍縣。」是也，此「地理志」疑誤，「漢」上脱「後」字。

〔五六〕遷同州洛邑縣入于武都城西　「入」，萬本、庫本皆無此字。隋書卷二九地理志上：虢縣，「後魏置武都郡，西魏改縣曰洛邑。」則非「洛邑縣入于武都城」，此「入」蓋爲衍字。

〔五七〕後周天和中又于洛邑置朔州　「朔」，底本作「翔」，據萬本、庫本、傅校及隋書卷二九地理志上改。王仲犖北周地理志卷一：洛邑，「北周天和中，於此僑置朔州。」

〔五八〕貞觀七年廢　「七年」，唐會要卷七〇州縣改置上同，元和郡縣圖志、舊唐書地理志一、新唐書地理志一鳳翔府皆作「八年」。

〔五九〕秦武公滅虢爲縣謂之小虢　按史記秦本紀：秦武公十一年，「滅小虢。」此引文恐誤。

〔六〇〕今虢分餘址　「虢」，底本作「縣」，據萬本、中大本、庫本及傅校改。

〔六一〕宣公作密畤　「密畤」，底本作「密下畤」，萬本、庫本同。按史記封禪書：「秦宣公作密畤於渭南，祭青帝。」漢書卷二五郊祀志上同。又史記秦本紀：宣公四年，「作密畤。」正義引括地志云：「漢有五畤，在岐州雍縣南，則鄜畤、吴陽上畤、下畤、密畤、北畤。秦文公夢黄蛇自天而下，屬地，其口止於鄜衍，作畤，郊祭白帝，曰鄜畤。秦宣公作密畤於渭南，祭青帝。秦靈公作吴陽上畤，祭黄帝；作下畤，祠炎帝。」則此「下」字衍，據删。

〔六二〕後周天和二年至置周南郡　北周地理志卷一：周明帝二年，雍州置京兆、馮翊、扶風、咸陽、周南、藍田、渭南、武功、中華、建忠、秦郡、靈武十二郡，武帝建德二年省併爲京兆、馮翊、扶風、咸陽四郡。又云：「恒州爲僑置之州，寄治盩厔縣界，周南郡固仍屬雍州，未嘗改隸恒州也。」周南郡於建德二年廢併，寰宇記誤。

〔六三〕天寶中改名宜壽　「天寶中」，元和郡縣圖志卷二京兆府載同，舊唐書地理志一、新唐書地理志一、長安志卷一八皆作「天寶元年」。

〔六四〕漢長楊宮在縣東南三十三里　按元和郡縣圖志京兆府、長安志卷一八皆作「秦長楊宮」，三輔黃圖卷一：「長楊宮，『本秦舊宮，至漢修飾之以備行幸。』此「漢」宜作「秦」。「東南三十三里」，元和郡縣圖志同，三輔黃圖作「東三十里」。

〔六五〕上枝覆蔭數畝　「數畝」，萬本據西京雜記改爲「數十畝」。按西京雜記卷上作「數畝」，它本有作「數十畝」。

〔六六〕在五柞中西京雜記觀前有三梧桐樹　按西京雜記卷上：「青梧觀，在五柞宮西。」與此不同。又萬本據西京雜記於「梧桐樹」下補「樹下有石麒麟二枚，刊其脇爲文字，是秦始皇驪山墓上物也。頭高一丈三尺，東邊者前左脚折處有赤如血，父老謂其有神，皆含血屬筋焉」。

〔六七〕在縣東五十七里　「五十七」，萬本作「三十五」，同元和郡縣圖志京兆府。長安志卷一八、類編長安志卷六皆作「三十七」，此「五」疑爲「三」字之誤。

〔六八〕如鐘鳴　長安志卷一八、類編長安志卷六引周地圖記皆作「聲如鳴鐘」，疑此脱「聲」字。

〔六九〕在縣東北三十七里　「三十七」，元和郡縣圖志京兆府、長安志卷一八皆作「二十七」，疑此「三」

爲「二」字之誤。

〔七〇〕在縣東一十二里　「一十二」，元和郡縣圖志京兆府作「十五」，長安志卷一八作「三十」，皆與此別。

〔七一〕在縣東三十二里　「三十二」，長安志卷一八同，元和郡縣圖志京兆府作「三十七」。類編長安志卷五作「縣東南三十五里」。

〔七二〕老子死秦失三號　「失」，萬本作「佚」，庫本作「人」。水經渭水注：「莊周著書云：老聃死，秦失弔之，三號而出。是非不死之言。」楊守敬水經注疏：「莊子養生主文，殘宋本『聃』作『子』，『失』作『佚』，無『弔之』及『而出』四字，自黄（晟）本依原書改增而各本沿之，然恐有訛誤。」

〔七三〕只五鄉　萬本作「舊五鄉今五鄉」，傅校改爲「五鄉」，無「只」字，庫本作「依舊五鄉」。

太平寰宇記卷之三十一

關西道七

耀州　乾州

耀州

耀州，華原郡。今理華原縣。本雍州之域，在秦爲北地郡，泥陽、富平隸焉，〔一〕後爲華原縣。漢、魏至唐，皆爲畿甸。唐末，李茂貞據鳳翔，僭行墨制，建置耀州，仍爲義勝軍節度使，割同州美原爲鼎州，以爲屬郡，温韜爲節度使。梁貞明元年，韜降于梁，乃改耀州爲崇州，義勝軍爲静勝軍，又改鼎州爲裕州，依舊以温韜爲節度使。後唐同光元年改爲耀州順義軍，并割雍州之富平、三原、雲陽、同官、美原以屬焉；三年降爲團練州。周顯德中降爲刺史。至皇朝陞爲感德軍節度。〔二〕

領縣六：華原，富平，三原，雲陽，同官，美原。

州境：東西一百九十里。南北一百八十里。

四至八到：正東偏南至東京一千二百里。正東偏南至西京八百里。正南至長安一百六十里。東至同州一百八十里。西至邠州三水縣界一百三十里。南至永興軍一百六十里。北至坊州一百八十里。東至華州一百八十里。西南至永興軍涇陽縣界六十七里。東北至坊州宜君縣界八十三里。西北至邠州一百八十里。

户：舊户載雍州。皇朝户主一萬九千八百，客六千一百八。

風俗：同雍州。

人物：唐李靖，本京兆三原人。田游巖，韓瑗，皆三原人。柳公綽，華原人。柳公權。綽弟。文宗夏日與諸學士聯句，公權續曰：「薰風自南來，殿閣生微涼。」上令題於屏。官至宫保，歷事二帝，以諍臣稱。〔三〕

土産：柏板，出雲陽。啗馬藥，出同官。芍藥，石脂，青石。出華原。

華原縣，四鄉。本漢祋祤縣地，屬左馮翊。曹魏、元魏皆於其地置北地郡。元魏廢帝三年改爲通川郡，領泥陽縣。隋開皇三年罷郡，以縣屬宜州，六年改泥陽爲華原。大業二年省宜州，縣屬京兆。唐垂拱元年改爲永安縣。〔四〕天授二年又置宜州。大足元年廢。神龍元年復爲華原縣。後唐同光初于此置耀州，縣屬焉。

土門山，在縣東南四里。水經注云：「宜君水，南出土門山西。」

祋祤故城，在縣東北一里。〔五〕漢縣也，宣帝神雀二年，鳳凰集祋祤是也。

漢步壽宮，〔六〕在縣東北三里。漢宣帝于祋祤鳳凰集處得玉寶，乃起步壽宮焉。

漆水，自東北同官縣界來經邑界。

沮水，自邠州入縣界，合漆水，入富平石川河。

清谷水，在縣西三十五里。十道志云：「即鬼谷先生所居也。」水自雲陽界來。

姚萇殿，在縣西北十七里。晉書：「萇事苻堅爲龍驤將軍，從堅子叡音鋭。〔七〕討慕容泓，爲泓所敗，叡死。堅怒，萇懼，奔渭北。〔八〕自稱大單于、秦王。」此殿即萇之所造也。

富平縣，東南五十里。舊四十鄉，今十鄉。本漢舊縣，屬北地郡。前漢理在今靈州迴樂縣界，後漢移于今寧州彭原縣界，晉又移于今縣西南懷德城，後魏大統五年自懷德城移于今理。周閔帝二年于縣理置中華郡。隋廢郡，縣屬雍州。唐開元中又移于義亭城，蓋古之鄉亭也。後唐同光初割屬耀州。

荆山，今名掘陵原。尚書禹貢曰：「荆、岐既旅。」又曰：「導汧及岐，至于荆山。」孔

注：「荆在岐山東，非荆州之荆山也。」漢志：「懷德縣，〔九〕禹貢北條荆山在南，下有彊梁原。」帝王世紀：〔一〇〕「禹鑄鼎于荆山，在馮翊懷德之地有荆山，今其山下有荆渠。」

漆沮水，其下亦名石川水，西北自宜州華原縣界流入。尚書禹貢曰：「導渭水，東至于漆、沮。」一名洛水，出馮翊北。

懷德故城，在今縣西南十一里。非漢懷德縣也，蓋後漢末及三國時，因漢舊名，於此立縣，〔一一〕今有廢城存。

直市。按三秦記云：「直市，在富平西南一十五里，即秦文公所創。物無二價，故以直市爲名。」

天乳山，在縣西北二十五里。兩峰相對，類于乳形。

北虜川，在縣北五里。

八公塠，在縣東南二十五里。其塠兩畔各有小谷，象八字，中心有塠，象公字，〔一二〕因以爲名。又有萬户塠、黄金塠。

雨金堡，在縣東南三十里。有一泊，每有天雨，水流入似金色，俗呼爲雨金堡。

鹹泉，在縣東南五里。

鄭、白二渠，在縣南二十里。

西魏文帝陵、後魏武帝陵，二陵俱在縣東南二十五里。

後周太祖文帝成陵，在縣西北一十三里。〔一三〕

唐中宗定陵，在縣西北一十五里龍泉山。

唐代宗元陵，在縣西北二十五里檀山。〔一四〕

唐順宗豐陵，在縣西北二十五里甕金山。〔一五〕

唐文宗章陵，在縣西北二十里。

唐懿宗簡陵，在縣西北四十五里。〔一六〕

節愍太子陵，在縣西北一十五里。

王翦墓，在縣東二十七里。〔一七〕

薄昭墓，在縣西十三里。薄太后之弟封軹侯。

李光弼墓，在縣西四十里。顔魯公爲碑。

重耳冢，〔一八〕在縣東三十里。

司馬欣墓，在縣西二十五里。章邯長史，降項羽，封爲塞王。

三原縣，正南五十里。舊二十四鄉，今十四鄉。本漢池陽縣地，〔一九〕始因苻堅於巀嶭山北置三原護軍，以地南有酆原，西有孟侯原，北有白鹿原，是爲「三原」。後魏太平真君七年罷三原護軍，置三原縣，屬北地郡。明帝孝昌三年，蕭寶夤逆亂，毛洪賓立義栅捍賊。永安元年于此置北雍州，洪賓爲刺史，〔二〇〕俗呼洪賓栅，其故城在縣北五十五里；又割北地郡之三原縣於此置建忠郡，以旌其功。隋開皇三年罷郡，以縣屬雍州。後唐割屬耀州。

天齊原，在縣西北二十五里，西連嶻嶭山。

堯門山，在縣西北三十二里。

嶻嶭山，自雲陽縣界連亘，〔二一〕事解在彼縣。

清谷水，在縣西北，雲陽縣界流入。一名鬼谷，昔蘇、張師事鬼谷先生學，即此谷也。〔二二〕

大白渠，在縣南一里。

黄白城，在縣西南十五里。後漢李傕輔政，天子東遷，三輔饑歉，乃移保黄白城，即此地。

秦曲梁宫，在縣西南一十五里黄白城内。

永安故城，亦名洪賓栅，在縣北五十五里，即後魏北雍州城是也。周地圖記：「明帝孝昌三年，蕭寶夤逆亂關右，洪賓立義栅以捍賊。永安元年于此置北雍州，以洪賓爲刺史，故俗呼爲洪賓栅。其年又割北地郡之三原縣于此置建忠郡，屬北雍州。」又按後魏書：「毛遐，洪賓兄也，亦有功于魏。故肅宗詔曰改三原縣爲建忠郡，以旌其兄弟功也。」

孝武帝永熙元年，移北雍州于今宜州，仍于城中置永安鎮。

唐高祖獻陵，在縣東一十八里。

唐武宗端陵，在縣東十里。

唐敬宗莊陵，〔三三〕在縣西北五里。

唐永康陵，在縣北一十八里。〔三四〕

于謹墓，在縣北一十八里。

雲陽縣，西南七十里。舊十一鄉，今七鄉。本漢舊縣，亦爲美陽縣地。〔三五〕古有雲陽宮，即秦謂之林光宮，漢謂之甘泉宮是也，亦是匈奴金人祭天之所。〔三六〕按漢書地理志云：「昭帝立此縣，屬左馮翊。」後漢末省，〔三七〕縣西北八十里故城，即漢理也。魏志曰：「司馬宣王撫慰關中，罷縣，置撫夷護軍，及趙王倫鎮長安，復罷護軍。後氐羌反，又立護軍，劉、石、苻、姚因之。」後魏罷護軍，更于今理別置雲陽縣，隋因之。唐武德元年分雲陽縣置石門縣；三年于石門縣置泉州，其雲陽縣仍於南十五里水衡城以安之。貞觀元年廢泉州，改石門縣爲雲陽縣，改雲陽縣爲池陽縣；至八年廢雲陽入池陽縣，仍改池陽爲雲陽。武后垂拱二年改爲永安縣。天授二年以雲陽置鼎州，以三原、涇陽、醴泉等四縣屬焉。久視元年廢州，〔三八〕縣仍隸府焉。神龍初復舊爲雲陽縣。後唐同光初割屬耀州。

巀嶭山，在縣東北十里。一名慈峨山，俗名嵯峨山。王褒雲陽宮記：「東有慈峨山，今土人謂之嵯峨山。頂上有雲起即雨，里人以爲候。昔黃帝鑄鼎于此山。」

甘泉山，一名石鼓原，俗名磨石嶺。關中記云：「甘泉宮，在甘泉山上。」按漢書云：「單于烽候，以應甘泉。」即此山也。又有甘泉水，經縣北。

中山。史記云：「漢武帝獲寶鼎于汾陰，迎鼎至甘泉，從行，上薦之。至中山，晏温，有黃雲蓋焉。」徐廣云：「關中山有中山，非冀州者也。」〔二九〕王褒雲陽宮記云：「宮南三十里有仲山，未詳古之仲山。〔三〇〕山有竹箭生焉，俗傳高祖兄仲所居，今山有仲子廟，積旱祈之，圍此射獵，則風雨暴至。廟有一泉，未嘗水竭。」

鄭泉，在縣西四十里。雲陽宮記云：「漢鄭樸，字子真，隱于谷口，高節不屈，耕于巖石之下。時人因子真所居，名其所爲鄭泉。〔三一〕」

金泉。王褒雲陽宮記：「泉有數穴，清徹無底。」按雍州記云：「有人飲此泉水，見有金色從山照水中，〔三二〕往取得金，故有此名。」

五龍谷泉。水經注：「五龍水出雲陽宮西南。」

涇水。水經注云：「涇水東流歷峽，謂之涇峽。」

冶谷。雲陽宮記：「冶谷，去雲陽宮八十里。封禪書所謂谷口是也。其山出鐵，冶鑄之所，因以爲名。入谷便洪潦沸騰，飛泉激射，兩峰皆峭壁孤豎，〔三三〕盤横坑谷，凛然凝沍，常如八九月中。朱明盛暑，當晝暫暄，涼秋晚候，緼袍不煖，所謂寒門者也。」又云：「入冶谷二十里有一槐樹，樹北有泉名曰金泉。」今按此樹猶存，在金泉西南百步，谷中今有毛原監。

雲陽宮。史記：「秦始皇二十七年，作甘泉前殿。築甬道，自咸陽屬之。」關中記：「林光宮，一曰甘泉宮，秦所造。在今池陽縣西北故甘泉山上，周迴十餘里。」三輔黄圖云：「甘泉宮，漢武帝建元中增廣之，周十九里。」漢儀注曰：〔三四〕「甘泉宮去長安三百里，望見長安城。黄帝已來圓丘祭天處。」開山圖曰：「雲陽先生之墟也，中有神書、鐵券、玉石之記。」又曰：「武帝于甘泉宮更置前殿，始廣諸宮室，有芝生甘泉殿邊房中。」漢舊儀又云：「芝有九莖，金色，緑葉朱實，夜有光，乃作芝房之歌。」三輔黄圖曰：「漢武帝起紫殿，彫文刻鏤，〔三五〕以玉飾之。成帝永始四年，行幸甘泉，郊泰畤，神光降于紫殿。今按甘泉谷北岸有古槐樹，在故宮之南。」雲陽宮記：「甘泉宮北有槐樹，今謂玉樹，根幹盤峙，二三百年木也。耆老相傳，咸以爲此樹即揚雄甘泉賦所謂玉樹青葱者也。」

梨園。雲陽宮記：「車箱坂下有梨園一頃，樹數百株，青翠繁密，望之如車蓋。」

通天臺。史記云：「武帝元封二年，公孫卿言于帝曰：『仙人好樓居。』帝乃使卿持節設具而候神人，乃作通天臺。〔三六〕」漢舊儀云：「通天臺高三十丈，〔三七〕望雲雨悉在其下，去長安城三百里，望見長安城。武帝祭天，上通天臺，〔三八〕舞八歲童女三百人，置祠具，招僊人。祭天已，〔三九〕令人升通天臺，以候天僊，〔四〇〕天神既下祭所，若大流星，乃舉烽火而就行宮望拜。〔四一〕」漢舊儀注：〔四二〕「上有承露仙人，掌擎玉杯，〔四三〕承雲表之露。元鳳間，臺自毁，椽桷皆化爲龍鳳，隨風雨飛去。」西京賦云：「通天訬以竦峙，〔四四〕徑百常而莖擢，上辨華以交紛，下刻峭其若削。」

鄭國渠。按秦始皇元年，韓聞秦好興事，欲疲之，乃使水工鄭國間説，令鑿涇水自仲山西抵瓠口爲渠，並北山東注洛三百餘里，欲以溉田。中作而覺，秦欲殺鄭國。〔四五〕鄭國曰：「始臣爲間，然渠成亦秦之利也。」秦以爲然，卒使就渠。渠成，〔四六〕溉舄鹵之地四萬餘頃，收皆畝一鍾。關中無凶年，〔四七〕命爲鄭國渠。後至武帝元鼎六年，一百三十六歲，倪寬爲左内史，又奏請穿六輔渠，以益溉鄭渠旁高卬之田。後十六歲，趙中大夫白公又奏穿涇水注渭中，溉田四千五百餘頃，〔四八〕人得其饒而歌之。唐永徽六年，雍州長史長孫祥奏言：「往日鄭白渠溉田四萬餘頃，今爲富商大賈競造碾磑，止溉一萬許頃。」于是高宗令分檢渠上碾磑，皆毁撤之。未幾，所毁皆復。廣德二年，李吉甫先父文獻公爲工部侍郎，復陳其弊，代宗亦命文獻拆去私碾磑七十餘所。歲餘，文獻出牧常州，私制如初。至大曆中，水利所及纔六千二百餘頃。

太白渠。漢溝洫志：「武帝太始二年，趙中大夫白公奏穿渠。引涇水，首起谷口，尾入櫟陽，注渭中，袤二百里，溉田四千五百餘頃，因名曰白渠，民得其饒。」

徑路神祠。漢志：「雲陽縣有休屠、金人、徑路神祠三所。」音義云：「匈奴祭天處本雲陽甘泉山下，秦奪其地，後徙休屠右地。〔四九〕」郊祀志：「徑路神祠，祭休屠王也。」

鉤弋陵，漢武帝鉤弋趙婕妤，昭帝母也，昭帝即位，追尊爲皇太后，發卒二萬人起雲陵，邑三千户。列仙傳：「鉤弋夫人，齊人，姓趙，少好酒。病卧六年，右手拳，〔五〇〕飲食少。望氣者云『東北有貴人』，推而得之。召到，姿色甚佳。武帝披其手，得玉鉤而手尋展。遂生昭帝。後武帝害之，及殯，尸香一月。昭帝即位，更葬之，棺空但有絲履。〔五一〕」雲陽記：「鉤弋夫人從至甘泉而卒，〔五二〕尸香聞十餘里，葬雲陽。武帝思之，爲起通靈臺于甘泉宫。有一青鳥，集臺上往來，至宣帝時乃止。」

漢武帝廟，在縣西北一百里。

唐宣宗貞陵，在縣西北四十里。

唐德宗崇陵，在縣北一十五里嵯峨山。

李陵母冢，在縣西北一十五里。

古石蛇，在縣西北四十里。

流金泊，在縣東北十里。

同官縣，東北五十里。舊六鄉，今四鄉。本漢祋祤上，音他括反；下，音虚羽反。〔五三〕縣地，屬左馮翊。晉爲頻陽地。苻堅于祋祤城東北銅官川置銅官護軍。後魏太平真君七年罷軍爲銅官縣，屬北地郡。後周除「金」作此「同」字，屬宜州。隋大業二年省宜州，縣屬雍州。唐貞觀初又屬宜州，十七年州廢，還京兆府。後唐割屬耀州。

白馬山，在縣西北。

銅官川，在縣北五十里。水經注云：「銅官水出祋祤縣東北，西南經銅官川，謂之銅官水。」

女華夫人祠，在縣北三十里女華山上。其山高峰秀出，每有大風雷，多從華嶽至此，故老傳云：「華岳女君在此山上，人因立祠，每水旱，禱祈有驗焉。」

美原縣，正東七十里。舊十鄉，今四鄉。秦、漢頻陽縣地，舊縣在今縣南三里故城是也，因界内頻山取名，屬左馮翊，本秦厲公置。苻秦時置土門護軍。後魏太平真君七年割入同官縣。景明元年分同官縣置土門縣，因頻山有二土闕，狀如門，故曰土門。大業二年省，義寧

二年再置。貞觀十七年又省，咸亨二年復置，仍改爲美原縣，即今理。後唐割屬耀州。〔五四〕

頻山，在今縣西北十一里。秦厲公于此山之南置頻陽縣，秦之將王翦即此縣人也。獲鼎。〔五五〕按漢書：宣帝時，扶風美陽縣民得鼎，獻之。下有司議，多以宜薦見宗廟，如元鼎時故事。京兆尹張敞議：〔五六〕「今鼎出周都之地，有刻書曰：『王命尸臣，官此栒音荀。邑，賜爾旂鸞黼黻琱戈。尸臣拜手，對揚景命。』以臣詳之，即周賜大臣之鼎，不足以見宗廟。」〔五七〕制曰：「京兆尹議當。」

頻陽故城，在今縣南三里。〔五八〕漢爲縣，後魏省。今廢城存。

義林、旌義二鄉，唐元和三年勅割隸富平縣，以奉豐陵。

玉女山，〔五九〕在縣西三十五里。

明月山，在縣西北二十里。

乾州

乾州，今理奉天縣。本京兆奉天縣，唐末李茂貞建爲乾州。乾寧中，〔六〇〕以覃王出鎮，建爲威勝軍，割奉天、好畤、武功、盩厔、醴泉等五縣，以隸焉。至莊宗同光年中改爲刺史，屬鳳翔，其武功、醴泉二縣還京兆府，盩厔入鳳翔，只領奉天、好畤二縣。至明宗天成三年又割好畤還京兆府，只領奉天一縣。至皇朝乾德二年割好畤、永壽二縣屬焉。

領縣三：奉天，好畤，永壽。

州境：東西八十九里。南北一百四十里。

四至八到：東至東京一千四百五十里。東至西京一千三百里。東至長安一百八十里。西至鳳翔一百八十里。南至武功縣五十里。北至邠州一百五十里。東南至永興軍興平縣七十里。西北至鳳翔府一百一十里。西南至永興軍武功縣五十里。東北至永興軍醴泉縣七十里。

户：舊户載京兆府。皇朝管户主七千三百六十九，〔六一〕客一千七百五十六。

風俗：同長安。

土産：無。

奉天縣，舊十九鄉，今六鄉。本漢醴泉縣地。唐光宅元年，〔六二〕以高宗乾陵在縣西北一十三里，武后分醴泉、始平、好畤、武功，新平郡之永壽五縣之地以置，此額奉于陵寢，屬京兆府，因名奉天。至建中初，有術士桑道茂請城奉天。其後朱泚反，果駕幸焉。興元元年升爲赤縣。乾寧中置乾州于此。〔六三〕今爲郭下縣。

莫谷水，在州西北。從永壽縣麻亭嶺流入，至縣界，西南流入武功。

甘谷水，在州東北。從永壽縣温秀嶺流至縣界，卻入醴泉，合涇河。

乾陵，唐高宗皇帝與則天同一陵，在州西北五里。

靖陵，唐僖宗皇帝陵，在州東北一十里。與乾陵相接，隔豹谷。

陸賈墓，在州東北二十里岑陽、甘東兩鄉河西原。〔六四〕

妲己墓，在州西五里莫谷河西半崖坡内。

好畤故城，在州東岑陽鄉一十五里。

五味坡，在邑界。

梁山。即禹貢云：「壺口治梁及岐。」又古公亶父踰梁山至于岐下，及秦立梁山宫，即此山也。

好畤縣，西北三十五里。舊七鄉，今三鄉。本漢舊縣。畤者，神明所依止也。自古以雍州積高，神明之隩，故立好畤以郊上帝諸神，〔六五〕祠皆聚焉。後漢省。故縣在今縣東南四十三里奉天縣界好畤故城是也。晉元康中復于漢好畤縣城東南二里再置好畤縣。周建德三年併入莫西縣。隋開皇十八年又改莫西爲好畤縣。大業三年省。唐武德二年分醴泉縣置，因漢舊名，屬雍州；三年改屬稷州。貞觀元年廢稷州，縣仍舊屬；〔六六〕二十一年移于廢上宜縣置，即今理也。其上宜縣，隋開皇十八年置，〔六七〕唐貞觀八年廢。後唐同光年中割好畤

屬鳳翔。長興元年卻還京兆。至皇朝乾德四年割屬乾州。〔六八〕

梁山。史記周本紀曰：「古公亶父與其私屬去豳，渡漆、沮，踰梁山，至于岐下。」即此是。

岐下。秦有盜繆公駿馬于此而食，繆公飲之酒。與野人塢相接。

梁山宮。史記：「秦始皇三十五年，幸梁山宮。」即此也。

莫谷水，經縣界。

蘇武冢，在縣東三十里。今里名守節焉。

武亭河，自鳳翔麟遊縣界，流過當縣入武功界。〔六九〕

石門山，在縣西美川鄉一十五里。

明月山，在縣西一十五里，與鳳翔扶風縣分界。

永壽縣，西六十里。舊十一鄉，今六鄉。蓋豳國之地，公劉之居，漢爲漆縣地。後魏大統十四年於今縣北廣壽原上置廣壽縣。周大象元年改爲永壽。隋開皇三年省入新平。唐武德二年又分新平縣南界，于今縣北永壽原西置縣，因原立名，屬邠州；四年又南移于義豐堆置。貞觀二年又南移于今理。〔七〇〕神龍三年割屬京兆府。景龍元年復屬邠州。興元元年又南移于順義店置。〔七一〕至皇朝乾德二年割屬乾州。

高泉山，在今縣北三十里。酈道元注水經云：「甘泉，即高泉山也。」

温修山，一名温秀山。開山圖云：「温修山，實三陽山也，謂之温秀，蓋習俗訛耳。」

永壽原，舊名廣壽原，避隋煬帝諱改爲永壽原，在縣西北。〔七二〕

莫谷水，源出高泉山，名安陽泉。南流歷莫谷，改名莫谷水。〔七三〕後魏于水西置縣，因名莫西縣也。

南豳故城，後魏時所築，在縣北據山。其東西南三面險絶，實控禦之地。

齊難故城，齊難，即姚興將名也，屯軍築壘，在今縣西。其南西北三面一如南豳之險。

莫營關，後魏所置，在縣西南。

涇水，自新平縣界流入。

醴泉苑，在縣東北十里，并宫，並周所立，後廢。唐貞觀四年置醴泉監，兼置屯五所，隸司農寺。

卷三十一校勘記

〔一〕在秦爲北地郡泥陽富平隸焉　原校：「按泥陽、富平，漢屬北地郡。泥陽，今定平縣，屬邠州；

富平，今屬耀州。耀州，今治華原，乃漢左馮翊之祋祤縣，今云屬耀州，在秦爲北地郡，泥陽、富平隸焉，多差舛，未合。」按秦漢泥陽、富平兩縣屬北地郡，考元和郡縣圖志卷三寧州治定安縣（即今甘肅寧縣）：「漢泥陽縣，在今縣理東南十五（應爲五十）里泥陽故城是也。」本書卷三六靈州治迴樂縣（今寧夏靈武縣西南）：「富平故城，漢爲縣，故城在今縣西南。」原校云「泥陽，今定平縣，屬邠州」，恐誤。又本書卷耀州：富平縣，東南五十里。本漢舊縣，「前漢理在今靈州迴樂縣界。」唐宋富平縣屬耀州，在今陝西富平縣東北，與漢縣名同而地異，其地秦爲內史，前漢爲左馮翊，非秦漢北地郡地，樂史混淆爲一，實屬差舛，原校是也。

〔二〕皇朝陞爲感德軍節度　按宋會要方域五之三：耀州，「開寶五年爲感義軍節度，太平興國元年改感德軍。」元豐九域志卷三、宋史卷八七地理志三同，疑此有脱闕。

〔三〕柳公權至以諍臣稱　萬本於「柳公綽華原人」書「弟公權」，不列此傳略，庫本同。按舊唐書卷一六五柳公權傳：「咸通初，改太子少傅，改少傅。」新唐書卷一六三柳公權傳：武宗時，進至太子少師，「咸通初，乃以太子太保致仕。」清代稱三公、三孤爲宫保，此蓋係清代所竄入。

〔四〕垂拱元年　「元年」，長安志卷一九同，元和郡縣圖志卷二、舊唐書卷三八地理志一、新唐書卷三七地理志一京兆府華原縣序皆作「二年」。

〔五〕在縣東北一里　「東北」，庫本及長安志卷一九同；萬本作「東南」，元和郡縣圖志京兆府同。

〔六〕漢步壽宮　按三輔黄圖卷一步壽宮爲秦宮，水經渭水注亦稱秦步高宮、步壽宮。

〔七〕音鋭　萬本、庫本皆無，傅校删，蓋非樂史原文。

〔八〕奔渭北　「渭北」，底本作「此」，庫本同，據萬本、嘉慶重修一統志卷二二八西安府引本書、傅校及晉書卷一一六姚萇載記改。

〔九〕懷德縣　「懷」，庫本同，萬本作「褱」，同漢書卷二八地理志上。按「褱」、「懷」同，史記卷五七絳侯周勃世家：「賜食邑懷德。」即是。

〔一〇〕帝王世紀　「世」，底本作「代」，據萬本、庫本及續漢書郡國志一劉昭注引帝王世紀改。

〔一一〕於此立縣　底本「縣」下衍「爲名」二字，庫本同，據萬本、嘉慶重修一統志卷二二八西安府引本書删。

〔一二〕象八字中心有塠象公字　底本作「象公字中心有堆」，庫本同，據萬本、嘉慶重修一統志卷二二七西安府引本書、傅校及長安志卷一九、類編長安志卷七改補。

〔一三〕在縣西北一十三里　「一十三」，長安志卷一九、類編長安志卷八同，元和郡縣圖志京兆府作「十五」。

〔一四〕在縣西北二十五里檀山　「二十五」，新唐書卷三七地理志一同，元和郡縣圖志京兆府作「四十」，長安志卷一九、類編長安志卷八作「三十」。

〔一五〕在縣西北二十五里甕金山　「二十五」，庫本同，萬本作「三十五」。元和郡縣圖志京兆府作「東北三十三里」，新唐書地理志一作「東三十三里」，長安志卷一九作「東北三十三里」，類編長安志卷八作「東北三十五里」。此「西北」疑爲「東北」之誤。

〔一六〕在縣西北四十五里　「四十五」，新唐書地理志一、長安志卷一九、類編長安志卷八皆作「四十」。

〔一七〕在縣東二十七里　「二十七」，長安志卷一九、類編長安志卷八同，萬本、庫本皆作「一十七」，傅校改同。元和郡縣圖志京兆府作「東北三里」，與此别。

〔一八〕重耳冢　庫本及長安志卷一九引本書同，萬本作「晉文公冢」。

〔一九〕漢池陽縣地　「縣」，底本脱，庫本同，據萬本及元和郡縣圖志卷一京兆府補。

〔二〇〕洪賓爲刺史　底本脱，庫本同，據萬本及元和郡縣圖志京兆府、長安志卷二〇補。

〔二一〕自雲陽縣界連亘　底本「自」上衍「南」字，據萬本、庫本及嘉慶重修一統志卷二二七西安府引本書删。

〔二二〕清谷水至即此谷也　「清谷水」，萬本作「清水」；「一名鬼谷」，嘉慶重修一統志卷二二七西安府引本書，上有「清水谷」，疑此處有脱文。「即此谷也」，萬本作「即此，亦謂之清谷水」，恐非。

〔二三〕唐敬宗莊陵　「敬」，底本作「景」，萬本、庫本同，據傅校及舊唐書卷一七上敬宗紀改。

〔二四〕在縣北一十八里　「北」，新唐書地理志一同，庫本作「西」，長安志卷二〇作「西北」，萬本據改，類編長安志卷八同。

〔二五〕亦爲美陽縣地　長安志卷二〇「美陽縣」作「美原縣」，畢沅校曰：「太平寰宇記作美陽縣地，其實皆誤，當云『亦爲雲陵縣地』。」按畢説是。

〔二六〕亦是匈奴金人祭天之所　庫本同，萬本「匈奴」下有「作」字。按漢書卷九四匈奴傳顔師古注：「作金人以爲天神之主而祭之。」則萬本是。

〔二七〕按漢書地理志云昭帝立此縣屬左馮翊後漢末省　原校：「按前漢地理志雲陽縣非昭帝置，後漢亦不省，惟左馮翊有雲陵縣，昭帝置，後漢郡國志無之，今記誤以雲陵爲雲陽也。」

〔二八〕久視元年　「久視」，新唐書地理志一、長安志卷二〇皆作「大足」。

〔二九〕關中山有中山非冀州者也　萬本注：「按史記封禪書無徐廣云云，恐誤。」按史記封禪書集解引徐廣曰：「關中亦復有中山也，非魯中山。」水經沮水注：「徐廣史記音義曰：關中有中山，非冀州者也。」則集解所引「魯」爲「冀」之誤。據此萬本誤。

〔三〇〕未詳古之仲山　「仲山」，嘉慶重修一統志卷二二七西安府引本書作「何山」，疑此「仲」爲「何」字之誤。

〔三一〕名其所爲鄭泉　「所」，嘉慶重修一統志卷二二七西安府引本書作「泉」。

〔三二〕見有金色從山照水中　「山照水中」，長安志卷二〇、類編長安志卷六皆作「山中照水」，此蓋倒誤。

〔三三〕兩峰皆峭壁孤豎　「峰」，嘉慶重修一統志卷二二七西安府引本書作「岸」，長安志卷二〇同。

〔三四〕漢儀　按長安志卷四作「漢官儀」。

〔三五〕彫文刻鏤　傅校「刻鏤」下有「黼黻」二字，同三輔黃圖卷二。

〔三六〕帝乃使卿持節設具而候神人乃作通天臺　「設具而」、「人乃」，底本脱，庫本同，據萬本及史記卷二八封禪書補。

〔三七〕通天臺高三十丈　長安志卷四、類編長安志卷三引漢舊儀同。萬本據三輔黃圖改爲「通天臺者，言此臺高通於天也。漢武築通天臺於甘泉，去地百餘丈」，按「漢武」，三輔黃圖卷五作「漢武故事」。

〔三八〕武帝祭天上通天臺　長安志卷四、類編長安志卷三同。萬本據三輔黃圖改爲「武帝祭太乙，上通天臺」。

〔三九〕置祠具招僊人祭天已　「祠具」，長安志卷四、類編長安志卷三作「祀祠」。萬本作「祠祀招仙人，祭太乙」，同三輔黃圖卷五。

〔四〇〕以候天僊　「天僊」，萬本作「天神」，同三輔黃圖卷五、長安志卷四、類編長安志卷三。

〔四一〕乃舉烽火而就行宮望拜　「行宮」，傅校作「竹宮」，同三輔黃圖卷五、長安志卷四、類編長安志卷三，疑此「行」爲「竹」字之誤。

〔四二〕漢舊儀注　萬本無此四字，上文「行宮望拜」直接下文「上有承露」云云，同三輔黄圖卷五。庫本作「漢儀注」，同長安志卷四、類編長安志卷三。

〔四三〕上有承露仙人掌擎玉杯　萬本「承露」下有「盤」字，作「上有承露盤，仙人掌擎玉杯」，同三輔黄圖卷五。長安志卷四、類編長安志卷三同底本及庫本。

〔四四〕通天訬以竦峙　「訬以」，三輔黄圖卷五、長安志卷四、類編長安志卷三引西京賦作「眇而」。

〔四五〕鄭國　「鄭」，底本無，庫本同，據萬本及史記卷二九河渠書、漢書卷二九溝洫志補。下同。

〔四六〕渠成　「渠」，底本無，據萬本及漢書溝洫志補。

〔四七〕關中無凶年　庫本及元和郡縣圖志京兆府同。萬本作「於是關中爲沃野，無凶年」，同史記河渠志、漢書溝洫志。

〔四八〕溉田四千五百餘頃　庫本同，萬本「頃」下有「因名白渠」四字，同漢書溝洫志。

〔四九〕後徙休屠右地　「右」，底本作「古」，庫本作「故」，據萬本及史記卷一一〇匈奴列傳集解引漢書音義、漢書卷九四匈奴傳上顔師古注引孟康曰改。

〔五〇〕右手拳　庫本及長安志卷一二同，萬本作「右手拳屈」。按三輔黄圖卷三、類編長安志卷二引列仙傳作「右手鉤拳」。

〔五一〕棺空但有綵履　「空」，庫本及長安志卷二〇同，萬本作「内」。按三輔黃圖卷三引列仙傳作「棺櫬但有彩履」。

〔五二〕鉤弋夫人從至甘泉而卒　「從」，底本作「後」，據萬本、傅校及三輔黃圖卷三、長安志卷二〇、類編長安志卷二引雲陽記改。

〔五三〕上音他括反下音虚羽反　萬本無此十字，庫本同。

〔五四〕後唐割屬耀州　「後唐」，萬本作「後唐同光元年」，庫本作「後唐同光」。按舊五代史卷一五〇郡縣志：「美原縣，後唐同光三年七月，割隸耀州。」五代會要卷二〇同，萬本誤。

〔五五〕獲鼎　庫本同，萬本作「美陽鼎」。

〔五六〕京兆尹張敞議今鼎出周都之地有刻書曰　萬本據漢書卷二五郊祀志下改補爲「張敞好古文字，按鼎銘勒而上議曰：臣聞周祖始乎后稷，后稷封於斄，公劉發迹於豳，太王建國於郊梁，文王（按漢書郊祀志作「文武」）興於豐鎬。由此言之，則郊梁豐鎬之間周舊居也，固宜有宗廟壇場祭祀之藏。今鼎出於郊東，中有刻書曰」。

〔五七〕尸臣拜手至以見宗廟　庫本同，萬本據漢書郊祀志下改補爲「尸臣拜手稽首曰：敢對揚天子丕顯休命，臣愚不足以迹古文，竊以傳記言之，此鼎殆周之所以褒賜大臣，大臣子孫刻銘其先功，臧之乎功（按漢書郊祀志作「宫」）廟也。不宜薦見於宗廟」。

〔五八〕在今縣南三里　按元和郡縣圖志京兆府作「西南三里」，長安志卷二〇作「西南五里」，疑此「南」上脫「西」字。

〔五九〕玉女山　「玉」，底本作「王」，據萬本、中大本、庫本、嘉慶重修一統志卷二二七西安府引本書及長安志卷二〇改。

〔六〇〕乾寧中　按新唐書卷六四方鎮表一：「乾寧元年，以乾州置威勝軍節度。」與此別。

〔六一〕皇朝管户主七千三百六十九　「管」，底本無，據萬本、中大本、庫本及傅校補。

〔六二〕光宅元年　「光宅」，元和郡縣圖志京兆府、長安志卷一九同，舊唐書地理志一、新唐書地理志一、唐會要卷七〇州縣改置上皆作「文明」。

〔六三〕乾寧中置乾州于此　按長安志卷一九：「乾寧二年以縣置乾州。」新唐書方鎮表謂「乾寧元年以乾州置威勝軍節度」，則乾州之置至遲在乾寧元年，此云「乾寧中」，恐誤。

〔六四〕甘東　「甘」，底本作「井」，據萬本、中大本、庫本及嘉慶重修一統志卷二四七乾州引本書改。

〔六五〕故立好畤以郊上帝諸神　「好畤」，萬本同。元和郡縣圖志卷二京兆府好畤縣序作「畤」，無「好」字，長安志卷一九、類編長安志卷七同，此「好」疑衍字。

〔六六〕縣仍舊屬　「屬」，底本脫，據萬本、庫本補。元和郡縣圖志京兆府好畤縣：「貞觀元年廢稷州，復屬雍州。」

〔六七〕隋開皇十八年置　「十八」，元和郡縣圖志京兆府同，隋書卷二九地理志上作「十七」。

〔六八〕乾德四年割屬乾州　按本書乾州總序：「乾德二年割京兆府好畤縣屬焉。」宋會要方域五之四〇、元豐九域志卷三皆同，此「四年」爲「二年」之誤。

〔六九〕流過當縣入武功界　庫本同，萬本、嘉慶重修一統志乾州引本書皆作「流逕好畤縣入武功界」。

〔七〇〕貞觀二年又南移于今理　嘉慶重修一統志乾州引本書作「貞觀二年南移」，無「于今理」三字，又引本書云「興元元年又南移于今理」。按元和郡縣圖志卷三邠州永壽縣：「貞觀二年移于州東南八十里，興元元年又移于順義店，即今理是也。」與一統志引本書正合，則貞觀二年非「移于今理」，此「于今理」三字疑衍。

〔七一〕興元元年又南移于順義店置　嘉慶重修一統志乾州引本書作「興元元年又南移于今理」。按元和郡縣圖志永壽縣：「興元元年又移于順義店，即今理是也。」疑此「置」下脱「即今理」三字。

〔七二〕在縣西北　「西北」，萬本、嘉慶重修一統志乾州引本書皆作「西」。按元和郡縣圖志永壽縣云永壽原在縣理北三十里，則作「西」，非是。

〔七三〕改名莫谷水　「改」，庫本同，萬本、嘉慶重修一統志乾州引本書皆作「故」，按作「故」，於義爲長。

太平寰宇記卷之三十二

關西道八

隴州　涇州

隴州

隴州，汧陽郡。今理汧源縣。周爲岐、隴之地。春秋時屬秦國，文公曾都於此，今郡南三里汧水南故汧城是也。秦併天下，屬内史。漢爲汧縣，屬右扶風。自魏至晉亦然，永嘉後廢。魏初于今汧源縣界置隴東郡，今州即隴東郡故郡也。孝明正光三年分涇州、岐州之地，兼置東秦州于故汧城，領隴東、安夷、汧陽三郡。至孝昌三年，爲万俟醜奴所破。孝武永熙元年于今州東南八里復置東秦州，仍于州所理置汧陰縣。西魏大統十七年改東秦州爲隴州，〔一〕因山爲名。周明帝二年移州于今所。武帝天和五年省入岐州。〔二〕宣帝大象二年復置。〔三〕隋開皇五年改汧陰爲汧源縣，仍廢郡而隴州如故。〔四〕煬帝二年州廢，〔五〕以屬縣併入扶風郡。義寧二年又于縣理置隴東郡。唐武德元年復爲隴州，以南由縣置含州，領南由一縣；四年廢含州，復以南由來屬。天寶元年改爲汧陽郡。乾元元年復爲隴州，至德宗升爲奉義軍節度，以旌韋皋殺朱泚僞使之故也。今爲防禦州。

元領縣五。今四：汧源，汧陽，吴山，隴安。新置。二縣廢：華亭，入汧源。南由。入吴山。

州境：東西二百里。南北四百五十九里。一作九十五里。〔六〕

四至八到：東至東京一千七百五十里。東至西京一千三百二十五里。東至長安四百六十五里。東至鳳翔府一百五十九里。南至鳳州山路四百三十六里。〔七〕西至秦州三百四十里。北至涇州一百六十五里。西南至秦州界一百一十里。東南至鳳翔府界一百六十里。西北至原州界一百八十里。東北至涇州一百六十里。

户：唐開元户六千八百五。皇朝管户主一萬九百七十一，〔八〕客八千六百六。

風俗：與鳳翔小異，尤類秦州。

人物：唐段秀實。汧陽人，以笏擊朱泚，德宗贈太尉。

土産：龍鬚席，鸚鵡，山丹，雉尾，羊，馬，狨。

汧源縣，舊八鄉，今七鄉。漢汧縣之地，屬右扶風。晉地道記云：「汧縣，屬秦國，故城在今縣南。漢置隴關，西當戎翟，今名大震關，在今縣西。」後魏廢帝改爲汧陰縣。周明帝移州并縣于今理。隋改爲汧源縣。唐元和三年併華亭縣入。

隴山，在縣西六十二里。説文：「隴山，天水大坂也。」辛氏三秦記引俗歌云：「隴頭流水，鳴聲幽咽，遥望秦川，肝腸斷絶。」又云：「震關遥望秦川如帶。」〔九〕酈道元注水經云：「一水出汧縣西山，謂之小隴山，巖嶂高峻，不通軌轍。故張衡四愁詩云：『我所思兮在漢陽，欲往從之隴坂長。』」周地圖記云：「其山高處可容百餘家。」三秦記：「隴坂謂西關也，其坂九迴，不知高幾許，欲上者，七日乃得越。〔一〇〕絶高處可容百餘家，下處容十萬户。山頂有泉，清水四注。東望秦川，如四五里。〔一一〕人上隴者，想還故鄉，悲思而歌，有絶死者。」又秦州記云：「登隴，東望秦川，四五百里，極目泯然，墟宇桑梓，與雲霞一色。其上有懸溜，吐于山中，匯爲澄潭，名曰萬石潭，流溢散下，皆注于渭。山東人行役，升此而顧瞻者，莫不悲思，其歌云：『隴頭之水，〔一二〕分離四下，念我行役，飄然曠野，登高遠望，涕零雙墮。』是此也。」

汧山，在縣西六十里。禹貢：「導汧及岐，至于荆山。」

魚龍川。酈道元注水經云：「有一水出汧縣西山，人謂之小隴山，其水東北流，歷澗，注以成淵，出五色魚，俗以爲靈，而莫敢採捕，因謂是水爲魚龍水，自下亦通謂之魚龍川。」

弦蒲藪。周禮職方氏：「雍州其澤藪曰弦蒲。」晉太康地志云：「汧縣有蒲谷鄉弦中谷，乃雍州之蒲也。〔一三〕」按漢書地理志云：「雍州有弦蒲藪。」

汭水。周禮職方氏：「雍州，其川涇、汭。」

大震關，在縣西六十一里。後周武帝天和元年置，今爲隴山關。漢武帝于此遇雷震，因名。

張女郎祠。故老相傳云：「漢張魯女死于此，時人爲立祠，民禱有驗。」

秦城，在州東二十五里。〔一四〕秦非子養馬汧、渭之閒，有功，周孝王命爲大夫。

郁夷故城，漢爲縣，後漢省。按漢志注云：「郁夷有汧水祠。」又詩云：「四牡騑騑，周道倭遲。」韓詩作「郁夷」字。蓋在今州西五十里大寧關側，近汧水源。今驗諸處，因水置祠，多在源下。又自關上隴，盤紆屈曲，逶迤而進，與縣名相符。晉太康中，曾于此置隴關縣。又地道記云：「郁夷省併郿，蓋因王莽之亂，郁夷之人權寄理郿界，因併于郿。」

廢華亭縣，在州西北一百里。本漢涇陽縣地，今原州平涼縣界涇陽故城是也。後魏爲長蛇縣。〔一五〕隋大業元年于此置華亭縣，在白馬、華亭二川口，蓋因水爲名；三年改爲亭水縣，屬安定郡。唐元和三年三月廢入汧源縣。

小隴山，在廢縣西四十里。水經注：「芮水出小隴山，其川名汭。」

秦王廟，秦穆公西征至此迴軍，因之立廟。

汧陽縣，東八十里。舊八鄉，今十一鄉。本漢隃麋縣地，以縣東八里隃麋澤爲名，屬右扶風。闞澤縣道記云：「隃麋縣因原以爲名，今縣東古城是漢理之所，晉省。後周天和五年于今縣西四十里馬牢故城置汧陽縣及汧陽郡，以在汧山之陽爲名，尋廢郡，以縣屬隴州。建德四年移于今理。」

汧水，經縣南一里。

段太尉冢，〔一六〕在縣西北四十里萬善鄉黑草僻川西。

秦王鑄劍鑪，在縣東南二十里。石上有人馬蹤跡，又有秦王馬跡。泉在節義鄉。

真珠泉，在三泉鄉，縣西二十五里。

吴山縣，東南一百一十里。舊二鄉，今四鄉。漢隃麋縣地，後魏孝昌二年于今南由界長蛇川置長蛇縣，屬東秦州。隋開皇十三年自長蛇川故地移于今縣，十八年改長蛇爲吴山縣，取縣西吴山以稱邑。唐元和三年併南由縣入。

吴山，在縣西南五十里。〔一七〕周禮：「雍州，其山鎮曰嶽山。」孫炎曰：「雍州鎮有吴嶽山也。」郭璞曰：「吴嶽，別名開山。」漢志：「吴山，在汧縣西，古文以爲汧山。」國語謂之西吴。秦都咸陽，以爲西岳。水經注云：「汧水發南山西側，俗以此山爲吴山，三峰霞舉，叠秀雲天，崩巒傾返，山頂相捍，望之恒有落勢。山下石穴，廣四尺，高七尺，水溢石空，懸波側注，瀨滸震盪，發源成川，北注于汧。」

龍盤山，在縣東南七里。

汧水，經縣南東流。

白環谷。水經注云：「南由縣有白環水，源出白環谷。」

廢南由縣，在州西南一百二十里，在今縣東南十里。漢之汧縣地也，後魏明帝孝昌年於縣西南由谷口置縣，〔一八〕因谷爲名。隋開皇三年屬岐州。〔一九〕唐貞觀四年割入隴州。元和三年併入吴山縣。

故安夷關，在廢縣西一百四十六里。

長蛇川，在廢縣西一百步。

渭水，在廢縣南四十里。

隴安縣，去州八十五里。四鄉。本南由鎮，即古南由縣之地，國朝開寶二年割汧陽縣之四鄉，〔二〇〕于隴州界置隴安縣，從轉運使李守信之所奏也。

秦嶺山，在縣西南。過渭河，接鳳州界。

西秦山，在縣北二十里。山内有秦王試劍崖。

渭河，在縣西南四十五里。自秦州隴城縣流入。

馬頰社，在孝感鄉。社内有古時鑄錢監基。沿山有溪，出九節菖蒲。

涇州

涇州，安定郡。今理保定縣。禹貢雍州之域。春秋屬秦，至始皇併天下，屬北地郡。漢武帝又分北地郡置安定郡，故漢書云：「以六郡良家子補羽林郎。」安定即六郡之一焉。宋永初山川記云：「安定，昆戎壞也。」其郡在今原州高平縣。後漢永初五年徙其人于美陽以避羌寇，郡寄理美陽，即今雍州武功界美陽故城是也。永建四年移于今所。按晉太康地記云：「安定郡領臨涇、朝那、烏氏、鶉觚、陰密、西川六縣，屬雍州。」魏、晉亦爲安定郡，及魏神麚三年于此置涇州，蓋因涇水爲其名。隋大業三年改爲安定郡。大業末，金城賊帥薛舉侵擾豳、涇，唐武德元年太宗西討，會舉死，因平舉子仁杲，遂改安定郡爲涇州。天寶元年改爲安定郡。乾元元年復爲涇州。皇朝爲彰化軍節度。

元領縣五。今三：保定、靈臺、良原。二縣割出：潘原，唐末割置行渭州。臨涇。唐末割置行原州。

州境：東西七十里。南北一百三十五里。

四至八到：東南至東京一千七百里。東南至西京一千二百五十里。東南至長安四百五十里。東至鳳翔府麟遊縣長武鎮界四十里。西至渭州潘原縣界三十里。南至鳳翔府普潤縣界一百里。北至原州臨涇縣界三十五里。東至鳳翔府麟遊縣界一百四十里。西北至原州臨涇縣界三十里。西南至隴州汧陽縣界九十里。〔二〕東北至寧州豐義縣界四十里。

户：唐開元户一萬五千九百五十三。皇朝管户主一萬二千一百七十一，〔三〕客五千二百九十八。〔三〕

風俗：水土雜于河西，人烟接于北地，故安定處于山谷之閒，其實昆戎舊壤，迫近夷狄，修習武備，士則高尚氣略，人以騎射爲先，蓋與邠、隴之俗同爾。

姓氏：安定郡四姓：梁、席、安、皇甫。

人物：梁統，安定烏氏人。爲酒泉太守。梁竦，統子，字叔敬。著七序書，累辟不就，三子皆封侯。〔二四〕李恂，安定臨涇人。爲兗州刺史。王符，字節信，臨涇人。隱居著潛夫論。〔二五〕張耽，安定人，好學。程卓，孝友著名。皇甫謐，字士安，安定人。好著述，累辟不就，號玄晏先生〔二六〕。牛弘，字里仁，靈臺人。官吏部，封奇章郡公。〔二七〕唐牛僧孺，弘後。穆宗朝拜相，以風節，重封奇章

公。〔二八〕

呂向，字子回，涇州人。善草隸，官翰林。〔二九〕

土産：龍鬚蓆，羊，馬，駝毛，紅花，麻，布，黄蓍，氈，麝香，秦膠。

保定縣，舊三鄉，今十一鄉。本漢安定縣也，後漢省。後魏文帝大統元年自高平城移于今理，屬安定郡。隋開皇三年罷郡，以縣屬涇州。唐至德二年改爲保定縣。

笄頭山，一名崆峒山。昔黄帝學道于廣成子，即此。

彈箏峽，自原州百泉縣界都盧山涇水所出，南流山谷之間，水聲清響有如彈箏。

振履堆。故老云：「夸父逐日，振履於此阜上。」

胡盧河，本名蔚茹水，源出原州西南頹沙山下，入涇。

烏亭。史記云：「秦惠王取其地，置烏氏縣。」〔三〇〕屬安定郡，莽曰烏亭。有烏水出西，北入河。都盧山在其西。今亭即漢爲縣所也。

瓦亭。續漢志云：「烏氏縣有瓦亭。」〔三一〕一名薄落亭。

三水故城。漢書地理志三水縣屬安定郡，有鹽官。後漢末，盧芳據三水縣，在左谷閒，魏攻三水，〔三二〕即此也。晉太康地志云：「西川，屬安定郡。」

西王母祠。周地圖記云：「王母乘五色雲降於漢武，其後帝巡郡國，望彩雲以祠之，而雲浮五色，屢見于此。漢書上之□□□也，因立祠焉。〔三三〕每水旱，百姓禱祈，時有驗焉。」

左右谷故城，〔三四〕在今縣南。

烏氏故城，即烏亭也，廢城在今縣東焉。

涇川水，在縣南十里。從潘原縣來，入邠州宜禄。

閣川水，在縣西南三里。從潘原縣來，入涇水。

靈臺縣，東一百里。〔三五〕元七鄉。按梁氏志，即漢鶉觚縣地，屬北地郡。後魏大統中自鶉觚故城移今所。周地圖記：「鶉觚縣屬平涼郡。唐天寶元年八月改爲靈臺縣理，即古密國之地。」

蒲川。酈道元注水經云：「蒲水出南山蒲谷，東北合細川水，又東北流合且氏川水焉。」

陰密城。詩曰：「密人不恭。」春秋左傳昭公十五年：「晉荀躒如周，葬穆后。王曰：『叔父唐叔，成王之母弟也。密須之鼓，與其大路，〔三六〕文所以大蒐也。』」杜預云：「密須，姞姓國也，在安定陰密縣。」史記：「周共王遊于涇上，密康公從，有三女奔之。其母曰：『必致之于王。夫獸三爲羣，人三爲衆，女三爲粲。王田不取羣，公行不下衆，王御不參一族。夫粲，美之物也。衆以美物歸汝，而何德以堪之？王猶不堪，況爾小醜乎！小醜備物，終必亡。』康公不獻，一年，共王滅密。」即此城也。

三交川水，在縣東南十五里，亦名三香水，源從麟遊縣。〔三七〕

卧龍原，在縣東十里。

左丘明廟，在縣東北三十里。

牛仙客祖父墓，在縣西一里。〔三八〕蒲川水西石闕前有碑存。祖贈涇州刺史，父贈户部尚書。

良原縣，西南六十里。舊三鄉，今七鄉。本漢三水縣地，屬安定郡。隋大業元年分安定、鶉觚二縣之地置縣，縣西南三十里有良原，因以爲名。

白石原，其原起自縣西南三十里，東下三十里，分爲兩原：一在南三十里，更名良原；一在東北四十里，〔三九〕更名梁杜原。漢書地理志屬安定郡。

朝那城，後魏大統元年自原州百泉縣朝那城徙朝那縣于此，〔四〇〕其地今割入臨涇縣界。

望兒原，在縣東三十里。

卷三十二校勘記

〔一〕西魏大統十七年改東秦州爲隴州　周書卷二文帝紀下：魏廢帝三年春正月，「改東秦爲隴州。」按當從周書所記。

〔二〕武帝天和五年省入岐州　周書卷五武帝紀上：天和四年十二月，「罷隴州。」按當從周書所記。

〔三〕宣帝大象二年復置　北周地理志卷一：「大隋故上開府徐州總管邊城郡開國公爾朱敞墓誌銘：宣政二年，除隴州諸軍事隴州刺史。寰宇記謂大象二年復置隴州，據爾朱敞誌謂在宣政二年，即大象元年也。疑隴州之置在大象元年而不在大象二年也。」

〔四〕隋開皇五年改汧陰爲汧源縣仍廢郡而隴州如故　隋書卷二九地理志上：汧源縣，「西魏置隴東郡及汧陰縣，後改縣曰杜陽。後周又曰汧陰。開皇三年郡廢，五年縣改曰汧源。」則隴東郡廢於開皇三年，非五年。

〔五〕煬帝二年州廢　元和郡縣圖志卷二隴州總序亦載「大業二年省」，隋書地理志上：「大業三年州廢。」是也。

〔六〕一作九十五里　萬本、庫本皆無此六字。按元和郡縣圖志隴州州境：「南北四百九十五里。」即指此而言。萬本、庫本不足據。

〔七〕南至鳳州山路四百三十六里　「州」，底本作「翔」，據萬本、中大本、庫本、傅校及元和郡縣圖志隴州改。

〔八〕皇朝管户主一萬九百七十一　「管」，底本無，據萬本、中大本、庫本及傅校補。

〔九〕震闕遥望秦川如帶　按太平御覽卷五〇引辛氏三秦記作「震闕遥望秦川如帶大」，疑此「帶」下脱「大」字。

〔一〇〕七日乃得越　「日」，底本作「月」，注「一作日」，據萬本、庫本、傅校及太平御覽卷一六四引三秦記改删。

〔一一〕如四五里　按太平御覽卷五〇引周地圖記：「東望秦川，可五百里。」本書下文引秦州記云「四五百里」，此「五」下蓋脱「百」字。

〔一二〕隴頭之水　「之」，萬本作「流」，傅校同。按本書上文引三秦記作「流」，太平御覽卷五〇引周地圖記作「泉」，同書卷一六四引三秦記作「流」，此「之」疑爲「流」字之誤。

〔一三〕雍州之蒲也　「蒲」，傅校作「藪」。

〔一四〕在州東二十五里　「東」，元和郡縣圖志隴州作「東南」。

〔一五〕後魏爲長蛇縣　「蛇」，底本作「地」，萬本、庫本同。按本書卷吴山縣序：「後魏孝昌二年于今南由界長蛇川置長蛇縣，屬東秦州。」隋書地理志上：南由縣，「有舊長蛇縣，開皇末廢。」元和郡縣圖志隴州南由縣：「隋開皇二年省長蛇縣併入南由。」此「地」爲「蛇」字之誤，據改。

〔一六〕段太尉冢　「段」，底本作「尉，一作段」，萬本據唐書改「尉」爲「段」，嘉慶重修一統志卷二三六鳳翔府引本書、庫本皆作「段」，傅校同，據改删。

〔一七〕在縣西南五十里　底本「縣」上衍「古」字，庫本同，據萬本及元和郡縣圖志隴州删。

〔一八〕後魏明帝孝昌年　庫本同，萬本作「後魏孝明帝」，同元和郡縣圖志隴州。中大本「孝昌年」作「孝昌二年」。

〔一九〕開皇三年　「三年」，元和郡縣圖志隴州作「二年」。

〔二〇〕開寶二年　「二年」，宋史卷八七地理志三同，元豐九域志卷三、宋朝事實卷一八皆作「元年」。

〔二一〕西南至隴州汧陽縣界九十里　「九」，萬本、庫本皆作「七」。

〔二二〕皇朝管户主一萬二千一百七十一　「管」，底本無，據萬本、庫本及傅校補。「七十一」，中大本作「七十」，無「一」字。

〔二三〕客五千二百九十八　中大本同，萬本、庫本「九十八」皆作「九」，無「十八」二字。

〔二四〕梁竦至三子皆封侯　萬本作「子竦，常登高而嘆」，繫於梁統爲酒泉太守下，庫本及傅校同。

〔二五〕王符字節信臨涇人隱居著潛夫論　萬本、庫本皆無。「臨」，底本脱，據後漢書卷四九王符列傳補。

〔二六〕字士安安定人好著述累辟不就號玄晏先生　萬本、庫本皆作「安定人」，無其它十五字。

〔二七〕牛弘字里仁靈臺人官吏部封奇章郡公　萬本、庫本皆無。按北史卷七二牛弘傳、隋書卷四九牛弘傳皆載「安定鶉觚人」，舊唐書卷三八地理志一：「隋鶉觚縣，天寶元年改爲靈臺縣。」此以唐縣名爲隋縣名，不妥。

〔二八〕唐牛僧孺至奇章公　萬本、庫本皆無。

〔二九〕吕向字子回涇州人善草隸官翰林　萬本、庫本皆無。「州」，底本脱，據新唐書卷二〇二吕向傳補。

〔三〇〕史記云秦惠王取其地置烏氏縣　按史記卷一一〇匈奴列傳正義引括地志云烏氏故城，周之故地，後入戎，「秦惠王取之，置烏氏縣也」。則出於括地志，非史記，此云「史記」，誤。

〔三一〕烏氏縣　按續漢書郡國志五作「烏枝」，即烏氏。

〔三二〕後漢末盧芳據三水縣在左谷間魏攻三水　原校：「按後漢書，盧芳，三水人，王莽末，匈奴立爲漢帝，吴漢數擊芳，不克。今記以爲『後漢末』，『魏攻三水』，皆誤。」按後漢書卷一二盧芳列傳載，王莽時，盧芳據三水左谷中，王莽末起兵，更始敗，匈奴立芳爲漢帝，後漢建武六年後，吴漢、杜茂數擊芳，不克，則此「後漢末」當爲「前漢末」，或「漢末」、「王莽末」之誤，「魏」爲「漢」，或「後漢」之誤。

〔三三〕西王母祠至因立祠焉　原校：「按『上之』字下諸本皆空缺，王母事，漢書所無，而武帝嘗幸安定者再，今闕文疑是上之『幸安定』也，然無所考見。又引漢書，恐舛誤耳。」

〔三四〕左右谷故城　萬本作「左谷城」，庫本作「左右谷城」。後漢書盧芳傳李賢注引續漢志曰「三水縣有左右谷」。按後漢書盧芳列傳：「居左谷中。」續漢書郡國志五，三水縣劉昭注：「有左谷，盧芳所居。」則「左右谷」衍「右」字。

〔三五〕東一百里　「東」，萬本、中大本、庫本及傅校皆作「南」。元和郡縣圖志卷三涇州靈臺縣：「西至州一百里。」元豐九域志卷三涇州靈臺縣：「州東九十里。」按唐宋涇州治保定縣，在今甘肅涇川縣北，靈臺縣即今縣，位於涇州東南，則作「東」、「南」皆是。

〔三六〕與其大路　「路」，底本作「輅」，據萬本、庫本及左傳昭公十五年改。

〔三七〕在縣東南十五里亦名三香水源從麟遊縣　「十五」，嘉慶重修一統志卷二七二涇州引本書同，萬本、中大本、庫本作「五」，無「十」字，恐誤。「從」，庫本同，萬本及一統志涇州引本書作「出」，此「從」爲「出」字之誤。

〔三八〕在縣西一里　「西」，萬本同，嘉慶重修一統志卷二七三涇州引本書作「南」。按本書下文云「蒲川水西石闕前有碑存」，則墓在蒲川水側，嘉慶重修一統志涇州：「蒲川水在靈臺縣南，」「縣志：縣之南川也。」據此作「南」是，作「西」誤。

〔三九〕一在南三十里更名良原一在東北四十里　前「一在」，底本脱，庫本同；後「在」，底本作「原」，庫本同。並據萬本及嘉慶重修一統志涇州引本書補改。

〔四〇〕自原州百泉縣朝那城徙朝那縣于此　萬本及嘉慶重修一統志涇州引本書皆無「朝那城」三字。按本書既云「徙朝那縣于此」，無須重復「朝那城」，萬本等是。

太平寰宇記卷之三十三

關西道九

原州　慶州

原州

原州，平涼郡。今理臨涇縣。禹貢雍州之域。春秋時其地屬秦，至始皇時屬北地郡。漢之安定郡高平縣地，至安帝永初五年，避羌寇移郡寄理於今武功縣美陽故城，順帝時復還理高平。自移郡人户稍少，至曹魏廢。後魏太延二年於今理置高平鎮。至孝明帝正光五年改爲原州，蓋取高平曰原爲名。隋大業三年罷州，爲平原郡，後陷寇中。唐武德元年平薛仁杲，復其地爲原州。貞觀五年置都督府，管原、慶、會、寧、亭、達、要等七州；十年省亭、達、要三州，唯督四州。天寶元年改爲平涼郡。乾元元年復爲原州。自禄山亂後，西戎犯邊，洮、蘭、秦、隴盡爲虜境。貞元七年，涇原節度使劉昌置于平涼縣。至元和三年移于涇州臨涇縣，置行原州，遂命鎮將郝玼爲刺史。始玼以臨涇地宜蓄息，西蕃每爲寇，即屯其地，嘗白其帥，請城以控之，前帥不從。其後段佑爲節度使，〔一〕玼復白佑。佑多其策，乃表請城之，故詔玼鎮其地，自是西戎無敢犯涇者。玼出自行間，前無彊敵。在邊三十年，生得蕃人輒刳剔而歸其屍，蕃人畏之如神，下令得玼者，賞以等身金。蕃人小兒啼號者，但連呼郝玼以怖之。大中三年，本道節度康季榮收復關、隴，卻歸舊原州。唐末，黄巢作亂，復陷城壁，再移原州于臨涇縣置。

元領縣四。今一：臨涇。唐末自涇州置原州。　三縣落蕃：平高，百泉，平涼。　一縣割出：蕭關。置武州，後廢入潘原縣。〔二〕

州境：東西五十五里。南北九十五里。

新四至八到：東南至東京一千七百九十里。東南至西京九百四十里。東南至長安五百四十里。東至寧州彭陽縣五十五里。〔三〕西至當州開邊堡三十里，壕外蕃界。南至渭州潘原縣九十里。北至邠州寧羌縣九十里。〔四〕東南至涇州保定縣界四十里。西南至當州新城鎮西菴堡蕃界七十里。北至寧羌縣界四十五里。東至彭陽縣界三十四里。

户：唐開元户八千七十五。皇朝領縣一，管户主三千四百三十六，〔五〕客三千五百四十九。

風俗：地廣人稀，質木，不寇盜。

人物：皇甫規，安定朝那人。爲度遼將軍。皇甫嵩，字義真，朝那人。少有文武志，好詩書。平黄巾賊，封槐里侯。〔六〕

土産：覆鞍氈，貢。白氈，黄蓍，〔七〕白藥。賦：麻，布。

臨涇縣，舊十鄉，今四鄉。漢舊縣，屬安定郡。隋大業元年于今縣理置湫谷縣，十二年復爲臨涇縣。唐貞元十一年，涇原帥劉昌奏自臨涇縣定成堡移于今所。〔八〕元和三年改爲行原縣。今復舊名。

陽晉水，在縣南一十五里。自羅使堡蕃界來，入本州八十里，〔九〕入涇州保定縣界。

原州川水，自蕃界來，入州界五十五里，〔一〇〕入寧州彭陽縣界。

和戎原，在縣南二十五里。

唐廣德已前舊縣。〔一一〕

平高縣，三鄉。本漢高平縣。地理志云屬安定郡。後魏太武太延二年于今縣理置平高縣，屬平高郡。隋開皇三年罷郡，以縣屬原州。大業三年以原州爲平涼郡。武德元年重爲原州，縣仍舊焉。

馬屯山。十六國春秋云：「姚萇與苻登戰于高平，登敗，奔于馬屯山。」是此也。

笄頭山，一名崆峒山，在縣西一百里。史記云：「黄帝東至于海，登丸山，西至于崆峒，登雞頭。」即此山也。漢書：「开頭山，在涇陽西。」禹貢涇水所出。淮南子云：「薄落山，一名笄頭山。」水經注云：「蓋大隴山之異名耳。」莊子謂「黄帝學道于廣成子」，蓋在此山。按今肅州又有崆峒山，未詳孰是。今此見有柏堂在山頂上，不知何代所置。後漢隗囂使王孟塞雞頭道，即此也。

朝那湫淵祠，史記：「湫淵，祠朝那。」蘇林曰：「湫淵，方四十里，停水不流，冬夏不增不減，不生草木。」師古曰：「此水在今涇州界，或諠污，輒興雲雨。亢旱，每于此求之。」故有祠存。

木峽關，在頹沙山上。〔三〕縣南一百一十里隴山上，有隴山關。與此有别。

蕭關故城，在縣東南三十里。漢書「文帝十四年，匈奴入蕭關，殺北地都尉〔三〕」，即此地也。漢亦謂之鄣關。

瓦亭關，在縣南七十里，即隴山北垂。後漢書「隗囂使牛邯守瓦亭」，即此也。

劉表墓。按從征記云：「劉表冢，在高平郡。表子琮，擣四方珍香數十石，著棺中。永嘉中，郡人衛熙發其墓，見表貌如生，香聞數十里，熙懼不敢犯。」

唐監牧。貞觀中自京師東赤岸澤移馬牧于秦、渭二州之北，會州之南，蘭州狄道縣入東原州之西，置監牧使以掌其事。仍以原州刺史爲都監牧使，以管南使、西使、北使、東使。〔一四〕

百泉縣，東九十里。五鄉。亦漢朝那縣地，故城在今縣理西四十五里。〔一五〕後魏正光五年于今縣西陽晉川置黄石縣，〔一六〕廢帝二年改爲長城縣。隋大業二年改長城爲百泉。唐武德八年移于今理。

彈箏峽。水經注云：「涇水經都盧山，山路之内，常有如彈箏之聲，行者聞之，歌舞而去。〔一七〕」又云：「弦歌之山，峽口水流風吹，滴崖響如彈箏之韻，〔一八〕因名之。」

涇水，源出縣西南涇谷。漢書地理志云：「涇陽縣幵頭山，禹貢涇水所出。〔一九〕」水經云：「涇水出安定涇陽縣高山涇谷。」酈道元注云：「山海經曰：『高山，涇水出焉，東流注于渭。』入關，謂之八水。」

可藍山，在縣西南七十里，一名都盧山。十六國春秋：「赫連定勝光二年，畋于陰盤，登可藍山望統萬城，泣曰：『先帝若以朕承大業，豈有今日之事！』俄有羣狐，鳴于定旁。命射之，無所獲。」

蕭關縣，北一百八十里。四鄉。本隋他樓縣，〔二〇〕唐貞觀六年置緣州，領突厥降户，寄治于平高縣界他樓城。高宗時于蕭關置他樓縣。神龍元年廢他樓縣，〔三〕御史中丞侯全德以去州闊遠，奏于故白草軍城置蕭關縣。大中五年置武州。周顯德五年廢入潘原縣。〔三〕

蔚茹水，〔三〕一名胡盧河，源出原州西南頹沙山中。

廢他樓縣，本漢高平縣地，隋時爲他樓縣。唐貞觀六年于此置緣州，領突厥降户。

慶州

慶州，安化郡。今理安化縣。禹貢雍州之域，古西戎地。夏衰，后稷子不窋奔戎翟之間，今州理東南三里有不窋故城。春秋時爲義渠戎之土。〔四〕嬴秦滅之，得其地，以屬北地郡。後漢至晉，戎虜所侵，不立郡縣。後魏及周，以爲鎮防，故後魏書云：「大統十一年置爲朔州。」後周廢。隋文帝改置合州鎮，十年廢鎮，十六年割寧州歸德縣置慶州，以慶美取其嘉名也。煬帝初改州爲弘化郡。唐武德元年改爲慶州，領合水、樂蟠、三泉、馬嶺、弘化五縣；三年改三泉爲同川縣；六年置總管府，改合水爲合川縣，又置白馬、蟠交二縣；七年改總管爲都督府。貞觀元年廢都督府及合川縣，仍割林州之華池縣來屬；二年置洛源縣；四年復置都督府及北永州，以洛源縣屬北永州；五年又罷都督府，以慶州隸原州都督府；八年又以廢北永州之洛源縣來屬。開元四年復置都督府，二十六年升爲中都督府。

天寶元年改爲安化郡。至德元年改爲順化郡。乾元元年改爲慶州。今郡城亦名尉李城，在白馬兩川交口，亦曰不窋城。

元領縣十一。今三：安化，華池，樂蟠。三縣新併合：〔二五〕同川，入安化。延慶，入安化。合水。入樂蟠。五縣舊廢：馬嶺，洛源，方渠，懷安，蟠交。

州境：東西二百五十二里。〔二六〕南北四百七十里。

四至八到：東南至東京一千八百二十四里。〔二七〕東南至西京一千四百一十四里。東南至長安五百六十四里。東至鄜州三百九十里。南至寧州一百二十七里。西至原州三百七十里。北至鹽州五百五十里。東南至鄜州三百九十五里。西南至涇州三百二十三里。西北至靈州六百四十里。東北至延州四百五十里。

户：唐開元户一萬七千九百八十一。皇朝管户主四千三百九十四，〔二八〕客七千五百八十七。

風俗：與邠、寧略同。

人物：岐伯，北地人。與黄帝論醫，有素問難經行世。〔二九〕傅介子，北地人。爲平樂監拜中郎，使大宛，斬樓蘭王頭。還闕，封義陽侯。〔三〇〕甘延壽，北地郁郅人。少以良家子爲羽林。〔三一〕傅玄，字休奕。官太尉。傅咸，字長虞，玄子。官太子洗馬。〔三二〕傅燮。北地人。爲漢陽太守。

土産：胡女布、香子、龍鬚席、牛酥、麝香。

安化縣，舊二鄉，今七鄉。本漢郁郅縣，屬北地郡。後漢迄晉，戎虜所侵，不立州縣。後魏及周，以爲鎮防。周地圖記云：「郁郅城，今名尉李城，在白馬嶺兩川交口。〔三三〕即今縣是也。水經注云：「尉李城，亦曰不窋城。」隋開皇十六年于今州城西南一里置合水縣，屬慶州。唐武德六年改爲合川縣。貞觀元年改爲弘化。天寶元年改爲安化。至德元年改爲順化。皇朝復爲安化。

白馬水，出北塞夷中。水經注云：「洛水南經尉李城東北，〔三四〕合馬嶺水，號白馬水，合于渭。」谷北川，〔三五〕與合水縣相接。

廢延慶縣，本漢郁郅縣地柳谷城。後魏于今縣理置朔州。隋開皇中改置合水縣。唐武德六年移豐州户住于此，仍分合水縣置白馬縣，〔三六〕以縣西臨白馬川爲名。天寶元年改名延慶。周顯德三年併入安化縣。

子午山，亦名橋山。

馬嶺山，亦名箭括山。

寡婦原與白馬川，皆在縣界。

廢同川縣，在州西八十里。本漢郁郅之地，隋義寧二年分寧州之彭原縣，〔三七〕于縣西南十五里三泉故城置三泉縣，屬弘化郡。唐武德三年自三泉故城移于今所爲同川縣，因同川故城爲名。皇朝乾德二年併入安化。

劉靈墓，在縣北三十里延慶鄉。出舊圖經。

華池縣，東一百五十里。舊二鄉，今四鄉。本漢歸德縣之地，即洛源縣也。西魏時爲華池縣，以隸蔚州，後廢。至隋仁壽二年于今縣東北二里庫多汗故城又置華池縣，西有華池水，因舊額爲名，屬慶州。大業元年自庫多汗城移于今所。

子午山，舊名翟道山，一謂雞山。水經注云：「有烏雞水出焉，西北注于洛水。」

樂蟠縣，南四十里。舊七鄉，今三鄉。本漢略畔道之地，漢書：「縣有蠻夷曰道。」又爲富平縣地。後漢迄晉，爲虜所侵，無復州縣。後魏大統六年于此置蔚州。後周建德二年置北地郡。義寧元年分合水縣置樂蟠縣，屬弘化郡，取樂蟠城爲名。

略畔道故城，在縣東北五里。地理志略畔道屬北地郡。

富平故城，在縣西八十里，寧州彭原縣界富平古城是也。

廢合水縣，在州東五十里。後魏爲襄樂縣之地，唐武德六年分合水縣置蟠交縣，取蟠交故城爲名。天寶元年改爲合水縣。至周顯德三年并入樂蟠。

廢馬嶺縣，在州北七十里。本漢舊縣，屬北地郡，後漢省馬嶺，復爲靈州縣之地。後魏爲朔州之地。隋大業元年分合水縣于此置馬嶺縣，復漢縣之名，以山形似馬領爲名。按韋述十道録：「與同川、懷安、方渠等四縣並廢。」

馬嶺山，俗名箭括嶺。與青山相連亘，在縣西一里。〔三八〕有馬嶺坂，左右帶川，相傳漢之牧地也。又有水出縣西北，水經注云，與青山水合。

靈武城。地理志靈武縣，屬北地郡，今廢故城在嶺北。

弘州城。周武天和四年築置長城鎮，後改爲長川鎮。隋開皇十六年廢鎮，〔三九〕立弘州。唐初州廢。

秦長城，在縣西北一百二十六里，〔四〇〕蒙恬所築。

廢方渠縣，在州北一百八十里。漢舊縣，廢其地入馬嶺縣。至唐景龍元年分馬嶺縣以置焉，〔四一〕因方渠水以名也。

廢懷安縣，在州東北一百六十里，隋柳谷城也。居近党項，民無産税。唐開元十年以檢括逃户所置，故以「懷安」爲名。

廢洛源縣，在州東北二百七十里。本漢歸德縣地，屬北地郡。後漢更始二年封岑彭爲歸德侯，謂此也。後魏大統元年復置歸德縣。隋大業元年改爲洛源，因洛水所出處爲名。

白於山，在縣北三十里，一名女郎山。山海經云：「上多松柏，下多櫟檀，獸多柞牛、羬羊，鳥多鴞。〔四三〕洛水出其陽，東流注于渭。」洛水，源出縣北白於山，經上郡雕陰縣秦望山，南過襄樂郡，又東南過馮翊衙縣地也。

廢芳池州都督府，寄在慶州懷安縣界，管小州十：靜、獯、王、濮、林、尹、位、長、寶、寧等州，〔四三〕並党項野利氏種落。

廢安定州都督府，寄在慶州界，管小州七：党、橋、烏、西戎州、野利州、米州、〔四四〕還州。

廢安化州都督府，寄在慶州界，管小州七：永利州、威州、旭州、莫州、西滄州、儒州、琮州。已上三州，並唐朝所置，今廢。

卷三十三校勘記

〔一〕段佑　「佑」，新唐書卷一七〇郝玼傳同，舊唐書卷一五二郝玼傳作「佐」。萬本、庫本作「祐」，同唐會要卷七〇州縣改置上。下同。

〔二〕置武州後廢入潘原縣　萬本、庫本皆無，傅校删。

〔三〕東至寧州彭陽縣五十五里　「五十五」，庫本同，萬本作「五十九」。

〔四〕北至邠州寧羌縣九十里　按唐末、北宋原州治臨涇縣，即今甘肅鎮原縣；邠州治新平縣，即今陜西彬縣，位於原州東南，不在北，此「北」字誤。又邠州無「寧羌縣」，當誤。下文「北至寧羌縣界四十五里」，同誤。

〔五〕管户主三千四百三十六　「管」，底本無，據萬本、中大本、庫本及傅校補。

〔六〕平黄巾賊封槐里侯　萬本無此八字，傅校删。按後漢書卷七一皇甫嵩列傳載其事。又萬本此下列「皇甫謐，安定人」，庫本同，傅校補。按本書卷三一涇州人物已列，不應重出。

〔七〕黄蓍　「蓍」，萬本、庫本皆作「香」，恐誤。

〔八〕定成堡　「成」，萬本、庫本皆作「城」。

〔九〕陽晉水在縣南一十五里自羅使堡蕃界來入本州八十里　底本「陽晉」下衍「小」字，庫本同，據萬本及嘉慶重修一統志卷二七二涇州引本書删。元和郡縣圖志卷三原州百泉縣、舊唐書卷三八地理志一原州平涼縣皆作「陽晉川」。「自」，萬本及一統志涇州引本書皆作「源自縣西」，此蓋脱「源」、「縣西」三字。「入」，庫本同，萬本及一統志涇州引本書作「經」，此「入」爲「經」字之誤。

〔一〇〕入州界五十五里　「入」，庫本同，萬本及嘉慶重修一統志涇州引本書皆作「經」，此「入」爲「經」字之誤。

〔一〕唐廣德已前舊縣　庫本同，萬本注「不可考，疑衍文」，正文七字刪。按本書下列廣德已前舊縣爲平高、百泉、蕭關三縣。舊唐書地理志主要記録唐天寶時建制，原州領平高、平涼、百泉、蕭關四縣。新唐書卷三七地理志一：原州，「廣德元年没吐蕃，節度使馬璘表置行原州於靈臺之百里城。貞元十九年徙治平涼，元和三年又徙治臨涇。大中三年收復關隴，歸治平高。廣明後復没吐蕃，又僑治臨涇。」領平高、百泉二縣。又載：武州蕭關縣，舊屬原州，大中五年置武州。舊屬原州之平涼縣於廣德元年没吐蕃，貞元四年復，元和四年置行渭州。舊五代史卷一五〇郡縣志：平涼縣，「自吐蕃陷渭州，權于平涼縣爲渭州，遂罷平涼縣。」故廣德已前，原州轄四縣，至唐末僅存三縣。萬本不足據。

〔二〕在頹沙山上　按嘉慶重修一統志卷二五九平涼府引本書作「在縣西南頹沙山上」。元和郡縣圖志原州平高縣：「木硤關，在縣西南四十里。」新唐書地理志一：平高縣，「西南有木峽關。」此「在」下當脱「縣西南」三字。

〔三〕殺北地都尉　萬本據漢書文帝紀於「都尉」下補「卬」。

〔四〕以管南使西使北使東使　萬本作「以管四使」，以下據元和郡縣圖志及玉海補：「南使在原州西南一百八十里，西使在臨洮軍西二百二十里，北使寄理原州城內，東宮使寄理原州城內。天寶中，諸使共有五十監：南使管十八監，西使管十六監，北使管七監，東宮使管九監。」

〔一五〕亦漢朝那縣地故城在今縣理西四十五里　「地故」，底本作「故地」，庫本同，據萬本及元和郡縣圖志原州乙正。

〔一六〕于今縣西陽晉川置黄石縣　庫本同，萬本據元和郡縣圖志於「縣西」下補「南」字。

〔一七〕歌舞而去　「歌」，萬本、庫本皆作「鼓」。

〔一八〕滴崖響如彈筝之韻　「滴」，萬本、庫本皆作「灑」，傅校同。按以文義，宜作「滴」。

〔一九〕禹貢涇水所出　底本「禹貢」下衍「謂」字，據萬本、庫本及漢書卷二八地理志下删。

〔二〇〕他樓縣　底本「他」下注「他，一作化」，據萬本、傅校及元和郡縣圖志原州删。按新唐書地理志一、本書下文皆作「他樓」。

〔二一〕神龍元年　「元年」，舊唐書地理志一、新唐書地理志一同，元和郡縣圖志原州、唐會要卷七〇州縣改置上皆作「三年」。

〔二二〕周顯德五年廢入潘原縣　萬本作「中和四年僑治潘原。周顯德五年廢潘原，仍還舊治」。按新唐書地理志一：武州，「大中五年以原州之蕭關置，中和四年僑治潘原。」即爲萬本所本。又舊五代史卷一五〇郡縣志：「武州，周顯德五年六月廢爲潘源縣。」五代會要卷二〇州縣分道改置同，與底本相符，萬本作「廢潘原」，則牴牾，蓋誤。

〔二三〕蔚茹水　萬本「水」下有「在縣西」，同元和郡縣圖志原州，此蓋脱。

〔二四〕春秋時爲義渠戎之土　萬本作「春秋及戰國時爲義渠戎之土」，同元和郡縣圖志卷三慶州，此「春秋」下蓋脱「及戰國」三字。

〔二五〕三縣新併合　「新」，萬本、庫本皆作「所」，傅校同。按本書下列廢同川縣，宋乾德二年併入安化縣；廢延慶縣，五代周顯德三年併入安化縣；廢合水縣，周顯德三年併入樂蟠縣，屬新併合，底本是。

〔二六〕東西二百五十二里　後「二」字，底本作「三」，據萬本、庫本、傅校及元和郡縣圖志慶州州境改。

〔二七〕東南至東京一千八百二十四里　「四」，萬本無，傅校删。

〔二八〕皇朝管户主四千三百九十四　「管」，底本無，據萬本、庫本及傅校補。

〔二九〕岐伯北地人與黄帝論醫有素問難經行世　萬本、庫本皆無。

〔三〇〕拜中郎使大宛斬樓蘭王頭還闕封義陽侯　底本「拜」上有「刺史」二字，「中郎」下有「將」字。按漢書卷七〇傅介子傳：「從大宛還到龜兹，「詔拜介子爲中郎，遷平樂監。……至樓蘭，……壯士二人從後刺之，刃交胸，（樓蘭王）立死。……遂持王首還詣闕，……封介子爲義陽侯。」則此「刺史」二字衍，「將」字亦衍，據删。萬本據漢書改爲「刺斬樓蘭王封義陽侯」，「刺」字衍，脱「使大宛」、「還闕」。

〔三一〕少以良家子爲羽林　庫本同，萬本「羽林」下據漢書甘延壽傳補「期門」二字。

〔三二〕傅玄字休奕官太尉傅咸字長虞玄子官太子洗馬　萬本、庫本皆無傅玄、傅咸傳略。

〔三三〕在白馬嶺兩川交口　萬本作「馬嶺、白馬兩川交口」，同元和郡縣圖志慶州。按太平御覽卷一六四引周地圖記、通典卷一七三州郡三皆同此。

〔三四〕洛水南經尉李城東北　「洛水」，王先謙合校水經注謝鍾英補涇水注作「泥水」，其云：「所謂『洛水』皆『泥水』之譌。」按漢書卷二八地理志下：北地郡郁郅縣，「泥水出北蠻夷中，入河。」泥陽縣顔師古注引應劭曰：「泥水出郁郅北蠻中。」續漢書郡國志五北地郡泥陽縣劉昭注引地道記同。謝説是也。下華池縣子午山條同。

〔三五〕谷北川　萬本作「洛北川」，庫本同，未知孰是。

〔三六〕移豐州户住于此仍分合水縣置白馬縣　「户住」，底本作「住户」，庫本同；「仍」，底本脱，庫本同，皆據萬本及元和郡縣圖志慶州乙補。

〔三七〕義寧二年　「二年」，萬本、庫本同，中大本作「三年」。按舊唐書地理志一、新唐書地理志一作「二年」，元和郡縣圖志慶州作「三年」。

〔三八〕與青山相連亘在縣西一里　底本「與」上衍「一」字，據萬本、庫本、嘉慶重修一統志卷二六一慶陽府引本書及傅校删。「縣」，一統志引本書作「廢馬嶺縣」，此蓋脱「廢馬嶺」三字。

〔三九〕開皇十六年　「十六」，隋書卷二九地理志上作「十八」。

〔四〇〕在縣西北一百二十六里　同元和郡縣圖志慶州。萬本據嘉慶重修一統志卷二六二慶陽府引本書作「在通遠城北一里」。

〔四一〕景龍元年　元和郡縣圖志、舊唐書地理志一慶州同，新唐書地理志、唐會要州縣改置上作「神龍三年」。

〔四二〕下多櫟檀獸多㸲牛羬羊鳥多鴞　底本「櫟檀」作「檀櫟」，庫本同，「㸲」作「牝」，「鴞」上衍「白」字，並據萬本及山海經西山經乙正改删。

〔四三〕靜獯王濮林尹位長寶寧等州　「寧」，底本脱，庫本同，據萬本及舊唐書地理志一補。

〔四四〕野利州米州　底本脱「野」字，「米」作「朱」，庫本同，萬本亦脱「野」字，並據舊唐書地理志一、新唐書卷四三地理志七下補改。

太平寰宇記卷之三十四

關西道十

邠州　寧州

邠州

邠州，新平郡。理新平縣。禹貢雍州之域，古西戎之地，本周公劉所居。故詩謂豳邠字同。國。公劉卒，子慶節復立于此。古顓頊之墟。秦併天下，屬内史。漢爲右扶風、北地、安定三郡地。後漢興平元年分安定之鶉觚、右扶風之漆置新平郡，理漆縣。徐廣注：「漢書云：新平，漢之漆縣地，以漆、沮之水在焉。」縣東北有古邠亭，即古之栒邑也，〔一〕歷魏、晉同之，晉武帝分漆縣置邠邑縣。苻秦時改漆取郡名爲新平郡。〔二〕姚萇亂，郡縣皆廢。後魏大統十四年分涇州之新平郡置南豳州，〔三〕以北別有豳，此爲「南」。廢帝三年廢北豳州，此遂去「南」字。後周因之。隋開皇三年于今州西南十里陳陽原上移白土縣入州城中，四年又改爲新平縣。大業二年省豳州，以縣屬寧州；其年又改寧州爲豳州；三年改豳州爲北地郡，以其地屬安定、北地二郡。至義寧二年割北地之新平、三水二縣置新平郡，復後漢末舊名。唐武德元年改爲豳州，復西魏舊名，二年分新平置永壽縣。貞觀二年又分新平置宜禄縣。開元十三年以「豳」字與「幽」相涉，改爲「邠」字。天寶元年改爲新平郡。乾元元年復爲邠州。至皇朝爲静難軍節度。

元領縣五。今四：新平，三水，宜禄，定平。寧州割到。一縣割出：永壽。入乾州。

州境：東西二百里。南北一百里。〔四〕

四至八到：東至東京一千五百三十二里。東南至西京一千一百三十二里。東南至長安二百八十二里。若至奉天縣一百三十里。東至坊州三百二十五里。〔五〕北至寧州一百九十里。西至涇州一百九十里。西南至鳳翔府一百六十二里。東南至坊州三百一十五里。西北至涇州三百一十五里。

户：唐開元户一萬九千四百六十一。皇朝管户主一萬四千一百一十二，〔六〕客五千七百八十五。

風俗：漢書云：「公劉處豳，其人有先王遺風。好稼穡，務本業，故豳詩言農桑衣食之本甚備焉。」其俗尚勇力，習戰備，居戎狄處，勢使之然。天水、隴西、安定，頗同也。

姓氏：新平郡三姓：古、附、異。

人物：李育，習公羊春秋，爲同郡班固所重。爲尚書令。唐侯君集。三水人，上將軍。反，伏誅。

土産：蜜，蠟，麻，布，羊，馬，麞，鹿，蓽豆，鐵器，漢于漆縣置鐵官。甘草。貢：剪刀，火筯。

新平縣，舊十七鄉，今十鄉。本漢漆縣，屬右扶風。建武八年，隗囂率衆攻略陽。上至漆，進止未定。會馬援夜至，上喜，問之，援聚米以爲山谷，於上前指軍所從入。〔七〕上笑曰：「虜在吾目中矣。」遂進兵。姚萇之亂，郡縣不立。後魏于今縣西南置白土縣，〔八〕屬新平郡。隋開皇三年罷郡，于今州城中置豳州，四年改白土縣爲新平縣。大業二年省豳州入寧州。義寧二年復爲新平郡。唐武德元年以新平郡又爲豳州，縣屬焉。

五龍原，原側有五泉出水，〔九〕因以爲名。

漆水。按酈道元注水經云：「漆水自宜禄縣界來，又東過扶風漆縣北。」以水經驗之，即邠州所理是也。漢志注云：「漆水在縣西。」今縣西九里有白土川水，東北流逕白土原東、陳陽原西，〔一〇〕又東北流注于涇水，或恐白土水是漢之漆水，但古今異名耳。今鳳翔府東北一百六十里麟遊縣東南亦有一漆水，南流與杜陽水合，非漢之漆水也，故舉此以明之。

爰得城。漢書地理志云爰得縣屬安定郡。後漢省，即此城也。

苻堅墓。十六國春秋：「苻堅建元二十一年，堅至五將山，姚萇將吴忠圍堅，堅衆奔散，神色自若，召宰人進食。俄而忠至，執堅以歸新平，幽之。萇求傳國璽于堅曰：『萇次膺符曆，可以爲惠。』堅瞋目叱之曰：『小羌乃敢陵天子，〔一〕豈以傳國璽授汝羌也。圖緯符命，何所依據？五胡次序，無汝羌名。璽已送晉，不可得也。』萇乃縊堅于新平佛寺，時年四十八。」

稾丘堡，在縣西十八里。東西南三面石坡峭峻，高十丈，北面築城高二丈，唐武德二年置，貞觀元年廢。〔二〕

三水縣，東北六十里。舊十三鄉，今十二鄉。漢舊縣，屬安定郡，以縣界有羅川谷，三泉並流爲名。今縣東北二十五里邠邑原上有栒邑故城，即漢理所。魏改三水縣爲西川縣，仍舊屬。後魏初于今縣西二十八里置三水縣，復漢舊名，屬新平郡。大統十四年移縣于今邠州西北十五里白馬堡。隋開皇三年移理于今邠州東三里新平故郡城。〔三〕大業元年自故郡城移于今理。唐武德元年以新平郡爲豳州，三水縣屬焉。元和十二年移縣于隴堡下舊城。初大曆中，吐蕃焚縣城，又移堡上。後人民不便，爲邠帥郭釗所請，復移下之。

三水，出寧州羅川谷，有三水並經郡界。

馬嶺山，俗名箭筈嶺。抵慶州界，有馬嶺水出焉。

翟道山，一名子午山。

華池、女郎山，並在郡邑。

洛源，洛水源出女郎山。

石門山。王褒雲陽宮記：「東北有石門山，岡巒糺紛，干霄秀出，有石巖，容數百人。」甘泉賦云：「封巒、石關，施靡乎延屬。〔一四〕」

栒邑故城，在縣東二十五里。即漢栒邑，屬右扶風，有豳鄉。應劭注曰：「左傳『畢、原、酆、郇，文之昭也。』郇侯、賈伯伐晉是也。」漢爲縣。

古豳城，地在縣西南三十里，有古豳城，在隴川水西，蓋古公劉之邑，即此城也。國都城記：「豳國者，后稷之曾孫曰公劉，始都焉。」豳，國名也，〔一五〕與故栒邑城相去約五十餘里。漢志注云豳鄉是也。

宜禄縣，西八十里。依舊八鄉。本漢鶉觚縣也。〔一六〕周地圖記云：「後魏孝明帝熙平二年析鶉觚縣置東陰盤縣。廢帝元年以縣南臨宜禄川，又改爲宜禄縣，屬趙平郡，隸涇州。」

鶉觚原，一名淺水原。

宜禄川水，一名芮水。西自涇州鶉觚縣界流入。周禮職方氏：「雍州，其川涇、汭。」水經注云：「汭水，又東經宜禄縣，俗謂之宜禄川水。」

芹川。水經注云：「出羅川縣子午山，一名子午嶺，〔一七〕東流經宜禄縣北過。」即此水也。

廢鶉觚縣，在縣西四十里。按周地圖記：「鶉觚縣者，秦使太子扶蘇及蒙恬築長城，見此原原高水淺，〔一八〕因欲築城，遂以觚爵奠祭，乃有鶉鳥飛升觚上，以爲靈異，因以名縣。」漢書地理志云：「後漢永建四年屬涼州。」〔一九〕石勒改爲趙平郡。建武十年，涇州東南置趙平郡，此縣遂廢。

廢陰盤縣，□□。〔二〇〕按漢書，武帝元鼎元年立陰盤縣，〔二一〕屬涼州。靈帝末徙于新豐，其縣遂廢。

折墌城。〔二二〕唐武德元年，薛舉寇涇州，屯兵于安定縣折墌城，〔二三〕太宗親征，相守六十餘日。會舉死，其子仁杲統其衆，并羌胡十餘萬來挑戰。上遣總管龐玉自淺水原南出賊之右，因高而陣，上率大兵自原北，出其不意，斬首萬餘級，賊大潰，仁杲懼而請降，俘其精兵萬餘人、男女五萬口。故城猶在今縣北五里。

長武城，在縣西五十里。隋開皇中築在涇河南岸，唐武德初廢，大曆初，郭子儀置兵以備西戎。

廢淺水縣，在縣北五里。後魏大統十四年廢。

定平縣，北六十里。舊四鄉，今六鄉。本漢泥陽之地，後漢不改。又爲獨樂縣，今縣東北三十里獨樂故城是也。後魏及周並爲安定郡。隋大業十年于此築城，置棗社驛。唐武德二年于驛城分置定平縣，仍移于今所。唐末喪亂，曾爲衍州。周世宗顯德五年，廢爲定平縣，隷邠州，尋屬寧州。皇朝又隷邠州。

五柞亭。續漢書云「泥陽縣有五柞亭」是也。

寧州

寧州，彭原郡。今理定安縣。禹貢雍州之域。古西戎地，公劉邑也。周時爲義渠戎國，史記匈奴傳云：「夏道衰，而公劉失其稷官，變于西戎，〔二四〕邑于豳。至秦穆公得由余，西戎八國服于秦，岐、梁山、涇、漆之北有義渠、〔二五〕大荔、烏氏、朐衍之戎在此地。其後義渠之戎築城以自守，而秦稍蠶食，至于惠王，拔義渠二十五城。秦昭王時，殺義渠戎王于甘泉，遂起兵伐殘義渠。于是秦有隴西、北地、上郡，築長城以拒胡。〔二六〕」秦本紀：「惠文君十一年，縣義渠。」暨秦併天下，是爲北地郡。漢爲泥陽縣之地，亦爲北地、上郡二郡之地。後漢兼屬安定。按顧野王輿地志云：「漢末，北地郡但有泥陽、富平二縣，魏、晉亦然。西晉愍帝時，陷入劉聰，郡縣之名，所不詳悉。」按後魏書地形志云：「皇興二年于今州郭置華州。至太和十一年改爲班州。」以班師振旅取其郡名；十四年改爲邠州；二十年改「邠」爲「豳」，取古地名也。至廢帝三年改「邠」爲「寧」，以安寧取稱也。後周分置趙興郡。隋初如之，至煬帝又改爲豳州，尋廢豳州，改趙興郡爲北地郡。義寧元年領定安、羅川、襄樂、彭原、新平、三水六縣；二年分定安置歸義縣，以新平、三水屬新平郡。唐武德元年改北地郡爲寧州；其年以彭原縣屬彭州；三年分彭原置豐義縣，屬彭州。又分定安置定平縣。貞觀元年廢彭州，以彭原、豐義二縣來屬，仍于寧州置都督府；十七年廢歸義縣。天寶元年改爲彭原郡。乾元元年復爲寧州。

元領縣六。今五：定安，彭原，貞寧，襄樂，彭陽。一縣割出：定平。入邠州。

州境：東西二百一十六里。南北一百五十四里。

四至八到：東南至東京一千八百里。東南至西京一千三百一十四里。東南至長安四百五十三里。〔二七〕東至坊州三百二十五里。南至邠州一百四十二里。西至涇州一百七十三里。北至慶州一百二十七里。東南至坊州三百三十里。西南至涇州一百八十里。西北至涇州臨涇縣二百三十三里。東北至鄜州直羅縣三百八十九里。

户：唐開元户三萬二百二十八。〔二八〕皇朝户主一萬一千一百四十八，客六千八百三十三。

風俗：同邠州。

人物：無。

土産：亦同邠州，尤有草豈蔻，白蜜，防風。充貢。

定安縣，舊九鄉，今八鄉。本漢泥陽縣地，後漢爲富平縣。後魏太武真君二年置定安縣，在今縣理西北三里。隋開皇三年移于今理，仍舊屬寧州。

扶蘇冢，秦太子冢，在嵩城原。

洛水。按水經注云：「一名馬嶺川水。」酈道元注水經云：「洛水又南經栒邑故城北，與栒陽合。」〔二九〕

珊瑚谷水。水經注云：「珊瑚水東南至栒邑入洛。」〔三〇〕

九陵水。在慶州華池縣界子午山，〔三一〕川中有九堆似陵，故謂之九陵水。

函寧，在郡西。班叔皮賦云：「至於函寧。」

彭原縣，西北一百里。舊二鄉，今五鄉。本漢彭陽縣地，後漢又爲富平縣地。後魏破赫連定後，于此復爲富平縣，廢帝改爲彭陽縣，屬西北地郡。隋開皇三年罷郡，以縣屬寧州；十八年改爲彭原縣，因彭池原爲名，原在郡西。〔三二〕

富平故城，後漢富平縣，今廢。

天固堡，隋置，在縣南，甚險固。

真寧縣，東南八十里。元四鄉。本漢陽周縣地，屬上郡。〔三三〕陳餘與章邯書曰：「蒙恬爲秦將，北逐戎人，開榆中地數千里，竟斬陽周。」謂此縣也。後魏置泥陽、惠涉二護軍，〔三四〕孝文復置陽周縣。隋改爲羅川縣，因縣南羅水爲名，屬寧州。天寶元年改爲真寧縣。

橋山，一名子午山，〔三五〕在縣東八十里。

黄帝冢，在橋山上。漢志：「上郡陽周縣，橋山有黄帝冢。」皇覽冢墓記：「黄帝葬橋山。」史記：「漢武北巡朔方，勒兵十餘萬，還祭黄帝于橋山，上曰：『吾聞黄帝不死，今有冢，何也？』或對曰：『黄帝已仙上天，羣臣葬其衣冠于此。』」

羅川水，自彭原縣界流入。〔三六〕又曰羅山水，出羅山。

大陵水。水經注云：「大陵、小陵水出巡和南、殊川西，南經寧陽城。」故豳詩曰：「夾其皇澗。」陵水，即皇澗也。

通聖觀。唐開元二十三年八月，玄宗夢羣仙現于羅底，乃詔訪焉。于彭原羅川縣東王褒村底家莊，〔三七〕有一老人引使者至洞口，見一白兔入穴，遂掘得二十七仙並玉石之象，各題名姓得道去處，并老人亦一仙之數，以應二十八宿，仍于本縣置觀曰通聖，別塑真容，改縣曰真寧。

要册湫。皇朝太平興國二年封真寧縣界要册湫普濟王爲顯聖王。

襄樂縣，東八十里。舊二鄉，今四鄉。漢襄洛縣地，屬上郡。後魏孝文改「洛」爲「樂」，縣城本後魏燕州城也。周地圖記云：「文帝大統十六年置燕州，因築此城，後周屬北地郡。」隋廢郡而縣屬寧州。

大延水。水經注云：「大延、小延水，出油水南延溪，西南流經襄樂縣南，于延城西二水合流。」

油水。水經注云：「油水，與追語川水並出東翟道山。」亦襄樂界。

彭陽縣，西八十里。舊二鄉，今三鄉。本漢彭陽縣地，後魏于縣理置雲州，周武帝保定二年廢州爲防，隋文帝廢防爲豐義城。唐武德二年分彭原縣爲豐義縣，屬彭州。貞觀元年廢州，以縣屬寧州，其城即後魏雲州城也。開元八年四月割隸涇州，尋復屬寧州。皇朝開寶九年改爲彭陽縣。

卷三十四校勘記

〔一〕栒邑「栒」，萬本作「郇」，庫本同。按漢書卷二八地理志上、續漢書郡國志一皆作「栒邑」，屬右扶風。方愷新校晉書地理志：「案『栒』與『豳』古相通借字，亦作『邠』。」

〔二〕苻秦時改漆取郡名爲新平郡　後「郡」，底本作「縣」，萬本、庫本同。按隋書卷二九地理志上謂隋開皇四年改白土縣爲新平縣，元和郡縣圖志卷三邠州新平縣序同，則隋以前無「新平縣」。晉書卷一一四苻堅載記：姚萇攻新平，新平太守苟輔憑城固守。則苻秦時設置新平郡。且本文云「取郡名爲新平」，則此「縣」當爲「郡」字之誤，據改。

〔三〕後魏大統十四年分涇州之新平郡置南豳州　「郡」，底本作「縣」，萬本、庫本同。按新平縣，隋置，此前無，參見本卷上條校勘記。元和郡縣圖志邠州總序：「後漢於此置新平郡。及姚萇之亂，百姓夷滅，此地郡縣，並無理所，至後魏又置郡焉。文帝大統十四年於今理置南豳州。」周書卷二文帝紀下：大統十四年五月，「太祖奉魏太子巡撫西境，自新平出安定。」此「縣」爲「郡」字之誤，據改。

〔四〕南北一百里　萬本、中大本、庫本皆作「一百二十里」，傅校同。元和郡縣圖志邠州州境：「南北二百七十里。」此誤。

〔五〕東至坊州三百二十五里　「二」，萬本、庫本皆作「三」。按元和郡縣圖志邠州：「東至坊州三百一十里。」與此不同。

〔六〕皇朝管户主一萬四千一百一十二　「管」，底本無，據萬本、中大本、庫本及傅校補。

〔七〕於上前指軍所從入　底本「軍」下衍「以」字，據萬本、庫本、傅校及太平御覽卷一六四引後漢書、元和郡縣圖志邠州删。

〔八〕後魏于今縣西南置白土縣　萬本據元和郡縣圖志改爲「後魏于今縣西南十里陳陽原上置白土縣」，恐與原本不符。

〔九〕五龍原原側有五泉出水　萬本據元和郡縣圖志於「五龍原」下補「在縣南三里」五字；「出水」，萬本作「出焉」，庫本同。

〔一〇〕東北流逕白土原東陳陽原西　「逕」，底本脱，庫本同，據萬本及嘉慶重修一統志卷二四八邠州引本書補。

〔一一〕乃敢陵天子　「陵」，萬本、庫本皆作「逼」，傅校同，太平御覽卷一二二引十六國春秋、晉書苻堅載記皆作「干逼」。

〔一二〕貞觀元年廢　「元」，元和郡縣圖志邠州作「七」。

〔一三〕隋開皇三年移理于今邠州東三里新平故郡城　「今邠州東三里」，底本作「今邠州三里」，萬本無，嘉慶重修一統志邠州引本書同。庫本作「今邠州東三里」，書於「大統十四年移縣于」下，而書「隋開皇三年移理于邠州西北十五里」。如本刊所述，「大統十四年移縣于今邠州西北十五里白馬堡，隋開皇三年移理邠州三里新平故郡城」，則庫本實乃大統十四年移縣與隋開皇三年徙縣地二者之錯簡，但其「邠州」下之「東」字，爲本刊所缺，嘉慶重修一統志邠州引縣志云：「三水舊城，在縣東五里。」是也，底本脱「東」字，據補。萬本誤。

〔一四〕施靡乎延屬　底本「施」作「池」，萬本、庫本同，「池」下有「音以」二字，「乎」作「虖」，並據文選卷七甘泉賦改删。「延」，底本作「連」，據萬本、庫本、傅校及文選甘泉賦改。

〔一五〕豳國名也　「國」，萬本、庫本同；中大本作「谷」，嘉慶重修一統志邠州引本書同，未知孰是。

〔一六〕本漢鶉觚縣也　「也」，傅校作「地」。按本書下文云：「廢鶉觚縣，在縣西四十里。」則傅校是。

〔一七〕出羅川縣子午山一名子午嶺　「羅川」，萬本、中大本、庫本皆作「羅山」，傅校改同。「子午」，萬本同，中大本、庫本皆作「千子」，傅校改同。

〔一八〕見此原原高水淺　萬本作「見此平原水淺」，庫本同。嘉慶重修一統志卷二七二涇州引本書前「原」字作「地」，萬本、庫本恐誤。

〔一九〕漢書地理志云後漢永建四年屬涼州　按漢書地理志焉能載後漢事？續漢書郡國志五：安定郡鶉觚縣，「故屬北地」。與此不同，此有誤。

〔二〇〕□□　萬本作「在縣西北二十五里」，同元和郡縣圖志邠州宜禄縣。中大本作「在縣西北」，庫本作「西北」，傅校同。

〔二一〕按漢書武帝元鼎元年立陰盤縣　按漢書卷二八地理志下：「安定郡，武帝元鼎三年置。」領陰槃縣，則縣亦置於元鼎三年。此云元鼎元年，恐非。

〔二〕折墌城　萬本作「高墌城」。按舊唐書卷五五薛舉傳載，唐武德元年，薛舉寇涇州，軍屯高墌城，太宗率兵攻之，不利而旋，舉死，其子仁杲立於折墌城，爲太宗擊敗。舊唐書卷二太宗紀上：「太宗擊仁杲，「相持於折墌城，深溝高壘者六十餘日。……太宗親御大軍，奄自原北，出其不意。……仁杲請降，俘其精兵萬餘人、男女五萬口。」正與元和郡縣圖志邠州、本刊下文記述相符。而新唐書卷二太宗紀載：「太宗屯高墌城，與薛舉相持六十餘日，舉死，其子仁杲立，太宗率兵出擊，仁杲敗降。資治通鑑卷一八六載：「太宗至高墌，與仁果相持六十餘日，太宗出擊，仁果降。」則與萬本作「高墌城」合。又本書下文云折墌城屬安定縣，與新唐書卷三七地理志一記載合，而高墌城，新唐書地理志作「高摭城」，屬寧州定平縣，以此而論，作「折墌城」是。

〔三〕安定縣　底本作「新安縣」，萬本、庫本同。元和郡縣圖志邠州：「薛舉「屯兵於安定縣之折墌城。」新唐書地理志一：「涇州保定縣，本安定，至德元載更名，「有折墌故城。」此「新安」爲「定安」之誤，據改。

〔四〕變于西戎　「變」，底本作「竄」，庫本同，據萬本及史記卷一一〇匈奴列傳、漢書卷九四匈奴傳上改。

〔五〕岐梁山涇漆之北有義渠　「北」，底本作「地」，庫本同，據萬本及史記匈奴列傳、漢書匈奴傳上改。

〔二六〕築長城以拒胡　「拒」，底本作「備」，庫本同，據萬本及史記匈奴列傳改。漢書匈奴傳上作「距」，與「拒」通。

〔二七〕東南至長安四百五十三里　「三」，萬本、庫本皆作「二」，傅校同。

〔二八〕唐開元户三萬二百二十八　「二十八」，萬本、庫本同，中大本作「三十六」。按元和郡縣圖志卷三寧州：「開元户三萬二百二十六。」此「八」疑爲「六」字之誤。

〔二九〕洛水按水經注云至與栒陽合　「水經注」，庫本作「水經」，傅校改作「水經」。趙一清據本書補水經洛水注引作「水經：『一名馬嶺川水。』注云：『洛水又南經栒邑故城北，與新（按栒字之誤）陽川水合。』」謝鍾英云：「寰宇記『定安縣引水經注云：『洛水又南逕栒邑故城北，與栒陽水合，珊瑚谷水東南至栒邑入洛。』考栒邑故城在三水縣北二十五里，無論洛水不逕其地，即泥水亦不逕也，寰宇記所引洛水，不知何水之訛矣。」（並見王先謙合校水經注）

〔三〇〕水經注云珊瑚水東南至栒邑入洛　「水經注」，萬本同，庫本、嘉慶重修一統志卷二六一慶陽府引本書作「水經」，傅校同，趙一清據本書補水經洛水注亦引作「水經」。

〔三一〕在慶州華池縣界子午山　「在」，萬本作「出」，庫本同，嘉慶重修一統志卷二六一慶陽府引本書作「源出」，無「界」字。

〔三二〕因彭池原爲名原在郡西　「彭池原」，底本作「彭池」，萬本同，據庫本、嘉慶重修一統志卷二六二慶陽府引本書及傅校補「原」字，元和郡縣圖志寧州作「彭池」，當亦脱「原」字。「原」，底本作「源」，萬本、庫本脱，據嘉慶重修一統志卷二六一慶陽府引本書改。

〔三三〕本漢陽周縣地屬上郡　按漢陽周縣，屬上郡，故城在唐綏州大斌縣境，今在陝西子長縣西北，北魏南遷於真寧縣境，屬趙興郡，此誤以北魏縣當漢縣。

〔三四〕惠涉「涉」，底本作「陟」，據萬本、庫本、傅校及元和郡縣圖志寧州真寧縣改。

〔三五〕橋山一名子午山　按史記卷一五帝本紀正義引括地志云：「黄帝陵在寧州羅川縣東八十里子午山。地理志云上郡陽周縣橋山南有黄帝冢。」此沿襲括地志説，以北魏遷置之陽周縣當漢上郡陽周縣。北魏陽周縣，隋改爲羅川縣，唐天寶元年改爲真寧縣，漢陽周縣更在其東北，去真寧遥遠，橋山在焉，水經河水注：「走馬水出西南長城北，陽周縣故城南橋山。昔二世賜蒙恬死于此，王莽更名上陵畤，山上有黄帝冢故也。」此蓋以子午山有橋山之名，遂誤指爲漢陽周縣橋山。

〔三六〕自彭原縣界流入　按本書真寧縣序曰：「隋改爲羅川縣，因縣南羅水爲名。」羅水，即羅川水，在真寧縣南，即今甘肅正寧縣南四郎河，西南入於涇河。唐彭原縣在寧州西北一百里，即今慶陽縣西北彭原，羅川水去其西北尚遠，中間寧州治定安縣，不經彭原縣，此疑有誤。

〔三七〕乃詔訪焉于彭原羅川縣東王褒村底家莊「焉」，底本脱，據萬本、庫本、傅校及嘉慶重修一統志卷二六二慶陽府引本書補。「王褒村」，萬本作「王堡村」，庫本同，嘉慶重修一統志引本書作「堡村」。

太平寰宇記卷之三十五

關西道十一

鄜州　坊州　丹州

鄜州

鄜州，洛交郡。今理洛交縣。禹貢雍州之域。春秋時白翟國。秦始皇時，地屬上郡。漢爲上郡雕陰縣之地。〔一〕暨晉陷於戎羯，不置州郡，於今坊州中部界置杏城鎮。後魏太和十五年改鎮爲東秦州，孝明二年又改爲北華州，廢帝二年改爲鄜州，因秦文公夢黄蛇自天下屬地，遂于鄜衍立鄜畤爲名。隋大業三年罷州，置鄜城郡；其年自杏城移理于五交城，即今州理。唐武德元年改爲鄜州，領洛交、洛川、三川、伏陸、内部、鄜城六縣；二年以内部、鄜城隸坊州；三年置直羅縣。貞觀二年置都督府，六年爲大都督府，九年復爲都督府。天寶元年改爲洛交郡，乾元元年復爲鄜州。皇朝爲保大軍節度使。

元領縣六。今五：洛交，洛川，三川，直羅，鄜城。坊州割到。一縣割出：甘泉。入延州。

州境：東西二百六十七里。南北一百七十三里。

四至八到：東南至東京一千二百里。東南至西京九百八十里。東南至長安五百里。東至慈州一百里。南至坊州一百四十五里。西至慶州三百九十里。北至延州一百五十里。東南至同州二百五十里。西南至寧州一百五十九里。西北至蕃部一百八十里。東北至丹州一百一十里。

户：唐開元户三萬一百八十五。〔二〕皇朝管户主八千九百一，〔三〕客一萬二千九百六十八。

風俗：秦塞要險，地連京師。漢時匈奴頻入，朔方故塞外烽火照甘泉，即今渭北九嵕山是也。白翟故地，俗與羌渾雜居，撫之則懷安，擾之則易動，自古然也。

人物：無。

土産：龍鬚席，貢。賦：麻，布。大黄。出直羅縣，今貢。

洛交縣，元三鄉。本漢雕陰縣地，屬上郡。雕山在西南，故曰雕陰。魏省上郡，晉爲戎狄所居。苻堅時爲長城。後魏及周爲三川縣。隋文帝分三川、洛川縣以置此額，取洛水之交，故曰洛交，屬鄜州。

秦長城，在縣東南四十里，因河爲塞。史記云：「秦將蒙恬所畫。」

漢武廟，在仙宫城，在今相思川是也。

杏城。漢將韓胡伐杏木爲栅，以抗北狄。

朝那、膚施。漢書云「匈奴南侵至朝那、膚施」，謂此地也。

雕山，縣在山陰，故云雕陰。

洛交水，在縣南一里。洛水交會之所。

大塞門川水，在縣西北四里。

小塞門川水，在縣西北一十五里。

白水。按水經注云：「白水源出分水嶺。」

僞夏太后城，在縣南三十六里。赫連勃勃聞劉裕滅姚泓，令其子義真等守長安，〔四〕自將兵入長安，留太后於此，築城以居之。

洛川縣，東六十里。舊三鄉，今四鄉。本漢鄜縣地，後秦姚萇置縣，因洛川水以立名。後魏置敷城郡。隋開皇三年罷郡，以縣屬鄜州，自高槐移于今所。

蒲川水。水經注云：「蒲川水東南流入坊州。」〔五〕

三川縣，西南六十里。舊五鄉，今三鄉。本漢翟道縣地，按翟道縣在今坊州中部縣古城是也。地理志翟道屬左馮翊。苻秦於縣南長城原置長城縣，屬長城郡。後魏廢帝三年改爲三川縣，取古三川郡爲名，屬中部郡。隋開皇三年隸鄜州。

三川水。謂華池水、黑水、洛水同會，謂之三川水，古爲三川郡也。

葦谷水。水經注：「自葦谷東南流入三川。」

黄原水。水經注云「破羅谷水南流經黄原祠東，合葦川」是也。

直羅縣，西南九十里。舊一鄉，今三鄉。本漢雕陰縣地，魏省雕陰縣，晉時戎狄所居。後魏置三川縣。隋使户部尚書崔仲芳築城以居之，城枕羅原，〔六〕其川平直，故曰直羅城。唐武德三年分三川、洛交于此置縣，因城爲名。

羅川，在縣南二里。

鄜城縣，東南一百二十里。〔七〕舊八鄉，今三鄉。本漢鄜縣地，屬左馮翊，後漢省。後魏于今縣理置敷城縣，屬敷城郡。隋大業元年，改「敷」爲「鄜」，屬鄜州。唐武德二年改屬坊州。唐末，李茂貞建爲翟州。梁開平三年改爲禧州，又改其縣爲昭化縣。後唐同光元年復爲鄜城縣，依舊隸鄜州。

楊班祠。周地圖記：「姚萇時，立節將軍楊班居黄梁谷北，其谷西有小谷，由來無水，夜中忽有人語，就班借車牛十具，〔八〕云：『欲移徙，我是湫神。』尋則聲絶，班即備車牛十具置門前。至明，車濕牛汗，乃尋車轍至乾谷，忽有水，方二百餘步，其水極深不可測，冬亦湛然。每水旱，祈禱有應。」今按楊班湫水周一里餘二十步。

坊州

坊州，中部郡。今理中部縣。禹貢雍州之域，古白翟之國。秦屬内史，漢書云「朔方爲西部都尉，休屠爲北部都尉，渠搜爲中部都尉」，〔九〕故此爲中部郡焉。又郡國志云：「鄜城，本三秦高奴之地，翟道故城是也，俗謂高樓城，即春秋白翟所居。」魏、晉陷于狄，不置郡縣。劉、石、苻、姚時，於今州理西七里置杏城鎮，常以重兵守之。後魏文帝改鎮爲東秦州，孝明改爲北華州，廢帝改爲鄜州。後周天和七年，世祖元皇帝作牧鄜州，于今州界置馬坊，結構之處尚存。唐武德二年，高祖駕幸于此，聖情永感，因置坊州，取馬坊爲名。天寶元年改爲中部郡。乾元元年復爲坊州。

元領縣四。今三：中部，宜君，昇平。一縣割出：鄜城。入鄜州。

州境：東西二百里。南北一百四十五里。〔一〇〕

四至八到：東至東京一千四百三十里。東至西京八百九十里。南至長安三百六十里。東至丹州二百六十里。西至寧州三百二十五里。北至鄜州一百四十五里。東南至同州二百七十五里。西南至邠州三百一十五里。西北至慶州三百八里。東北至丹州二百六十里。

户：唐開元户一萬五千七百一十五。皇朝管户主四千七十五，〔二〕客八千八十。

風俗：白翟故俗，與羌渾雜居，撫之則懷安，擾之則易動，自古而然。

人物：無。

土産：龍鬚席，貢。弓弦麻。

中部縣，舊四鄉，今八鄉。本漢翟道縣地，屬左馮翊。漢書渠搜中部都尉理所。魏、晉戎翟所居。後秦姚興於今理南十八里置中部郡，後魏太武帝改爲中部縣。文帝大統九年，縣移理杏城，後兼立郡。隋開皇九年避廟諱改爲内部。大業三年罷鄜州爲上郡，縣自杏城移于今理，仍屬上郡。武德二年復于此立州。

洛水，在州東四十里。按山海經云：「出白於山。」地理志云：「洛水出北地歸德縣北蠻夷中。」從鄜州洛川縣西南，逕中部、鄜城二縣入同州白水縣。〔三〕

沮水，自昇平縣北子午嶺出，俗號子午水。禹貢云漆、沮二水出馮翊北，即子午水，下合榆谷、慈烏等川，遂爲漆沮水。

石堂山。水經注云：「豬水西出翟道縣西石堂山，本名翟道山。又穆天子傳『癸酉，天子命駕八駿之駟，造父爲御，南征朔野，逕絶翟道，升于太行。』翟道，即縣之西石堂山也。郭璞以爲隴西狄道，非也。」

淺石川。水經云：「淺石川，出翟道山。」

香川水。水經注云：〔三〕「香川水源出中部縣。北香水，在縣西南三十七里，自宜君縣界來。南香水，在縣南三十五里，源出遺谷。」

泥水。水經注云：〔四〕「泥水出翟道縣泥谷。」今按圖經：「泥谷水，在縣西北五十里，源自栲栳谷來。」

蒲水。水經注云：「蒲谷水源出中部縣蒲谷。」

橋山。按山海經云：「其山下水流通，〔五〕故曰橋山。」又史記云「黄帝葬于其山」，今陵冢尚在。大曆七年置廟，開寶二年勅修廟祭祀，在州西二里。

故杏城，在縣西五里。〔六〕漢將軍韓胡伐杏木爲栅，以抗北狄爲名。

杏城鎮，姚萇置，在今郡東七里。

赤沙城，在縣西七十里，古戍城也。

翟道故城，在縣西北四十里故城是也。周三里，有餘址在。〔一七〕後漢省，宇文周曾於此城置利人縣，尋廢。

宜君縣，西南一百里。舊三鄉，今六鄉。按縣即中部之地，前秦苻堅於祋祤古城北置宜君護軍，後魏真君七年改爲宜君縣。大統五年又移于今華原縣北爲理。唐貞觀十七年廢，地入雍州；二十年於此置玉華宮，仍於宮南四里置宜君縣。永徽二年，縣與宮俱廢。龍朔三年，坊州刺史竇師倫奏再置宜君縣，即今理也。

廢玉華宮，在縣西四十里。唐貞觀十七年於宜君縣鳳凰谷置正殿，覆瓦，餘皆葺茅。其地本縣人秦小龍宅，太宗曰：「小龍出，大龍入。」當時以爲清涼勝於九成宮。永徽二年，有詔廢宮爲寺，便以玉華爲名。寺内有肅成殿，玄奘法師於此院譯經，每言此寺閻浮之兜率天也。

慈烏水，在縣西北四十里。源自昇平縣分水嶺，東流入當縣界。

石盤水，在縣東五十里。源自耀州同官縣大石盤出，東流入縣界。

昇平縣，西九十里。舊三鄉，今四鄉。唐天寶十二年，刺史羅希奭奏析宜君西北界昇平鄉等三鄉以置之，以鄉爲名。東南去宜君縣三十五里。尋以吐蕃侵破，移縣在橫棒川。〔一八〕

子午水，在縣北一百里。〔一九〕出子午嶺，東南流入中部縣，合沮水。

丹州

丹州，咸寧郡。今理宜川縣。禹貢雍州之域，春秋時爲白翟所居。秦屬上郡，漢因之。魏文帝省上郡。晉時戎狄所居。苻、姚時爲三堡鎮。後魏大統三年割鄜、延二州地置汾州，理三堡鎮。廢帝以河東汾州同名，改爲丹州，因丹陽川爲名，領義川、樂川郡。〔一〇〕隋大業三年廢丹州，于義川縣置延安郡；十三年爲胡賊劉步禄所據。義寧元年于義川縣置丹陽郡。唐武德元年改爲丹州，領縣五；二年于州置總管府，管北連、北廣二州。貞觀元年罷府爲州。永徽二年移于赤石川。天寶元年改爲咸寧郡。乾元元年復爲丹州。

元領縣五。〔一一〕今三：宜川，雲巖，汾川。一縣割出：門山。入延州。一縣廢：咸寧。併入宜川。

州境：東西一百九十五里。南北九十里。

四至八到：東至東京一千三百五十里。東至西京九百二十里。西南至長安五百五十里。東至慈州界黄河岸八十里，自黄河岸東至慈州六十五里。南至同州三百二十里。西至鄜州一百八十三里。北至綏州三百八里。〔一二〕東南至同州韓城縣界一百三十五里。西南至坊州二百六十里。西北至延州二百一十二里。東北至隰州四百三十里。

户：唐開元户一萬三千四百二十二。〔二三〕皇朝管户主四千一百四十六，〔二四〕客二千六百三十八。

風俗：隋圖經雜記：「俗謂丹州白室，胡頭漢舌。即言其狀似胡，而語習中夏。白室，即白翟語訛耳。近代謂之部落稽胡，自言白翟後也。」

人物：無。

土産：龍鬚席，蠟燭，香子，苦參，已上貢。〔二五〕麝香。〔二六〕

宜川縣，舊四鄉，今五鄉。本秦上郡之地，二漢因之。魏省上郡。至晉爲戎狄所居。後魏文帝大統三年置義川縣，屬義川郡，因川爲名。大業三年廢丹州，義川縣屬延安郡。義寧元年于舊城復置丹州。〔二七〕縣在城内，永徽中隨州移于今理。皇朝開寶九年改爲宜川縣。

鳳翅山，在縣南，形象鳳翅。縣廨宇在其上。

公字山，在縣西北三里，山形象「公」字。

丹陽川，在縣西南。水經云：〔二八〕「蒲川水，自鄜州洛川縣流入丹陽川。」

赤水川，在縣西北二里，闊三百步。從西延州臨真縣界入。

庫碣川，在縣西北二十里，從雲巖縣界入，合丹陽川。按圖經云：「川南是漢，川北是胡。胡漢之人，〔二九〕於川内共結香火，故唤香火爲庫碣，因此爲名。」又名小庫碣川。〔三〇〕

古丹州城，在縣東北二十九里。永徽二年移于丹陽赤石川口，其城遂廢。

廢咸寧城，在州東四十五里，一鄉。本秦上郡地。後魏太和十八年於縣南白水川置永寧縣，屬義川郡，至大統十三年改爲太平縣。隋開皇三年罷義川郡，以縣屬丹州；十八年改太平爲咸寧縣，以界内鎮爲名，仍舊屬。皇朝太平興國九年併入宜川。〔三一〕

雲巖縣，西北七十三里。元三鄉。後魏大統二年於今縣西薛河川置永平縣，屬義川郡；三年改永平爲雲巖縣，〔三二〕蓋因邑界雲巖山以爲名。大統九年，大水漂蕩，移于桑樞原。隋開皇三年移就廢樂川縣，大業二年隸入義川縣。〔三三〕唐武德元年復置於迴城堡，每逢陰雨，〔三四〕汲水不通。咸亨四年移居庫利川，復爲河水衝注。皇朝開寶三年移于東南一百步，〔三五〕即今理所。〔三六〕

石閣山，在縣東北三十五里，丹、延兩州界。〔三七〕山形似樓閣。

雲巖山，在縣東十里，山巖重疊如雲。

庫利川，在縣西，從西延州臨真縣界入。當縣土諺云：「昔有奴賊居此川内，稽胡呼奴爲庫利，因此爲川名。」

渭牙川，在縣北二十五里，從西延州延長縣界來，五十里卻入延州門山縣。〔三八〕川内有水木，稽胡喚水木爲渭牙，因以爲名。

廢可野寺，在縣北十五里。古老相傳劉薩河坐禪處。稽胡呼堡爲可野。四面懸絶，唯有北面一路可通人馬。

汾川縣，東北七十里。舊七鄉，今三鄉。本漢上郡地，魏太和八年置安平縣，縣在薛河川，屬北汾州，其州在河西三堡鎮東，更有南汾州。魏大統十八年省北汾州，乃取丹陽川號立汾川縣，初理高樹山南若多村。〔三九〕周保定二年移就庫利川北甚寒原。隋大業十年，胡賊郝仁朗攻陷，又移于土壁堡。唐開元二十二年移於甘泉坊，今理所是也。

狗嶺。水經注云：「汾川縣西有殺狗嶺。」

安樂山，在縣南十里。古老傳云昔屯兵於此，因名安樂。

黄河，在縣東北四十五里。從北延州門山縣來，經縣界七十里，南流入鄜州鄜城縣，〔四〇〕河岸頓狹，狀似槽形，鄉人呼爲「石槽」，蓋禹理水鑿石導流之處。

孟門山，在縣東南二十里。

卷三十五校勘記

〔一〕雕陰縣　「縣」，底本脱，庫本同，據萬本及元和郡縣圖志卷三鄜州補。

〔二〕唐開元户三萬一百八十五　「一百八十五」，萬本、庫本皆作「二百八十」，傅校同。按元和郡縣圖志鄜州記載開元户同此，萬本、庫本、傅校恐誤。

〔三〕皇朝管户主八千九百一　「管」，底本無，據萬本、中大本、庫本及傅校補。

〔四〕令其子義真等守長安　「長安」，底本脱，庫本同，據萬本及元和郡縣圖志鄜州補。晉書卷一三〇赫連勃勃載記：劉裕滅姚泓，入于長安，遣使遺勃勃書，請通和好，「勃勃還統萬，裕留子義真長安而還。勃勃聞之，大悦，……率騎二萬南伐長安。」

〔五〕水經注云蒲川水東南流入坊州　按元和郡縣圖志卷三、舊唐書卷三八地理志一皆載，坊州置于唐武德二年，此前無坊州之名，此引「水經注云蒲川水東南流入坊州」，當誤。

〔六〕城枕羅原　按舊唐書地理志一：直羅縣，「以城枕羅水，其川平直故也。」新唐書卷三七地理志一：直羅縣，「羅水過城下，地平直，故名。」本書下文亦作「羅川」，俱無「原」字，此衍，脱「水」或「川」字。

〔七〕東南一百二十里　「南」，底本脱，庫本同，據萬本、嘉慶重修一統志卷二四九鄜州引本書補。

〔八〕就班借車牛十具　「車牛」，底本作「牛車」，據萬本、庫本及嘉慶重修一統志鄜州引本書乙正。下同。

〔九〕漢書云朔方爲西部都尉休屠爲北部都尉渠搜爲中部都尉　按漢書卷二八地理志下載：朔方郡西部都尉治窳渾，東部都尉治廣牧，中部都尉治渠搜，武威郡北部都尉治休屠。此云「朔方爲西部都尉」，實誤。休屠、渠搜分屬武威、朔方兩郡，引用亦不妥。

〔一〇〕南北一百四十五里「四十五」，萬本、庫本皆作「四十」。按元和郡縣圖志坊州：「南北一百三十九里。」則與萬本、庫本相近。

〔一一〕皇朝管户主四千七十五「管」，底本無，據萬本、庫本及傅校補。

〔一二〕逕中部鄜城二縣入同州白水縣　底本「逕」作「入」，「縣」下衍「過」字，庫本同，並據萬本及嘉慶重修一統志鄜州引本書改删。

〔一三〕水經注　萬本同，庫本、嘉慶重修一統志鄜州引本書作「水經」，趙一清據本書補水經洛水注引作「水經注」。

〔一四〕水經注　萬本同，庫本、嘉慶重修一統志鄜州引本書作「水經」，傅校及趙一清據本書補水經洛水注引皆同。

〔一五〕其山下水流通　萬本、庫本、嘉慶重修一統志鄜州引本書「其山」上皆有「蒲谷水源」四字，傅校同。按「蒲谷水源」四字恐係上引水經注文而錯入。

〔一六〕在縣西五里　「西」，元和郡縣圖志坊州中部縣作「西南」。

〔一七〕有餘址在　底本「有」上衍「纔」字，「址」下脱「在」字，並據萬本、庫本、嘉慶重修一統志鄜州引本删補。

〔一八〕横棒川　「棒」，庫本同，萬本及嘉慶重修一統志引本書皆作「林」。

〔一九〕在縣北一百里　「北」，萬本同，嘉慶重修一統志鄜州引本書作「西北」，庫本缺。

〔二〇〕領義川樂川郡　「郡」，萬本據元和郡縣圖志卷三丹州總序改爲「縣」。王仲犖北周地理志卷一：「當據宋本寰宇記作『領義川、樂川郡』。」

〔二一〕元領縣五　「五」，萬本、庫本皆作「四」；底本下列「一縣割出，門山，入延州」，萬本、庫本皆無。舊唐書地理志一，丹州領縣五，同此。按元和郡縣圖志卷三、新唐書地理志一，丹州領縣四，門山縣於廣德二年從丹州割屬延州，本書卷三六延州同，舊唐志失載，則萬本、庫本是。

〔二二〕北至綏州三百八里　「八」，萬本、庫本皆作「八十」。

〔二三〕唐開元户一萬三千四百二十二　「三千四百二十二」，萬本、庫本皆作「四千二百四十二」。元和郡縣圖志丹州：「開元户一萬二千四百二十二」，此「三千」疑爲「二千」之誤，萬本、庫本誤。

〔二四〕皇朝管户主四千一百四十六　「管」，底本無，據萬本、中大本、庫本及傅校補。

〔二五〕已上貢　萬本、庫本皆作「已上舊貢」。

〔二六〕麝香　萬本、庫本皆無，傅校删。按元和郡縣圖志、元豐九域志卷三丹州皆貢麝香，萬本、庫本脱。

〔二七〕義寧元年于舊城復置丹州　「丹州」，元和郡縣圖志、舊唐書地理志一、新唐書地理志一並作「丹陽郡」，本書丹州總序同，此「丹州」爲「丹陽郡」之誤。

〔二八〕水經　庫本同，萬本作「水經注」。趙一清補水經洛水注引作「水經」，謝鍾英補水經洛水注引作「水經注」，蓋所據本異，按應作「水經注」。

〔二九〕川北是胡胡漢之人　二「胡」字，萬本同，嘉慶重修一統志卷二三三延安府引本書作「蕃」。

〔三〇〕又名小庫碣川　「名」，萬本、庫本皆作「有」，蓋是。

〔三一〕太平興國九年　「九年」，嘉慶重修一統志卷二三四延安府引本書作「元年」，宋會要輯稿方域五之四一、元豐九域志丹州皆作「三年」，此「九年」誤。

〔三二〕三年改永平爲雲巖縣　底本「三」上衍「十」字，庫本同，據萬本及嘉慶重修一統志卷二三四延安府引本書删。

〔三三〕大業二年　「二」，萬本、庫本皆作「三」。

〔三四〕每逢陰雨　「每」，底本作「又」，庫本同，據萬本及嘉慶重修一統志卷二三四延安府引本書改。

〔三五〕皇朝開寶三年　嘉慶重修一統志延安府引本書作「開元三年」。按舊唐書地理志一云：「咸亨四年移治今所。」則「移治今所」在唐咸亨四年或開元三年，疑此有誤。

〔三六〕即今理所　「即」，底本脱，庫本同，據萬本及嘉慶重修一統志延安府引本書補。

〔三七〕丹延兩州界　「兩」，底本脱，據萬本、庫本及嘉慶重修一統志卷二三三延安府引本書補。

〔三八〕五十里郤入延州門山縣　庫本同，萬本、嘉慶重修一統志卷二三三延安府引本書此下皆有「經縣西三十里，又七十五里入黄河」十四字，疑此脱。

〔三九〕若多村　「若」，底本作「善」，據萬本、庫本及嘉慶重修一統志卷二三四延安府引本書改。

〔四〇〕南流入鄜州鄜城縣　按鄜城縣故址在今陝西洛川縣東南，遠離黄河，不爲所經，元和郡縣圖志汾川縣黄河條無此文，疑有誤。

太平寰宇記卷之三十六

關西道十二

延州　靈州

延州

延州，延安郡。今理膚施縣。禹貢雍州之域，春秋時白翟所居。秦屬上郡。漢爲上郡高奴縣之地，今州理即上郡高奴縣之域。〔一〕項羽三分秦地，以董翳爲翟王，都高奴，即其地也。魏省上郡，至晉陷於戎翟，其後屬赫連勃勃。後魏滅赫連昌，以爲統萬鎮。〔二〕孝武置金明郡，宣武帝置東夏州，廢帝以爲延州，以界内延水爲名，置總管，管丹、延、綏三州。隋開皇八年廢總管，但爲延州，煬帝以爲延安郡。唐武德元年改爲延州總管府，領膚施、豐林、延川三縣，管南平、北武、東夏三州；四年又管丹、廣、達三州。貞觀元年罷都督府。開元二年復置都督府，領丹、綏、渾等州。天寶元年改爲延安郡。乾元元年復爲延州。至皇朝爲彰武軍節度。

元領縣十：膚施，延長，延水，門山，臨真，敷政，豐林，甘泉，鄜州割到。金明，延川。

州境：東西三百六十四里。南北二百六十一里。

四至八到：東南至東京一千五百三十里。東南至西京一千一百三十里。西南至長安九百里。東至隰州三百九十里。南至鄜州一百五十里。西至慶州四百五十里。北至夏州三百八十里。〔三〕東至慈州二百九十四里。西南到鄜州一百三十里。西北至夏州長澤縣一百七十里。東南到綏州三百三十里。〔四〕東北至隰州黄河界二百二十里，自黄河至隰州一百四十里。

户：唐開元户一萬六千三百四十五。皇朝管户主一萬二千一百一十九，〔五〕客四千二百七十二。

風俗：略同鄜州。

人物：無。

土産：尤出麝香，黄蠟，貢。秦艽。

膚施縣，元二鄉。本秦舊縣，〔六〕屬上郡。趙武靈王滅中山，遷其人於膚施。〔七〕漢書：

「匈奴南侵至朝那、膚施。」即其處也。魏、晉陷戎狄。隋大業三年分豐林、金明二縣於此置膚施縣。

五龍山，有帝原水出焉。有黄帝五龍祠四所在山上，地志亦謂之仙人神泉祠。

龍尾水，出郡北龍尾溪，故名龍尾水。

清水。水經注云：「清水出上郡，北流至老人谷，俗謂老人谷水。〔八〕又東經高奴縣，合豐水。〔九〕」

伏龍山，在縣西北五里。南北一帶按山形似卧龍，是上郡之名山。

濯筋川水，在縣北二十九里。〔一〇〕自金明縣南流入縣界，至州城一十五里入豐林縣界。耆老云昔日尸毘王割身救鴿，身肉並盡，於此水中濯其筋骨，因此爲名。

延長縣，東一百二十里。依舊二鄉。本秦膚施縣地，後魏廢帝元年於丘頭原置廣安縣。隋開皇三年移於譚信原，以「廣」字犯太子名，〔一一〕改爲延安。唐武德五年移就濯筋川西南。廣德二年改爲延長。天成三年遭大水，移就舊縣北一百步，緣坡置。〔一二〕

髑髏山神廟，在縣東六十里。耆老相傳古時戰鬬相殺，收入人首數千萬於此山，〔一三〕因置神廟。

獨戰山，在縣北四十五里。山高險峻，〔一四〕一人獨戰可以當千。

延水縣，東北一百一十五里。〔一五〕元七鄉。本秦臨河縣地，〔一六〕秦滅六國，使蒙恬將兵十萬擊匈奴，悉收河南地，因河爲塞，築四十四縣。城臨河，徙謫戍以充之。漢因之，在今縣理北十五里臨河故城是也。後魏於其中置安民縣并安民鎮，屬東夏州。隋文帝廢鎮，置安民戍。唐武德二年重置安民縣，屬延州。貞觀二十三年改爲弘風。神龍元年更爲延水縣，取吐延水爲名。今在舊縣西骨胡川。

骨胡川，自綏州綏德縣界四十里合黄河。古老云：「胡名骨胡川，漢名乾川。」今無水。

盟津黄河，在縣東八里。按禹貢云：「導河積石，至於龍門。」山海經云：「河出崑崙。」其水從綏州綏德縣界南流入縣界。

五龍泉，在縣東一里。平石縫中湧出，有雄吼之聲，〔一七〕其水甘美，可濟一方。上有五龍堂，故曰五龍泉。

門山縣，東二百四十里。元三鄉。漢定陽縣地，周宣帝大象元年分汾川、雲巖二縣，於本縣南六里置門山縣。縣北有山，其形如門，因以爲名。唐武德八年移于宋斯堡，不通人馬。總章二年移于原上。廣德二年割屬延州。

重覆山，在縣東二十七里。山形重疊，因以爲名。

黄河，在縣東三十五里。北自延長縣界過，入丹州。

渭牙川，在縣西三十里。自延長、雲巖兩縣界來，七十五里卻入黄河。

臨真縣，東南一百三十里。依舊四鄉。本漢高奴縣地，後魏太武置臨真縣，屬偏城郡。〔一八〕周武天和元年，稽胡叛，攻破城，遂移于流川。隋大業十二年，賊張誚攻破，〔一九〕又移就曷雞城權住。義寧元年，稽胡首領歸國。武德三年郡廢，縣隸延州，從曷雞城移就流川舊處，即今理所。

庫利川，在縣北一十五里。按曷雞川，耆老云：〔二〇〕「土地沃壤，五穀豐饒，胡稱貯舊穀爲庫利。」

黑城，在縣東二十五里，庫利、東流川交口，赫連勃勃置。大象二年于此置郡。其城緣山坡，崎嶇不正，遂名黑城。

敷政縣，西二百二十里。依舊六鄉。本漢高奴縣地，後魏太和初置因城縣。隋開皇六年於其中置金城鎮。唐武德二年移縣就鎮，因改爲金城縣。天寶元年改爲敷政縣。

三堆山，在縣北一里。其山土石相雜，上有三冢，遥望如堆物，因以爲名。

洛河，在縣西七十里，穿蕃部來至城下。

金蹄犢子殿，在縣西三里，有古城。昔有犢子出于石縫中，金蹄銀角，化爲玻黎玉，

立此廟，城今毁。〔二一〕

豐林縣，東南三十里。〔二二〕舊四鄉，今二鄉。〔二三〕亦高奴之地，晉立爲臨河縣，尋廢。後魏太和元年置廣武縣。後周大象元年移于今所，改爲豐林縣，〔二四〕隋末廢。唐武德二年復置。

青化水，在縣東北四十三里。〔二五〕出自嘉泉，東流入濯筋河。嘉泉者，耆老云：「水湧出飛流一丈，似團磢可嘉，因以名之。」

烏耶谷水，在縣東北。出本縣界，〔二六〕南流入濯筋水。

甘泉縣，南七十一里。元二鄉。本漢雕陰縣地，晉爲狄所居。其地有阿伏斤谷，水源隱伏于川陸，故名伏陸。唐武德元年分洛交縣于此置伏陸縣，屬鄜州。天寶元年改爲甘泉縣，以其泉甘美爲名。

伏陸山，在縣理東北。

故雕陰縣，在今縣南四十一里。

雕陰山，在縣南二十里。山夾土石，爲鷹雕之所居，〔二七〕在洛水西二百步。

甘泉，在縣南巖谷上。其泉去地一丈，飛流激下，其味甘美，隋煬帝遊此飲之，取入內。又泉側有奇鳥一隻，身胸項白，足赤，尾如小山鵲，上黑下白，其聲數種。

洛水，在縣西。源出慶州洛源縣。漢書地理志云：「洛水出北蠻夷中。」又按洛源

縣，則漢歸德縣。〔二八〕

阿伏斤水，川在縣南二十九里。源出大盤山東南姚嶮谷，流入洛水。阿伏斤者，夷人名也。〔二九〕

金明縣，北五十里。舊四鄉，今三鄉。亦漢高奴之地，楚、漢之際董翳所都。後魏太武十二年于此置廣洛縣，以界有清水所經，〔三〇〕故立廣洛爲名耳。隋仁壽元年改爲金明縣，避煬帝名也。大業十二年省入膚施縣。〔三一〕唐武德六年又分置金明縣。

金明川水，〔三二〕自縣北蕃部來，一十五里過縣西南，〔三三〕流入膚施縣界。

渾州川水，在縣西二十里。自閤門府來，〔三四〕至縣西，前合濯筋水。

延川縣，東南一百七十里。〔三五〕舊二鄉。本臨河縣地，後漢省。後魏分安民縣于此置文安縣，以稽胡未淳，取文德以來之義。隋開皇十八年改爲延川縣，取界内吐延川爲名。大業十三年改爲文州。〔三六〕唐武德二年以廢城南有哥基川，遂置基州，哥基者，胡語云濯筋川是也；〔三七〕五年改爲北基州。貞觀八年廢，屬延州，爲延川縣。

青眉山，在縣西北六十里。耆老云後魏有吐蕃青眉家族居此。

吐延水，在縣北。自綏州綏德縣及蕃界來。

靈州

靈州，靈武郡。今理迴樂縣。禹貢雍州之域。春秋及戰國屬秦，及秦併天下爲北地郡。漢即富平縣之地。後漢永初五年，西羌大擾，詔令郡人移理池陽，至順帝永建四年歸舊土。後魏太武帝平赫連昌後，置薄骨律鎮在河渚上，舊赫連果城也。孝昌二年置靈州。按括地志云：「薄骨律鎮城以在河渚之中，隨水上下，未嘗陷没，故號曰靈州。〔三八〕初在河北胡城，大統六年於果園復築城，以爲州，即今之州城是也。」按陸恭之風土記云：「朔方故城，太和十年改爲沃野鎮。」至後周又置普樂郡。隋開皇初郡廢，煬帝又置靈武郡。唐武德元年改爲靈州總管府，領迴樂、弘靜、懷遠、靈武、鳴沙五縣，二年以鳴沙縣屬西會州。貞觀四年於迴樂縣界置迴、環二州，並屬靈武都督府；十三年廢迴、環二州，靈州都督入靈、塡二州；〔三九〕二十年鐵勒歸附，於州界置皋蘭、高麗、祁連三州，並屬靈州都督府。永徽元年廢皋蘭等三州。調露元年又置魯、麗、塞、含、依、契等六州，〔四〇〕總爲六胡州。開元初廢，復置東皋蘭、燕然、燕山、雞田、雞鹿、燭龍等六州，並寄靈州界，屬靈州都督府。開元二十一年於邊境置節度，以遏四夷，靈州常爲朔方節度使理所。天寶元年改爲靈武郡。至德元年，肅宗於靈武即位，升爲大都督府。乾元元年復爲靈州。皇朝爲朔方軍節度。

元領縣六。今一：迴樂。五縣廢：懷遠，靈武，保靜，〔四一〕温池，鳴沙。

今領鎮七管蕃户：清遠，昌化，保安，保靜，臨河，懷遠，定遠。

州境：東西五百八十里。南北八十里。

四至八到：東南至東京二千五百三十里。東南至西京二千一百一十里。東南至長安一千二百五十里。東至鹽州三百里。南至寧州五百里。西南至涼州九百里。北至磧南彌娥川水一千里。東南至慶州六百四十里。東北至豐州九百三十七里。西南至豐安一百八十里。

户：唐天寶元年户一萬一千四百五十六。〔四二〕皇朝户二千六百六十一，蕃漢相雜。

風俗：本雜羌戎之俗，後周宣政二年破陳將吴明徹，遷其人於靈州，其江左之人崇禮好學，〔四三〕習俗相化，因謂之「塞北江南」。

人物：傅昭。靈州人，晉司隸校尉咸七世孫。昭博覽古今，〔四四〕世稱學府。

土産：甘草，青蟲子，鹿皮，紅花，鳥翎，〔四五〕雜筋，野馬皮，貢。鹿角膠，麝香，代赭，白鵰翎，花蓯蓉，野猪黄。

迴樂縣，舊十二鄉，今十鄉。本漢富平縣地，屬北地郡，在今縣理西南富平故城是也。後周置迴樂縣，城枕黄河。後魏刁雍爲薄骨律鎮將，上表請開富平西三十里艾山舊渠，〔四六〕通河水，溉公私田四萬餘頃，人獲其利。孝文太和七年，〔四七〕雍又上表論漕運曰：「奉詔，高平、安定、統萬，高平今澤州，〔四八〕安定今涇州，統萬今夏州。及臣所守四鎮，出車五千乘，運屯穀五十萬斛付沃野鎮，以供軍糧。臣鎮去沃野鎮八百里，道多深沙，輕車往來，猶以爲難。設令載穀，不過二十石，每涉深沙，必致滯陷。又穀在河西，轉運至沃野，越渡大河，計車五千乘，運十萬斛，百餘日乃得一返，大廢生民耕墾之業，車牛艱阻，難可全致。一歲不過二運，五十萬斛，乃經三年。臣聞鄭白渠，遠引淮、海之粟，泝流數千里，周年乃得一至，猶稱國有儲糧，民用安樂。今求於牽屯山河水之次，〔四九〕在今原州高平縣，即今笄頭山。「笄頭」語訛，亦曰汧屯山。〔五〇〕造船二百艘，二船爲一舫，一船勝二千斛，一舫十人，計須千人。臣鎮內之兵，率皆習水。一運二十萬斛。方舟順流，〔五一〕五日而至，自沃野牽上，十日還到，合六十日得一返。從三月至九月三返，運送六十萬斛，計用人功，輕於車運十倍有餘，不費牛力，又不廢田。」世祖善之，詔曰：「非但一運，自可永以爲式。」

薄骨律渠，在縣南六十里。溉田一千餘頃。

長樂山，舊名達樂山，亦曰鐸落泉山，以山下有鐸落泉水，故名。舊吐谷渾部落所居，今吐蕃置兵以守之。

大石山。水經注云：「河水至此，兩山相對，水出其間，即上河峽也，俗號青山。」

黄河。酈道元注水經云：「其間即上河峽也，世謂爲青山峽。」是此。

白草水，〔五二〕在縣西南，源出平地。

富平故城，漢爲縣，故城在今縣西南。

温泉鹽池，在縣南四十里。〔五三〕周迴三十一里，出鹽。

渾懷鄣。水經注云：「河水東北經渾懷鄣西。」〔五四〕

果州。水經注云：「河水北，有薄骨律鎮城，在河渚上，舊赫連果城也。桑果榆林，列植其上。」故謂之果州。〔五五〕

鳴沙，西枕黄河，人馬行沙有聲，異於餘沙，故曰鳴沙。因爲縣，即今威州城是其地也。

白馬騮城。十六國春秋云：「赫連勃勃時，有駿馬死，即取毛色爲號，故名其城爲白馬騮。」

泰山，在河之東北，連亘彌遠。

警山，時有警急，即山先有大響。

隱山，多有雲霧，隱多見少，故以爲名。

石樓山，山形似樓，因以樓名。

如意泉，以供給人馬如意充足，故以爲名。
艾山渠，後魏刁雍爲薄骨律鎮將，重開石渠通河，溉田四萬頃，人今賴之。
渌蓮池，〔五六〕赫連勃勃每畋于三交渌蓮池。
青鹽澤。按漢書云：「朔方縣，青鹽澤在其南。」
千金坡。
漢富平津。〔五七〕
甘泉。
靈泉。
廢懷遠縣，北一百二十五里。三鄉。本漢富平縣地，周建德三年遷二萬户於此置郡及縣，並名懷遠。隋開皇三年罷郡，而縣額不改，復隷靈州。縣有鹽池三所，隋廢。
温泉山。〔五八〕
貂泉。
黄河。水經注云：「河西溢於窳渾縣。」漢書：「衛青絶梓嶺，梁北河。」謂此處也。
蘭山澤六鎮三戍，按陸恭之風土記云：「正始三年，尚書源思禮、〔五九〕侍郎韓貞撫巡蕃塞，以沃野鎮居南，與蘭山澤六鎮不齊〔六〇〕，源别置三戍。」

隋長城，隋煬帝大業中築，在縣西北大河外。

靈武城，在縣東北，隔河一百里。其城本蒙恬築。

新堡，在縣西北四十里。永昌元年置。堡内安置防禦軍二千五百人，糧五萬石。舊名千金堡。〔六一〕

廢靈武縣，西北十八里。四鄉。本漢富平縣地，〔六二〕漢置渾懷都尉理所，水經注云「河水又東北經渾懷鄣西」是也。後魏太和初平三齊後，徙歷下人處于此，遂有歷城之名，後周因置歷城郡於此。周天和三年廢郡爲胡城鎮以統之。至唐武德五年移舊靈武縣於此。今廢。〔六三〕

薄骨律渠，經縣西南五十里。

黄河，自迴樂縣界流入。

千金陂，在縣北四十二里。長五十里，闊十里。

廢保静縣，東北六十里。三鄉。本漢富平縣地，按隋圖經云：〔六四〕「弘静縣，本漢城，居河外三里，乃舊薄骨律鎮倉城也。」後魏立弘静鎮，徙關東漢人以充屯田。隋立爲縣。至德元年改爲保静縣。

賀蘭山，在縣西九十三里。山上多有白草，遥望青白如駮馬，北人呼駮馬爲賀蘭。

鮮卑之類多依山谷爲氏族，今「賀蘭」姓者，皆以此山名。

典農城。按水經注云「河水又東逕朔方郡弘靜縣典農城〔六五〕」，是此也。

廢温池縣，東南一百八十里。二鄉。本漢富平縣地，隋爲弘靜縣地，〔六六〕唐神龍元年置縣。今廢。〔六七〕

廢鳴沙縣，西一百二十里。三鄉。本漢富平縣地，屬安定郡。〔六八〕後周保定二年於此置會州，建德六年廢郡，立鳴沙鎮。隋文帝置環州，以大河環曲爲名，仍立鳴沙縣屬焉。此地人馬行沙有聲，異於餘沙，故曰「鳴沙」。大業三年罷環州，以縣屬靈武郡。〔六九〕唐貞觀六年復置環州，〔七〇〕九年州又廢，縣歸靈州。神龍中爲默啜所寇，因而荒廢，遂移縣于廢豐安城，即今縣理。其舊縣基，咸亨三年歸復，因以其地置安樂州，仍移吐谷渾部落自涼州徙于鄯州，既而不安其居，又徙于靈州之境，置安樂州以處之。是後復陷蕃中，吐蕃常置兵以守之。大中三年七月，靈武節度使朱叔明奏收復安樂州，八月勅安樂州爲威州，仍領鳴沙縣。今州與縣俱廢。

長樂山。按十道記云：「安樂州，在靈武南稍東一百八十里，〔七一〕近長樂山下，此山一名鐸落山，〔七二〕以山下有鐸落泉水，故以爲名。舊吐谷渾部落所居。」

樹樓山、〔七三〕空青山，並在邑界。

黄河，西自會州烏蘭縣界流入。〔七四〕

廢定遠縣，在州東北二百里。唐先天二年，〔七五〕郭元振以西城遠闊，豐安勢孤，中間千里無城，烽堠杳渺，故置此城，募健兵五千五百人以鎮之。其後信安王禕更築羊馬城，幅員一十四里。

經略軍，在夏州西北三百里。天寶中王忠嗣奏于榆多勒城置軍，今屬靈武節度。西南去靈武六百五十餘里。〔七六〕

今管鎮七

城下管蕃部三：

傍家外生族巡檢司使移香一族。　媚家族巡檢使保尾一族。

越邦族巡檢使羅香一族。

黄河南岸

清遠鎮管蕃部九：

青天門一族。　泥悉逋一族。　羅泥一族。　羅泥磨慶一族。〔七七〕

嵺埋一族。　嗓㟲移一族。〔七八〕　封家一族。　宗家一族。

越邦一族。

漢户主客四十二。

黄河北岸

昌化鎮管蕃部一：

吐蕃村巡檢使委尾一族。

漢户主客四十二。

保安鎮管蕃部一：

傍家外生後巡檢使拓拔第一族。〔七九〕

漢户主客二百三十四。

保靜鎮管蕃部六：

吐蕃村巡檢使委尾一族。　右厢巡檢使成悉逋等一族。

右厢務下義征使羅慶等一族。　右厢巡檢使務下義征楊尉尉等一族。〔八〇〕

狼唆村義征使埋慶等一族。〔八一〕　鬼悉渦巡檢使廋子等一族。〔八二〕

漢户主客一百七十五。

臨河鎮管蕃部三：

小父兒義征使嗺悉逋一族。　鬼悉渦巡檢副使廋子一族。　鬼悉渦巡檢使

埋逋一族。〔八三〕

漢户主客六十七。

懷遠鎮管蕃部六：

羅悉逋族巡檢使八笓一族。　羅悉逋族副巡檢使浪嵯一族。

小父兒族巡檢笓音池。〔八四〕逋一族。　小父兒巡檢使嵯埋一族。

小父兒巡檢使移逋一族。　小父兒巡檢使悉笓一族。

漢户主客二百二十三。〔八五〕

定遠鎮管蕃部四：

麴家族都指揮使麴守榮、麴再遇等一務。　笓浪族巡檢使西逋等一務。

富兒族巡檢使越啜等一務。　小阿父兒族巡檢使遇悉逋等一務。

右自唐貞觀四年於迴樂縣界置迴、環二州，並屬靈武都督府；十三年廢迴、環二州；二十年鐵勒歸附，於州界置皋蘭、高麗、祁連三州，並屬靈州都督府。〔八六〕永徽元年廢皋蘭等三州。調露元年又置魯、麗、塞、含、依、契等六州，總爲六胡州。開元初廢，復置東皋蘭州，寄鳴沙縣界；燕然、雞鹿、雞田三州，寄迴樂縣界；燕山、燭龍二州，寄温池縣界。並是突厥九姓部落所處。唐末並廢，今但存七鎮而已。

卷三十六校勘記

〔一〕今州理即上郡高奴縣之域　「域」，萬本同，庫本作「城」，同元和郡縣圖志卷三延州總序，蓋作「城」是。

〔二〕以爲統萬鎮　按元和郡縣圖志卷三延州總序作「以屬統萬鎮」，此「爲」疑是「屬」之誤。

〔三〕北至夏州三百八十里　「八」，萬本、庫本皆作「六」，傅校同。按元和郡縣圖志延州：「西北至夏州四百里。」通典卷一七三州郡三：延安郡（延州）「北至朔方郡（夏州）三百八十里。」萬本、庫本誤。

〔四〕東南到綏州三百三十里　按唐宋初延州治膚施縣，在今陝西延安市東北；綏州治上縣，即今綏德縣，綏州位于延州東北。本書卷三八綏州：「西南至延州三百四十里。」是也，此「東南」乃「東北」之誤。

〔五〕皇朝管户主一萬二千一百一十九　「管」，底本無，據萬本、庫本及傅校補。「一百」，萬本作「七百」；「一十」，庫本作「七十」，傅校改同。

〔六〕本秦舊縣　按唐延州膚施縣，爲隋所置，其地於秦漢爲高奴縣，元和郡縣圖志延州總序云：「在漢爲上郡高奴縣之地，今州理即上郡高奴縣之城也。」秦漢膚施縣在今陝西榆林市東南，非一地。

〔七〕遷其人於膚施　按史記卷四三趙世家：惠文王三年，「滅中山，遷其王於膚施。」此「人」爲「王」字之誤。

〔八〕俗謂老人谷水　按水經河水注：河水「逕老人山下，至老人谷。」無此文。

〔九〕合豐水　「豐水」，水經河水注作「豐林水」，此當脱「林」字。

〔一〇〕在縣北二十九里　萬本作「去縣北九里」，無「二十」二字，庫本缺。

〔一一〕隋開皇二年移於譚信原以廣字犯太子名　元和郡縣圖志延州：「隋仁壽元年以『廣』字犯皇太子名，改爲延安。」按隋書卷二高祖紀下載，開皇二十年十一月，廣爲皇太子，則元和志所記是。

〔一二〕緣坡置　「緣」，底本作「靠」，庫本同，據萬本及嘉慶重修一統志卷二三四延安府引本書改。

〔一三〕收入人首數千萬於此山　「數千萬」，萬本同，庫本作「數十萬」，嘉慶重修一統志卷二三四延安府引本書作「千萬」，無「數」字。

〔一四〕山高險峻　底本「山」上衍「言」字，據萬本、庫本及嘉慶重修一統志卷二三三延安府引本書删。

〔一五〕東北一百一十五里　元和郡縣圖志延州延水縣：「西至州一百一十五里。」按唐宋延水縣即今陝西延川縣東南延水關鎮，延州治膚施縣，在今延安市東北，延水縣西南至延州里數，正合李書記載，此「一百」蓋爲「二百」之誤。

〔一六〕本秦臨河縣地　按秦臨河縣在今内蒙古臨河縣東北，南離此地遥遠，非是。嘉慶重修一統志卷二三四延安府云：「此地有臨河故城，當是晉魏時僑置。」下文云漢臨河縣「在今縣北十五里臨河故城」，亦非，或爲晉魏僑置之臨河故城。

〔一七〕平石縫中湧出有雄吼之聲　萬本、庫本同，嘉慶重修一統志卷二三三延安府引本書作「平地湧出，石縫中有雄吼之聲」。

〔一八〕後魏太武置臨真縣屬偏城郡　「太武」，元和郡縣圖志延州作「文成帝」。按魏書卷一〇六地形志下，臨真縣屬定陽郡，偏城郡置於孝文帝太和元年，時在太武帝或文成帝之後，臨真縣焉能隸於偏城郡？抑太武帝或文成帝時已置偏城郡，惜史不能詳。

〔一九〕張誚　「誚」，庫本同，萬本及嘉慶重修一統志卷二三四延安府引本書皆作「謂」。

〔二〇〕按曷雞川耆老云　萬本、庫本及嘉慶重修一統志卷二三三延安府引本書皆無「按曷雞川」四字，蓋爲衍字。

〔二一〕化爲玻黎玉立此廟城今毁　底本「爲」作「見」，「黎」作「犁」，「玉」作「王」，並據萬本及嘉慶重修一統志卷二三四延安府引本書改。「廟城」，底本作「城廟」，據萬本、庫本及嘉慶重修一統志引本書乙正。

〔二二〕東南三十里　「三」，底本作「二」，萬本、庫本同，據嘉慶重修一統志卷二三四延安府引本書及元和郡縣圖志延州改。

〔二三〕今二鄉　「二」，萬本、庫本皆作「三」，傅校同。

〔二四〕後周大象元年移于今所改爲豐林縣　按隋書卷二九地理志上：後魏置廣武縣，「隋開皇十八年改爲豐林。」與此不同。

〔二五〕在縣東北四十三里　「三」，底本作「五」，據萬本、中大本、庫本、嘉慶重修一統志卷二三三延安府引本書及傅校改。

〔二六〕出本縣界　「縣」，底本無，庫本同，據萬本及嘉慶重修一統志卷二三三延安府引本書補。

〔二七〕爲鷹雕之所居　「爲」，底本脱，據萬本、庫本及嘉慶重修一統志延安府引本書補。

〔二八〕則漢歸德縣　「則」，萬本、庫本皆作「即」，傅校同。按元和郡縣圖志卷三慶州洛原縣：「本漢歸德縣地。」本書卷三三慶州：廢洛源縣，「本漢歸德縣。」作「即」是。

〔二九〕夷人名也　「人」，底本作「虜」，據萬本、庫本及嘉慶重修一統志卷二三三延安府引本書改。

〔三〇〕以界有清水所經　「清」，萬本、庫本皆作「洛」。按本書下文云「故立廣洛爲名耳」，則作「洛」是。

〔三一〕大業十二年省入膚施縣　「十二」，庫本同，萬本作「十三」，元和郡縣圖志延州同。

〔三二〕金明川水　「水」，底本作「川」，據萬本、中大本、嘉慶重修一統志卷二三三延安府引本書及傅校改。

〔三三〕一十五里過縣西南　「過縣西南」，底本作「縣西過南」，庫本作「西過南」，據萬本及嘉慶重修一統志延安府引本書乙正。

〔三四〕自閤門府來　「來」，萬本、庫本同，嘉慶重修一統志延安府引本書作「東」，蓋是。

〔三五〕東南一百七十里　元和郡縣圖志延州延川縣：「西南至州一百八十里。」元豐九域志卷三延州延川縣：「州東北一百四十里。」按唐宋延州治膚施縣，在今延安市東北，延川縣即今延川縣，在延州東北，元和志、九域志所記是也，此「東南」乃「東北」之誤。

〔三六〕大業十三年改爲文州　「十三」，底本作「十二」，據萬本、庫本及嘉慶重修一統志卷二三四延安府引本書改。

〔三七〕哥基者胡語云濯筋川是也　「哥基」，萬本作「哥基川」。按嘉慶重修一統志卷二三三延安府引本書云：「哥基者，番語濯筋也。」則言「哥基」，可謂「濯筋」，不必有「川」字，云「哥基川」，則言「濯筋川」，以相符也。

〔三八〕故號曰靈州　「號」，底本脱，據萬本、庫本及漢書卷二八地理志下顔師古注、元和郡縣圖志卷四靈州總序補。

〔三九〕靈州都督入靈塡二州　按此文不可解，當有訛誤。以上下文考之，蓋作「迴樂、弘静、懷遠、靈武、鳴沙仍屬靈州都督府」。

〔四〇〕調露元年又置魯麗塞含依契等六州　「含」，底本作「舍」，庫本同，據萬本、舊唐書卷三八地理志一及傳校改。後文「魯麗塞舍依契六州」之「舍」改同。

〔四一〕保靜　「保」，底本作「弘」，庫本同，萬本作「保」。按元和郡縣圖志卷四、舊唐書地理志一靈州保靜縣：隋弘靜縣，「神龍元年改爲安靜，至德元年改爲保靜。」此「弘」爲「保」字之誤，據改。下「廢弘靜縣」同改爲「廢保靜縣」。

〔四二〕唐天寶元年户一萬一千四百五十六　萬本、庫本皆無「元年」二字。舊唐書地理志一：天寶「户一萬一千四百五十六。」此「元年」二字衍。

〔四三〕崇禮好學　「崇」，底本作「尚」，據萬本、庫本、嘉慶重修一統志卷二六四寧夏府引本書及太平御覽卷一六四引圖經改。

〔四四〕博覽古今　「今」，底本作「文」，據萬本、庫本及梁書卷二六傅昭傳改。

〔四五〕鳥翎　「鳥」，庫本、嘉慶重修一統志卷二六五寧夏府引本書同，萬本據元和郡縣圖志靈州改爲「烏」。

〔四六〕上表請開富平西三十里艾山舊渠　「西」，魏書卷三八刁雍傳作「西南」。

〔四七〕孝文太和七年　按魏書刁雍傳作「太武帝太平真君七年」，此誤。

〔四八〕高平今澤州　本書卷四四澤州高平縣：「北八十里。」其地即今山西高平縣，此云高平鎮，非澤州之高平縣。按本書卷三三原州：漢高平縣，「後魏太延二年於今理置高平鎮，至孝明帝正光五年改爲原州。」即此云高平鎮，則應屬原州，此「澤州」爲「原州」之誤。元和郡縣圖志卷四靈州：「平高今屬原州。」原州是，而「平高」爲「高平」之倒文。

〔四九〕今求於牽屯山河水之次　「河水之次」，底本作「河之水次」，庫本同，萬本作「河水之水次」，據魏書刁雍傳、元和郡縣圖志靈州乙正。

〔五〇〕汧屯山　「汧」，萬本、庫本皆作「笄」，傅校同。

〔五一〕方舟順流　「流」，底本作「水」，據萬本、庫本及魏書刁雍傳、元和郡縣圖志靈州改。

〔五二〕白草水　「白」，底本作「日」，據萬本、中大本、庫本及嘉慶重修一統志卷二六四寧夏府引本書改。

〔五三〕在縣南四十里　「四十」，萬本據元和郡縣圖志靈州改爲「一百八十三」。

〔五四〕河水東北經渾懷鄣西　「西」，底本脱，庫本同，據萬本及水經河水注補。

〔五五〕桑果榆林列植其上故謂之果州　「榆」，水經河水注作「餘」。「州」，萬本、庫本皆作「洲」，傅校同。按太平御覽卷一六四引十道志文同此，亦作「果州」。

〔五六〕渌蓮池　「蓮」，萬本作「漣」，庫本同，傅校作「連」。按初學記卷八作「蓮」，萬本、庫本、傅校誤。

〔五七〕漢富平津　「漢」，萬本、庫本皆無。按富平縣，秦置，漢因之，富平津當因漢富平縣而名，應有「漢」字。

〔五八〕温泉山　庫本同，萬本作「温泉」，無「山」字。

〔五九〕源思禮　「源」，底本作「原」，萬本同，庫本作「源」，傅校同。按魏書卷四一源懷傳：「思禮，後賜名懷」，於景明二年徵爲尚書左僕射，景明末，「巡行北邊六鎮」，上表言「沃野一鎮，自將已下八百餘人」，「請主帥吏佐五分減二。」此「原」爲「源」字之誤，據改。

〔六〇〕與蘭山澤六鎮不齊　「與」，萬本、庫本皆作「其」，傅校同。

〔六一〕舊名千金堡　萬本此下有「今名新堡」四字，同元和郡縣圖志靈州。

〔六二〕本漢富平縣地　「地」，底本脱，庫本同，據萬本及元和郡縣圖志靈州補。

〔六三〕今廢　底本脱，庫本同，據萬本及嘉慶重修一統志卷二六四寧夏府引本書補。

〔六四〕隋圖經　底本「經」下衍「集」字，據萬本、庫本及嘉慶重修一統志卷二六四寧夏府引本書删。

〔六五〕河水又東逕朔方郡弘靜縣典農城　「逕」，底本作「過」，庫本同，據萬本、傅校及水經河水注改。又水經河水注無「朔方郡弘靜縣」六字，此地非漢朔方郡地，後魏置弘靜鎮，隋改置弘靜縣，水經注不得記之，樂史雜採後世地志而誤爲酈注也。

〔六六〕隋爲弘靜縣地　「隋」，底本作「亦」，庫本同，據萬本及嘉慶重修一統志卷二六四寧夏府引本書改。元和郡縣圖志靈州保靜縣：本漢富平縣地，後魏立弘靜鎮，「隋改置弘靜縣，神龍元年改爲安靜，至德元年改爲保靜。」

〔六七〕今廢　底本脱，庫本同，據萬本及嘉慶重修一統志卷二六四寧夏府引本書補。

〔六八〕屬安定郡　按漢書卷二八地理志下，富平縣屬北地郡，此「安定」當作「北地」。

〔六九〕以縣屬靈武郡　「郡」，底本脱，庫本同，據萬本及元和郡縣圖志靈州補。

〔七〇〕唐貞觀六年復置環州　按舊唐書地理志一：「貞觀四年於迴樂縣置迴、環二州。」與此不同。

〔七一〕在靈武南稍東一百八十里　「靈武」，萬本、庫本同，中大本作「靈州」，傅校同。

〔七二〕此山一名鐸落山　「此」，底本作「北」，庫本同，據萬本改。元和郡縣圖志靈州：長樂山，「亦名鐸洛山」。

〔七三〕樹樓山　通典卷一七三州郡三作「樓樹山」。

〔七四〕西自會州烏蘭縣界流入　「烏蘭縣」，萬本、庫本皆作「蘭州」。據新舊唐書地理志載，烏蘭縣屬會州；會州烏蘭縣並瀕黄河，萬本、庫本恐誤。

〔七五〕先天二年　「二年」，元和郡縣圖志靈州同，舊唐書卷九七、新唐書卷一二二郭元振傳皆載先天元年爲朔方軍大總管，築定遠城，不在「二年」。

〔七六〕西南去靈武六百五十餘里　「五十」，底本脱，庫本同，據萬本及元和郡縣圖志靈州補。

〔七七〕羅泥磨慶一族　「慶」，萬本、庫本皆作「廢」，傅校同。

〔七八〕嗓迯移一族　「迯」，萬本、庫本皆作「你也」，傅校同。

〔七九〕傍家外生後巡檢使拓拔第一族　萬本無「後」字，庫本同。

〔八〇〕右廂巡檢使務下義征楊尉尉等一族　「務下」，萬本、庫本皆作「榜下」，傅校同。按上列有「右廂務下義征使」，「榜下」恐非。又「楊尉尉」，萬本作「楊尉」，傅校同，庫本作「陽尉」，「陽」蓋爲「楊」字之誤。

〔八一〕狼唆村義征使埋慶等一族　「唆」，萬本、庫本皆作「咬」；「埋」，庫本同，萬本、中大本皆作「理」。

〔八二〕庋子　「庋」，萬本、庫本皆作「庾」。下「鬼悉渦巡檢副使庋子」之「庋」同。

〔八三〕鬼悉渦巡檢使埋逋一族　萬本、庫本皆無。

〔八四〕音池　萬本無此二字，傅校删，庫本缺。

〔八五〕漢户主客二百二十三　「三」，萬本、庫本皆作「二」，傅校同。

〔八六〕並屬靈州都督府　「都督府」，底本脱，庫本同，據萬本及本書靈州總序、舊唐書地理志一補。

太平寰宇記卷之三十七

關西道十三

會州廢　鹽州廢〔一〕　夏州　通遠軍　保安軍

會州

會州，會寧郡。今理會寧縣。禹貢雍州之域，古西羌地。秦屬隴西。漢昭帝分天水、隴西、張掖各二縣爲金城、安定二郡，〔二〕此爲枝陽縣地，屬金城郡。後漢屬金城、武威二郡。〔三〕後魏廢帝元年置會寧縣，其地所屬不改。〔四〕西魏因立會州，〔五〕尋廢。至後周保定二年移於鳴沙，省縣改置會寧防。隋改會寧防爲鎮，〔六〕尋又廢鎮，卻復縣以屬平涼郡。唐武德二年平李軌，置西會州。貞觀八年以此州倉儲殷實，改爲粟州，其年又爲會州。天寶元年改爲會寧郡。乾元元年復爲會州。

元領縣二：會寧，烏蘭。

州境：東西五百一十里。南北三百三十里。

四至八到：東南至東京二千四百七十里。東南至西京二千五百五十里。東南至長安一千一百九十里。〔七〕東至原州四百里。西至涼州六百里。南至蘭州四百二十里。北至靈州六百里。東南至原州三百九十里。西南至蘭州三百八十里。東北至靈州五百三十里。西北至涼州五百四十里。

户：開元户三千五百四十。蕃漢雜。

風俗：同原州。

人物：無。

土産：鹿胎，野馬皮，覆鞍氈，鹿尾，靴，白角簟，駝褐，已上爲貢。

會寧縣，五鄉。本漢鶉陰縣地，周太祖置會寧縣，屬會州。隋大業二年改爲涼川縣。唐武德二年又改爲會寧。

黄河，自西南蘭州金城縣界流入。水經云：「河水又東北過天水勇士縣北。」〔八〕是此處也。

黄河堰，唐開元七年，河流漸逼州城，刺史安敬忠率團練兵起作，〔九〕拔河水向西北流，遂免淹没。

會寧關，東南去州一百八十里。〔一〇〕

河池，其地生鹽，西去州一百二十里。

烏蘭縣，州西北驛路一百八十里，直路一百四十里。三鄉。本漢祖厲縣地，屬安定郡。後漢屬武威郡。前涼張軌收其縣人，於涼州別置祖厲縣。〔一一〕周武帝西巡於此，置烏蘭關，又置縣，在會寧關西南四里，〔一二〕後移東北七里平川置。

鹽州

鹽州，五原郡。今理五原縣。禹貢雍州之域。春秋至戰國皆爲戎狄所居。史記云：「梁山、涇、漆之北有義渠、朐衍之戎。」謂此地也。及秦始皇併天下，以此地屬雍州。〔一三〕今州即漢馬嶺縣地。漢置五原郡，地有原五所，故爲名。故城在今榆林縣界，尋廢。後魏太武平赫連昌之後，初置大興郡。至西魏改爲五原郡，復立漢名，尋改爲西安州，東有安州，故此加「西」字。廢帝三年以其地北有鹽池，又改爲鹽州。〔一四〕隋開皇初廢之，〔一五〕大業中爲鹽川郡。〔一六〕唐武德元年改爲鹽州，領五原、興寧二縣，其年移州及縣寄理靈州，四年省興寧入五原縣。貞觀元年廢鹽州五原縣入靈州；二年平梁師都，復于舊城置鹽州及五原、興寧二縣，隸夏州都督府，其年改屬靈州都督府。天寶元年改爲五原郡。乾元元年復爲鹽州。永泰元年十一月升爲都督府。元和八年隸夏州。

元領縣二：五原，白池。

州境：東西二百四十八里。南北二百七十八里。

四至八到：東南至東京二千四百三十里。東南至西京二千一十里。南至長安一千五百里。東至綏州六百八十里。南至慶州五百五十里。西至會州八百里。北至宥州一百四十里。東南至延州五百三十里。西南至原州七百里。西北至靈州三百里。東北至夏州三百里。

户：唐開元户三千二十五。〔一七〕

風俗：以牧養牛馬爲業。〔一八〕

人物：無。

土産：地居沙鹵，無果木，不植桑麻。唯有鹽池，百姓採漉以爲業。

五原縣，三鄉。今州南抵慶州馬嶺縣北界，〔一九〕即舊馬嶺縣地。貞觀二年，縣與州同立，以其地勢有五原，舊有五原關，因爲郡邑之稱。

五原：龍遊原、乞地千原、青嶺原、岢音可。〔二〇〕嵐貞原、横槽原。

鹽池四所：烏池、白池出鹽，唐增收利，其瓦窑池、細嶺池並廢。〔三一〕

五原鹽川。按郡國志云「胡人謂之霞没城」，在郡邑内。

白池縣，北九十里。三鄉。按其地舊爲蕃戎之地。隋得之，以其地有鹽，遂以城之，即開皇九年置鹽池也。唐貞觀二年改置興寧縣，至景龍三年又改爲白池縣，〔三二〕取鹽白池爲稱，又水名白池、烏池。

井城葭蘆澤。按郡國志云：「井城葭蘆澤在興寧縣，亦鹽池之異稱耳。」

夏州

夏州，朔方郡。今理朔方縣。禹貢雍州之域。春秋及戰國時屬魏。秦併天下，屬上郡。漢分置朔方郡，故武帝紀曰：「元朔二年遣將軍衛青、李息出雲中，至高闕，遂西至符離，收河南地，置朔方五原郡。」按地理志朔方理三封，屬并州部，莽曰溝搜是也。漢之三封縣，在今長澤縣界有三封故城是。〔三三〕自漢至今，常爲關中之根柢。〔三四〕西晉亦爲朔方郡，後赫連勃勃據之，僭稱大夏，蒸沙以築其城，號爲統萬。按十六國春秋録云：「鳳翔元年春，勃勃下書，發嶺北夷夏十萬人，於朔方水之北，黑水之南，營起京城，以一統天下，君臨萬國爲意，〔三五〕故立此名。」其城土白而堅，南有亢敵樓，〔三六〕峻嶮非人力可攻，迄今雉堞雖久，崇墉若新。至後魏始光四年，爲太武所滅，置統萬鎮。孝文太和十一年改置夏州。西魏置弘化郡。至隋開皇初復爲夏州，煬帝初復爲朔方郡。唐貞觀二年平梁師都，改爲夏州都督府，領夏、綏、銀三州，其夏州，領德靜、巖緑、〔二七〕寧朔、長澤四縣，其年改巖緑爲朔方縣；七年於德靜縣置長州都督府；八年改北開州爲化州；十三年廢化州及長州，〔二八〕以德靜、長澤二縣來屬。天寶元年改爲朔方郡。乾元元年復爲夏州。至五代陷蕃。皇朝太平興國八年歸順，今爲定難軍節度。

元領縣四。今三：朔方，寧朔，德靜。　一縣割出：長澤。入宥州。

州境：東西二百一十五里。南北七百五十里。〔二九〕

四至八到：東南至東京一千四百八十里。東南至西京一千六十里。東南至長安一千五十五里。東至銀州二百里。南至延州三百八十三里。西至靈州五百五十里，舊記云西至鹽州三百里，北至黄河八百里，舊記云至安北府八百里。〔三〇〕東南至綏州四百里。西南至慶州五百九十一里。東北至勝州九百里。西北至豐州七百五十里。

户：唐開元户九千二百。〔三一〕皇朝管漢户二千九十六，蕃户一萬九千二百九十。

風俗：漢武帝攘卻戎狄，開邊置郡，多徙關中貧民，或報怨犯法者，以充牣其中。故習俗頗殊，地廣人稀，逐水草畜牧，以兵馬爲務。酒醴之會，上下通焉。

人物：無。

土產：角弓，氈，酥，麻，布，羊，馬，駝，苣霜齏，〔三三〕有乞物魚，葱味辛。

朔方縣，四鄉。本漢縣，漢末廢。後魏真君六年更名巖緑縣，屬化政郡。隋開皇三年廢化政郡，以巖緑縣屬夏州。唐貞觀二年改爲朔方縣。〔三三〕

統萬城。水經注「赫連勃勃於無定河北，〔三四〕黑水之南築此城」，勃勃書云：「今都城已建，宜立美名，朕方統一天下，君臨萬國，宜以統萬爲名。」其城土色白而牢固，有亢敵樓，峻險非人力可攻。酈道元云：「統萬城，蒸土加功，雉堞雖久，崇墉若新。」其城南門曰朝宋，北門曰平朔，東門曰招魏，西門曰服涼。其子城在羅城東，門曰鳳陽。本有三門，夷人多尚東，故東向開。

真珠樓、通天樓，皆勃勃建，在城内。

契吴城，〔三五〕在縣北一百二十五里，赫連昌因山所築。隋置白城鎮，後廢。

什賁故城，在縣理北，即漢朔方縣故城。詩所謂「王命南仲，城彼朔方」是也。漢武帝元朔二年收河南地置朔方五原郡，使校尉蘇建築朔方。公孫弘數諫，以爲疲弊中國，以奉無用之地，願罷之。上使朱買臣難弘，發十策，弘不得一，由是卒城之。自漢至今，常爲關中根柢。

黄河，西自靈州懷遠縣界流入。

契吴山，在縣北七十里。十六國春秋：「赫連勃勃北遊契吴而嘆曰：『美哉，斯阜臨廣澤而帶清流。吾行地多矣，自馬嶺以北，大河以南，未有若斯之壯麗矣！』」

雕山，連亘郡界。

無定河，一名朔方水，亦曰奢延水，源出縣南。即漢李陵失利於此河之外。

烏水，舊名黑水，以周太祖諱，名曰烏水。源出縣北平地，亦契吴之麓。

濛水。按水經注云「朔方縣有濛水，合金河而流」是也。

茄蘆水。

寧朔縣，東南一百二十里。二鄉。亦漢朔方縣地，後周武帝於此置寧朔縣，屬化政郡。隋開皇三年罷郡，以縣改屬夏州。唐武德六年於此立南夏州，貞觀二年廢。〔三六〕

三交城。按赫連勃勃夏録云：「龍昇五年秋九月，勃勃率衆三萬攻安定城。冬十月，秦雍州刺史楊佛嵩率衆來拒，〔三七〕十一月戰于青石北原，秦師敗績，降其衆四萬，獲戎馬二萬匹。」因築此城。

賀蘭山，在縣東北三十里。

秦長城，在縣界。

德靜縣，東北一百里，二鄉。亦漢朔方地，按其地在縣西北，接今朔方縣界有什賁故城是也。後周建德二年於此置彌渾縣。〔三八〕以縣南有彌渾水爲邑名。又立六胡州，〔三九〕在邑之北。隋開皇三年改彌渾縣爲德靜鎮，至大業九年廢鎮立縣，仍隸朔方。〔四〇〕

無定河，自朔方縣界流入。

長城，在縣西二里。

廢雲中都督府，党項部落，寄在朔方縣界，〔四一〕管小州五：舍利州、思璧州、阿史那州、綽部州、白登州。户一千四百三十。

廢呼延州都督府，党項部落，寄在朔方縣界，管小州三：賀魯州、那吉州、〔四二〕跌跌州。户一百五十五。

廢桑乾都督府，寄治朔方縣界，管小州四：郁射州、藝失州、畢失州、叱略州。户二百七十四。

廢定襄都督府，寄治寧朔縣界，管小州四：阿德州、執失州、蘇農州、拔延州。户四百六十。

廢達渾都督府，延陀部落，寄在寧朔縣界，管小州五：姑衍州、步訖若州、嵠彈州、鶻州、低粟州。户一百二十四。

廢安化州都督府，寄在朔方縣界。户四百八十三。

廢寧朔州都督府，寄在朔方縣界。户三百七十四。

廢僕固州都督府，寄在朔方縣界。户一百二十二。〔四三〕

已上八都督府，唐朝所置，今並廢。

通遠軍

通遠軍，本西蕃邊界靈州方渠鎮，晉天福四年建爲威州，仍割寧州木波、馬嶺二鎮隸之。至周廣順二年避御名改爲環州。〔四四〕顯德四年，以地理不廣，人户至簡，降爲通遠軍，管通遠一縣，并木波、石昌、馬嶺等三鎮，徵科人户。

領縣一：通遠。

軍境：東西一十里。南北一百二十里。

四至八到：東南至東京約二千里。東南至西京一千六百八十里。東至東原棱蕃部界三里。〔四五〕西至甜水堡蕃部界五里。南至木波鎮界四十里。北至靈武路烏崙塞三十里，元無漢户，四面並是蕃部。東南至蕃部獨家族一十五里。西南至蕃部捵利族一十五里。〔四六〕西北至蕃部傍家族一十五里。東北至蕃部鼻家族一十五里。〔四七〕

户：皇朝管户主二千七百二十二，〔四八〕客二千二百三十五。

風俗：蕃漢相雜。

土産：生甘草，土山並無果木。

通遠縣，無鄉，以四鎮管人户。與州同置在郭下。

鹹河，〔四九〕從土橋、歸德州、同家谷三處發源來，鹹苦不堪。

甜河，在城西，從蕃部鼻家族北界來，供軍城人户。

古長城，在縣北一里，秦長城也。

古太州，在軍西北二里。

保安軍

保安軍，本延州之古栲栳城，唐咸亨中曾駐泊禁軍於此。至貞元十四年建爲神策軍，尋改爲永康鎮，〔五〇〕屬延州，扼截蕃賊。至皇朝太平興國二年升爲保安軍，管二鎮一十九寨。

軍境：東西一百里。南北一百九十里。

四至八到：東至東京一千七百一十里。東至西京一千三百五十里。東南至長安六百里。東至蕃部末移族七里，至延州金明縣界七十里，西至蕃部悉逋族一十里，至慶州金湯鎮界三十里。〔五一〕南至延州敷政縣界一百一十里，〔五二〕至延州一百五十里。東北至蕃部厥移族一十里，至宥州八十里。

户：皇朝管户主七百一十四，〔五三〕客二百七十五。

風俗：蕃漢户相雜。

土産：羊。地寒霜早，不宜五穀。

吃莫河，在軍北一十里。源出蕃部吃莫川北，南流至軍城西十六里入洛河，不勝船栰。〔五四〕音伐。〔五五〕

聖人道，在軍城東七里。從蕃部末移家族來，〔五六〕經軍界一百五里，入敷政縣界。即赫連勃勃起自夏臺入長安時，平山谷開此道，土人呼爲聖人道。

卷三十七校勘記

〔一〕鹽州廢　「廢」，萬本、庫本皆無，按下叙鹽州亦不注「廢」，此恐誤。

〔二〕漢昭帝分天水隴西張掖各二縣爲金城安定二郡　「二縣」，底本作「三縣」，據宋版、萬本、中大本、庫本改。漢書卷四昭帝紀：始元六年，「取天水、隴西、張掖各二縣置金城郡。」

〔三〕此爲枝陽縣地屬金城郡後漢屬金城武威二郡　原校：「按枝陽縣，兩漢皆屬金城郡，今云後漢屬金城、武威二郡，疑有脱誤。」

〔四〕後魏廢帝元年置會寧縣其地所屬不改　原校：「按晉書地理志：『前凉張實分金城之令居、枝陽二縣，又立永登縣，合三縣立廣武郡。』而元和郡縣志謂『廣武郡張駿三年立』，未知據何書？自後割據非一，至後魏廢帝時，不知屬何郡？而今記云所屬不改，必有脱誤。」

〔五〕西魏因立會州　原校：「按元和郡縣志會州序載：『周太祖爲西魏相，來巡，會師于此，因置會州。』縣序又云『周太祖所置』。隋書地理志會寧縣注但言『西魏置會州，開皇十六年置縣』，而不及會寧舊爲何縣。今記又云『後魏廢帝置會寧縣，而西魏因立會州』，諸書皆不一，未知孰是，然元和志爲詳。」

〔六〕省縣改置會寧防隋改會寧防爲鎮　底本「置會寧防」作「置會寧縣」，脱「隋改會寧防」五字，據宋版、萬本、庫本及傅校改補。元和郡縣圖志卷四會州總序：「周武帝保定二年廢（會）州，改爲會寧防。隋開皇元年改防爲鎮。」

〔七〕東南至長安一千一百九十里　「南」，底本脱，萬本、庫本同，據宋版及元和郡縣圖志會州補。

〔八〕水經云河水又東北過天水勇士縣北　同水經河水篇。宋版、萬本「水經」皆作「注水經」，宋版、中大本、庫本皆無「天水」二字，宋版「北」下有「東流」二字，並誤。

〔九〕刺史安敬忠率團練兵起作　宋版及元和郡縣圖志會州同，萬本「作」下有「堰」字。

〔一〇〕東南去州一百八十里　「東南」，萬本同，宋版、庫本皆作「東西」，嘉慶重修一統志卷二五三蘭州府引舊志作「西南」。

〔一一〕前涼張軌收其縣人於涼州別置祖厲縣　「人」，底本作「入」，宋版、庫本同，據萬本及元和郡縣圖志會州改。「於」，底本脱，據宋版、萬本、庫本、傅校及元和郡縣圖志補。

〔一二〕在會寧關西南四里　「西南」，元和郡縣圖志會州作「東南」。

〔一三〕及秦始皇併天下以此地屬雍州　按秦始皇統一天下後，分全國爲三十六郡，後續有增置爲四十八郡，無州之設，通典卷一七三州郡三：鹽州，「秦漢屬北地郡。」是也。

〔一四〕又改爲鹽州　「改爲」，底本作「有」，萬本、庫本皆作「爲」，據宋版及元和郡縣圖志卷四鹽州總序改。

〔一五〕隋開皇初廢之　「初」，底本作「中」，據宋版、萬本、庫本、傅校及通典州郡三改。

〔一六〕大業中爲鹽川郡　按隋書卷二九地理志上：「大業初置鹽川郡。」通典州郡三：「煬帝初置鹽川郡。」元和郡縣圖志鹽州總序：「隋大業三年爲鹽川郡。」此「中」爲「初」字之誤。

〔一七〕唐開元户三千二十五　「二」，底本作「三」，庫本同，據宋版、萬本、中大本、傅校及元和郡縣圖志鹽州改。

〔一八〕以牧養牛馬爲業　「馬」，底本作「羊」，據宋版、萬本、庫本及傳校改。

〔一九〕今州南抵慶州馬嶺縣北界　「抵」，底本作「至」，據宋版、萬本、庫本改。

〔二〇〕音可　宋版、萬本、庫本皆無此二字，蓋非樂史原文。

〔二一〕細嶺池　「嶺」，宋版同，萬本作「項」。元和郡縣圖志、新唐書卷三七地理志一鹽州皆作「項」。

〔二二〕景龍三年又改爲白池縣　「三年」，萬本同，宋版、中大本、庫本皆作「二年」。按元和郡縣圖志、新唐書地理志一鹽州、唐會要卷七一州縣改置上皆作「三年」。

〔二三〕在今長澤縣界有三封故城是　「是」，底本脱，據宋版、萬本、庫本及傳校補。

〔二四〕爲關中之根柢　「之」，底本無，據宋版、萬本、庫本及傳校補。

〔二五〕發嶺北夷夏至君臨萬國爲意　「夷夏」，萬本同，宋版作「夷」，無「夏」字，庫本及傳校同。「朔方水」，底本作「朔方」，無「水」字，萬本同，據宋版、庫本及晉書卷一三〇赫連勃勃載記、十六國春秋輯補卷六四夏録一補。「君」，底本脱，萬本同，據宋版、庫本及晉書赫連勃勃載記補。「意」，底本作「義」，據宋版、萬本、庫本及傳校改。

〔二六〕亢敵樓　宋版無「樓」字，庫本及傳校同，當誤。萬本作「九敵樓」，元和郡縣圖志卷四夏州作「九堞樓」。後文同。

〔二七〕巖緑　「緑」，萬本及元和郡縣圖志、舊唐書地理志一夏州同，宋版作「録」，新唐書地理志一、傳校同。下同。

〔二八〕十三年廢化州及長州　「十三年」，萬本同，宋版作「十年」，庫本同。按舊唐書地理志一、新唐書地理志一皆作「十三年」，宋版、庫本脱「三」字。

〔二九〕南北七百五十里　「百五十」，底本作「十五」，據宋版、萬本、庫本改。

〔三〇〕舊記云至安北府八百里　「至」，底本脱，據宋版、萬本、庫本補。

〔三一〕唐開元户九千二百　「二百」，宋版、庫本同，萬本作「二百一十三」，同舊唐書地理志一，但舊唐志所載係天寶户，萬本恐誤。

〔三二〕苣霜齏　宋版、庫本同，萬本據新唐書地理志改爲「拒霜齏」。按元和郡縣圖志夏州亦作「拒霜齏」。

〔三三〕唐貞觀三年改爲朔方縣　「三年」，宋版、庫本同，萬本作「二年」。按元和郡縣圖志、舊唐書地理志一夏州、唐會要卷七〇州縣改置上皆作「二年」，新唐書地理志一作「三年」。

〔三四〕無定河　宋版、庫本同，萬本據水經注改爲「奢延水」。按水經河水注作「奢延水」，又云「又謂之朔方水」。元和郡縣圖志夏州：「無定河，一名朔水，一名奢延水。」則作「無定河」，雖非酈書原文，亦是。

〔三五〕契吴城　萬本同，宋版、中大本、庫本皆無「契」字，傅校删。按元和郡縣圖志夏州：「故白城，一名契吴城，在（朔方）縣北一百二十五契吴山。」本書下文云「赫連昌因（契吴）山所築」，則作「吴城」誤。

〔三六〕貞觀二年廢　「二年」，宋版、中大本、庫本皆作「八年」。按舊唐書地理志一、新唐書地理志一、唐會要州縣改置上皆作「二年」，云「八年」，當誤。萬本作「貞觀二年州廢，縣省入朔方，五年復置，來屬」，同新唐書地理志一。

〔三七〕勃勃率衆三萬攻安定城冬十月秦雍州刺史楊佛嵩率衆來拒　底本脱「三萬攻安定城冬十月秦雍州刺史楊佛嵩率衆」十九字，萬本、庫本同，據宋版補。按十六國春秋輯補卷六四夏録：「龍昇六年，「勃勃率騎三萬攻安定，與（姚）興將楊佛嵩戰於青石北原，敗之。」同書卷五三後秦録：「姚興弘治十四年，「以楊佛嵩都督嶺北討虜諸軍事、安遠將軍、雍州刺史，率嶺北見兵以討赫連勃勃。」記載史事正與宋版合。

〔三八〕後周建德二年於此置彌渾縣　宋版、庫本同，萬本「縣」下有「戍」字，以縣戍並立。元和郡縣圖志夏州：「周武帝於此置彌渾戍。」此云置縣，恐誤。

〔三九〕又立六胡州　按舊唐書地理志一靈州總序：「調露元年又置魯、麗、塞、含、依、契等六州，總爲六胡州。」資治通鑑卷二一二胡注：「高宗調露元年於靈、夏南境以降突厥置魯州、麗州、含州、塞州、依州、契州，以唐人爲刺史，謂之六胡州。」此處當有脱誤。

〔四〇〕仍隸朔方　「隸」，底本作「立」，萬本、庫本同；宋版作「隸」，傳校同。按隋書地理志上載，大業初置朔方郡，此與大業九年「立朔方郡」不合，「立」當爲「隸」字之誤，據改。

〔四一〕寄在朔方縣界　萬本同，宋版「朔方縣」上有「朔方郡」三字，庫本同。按夏州郡名朔方，朔方縣爲夏州治，疑宋版、庫本「朔方郡」爲衍字。

〔四二〕邮吉州　「邮」，宋版、庫本同，萬本作「那」，同舊唐書地理志一，此「邮」爲「那」之譌字。

〔四三〕户一百二十二　「十二」，底本作「十四」，庫本同，據萬本、傳校及舊唐書地理志一改。

〔四四〕避御名改爲環州　「御名」，底本作「諱」，據萬本、庫本、嘉慶重修一統志卷二六二慶陽府引本書及傳校改。

〔四五〕東原棱　「棱」，萬本、庫本皆作「稜」。

〔四六〕拺利族　「拺」，庫本同，萬本作「搪」。

〔四七〕東北至蕃部鼻家族一十五里　萬本、中大本、庫本皆無「五」字。

〔四八〕皇朝管户主二千七百二十二　「管」，底本無，據萬本、中大本、庫本及傳校補。

〔四九〕鹹河　「鹹」，底本作「鹽」，據萬本、庫本、傳校及元豐九域志卷三環州改。下文「鹽苦不堪」之「鹽」改同。

〔五〇〕永康鎮　按元豐九域志卷三保安軍：「太平興國二年以延州永安鎮置軍。」宋朝事實卷一八同，作「永安鎮」，與此「永康鎮」别。

〔五一〕至慶州金湯鎮界三十里　「界」，底本脱，據萬本、庫本及嘉慶重修一統志卷二三四延安府引本書補。

〔五二〕一百一十里　「一十」，底本作「二十」，據萬本、庫本、嘉慶重修一統志延安府引本書及傅校改。

〔五三〕皇朝管户主七百一十四　「管」，底本無，據萬本、庫本補。

〔五四〕源出蕃部吃莫川北南流至軍城西十六里入洛河不勝船栰　底本脱「北」字，「西」作「四」，庫本同，「洛」作「落」，注「一作洛」，皆據萬本、嘉慶重修一統志卷二三三延安府引本書及傅校補改删。庫本作「洛」，是。

〔五五〕音伐　萬本、庫本皆無此二字，傅校删，蓋非樂史原文。

〔五六〕在軍城東七里從蕃部末畚家族來　萬本、嘉慶重修一統志卷二三四延安府引本書「七」作「七十」，「族」下有「界」字，此脱二字。

太平寰宇記卷之三十八

關西道十四

綏州 銀州 振武軍廢 麟州 勝州廢 府州

綏州

綏州，上郡。今理龍泉縣。禹貢雍州之域。春秋白翟所居。七國時屬魏。秦爲上郡，蒙恬將兵于此，公子扶蘇所監之處是也。在漢爲雕陰縣地，高帝元年，項羽立董翳爲翟王；七月廢，復爲上郡。武帝徵六郡良家子爲羽林郎，〔一〕上郡即其一也。後漢末，荒廢年久，俗是稽胡。及赫連勃勃部落所居。〔二〕後魏明帝於此置上郡，廢帝元年于郡内分置綏州，今綏、延等州並爲右部都尉理。隋開皇初郡廢，而州如故。煬帝初改綏州爲上州，尋廢州，置雕陰郡，以郡西南有雕陰山，復漢縣名。唐武德三年遂于延州豐林縣置綏州總管府，管西和、南平、北基、銀、雲、貞、上、殄、〔三〕北吉、匡、龍等十一州，其綏州領上、大斌、城平、綏德、延福五縣；六年移治所于延川縣界；七年又移治城平縣界魏所廢城平。〔四〕貞觀二年平梁師都，罷府，〔五〕移州治上縣。其城則據山，四面甚險，真邊陲之郡也。天寶元年改爲上郡。乾元元年復爲綏州。自唐末蕃寇侵擾，所管五縣並廢，或陷在蕃界，亦無鄉里，其民皆蕃族，州差軍將徵科。

元領縣五並廢：龍泉，城平，綏德，延福，大斌。

州境：東西一千里。南北三百里。〔六〕

四至八到：東南至東京一千七百四十里。東南至西京一千三百二十里。〔七〕西南至長安一千里。東至石州界黄河一百三十里，河上有孟門關，東去石州九十五里。西南至延州三百四十里。北至夏州三百六十里。西北至銀州一百六十里。西至夏州四百里。東南至隰州石樓縣西北黄河爲界一百五十里。東北至銀州二百四十里。〔八〕

户：唐開元户八千七百一十五。皇朝管主客户二千八百八十五。

風俗：同夏州。

土産：胡女布，貢。蠟燭。貢。

廢龍泉縣，四鄉。本秦膚施縣，二漢同。後魏廢帝元年于此置上縣，取郡爲名。隋開皇三年，上縣屬綏州。唐天寶元年改爲龍泉縣，以龍水爲名。〔九〕至皇朝見管蕃户。

長城，一在州西一十五里大力川，一在州北二十五里無定河，並是蒙恬所築之遺跡。

疏屬山。山海經云：「貳負之臣曰危，危與貳負殺窫音札。〔一〇〕窳。帝乃梏之疏屬山，桎其右足，反縛兩手與髮，繫之于山西北。〔一一〕」漢宣帝使人發上郡疏屬山，于盤石室中得一人，徒裸被髮，〔一二〕反縛，械一足。因問羣臣，莫能知，唯劉向按山海經對。宣帝驚異，上始重學，于是時人競學山海之説。

無定河，一名奢延水，北自銀州撫寧縣界入境。

州城，唐貞觀元年築。四面石崖，東面高八十尺，西面高一百四十尺，南面高四十尺，北面高一百二十尺，周迴四里二百步。〔一三〕

上郡古城，在縣東南五十里。始皇使扶蘇監蒙恬處。

吴兒城，在縣西北四十里。赫連勃勃破劉裕子義真于長安，遂虜其人，築此城以居之。

秦扶蘇冢，在無定河東，去州八里。

蒙恬冢，在州西大力川上，〔一四〕去州二里。

廢城平縣，西南一百里。二鄉。本秦膚施縣地，二漢不改。後魏神龜元年于今縣西三十里庫仁川置城中縣。隋諱「中」，改爲城平縣，仍自庫仁川移于今理。今廢爲城平鎮，見差蕃人爲鎮將，管蕃户。

吉魚山，阿班山，清澗川水，已上並在縣界。

保定嶺，在縣界蕃部族帳内。

廢綏德縣，南一百里。元二鄉。亦秦膚施縣地，二漢不改。魏省上郡。後魏大統十二年分上郡南界丘尼谷置綏德縣。唐武德二年移于吐延水北，即今理。今廢爲綏德鎮，〔一五〕見差蕃人爲鎮將，管蕃户。

舊石城，在縣東三十里，今寬州是也。

僕射堡，在縣界。

骨悉箇堡，在縣界。骨悉箇者，是胡音。

斜溪嶺，〔一六〕在縣界蕃部族帳内。

廢延福縣，南一百一十里。〔一七〕二鄉。亦膚施縣地，後魏廢帝元年于此置延陵縣，屬撫寧郡。隋開皇七年改爲延福縣。〔一八〕此縣城據崖，三面敻絶，攻守頗爲邊防險固之所。〔一九〕今廢爲鎮。差蕃人管蕃户。

青龍山，洛陽山，横山，大和川水，並在縣界。

吴兒城，在縣南四十里。

彌溺堡，彌溺者，胡語此谷地寒，因以爲名。

同突箇堡，在縣界。胡語今澤葱是也，堡多此菜。

聖佛崖，甬子山，定仙嶺，並在縣界。

黄河，北自撫寧縣界流入。

故匡州城，隋置此州，在縣西北五十里，故城尚存。唐武德六年與六胡州又同置。禄山之亂，陷入蕃界。

廢大斌縣，西北一百二十里。二鄉。亦膚施縣地，後魏神龜元年于今縣東五里置大斌縣，屬上郡。唐武德七年移于今城平縣界魏平故城以置之，〔二〇〕即今縣也。〔二一〕今廢爲大斌鎮，差蕃人管蕃户。

柱天山，小力山，大力山，小力川，並在邑界。

銀州

銀州，銀川郡。理儒林縣。〔二二〕禹貢雍州之域。春秋時爲翟地。秦併天下，屬上郡。〔二三〕漢爲西河郡圁音銀。〔二四〕陰縣。晉時戎翟所居。苻秦建元元年自驄馬城巡撫戎狄，其城即今理是也。周武帝保定二年于其城置銀防，〔二五〕三年置銀州，因谷爲名。舊有人牧驄馬于此谷，虜語驄馬爲乞銀。隋大業二年廢銀州，縣屬雕陰郡，隋末陷于賊。唐貞觀二年平梁師都，于此重置銀州。天寶元年改爲銀川郡。乾元元年復爲銀州。

元領縣四：儒林，真鄉，開光，撫寧。

州境：東西二百七十一里。南北三百二十八里。

四至八到：東南至東京一千八百二十里。東南至西京一千四百里。西南至長安一千一百六十里。東至石州界黄河一百六十里。南至綏州一百六十里。西至夏州二百里。北至勝州柘珍驛二百五十里。東南至綏州二百四十里。西至綏州三交土堠七十五里。西北至夏州二百三十里。東北至勝州二百六十里。東北至麟州三百里。

户：開元户六千一百二十。

風俗：同夏州。

土産：杏子。貢：女稽布。賦：麻，布。

儒林縣，舊四鄉。本漢圁陰縣地，以其在圁水之陰，故名。隋開皇三年置儒林縣，屬銀州。大業二年廢銀州，〔二六〕以縣屬雕陰郡。唐貞觀二年重置銀州，縣又屬焉。

無定河，自夏州界流入。

真鄉縣，東北一百里。舊四鄉。漢圁陰縣地，後周保定二年于今縣理置中鄉縣，屬中鄉郡。至隋開皇元年避「中」字，改真鄉縣，〔三七〕兼廢中鄉郡，以縣割隸銀川郡。

茄蘆水，〔三八〕源出縣西北平地。

開光縣，東北二百里。舊三鄉。漢圁陰縣地，周武帝于今理置開光郡，宣帝大象二年廢郡，置開光縣，屬撫寧郡。隋開皇三年罷郡，以縣來屬。大業中縣廢，以其地入真鄉縣。唐貞觀二年平梁師都，于此復立開光縣。

撫寧縣，東南八十里。舊三鄉。本漢圁陰縣地，後魏廢帝于今縣東撫寧故城置撫寧縣，屬撫寧郡。隋開皇三年罷郡，以縣來屬。

無定河，在縣北二十里。

廢靜邊州都督府，舊治銀川郡界，管小州十八。

廢歸德州，寄理銀州界，處降党項羌。

已上二州唐所置，今並廢。

振武軍今廢

振武軍，今理金河縣。舊爲單于大都護府，即漢定襄郡之成樂縣也，在陰山之陽，黄河之北，後魏所都盛樂縣是也。歷周、隋或没入蕃。唐武德四年平突厥，于此置雲中都護府，〔二九〕麟德元年改單于大都護府。初，阿史德請册親王爲可音克。汗。音寒。〔三〇〕德曰：「單于者，天上之天也。」上曰：「朕兒與卿爲天上之天可乎？」德曰：「死生足矣。」遂于此立單于大都護府，以殷王爲單于大都護。垂拱二年改爲鎮守使。〔三一〕聖曆元年改爲安北都督。〔三二〕開元七年以其地割隸東受降城，八年又置單于大都護府。後爲鎮武軍節度兼神策軍長武城防秋兵馬使。

領羈縻州八：金徽州，幽陵州，龜林州，雞田州，雞鹿州，赤野州，居延州，燕然州。

右件州名，〔三三〕皆武德已後降蕃部落所居。

元領縣一：金河。

四至八到：東至東京。里數缺。南至西京一千七百里。西南至長安取太原府路一千九百三十里。南至朔州三百五十里。東南至河東界靜邊軍一百二十里。西南至東受降城一百二十里。北至黑沙磧口七百里。

户：自立軍，無户數。

風俗：尚氣强悍。漢書曰：「定襄、雲中，本戎狄之地。其人鄙樸，少禮文，好射獵。」

土産：香有榖撥甘松，藥有麻黄、升麻、當歸、菴閭、柴胡、刺楸、遠志、白角簟。

金河縣，四鄉。即漢成樂縣地，唐武德四年于此立都督府，遂立此縣，〔三四〕北有金河以爲邑稱。天寶四年于城內置。

陰山。

榆多勒山。

東神山。

釜山。〔三五〕

善陽嶺，在縣北一百四十里。秦長城枕之。漢書謂「高祖困于平城」，即善陽嶺也。

武德四年平突厥置雲中都護府于此地。〔三六〕

青冢，在縣西北。漢王昭君葬于此，其上草色常青，故曰青冢。

燕然。按續漢書郡國志云：「和帝永元三年，車騎將軍竇憲出雞鹿塞，遂至燕然山。」〔三七〕是在縣北近磧。〔三八〕

李陵臺，〔三九〕壘石爲之，在府北。單于探騎，多候于此。

五合城。

雲中城。

金河，在縣西北。

磨勒城水，突厥名魚爲磨勒，此水出魚倍美，故以指名。

濛水，秋冬常有煖氣濛然，故以爲名，在縣東南。

延釋伽水。

麟州

麟州，新秦郡。今理新秦縣。禹貢雍州之域。漢武徙貧人于關以西，及充朔方以南新秦中，蓋其地也。周、隋以降，爲銀、勝二州地。唐開元十二年割勝州之銀城、連谷二邑置麟州並縣；至十四年又廢州，以屬邑還隸勝州。天寶元年復置，尋改爲新秦郡。乾元元年復爲麟州，升爲振武、麟、勝等節度兼都護，以勝爲支郡。

元領縣三：新秦，連谷，銀城。

州境：東西。缺。南北。缺。

四至八到：東南至東京一千九百三十里。〔四〇〕東南至西京一千五百一十里。西南至長安一千四百六十里。東至嵐州界黄河一百二十里，河上有合水關。東至嵐州一百八十里。西南至銀州三百里。東北至勝州四百里。

户：唐開元不供户，長慶户一千七百五十四。皇朝管主客户二千三百五十。

風俗：同振武。

土産：同振武。〔四一〕

新秦縣，舊三鄉。初，武帝徙貧人于關以西及朔方以南，謂之新秦。唐天寶元年置以爲縣，取漢舊名。

連谷縣，北四十里。四鄉。本漢圁陰縣地，屬西河郡。隋文帝于此置連谷鎮，煬帝改爲連谷戍，大業十三年廢戍。唐貞觀八年置連谷縣，屬勝州。天寶元年割屬麟州。

銀城縣，州南四十里。元四鄉。本漢圁陰縣地，〔四二〕後魏時置石城縣，至廢帝三年改屬歸真郡，〔四三〕隷綏州。後周保定二年移縣于廢石龜鎮。隋大業七年改爲銀城縣，以隷勝州。開元中自勝州割隷麟州。〔四四〕

成宜。漢地理志成宜屬五原，中部都尉理。〔四五〕

西安陽，河陰，武都，稒陽，〔四六〕已上皆漢縣城，後廢，俱在銀州界。漢和帝永元元年，車騎將軍竇憲出雞鹿塞，度遼將軍鄧鴻出稒陽塞，南單于出滿夷谷，遂至燕然山。

造陽。史記：「燕亦築長城，自造陽至襄平。」造陽，即縣西北之塞名也。

五原塞城。漢書云：「光禄徐自爲出五原塞數百里，築城列障至盧朐山。」即今縣正北所謂光禄塞是也。後魏曾于此立石城縣，後改焉。晉太康地理志：「自北地郡北行九百里，得五原塞，又北九百里，得造陽。」即此。

廢安北大都護府，唐龍朔三年分豐、勝二州界置瀚海都護府。總章中改爲安北大都護府。〔四七〕北至陰山七十里，至回紇界七百里，去洛陽二千九百里，在黄河北。户二千六。領縣一陰山，天寶元年置。其州與縣今並廢。

勝州廢

勝州，榆林郡。今理榆林縣。禹貢雍州之域。春秋爲戎狄地。戰國爲晉、趙地。漢書云「趙分晉國而有雲中、五原」是也。秦併天下，爲雲中郡，領雲中、咸陽、陶林、楨陵、犢和、沙陵、原陽、沙南、北輿、武泉、陽壽等十一縣。〔四八〕王莽改曰受降，屬并州。兩漢之時，雲中郡在今州東北四十里榆林縣界雲中故城是也。按史記：「趙武侯自五原河曲築長城，東至陰山，又于河西造大城，其一隅崩不得就，乃改卜陰山河曲禱焉。晝見羣鴻徘徊，終日不去，夜見火光在其下。武侯曰：『此爲城乎？』乃于其處築城，今雲中古城是也。」〔四九〕漢末大亂，匈奴侵邊，其地遂空。至晉末屬赫連氏。後魏太武平赫連昌之後，迄于周代，往往置鎮，不立郡縣。隋文開皇三年置榆林戍；七年又置榆林縣，屬雲州；二十年割雲州榆林、富昌、金河三縣置勝州。大業五年以勝州爲榆林郡；〔五〇〕十年，郡人郭子和以城入突厥。〔五一〕唐武德四年，郭子和歸國，其地陷梁師都。貞觀三年平師都，五年仍于隋舊理置勝州。〔五二〕時柴紹、劉蘭等破滅匈奴，奪其河南之地，因置勝州。天寶元年改爲榆林郡。乾元元年復爲勝州。

元領縣二：榆林，河濱。

州境：東西。缺。南北。缺。

四至八到：西南至東京二千二百五十里。〔五三〕西南至西京一千八百三十里。〔五四〕西南至長安一千八百六十里。正東至黄河四十里，去朔州四百二十里。南至麟州界一百二十里。西至安北府二百五十里。正北至黄河五里，去東受降城八里，去單于府一百二十里。東南至合河關五百里，關去嵐州二百三十里。西南至夏州九百里。西北至黄河二十里。〔五五〕東北至黄河十里，去雲州四百里。

户：唐開元户四千九十五。

風俗：同振武。

土産：鹿角。

榆林縣，二鄉。本漢沙南縣地，屬雲中郡。漢末北虜侵擾，歷魏、晉及周，此地並無縣邑。隋開皇七年于此置榆林縣，以榆林關爲名，屬雲州，二十年改屬勝州。

拂雲堆，在縣北一百七十里。

紫河水，東北自朔州鄯陽西北一百七十里流入。

金河泊，在縣東北二十里。周迴十里，上承紫河及濛水，南流入大河。

楨陵城，莽曰楨陸，在縣西北。地理志謂緣胡山是也，〔五六〕屬雲中。

黄河，西南自夏州朔方縣界流入。

大葭蘆水，在縣西二百二十里。

小葭蘆水，在縣西二百四十里。其間地甚良沃。

平河水，首受黄河，隋文開之以通屯倉。

雲中故城，在縣東北四十里。趙武靈王北破林胡、樓煩所置，秦因之。

榆林關，在縣東四十里，東南臨河。〔五七〕秦卻匈奴處，隋置榆林關總管，後陷賊。唐貞觀十三年復置榆林關。

河濱縣，南二百九十里。〔五八〕三鄉。本漢沙南縣地，屬雲中郡。迄于魏、晉，此地不立縣邑。至後魏及周，復爲銀城縣地。隋時復爲榆林縣地。貞觀三年于此置河濱縣，東臨河岸，因以爲名，改雲州爲威州；八年廢威州，以縣屬勝州。

黄河，在縣東一十五步。闊不能半里，〔五九〕不通船筏。

河濱關，在縣東北，唐貞觀七年立。

君子津。水經注云：「河水于二縣之間，有君子津。皇魏桓帝十一年，帝幸榆中，東行代地。洛陽大賈齎金貨隨帝後行，夜迷失道，困甚，往投津長，後死，爲埋之。其子尋求父喪，發冢舉尸，資囊一無所損。其子悉以金與之，津長不受。事聞于帝，帝曰：『君子也。』改其津爲君子之津。」〔六〇〕

府州

府州，今理府谷縣。本河西蕃界府谷鎮，土人折太山、折嗣倫代爲鎮將。後唐莊宗天祐七年，有河朔之地將興王業，以代北諸部，〔六一〕屢爲邊患，于是升鎮爲府谷縣；至八年，麟州刺史折嗣倫男從阮招回紇歸國，詔以府谷縣建府州以扼蕃界，仍授從阮爲府州刺史。尋以契丹與小蕃侵擾，移州于留得人堡，即今州理是也。晉高祖起義，以契丹有援立之恩，賂以雲中、河西之地盡去焉。契丹欲盡徙河西之民以實遼東，〔六二〕人心大擾，從阮因保險拒之。晉少主嗣位，北絶虜好，乃遣使詔從阮出師。明年春，從阮率兵深入，連拔十餘砦。漢祖建號晉陽，引兵南下，從阮率衆歸之。尋升府州爲永安軍，析振武之勝州，並沿河五鎮以隸焉。乾祐元年，從阮舉族入覲，朝廷命其子德扆爲府州團練使。周顯德元年升府州爲節鎮，復以永安軍爲軍額，就拜折德扆爲節度使。顯德二年，夏州李彝興以土壤相接府州，惡其與己並爲蕃鎮，乃扼塞道路，阻絶使臣。世宗因問宰臣何如？宰臣以夏州地處邊徼，朝廷向來常與優恤，府州甚爲逼小，〔六三〕近建節旄，得之無利，失之何害，且宜撫諭彝興。上曰：「折德扆數年來，〔六四〕竭盡心力禦捍劉崇，如何一旦棄之度外，且夏州雖産羊馬，博易資貨，悉在中土，〔六五〕倘與阻絶，何能爲者！」乃命使賫詔書責其悖慢，諭以安危，彝興果俯伏聽命。至皇朝因之。

領縣一：〔六六〕府谷。

州境：東西。缺。南北。缺。

四至八到：東南至東京一千一百二十里。東南至西京一千七百二十里。東過河至火山軍四十里。南過河至岢嵐軍一百四十里。西至麟州一百五十里。北至二十六府勒浪、馬尾、〔六七〕直蕩、啜娘等蕃族四百八十里。東南過河至火山軍界枯椑寨四十里。〔六八〕西南至麟州界杓枝谷三十里。西北至没兒雀、悉命女、女越都等蕃族三百五十里。東北至唐龍鎮一百五十里。

户：皇朝管主客漢户五百七十。

土産：羊，馬。

府谷縣，一里。一鄉。本府谷鎮，唐天祐七年升爲縣。

卷三十八校勘記

〔一〕武帝徵六郡良家子爲羽林郎　「爲羽林郎」，底本脱，庫本同，據萬本及元和郡縣圖志卷四綏州總序補。續漢書百官志二：羽林郎，「常選漢陽、隴西、安定、北地、上郡、西河凡六郡良家補。本武帝以便馬從獵，還宿殿陛巖下室中，故號巖郎。」

〔二〕及赫連勃勃部落所居　庫本同，萬本作「及赫連勃勃都於統萬，上郡之地，又爲赫連勃勃部落所居」，同元和郡縣圖志綏州總序，此蓋脱「都於統萬上郡之地又爲赫連勃勃」十四字。

〔三〕貞上殄　「貞」、「殄」，底本作「真」、「珍」，庫本同，據萬本及舊唐書卷三八地理志一綏州改。

〔四〕七年又移治城平縣界魏所廢城平　按隋書卷二九地理志上：「城平，西魏置。」本書下文廢城平縣：「後魏神龜元年於今縣西三十里庫仁川置城中縣，隋諱中，改爲城平縣。」則魏所置縣爲城中縣，非城平縣。又魏置魏平縣，在唐城平縣界，武德七年移大斌縣於此，參見本卷校勘記〔二〇〕。此「魏所廢城平」，蓋爲「魏所置魏平」之誤，讀史方輿紀要卷五七綏德州：武德六年移綏州治延川縣，「七年移魏平縣。」是也。

〔五〕罷府　庫本同，萬本作「罷都督府」，同舊唐書地理志一綏州。按元和郡縣圖志綏州作「廢府」。

〔六〕南北三百里　萬本無「三百里」三字，注：「里數缺」，庫本注「闕」。傅校删。按元和郡縣圖志綏州州境：「南北三百一十八里。」萬本、庫本、傅校誤。

〔七〕東南至西京一千三百二十里　底本「二十」下衍「五」字，據萬本、庫本及傅校删。

〔八〕東北至銀州二百四十里　「二」，底本作「一」，據萬本、中大本、庫本及傅校改。本書卷銀州：「東南至綏州二百四十里。」按唐綏州治龍泉縣，即今陝西綏德縣，銀州治儒林縣，在今横山縣東無定河南岸黨岔附近，正在綏州西北，本書銀州所記方向是，此「東北」爲「西北」之誤。

〔九〕以龍水爲名　按嘉慶重修一統志卷二五〇綏德州引本書作「以龍泉爲名」，與縣名龍泉正合。

〔一〇〕音札　萬本、庫本皆無此二字，傅校删，蓋非樂史原文。

〔一一〕繫之于山西北　萬本據山海經海内西經改補爲「繫之山上木，在開題西北」。按北堂書鈔卷四五引山海經作「繫之山木之上」。此「山」下蓋脱「在開題」三字，或「西北」爲「木上」之誤。

〔一二〕漢宣帝使人發上郡疏屬山于盤石室中得一人徒裸被髮　萬本作「漢宣帝使人上郡發盤石，石室中得一人，跣裸被髮」。按太平御覽卷五〇引山海經注云：「漢宣帝時使人鑿上郡發磐石，石室中得一人，徒倮被髮。」與此多有異同。

〔一三〕周迴四里二百步　「里」，底本作「千」，據萬本、中大本、庫本、傅校及元和郡縣圖志綏州改。

〔一四〕在州西大力川上　萬本同，嘉慶重修一統志綏德州引本書作「在大力川西」。

〔一五〕今廢爲綏德鎮　「廢」，底本脱，據萬本及嘉慶重修一統志綏德州引本書補。本書前列廢城平縣：「今廢爲城平鎮。」後列廢延福縣：「今廢爲鎮。」廢大斌縣：「今廢爲大斌鎮。」皆可爲證。

〔一六〕斜溪嶺　「斜」，萬本、庫本皆作「科」，傅校同。

〔一七〕南一百一十里　「南」，萬本、庫本同，嘉慶重修一統志綏德州引本書作「東南」。

〔一八〕隋開皇七年改爲延福縣　「七年」，底本作「十七年」，據萬本、中大本、庫本、嘉慶重修一統志綏德州引本書及傅校删「十」字。隋書地理志上：「開皇中改延陵爲延福。」

〔一九〕攻守頗爲邊防險固之所　「攻守」，庫本同，萬本及嘉慶重修一統志綏德州引本書皆無。

〔二〇〕移于今城平縣界魏平故城以置　「魏平故城」，底本作「魏城平故城」，萬本、庫本同。按魏書卷一〇六地形志下，朔方郡領有魏平縣，隋書地理志上：「魏平，後魏置，并立朔方郡。」元和郡縣圖志、舊唐書地理志一、新唐書卷三七地理志一綏州皆載武德七年於魏平城改置大斌縣，此「魏城平故城」因涉上文「城平縣」而衍「城」字，據删。

〔二一〕即今縣也　按舊唐書地理志一：「武德七年於魏平城中置大斌縣，貞觀二年廢魏平縣，「移大斌治於今所。」此云武德七年置大斌縣，「即今縣也」，誤。

〔二二〕理儒林縣　「理」，底本作「領」，據萬本、庫本及通典卷一七三州郡三改。

〔二三〕屬上郡　「屬」，底本作「爲」，據萬本、庫本及元和郡縣圖志卷四銀州總序改。

〔二四〕音銀　萬本、庫本皆無此二字，傅校刪，蓋非樂史原文。

〔二五〕保定二年于其城置銀防　按周書卷五武帝紀：保定三年，「於乞銀城置銀州。」則北周時「其城」名乞銀城。

〔二六〕大業二年廢銀州　「二年」，底本作「三年」，庫本同，據萬本及元和郡縣圖志銀州、本書卷銀州總序改。隋書地理志上云大業初廢銀州。

〔二七〕後周保定二年于今縣理置中鄉縣屬中鄉郡至隋開皇元年避中字改真鄉縣　按隋書地理志上：「真鄉，西魏置。」元和郡縣圖志銀州真鄉縣：「周武帝保定二年置今縣。」輿地廣記卷一四：「真鄉縣，西魏置。」疑此誤。

〔二八〕茄蘆水　「蘆」，底本作「盧」，據萬本、庫本及傅校改。元和郡縣圖志銀州作「茄蘆水」。

〔二九〕唐武德四年平突厥于此置雲中都護府　譚其驤唐北陲二都護府建置沿革與治所遷移：唐永徽元年九月，執突厥車鼻可汗至京師，處其餘衆於鬱督軍山，乃於北陲分置瀚海都護府、燕然都護府，龍朔三年，燕然都護府移治回紇部落，改名瀚海都護府，舊瀚海都護府移治雲中故城，改名雲中都護府。麟德元年改雲中都護府爲單于都護府。詳見該文，載長水集下册。

〔三〇〕音克音寒　萬本、庫本皆無此四字，傅校刪，蓋非樂史原文。

〔三一〕垂拱二年改爲鎮守使　「二年」，底本作「三年」，庫本同，據萬本及元和郡縣圖志卷四單于大都護府、唐會要卷七三單于都護府改。

〔三二〕聖曆元年改爲安北都督　「北」，底本作「化」，據萬本、中大本、庫本、傅校及唐會要單于都護府改。

〔三三〕右件州名　萬本、庫本皆作「右州」，無「件」、「名」二字；中大本「件」作「八」。

〔三四〕唐武德四年于此立都督府遂立此縣　按唐龍朔三年，瀚海都督府移治雲中故城，改名雲中都督府，此云武德四年置，誤，參見本卷校勘記〔三九〕。又元和郡縣圖志單于大都護府金河縣：「初，景龍二年，張仁愿於今東受降城置振武軍，天寶四年，節度使王忠嗣移於此城内，置縣曰金河。」唐會要亦載：「天寶四載十月，單于都護府置金河縣。」此云武德四年置金河縣，同誤。

〔三五〕陰山榆多勒山東神山釜山　萬本、庫本皆無，傅校删，蓋非樂史原文。

〔三六〕武德四年平突厥置雲中都護府于此地　按此誤，參見本卷校勘記〔三九〕。

〔三七〕續漢書至燕然山　按後漢書卷四孝和帝紀：「永元元年，車騎將軍竇憲出鷄鹿塞，「遂登燕然山。」此引續漢書郡國志，誤。

〔三八〕是在縣北近磧　「磧」，庫本作「地」；萬本作「至今縣北蹟存」。

〔三九〕李陵臺　「臺」，庫本同，萬本作「堂」，傅校同，蓋誤。

〔四〇〕東南至東京一千九百三十里　「三」，萬本、庫本皆作「一」。

〔四一〕土産同振武　庫本同，萬本無此五字，傅校刪「同振武」三字。

〔四二〕本漢圁陰縣地　萬本此下有「屬西河郡。漢末訖魏晉，皆爲匈奴侵擾，不立郡縣」十九字，略同元和郡縣圖志卷四麟州。

〔四三〕至廢帝三年改屬歸真郡　「屬歸真郡」，萬本作「爲銀城關」。隋書地理志上：「銀城，後周置，曰石城，後改名焉。」元和郡縣圖志麟州銀城縣：「後魏時置石城縣，廢帝改爲銀城關。」此「屬歸真郡」蓋爲「爲銀城關」之誤。

〔四四〕開元中自勝州割隸麟州　按元和郡縣圖志、舊唐書地理志一麟州皆云天寶元年自勝州割隸麟州，此云「開元中」，疑誤。

〔四五〕中部都尉理　按漢書卷二八地理志下：五原郡成宜縣，「中部都尉治原高。」又水經河水注：河水又東逕成宜縣故城南，「又東逕原亭城南。闞駰十三州志曰：『中部都尉治。』」則漢志「高」爲「亭」字之誤，此「理」下脱「原亭」二字。

〔四六〕稒陽　底本作「稒陽塞」，萬本作「稒楊」，庫本作「稒陽塞」。按漢書地理志下五原郡領有西安陽、河陰、武都、稒陽諸縣，即本書下文云「已上皆漢縣」，此「稒」爲「稒」字之誤，萬本作「楊」爲「陽」字之誤，「塞」因涉下「稒陽塞」而衍，並據改刪。下文「稒陽塞」之「稒」並改爲「稒」。

〔四七〕總章中改爲安北大都護府　按元和郡縣圖志卷四豐州天德軍、舊唐書卷五高宗紀下、資治通鑑卷二〇一皆載：總章二年改瀚海都護府爲安北都護府。

〔四八〕秦併天下至十一縣　按漢雲中郡領雲中、咸陽、陶林、楨陵、犢和、沙陵、原陽、沙南、北輿、武泉、陽壽等十一縣，見於漢書地理志下，秦雲中郡只領雲中、武泉二縣，見中國歷史地圖集第二册，此以漢雲中郡領縣數當秦雲中郡領縣數，或「領」上脱「漢」字。

〔四九〕按史記至今雲中古城是也　按「趙武侯自五原河曲築長城」云云，載於水經河水注引虞氏記，此引云「史記」，誤。萬本據水經注改「隅」爲「箱」，「鞏鴻」作「鞏鵠」，下補「遊於雲中」四字。「火」，資治通鑑卷一九三唐貞觀四年胡三省注引虞氏記同，水經河水注引虞氏記、資治通鑑卷三周赧王四年胡注引虞氏記皆作「大」，按趙一清曰：「大光，言光之非常，作火非。」

〔五〇〕大業五年以勝州爲榆林郡　按隋書卷三煬帝紀：大業三年「改州爲郡」。此「五年」爲「三年」之誤。

〔五一〕十年郡人郭子和以城入突厥　資治通鑑卷一八三義寧元年三月，榆林郡大饑，郭子和攻克郡，「南連梁師都，北附突厥。」按大業十三年十一月，李淵克長安，奉代王即位改元義寧，則郭子和北附突厥事在大業十三年，此「十」下脱「三」字，元和郡縣圖志卷四勝州總序作「十五年」，乃「十三年」之誤。

〔五二〕貞觀三年平師都五年仍于隋舊理置勝州　按舊唐書卷二太宗紀上、卷五六梁師都傳及新唐書卷二太宗紀、卷八七梁師都傳皆載，貞觀二年平梁師都，此「三年」爲「二年」之誤。又元和郡縣圖志勝州總序云「貞觀三年仍隋舊理置勝州」，此「五年」爲「三年」之誤。

〔五三〕西南至東京二千二百五十里　按唐勝州治榆林縣，即今內蒙古准格爾旗東北十二連城，北宋東京，即今河南開封市，在勝州東南，此「西南」宜作「東南」。

〔五四〕西南至西京一千八百三十里　按北宋西京，即今河南洛陽市，在勝州東南，此「西南」宜作「東南」。

〔五五〕西北至黃河二十里　「二十」，萬本、庫本同，嘉慶重修一統志卷五四三鄂爾多斯引本書作「十」。

〔五六〕地理志謂緣胡山是也　按漢書地理志上：「楨陵縣緣胡山在西北。」此引文疑脫「在西北」三字。

〔五七〕在縣東四十里東南臨河　「四十」、「東南」，元和郡縣圖志勝州作「三十」、「東北」。

〔五八〕南二百九十里　「二百」，萬本、庫本同，嘉慶重修一統志鄂爾多斯引本書作「一百」，此疑誤。

〔五九〕闊不能半里　傅校刪「不能」二字。按元和郡縣圖志勝州作「闊一里」，與此不同。

〔六〇〕有君子津至改其津爲君子之津　「皇魏」、「十一年」，底本作「昔漢」、「十三年」，庫本同。萬本據水經河水注改補爲「濟有君子之名。皇魏桓帝十一年，西幸榆中，東行代地，洛陽大賈齎金貨隨帝後行，夜迷失道，往投津長，曰子封，送之渡河。賈人卒死，津長埋之。其子尋求父喪，發冢舉尸，資囊一無所損。其子悉以金與之，津長不受。事聞於帝，帝曰：『君子也。』即名其津爲君子濟」。趙一清云：「案魏收書，以猗㐌爲桓帝，幽、并之間，水草是逐，度沙漠而飲馬，據參合以張氈，故以榆林爲西，桑乾爲左矣。尋厥昆嗣，屢遊斯津，則桓即猗㐌，差無乖爽。但猗㐌統部止十一年，此言十三年，又非佳證。且桑氏已著濟名，則事在漢桓之先矣。一清按十三，十一字畫訛誤。」（並見合校水經注）則此「昔漢」爲「皇魏」之誤，「十三」爲「十一」之誤，據改。

〔六一〕以代北諸部　「北」，底本作「地」，據萬本、嘉慶重修一統志卷二三九榆林府引本書及舊五代史卷一二五折從阮傳改。

〔六二〕契丹欲盡徙河西之民以實遼東　「河西」，底本作「河南」，庫本同，據嘉慶重修一統志榆林府引本書及舊五代史折從阮傳、資治通鑑卷二八四後晉開運元年改。

〔六三〕府州甚爲逼小　「逼」，庫本同，萬本作「褊」，資治通鑑卷二九二後周顯德二年同。

〔六四〕析德扆數年來　底本「數」上衍「三」字，據萬本、庫本及資治通鑑卷二九二後周顯德二年删。

〔六五〕悉在中土　「中土」，萬本、庫本皆作「中原」。

〔六六〕領縣一　萬本、庫本「領」上皆有「元」字。

〔六七〕馬尾　萬本、庫本皆作「尾馬」。

〔六八〕桔槔寨　「寨」，底本作「塞」，萬本、庫本同，據宋會要輯稿方域一八之三二、元豐九域志卷四、宋史卷八六地理志二火山軍改。

太平寰宇記卷之三十九

關西道十五

宥州　豐州　天德軍廢

宥州

宥州，寧朔郡。理長澤縣。即漢三封縣之地，自後河曲靈、夏、原等州有蕃胡部落。後周武帝乃立六胡州以統之。唐貞觀已後，漸得其地。至永徽中又置魯、契、依、塞、含、〔一〕麗六州，用華人爲刺史以管之，謂之六胡州。開元九年，胡酋帥康待賓反，朔方節度使王晙討戮之，遂廢六州；至二十六年以六州之殘人置宥州于夏州西南長澤縣之地，以寬宥爲名，及延恩、懷德、歸仁三縣，領諸降户。天寶元年改爲寧朔郡。至德二年改爲懷德郡都督府。乾元元年復爲宥州。常寄理于經略軍，蓋以地形居中，可以總統蕃部，北以應接天德，南援夏州。寶應以後，因循遂廢，由是昆夷屢擾，党項靡依，蕃部之人，無懷莫及。元和九年二月復于經略軍置宥州，屬夏綏銀節度，郭下置延恩縣；十五年移治長澤縣，爲吐蕃所破。長慶四年，夏州節度李祐復置。唐末流離，三縣復廢，〔二〕後立于長澤縣，即今理。

領縣一：長澤。舊領三縣俱廢：延恩，懷德，歸仁。

州境：東西一百一十里。〔三〕南北一百三十里。

四至八到：東南至東京二千四百一十里。東南至西京一千九百九十里。南至長安一千一百九十里。東至桃子堡三十里爲界。〔四〕南至洪門鎮八十里爲界。西至五原郡鹽池一百八十里爲界。北至神堆澤五十里爲界，以北屬夏州。東南至古長城六十里，屬夏州界。西南至盤堆八十里。西北至黄堆八十里爲界，以西北至故宥州一百二十里爲界，屬夏州。東北至市澤四十里爲界，以東北夏州八十里。

户：唐十道録云：「開元無户。」長慶中户七千五百九十。皇朝管漢户二百。

風俗：同夏州。

人物：無。

土産：青鹽，酥，駝，馬。

長澤縣，二鄉。漢三封之地，漢地理志三封屬朔方郡。後魏于此置長澤縣，屬闡熙郡。

隋開皇中罷闡熙郡，以縣屬夏州。元和十五年，夏州節度使奏請立宥州于此邑，仍就便移隸宥州。

三封故城，漢縣廢城，在今縣界。

百井戍，在縣南八十里。勃勃與禿髮傉檀戰處。

胡洛鹽池，在縣北五十里，周迴三十里。漢有鹽官。

石窟泉，〔五〕在邑界。

六胡州。按後周書云：「武帝曾立六胡州于靈、夏兩州界，以按諸胡。」至隋又分魯、契、依等三州，于馬嶺縣界置匡州，亦以處胡人。至唐永徽以前，七州之名猶存。〔六〕洎開元中，胡帥康待賓據六胡州反，後破之，至元和三年收復，又置之。尋又改置宥州，復移于長澤縣矣。

廢延恩縣，〔七〕三鄉。元和九年，因立郡故建此邑，額取延恩宥爲邑之稱。

廢懷德縣，五鄉。

廢歸仁縣，五鄉。以上二邑，因元和中六郡析六胡州地以置。以上三縣唐末廢。

豐州

豐州，九原郡。今理九原縣。禹貢雍州之域。春秋戎狄之地，戰國屬趙。秦併天下，爲上郡之北境，漢屬五原，故城在今勝州榆林縣界是也。〔八〕後漢末，羌胡擾亂，城邑皆空。永嘉之後屬赫連勃勃。後魏平之，至後周保定三年置永豐鎮。隋開皇五年置豐州，因舊鎮爲名，故賀葛真城是其地，領九原、永豐、安化三縣。大業七年罷州，〔九〕以爲五原郡。義寧元年，太守張遜以郡歸順。唐武德元年罷郡，復爲豐州，仍置總管府；六年省，因徙百姓于今慶州白馬縣，此地遂空。貞觀四年，突厥降附，又于此分靈州之境置豐州都督府，不領縣，唯領蕃户；十一年廢地入靈州；二十三年又置豐州。天寶元年改爲九原郡。乾元元年復爲豐州。

元領縣二：九原，永豐。

州境：東西。缺。南北。缺。

四至八到：東南至東京二千八百一十里。東南至西京二千三百九十里。南至長安一千八百里。東至安北都護府三百五十里。東南至夏州七百五十里。西南至靈州九百里。西至黄河一百三十五里。正北至黄河四十里。西北渡河至受降城八十里。東北至黄河八十里。

户：按韋述十道録「開元領縣，蕃户無定」。長慶蕃漢户共一千七百三十九。

風俗：地居磧鹵，田疇每歲三易。自漢、魏以後，多爲羌胡所侵。人俗隨水草以畜牧。迫近戎狄，唯以鞍馬騎射爲事，風聲氣習，自古而然。

人物：無。

土産：獸多羱羊、野馬，禽多石雞、鵯鴨。衣以駝毛、褐布，食以白麪、印鹽。草有過邏羅去聲。〔一〇〕殷、盧牛、沙蓬、茨萁、狼針，尤宜畜牧。

九原縣，三鄉。漢舊縣，〔一一〕隋復置，尋廢。至永徽四年又置，兼立郡于此。

郎君城。

九原。

白登，漢高祖所困處。

高闕，當在河之西也。按史記：「趙武靈王築長城，自代傍陰山下，至高闕。」今在陰山之西，漢書謂高闕塞。

西河。漢書云「武帝元朔二年，衛青渡西河至高闕破匈奴」是也。按此河自靈武郡之西南，便北流千餘里，過九原郡乃東流，時帝都在秦，故謂之西河，即此處也。其河自豐州東流千里，在京師直北，漢書亦謂之北河，乃西河也。

稒陽。後漢書云：「竇憲出雞鹿塞，鄧鴻出稒陽塞，遂至燕然山。」〔二〕即此也。

大同川，舊赫連時立大同鎮于此川。按郡國志云「大同鎮，今九原有前雞延城、後雞連城」是也。〔三〕

大磧絶塞。

雞鹿塞。

故安北都護府，今中受降城是。有横塞軍、朔方軍之號於此也。

永豐縣，一百里。二鄉。本漢臨戎舊地，後漢末廢。周武保定三年于此置永豐鎮。隋開皇三年于鎮置永豐縣。〔四〕尋爲蕃戎所陷。唐武德六年得其地，永徽元年復置。

燕然都護府，領七州。唐貞觀中置皋蘭等七州，〔五〕同隸焉。形勢，西臨黄河，北望陰山。

拂雲堆，解在下。

天德軍今廢

天德軍，今理在中受降城，權置軍于永清柵。本安北都護，唐貞觀二十一年于西受降城東北四十里置燕然都護，以瀚海等六都督、皋蘭等七州并隸焉。龍朔三年移于磧北回紇本部，仍改名瀚海都護。總章二年又改安北都護，尋移于甘州東北一千一十八里隋故大同城鎮。垂拱元年置大同城鎮。〔一六〕其都護權移理删丹縣西南九十九里西安城。〔一七〕景龍二年又移理西受降城。天寶八載，張齊丘又于可敦城置横塞軍；十二載，安思順奏廢横塞軍，請于大同川西築城置軍，玄宗賜名曰天安軍；〔一八〕十四載，築城功畢，移天安軍理焉。乾元後改爲天德軍。緣居人較少，遂西南移四里，權居永清栅，其城則隋大同城之舊墟，在牟那山鉗耳觜之北。

軍境：東西。缺。南北。缺。

四至八到：東取寧遠鎮故落鹽池，〔一九〕經夏州至長安一千八百里。東南至中受降城二百里。南至牟那山鉗耳觜三十里。西渡河至豐州一百六十里。〔二〇〕西至黄河五里。西至西受降城一百八十里。北至磧口三百里。西北至横塞軍二百里。

東受降城

東受降城，本漢雲中郡地，在榆林縣東北八里，今屬振武節度。

四至八到：南至長安一千八百六十二里。東南至洛京取單于路二千一百二十里。東南至朔州四百里。西南渡河至勝州八里。西至中受降城三百里。北至磧口七百里。

中受降城

中受降城，本秦九原郡地，在榆林。漢元朔二年更名五原。唐開元十年又于此城置安北大都護府，〔一〕後又移徙，事具天德軍。

敬本古城，在中城北四十里。鄭虔軍録曰：「時人以張仁愿河外築三城，自古未有。敬本城周一萬八百七十二步，壕塹深峻，亦古之堅守。」賈躭古今述曰：「以地理求之，前代九原郡城也。」

四至八到：南至長安一千八百六十里。東南至洛京取單于路二千一百二十里。東至東受降城三百里。西北至天德軍二百里。南至靈州四百里。〔二〕北至磧口五百里。

西受降城

西受降城，今天德軍理于此城。在豐州西北八十里。蓋漢臨河縣故理處。唐開元初爲河水所壞，至開元十年總管張説于故城東別置新城。今城西南隅又爲河水所壞。

四至八到：南至長安一千八百八十里。〔三〕東至洛京取單于路二千五百里。〔四〕正東微南至天德軍一百八十里。東南渡河至豐州八十里。西南至定遠城七百里。東北至磧口

三百里。〔二五〕磧口西北至回鶻衙帳一千五百里。〔二六〕

右按天德軍與三受降城，皆連貫不遠，即唐神龍三年張仁愿所置。初，突厥入寇，朔方軍總管沙吒忠義爲賊所敗，詔仁愿代之。先是朔方軍北與突厥以河爲界，河北岸有拂雲堆神祠，突厥將入寇，必先禱祀祈福，牧馬料兵而後渡河。時突厥默啜盡衆西擊突騎施娑葛，〔二七〕仁愿奏請乘虛奪取漠南之地，于河北築此三城，號曰受降，首尾相應，絶其南寇之路。太子少師唐休璟以爲兩漢以來，皆北守黄河，今于寇境築城，恐勞人費功，終爲賊所有。仁愿固請不已，中宗竟從之。仁愿表留年滿鎮兵以助其功。時咸陽兵二百餘人逃，仁愿擒獲盡斬之，軍中股栗，六旬而三城俱就。以拂雲祠爲中城，與東西兩城相去各四百餘里，〔二八〕于牛頭朝那山北置烽堠一千八百所，〔二九〕自是突厥不得度山放牧，朔方無復寇掠，減鎮兵數萬人。初，三城不置壅門及卻敵戰具，或問曰：「此邊城禦備之所，不爲守備，何也？」仁愿曰：「寇若至此，當併力出戰，回顧望城，猶須斬之，何用守備，生其退恧之心。」其後常元楷爲總管，始築壅門，議者貶之。〔三〇〕

卷三十九校勘記

〔一〕含　底本作「舍」，庫本同，據萬本及元和郡縣圖志卷四新宥州、新唐書卷三七地理志一宥州改。

〔二〕唐末流離三縣復廢　「流離」，萬本、庫本皆作「離亂」，傅校改同。「復」，萬本、中大本、庫本皆作「俱」，當是。

〔三〕東西一百一十里　「一百」，萬本、中大本、庫本皆作「二百」。

〔四〕東至桃子堡三十里爲界　「東」，萬本、庫本皆作「南」，疑誤。

〔五〕石窟泉　「窟」，萬本作「窖」，疑誤。

〔六〕至隋又分魯契依等三州至七州之名猶存　按元和郡縣圖志新宥州總序云：「調露元年於靈州南界置魯、麗、含、塞、依、契等六州，以處突厥降户，時人謂之六胡州。長安四年併爲匡、長二州。」新唐書卷三七地理志一及資治通鑑卷二一二開元九年胡三省注、卷二三九元和九年胡三省注皆同，不聞隋有魯契依三州及匡州之置，唐永徽以前亦無魯麗含塞依契六州及匡州共七州之名，此或有脱誤。

〔七〕廢延恩縣　「廢」，底本作「慶」，據萬本、庫本及傅校改。按本書下文云延恩、懷德、歸仁三縣，唐末廢。

〔八〕漢屬五原故城在今勝州榆林縣界是也　「五原」，萬本、庫本皆作「五原郡地」；「故城」，萬本、庫本皆作「漢五原故城」。此「五原」下當脱「郡」字。

〔九〕大業七年罷州　按隋書卷三煬帝紀：大業三年，「改州爲郡。」同書卷二九地理志上：五原郡九原縣，「大業初置郡。」此「七年」爲「三年」之誤。

〔一〇〕羅去聲　萬本、庫本皆無此三字。

〔一一〕漢舊縣　按漢九原縣即今内蒙古包頭市西孟家粱古城，唐九原縣在今五原縣西南黄河北岸，二者東西相去甚遠。元和郡縣圖志卷四豐州九原縣：「本漢之廣牧舊地。」則是。

〔一二〕後漢書云竇憲出雞鹿塞鄧鴻出稒陽塞遂至燕然山　「後漢書」，底本作「漢書」，萬本、庫本同。按後漢書卷四孝和帝紀：永元元年六月，「車騎將軍竇憲出雞鹿山，度遼將軍鄧鴻出稒陽塞，……竇憲遂登燕然山。」此「漢書」上脱「後」字，據補。

〔一三〕前雞延城後雞連城　按讀史方輿紀要卷六一引州志云：「豐州城前後有雞延城及郎君城。」作「後雞延城」，與此「後雞連城」别。

〔一四〕隋開皇三年于鎮置永豐縣　按隋書地理志上、元和郡縣圖志豐州皆載，隋開皇五年置永豐縣，此「三年」爲「五年」之誤。

〔一五〕唐貞觀中置皋蘭等七州　「皋蘭」，底本作「蘭皋」，萬本、庫本同。按唐會要卷七三：貞觀二十一年正月，以鐵勒、回紇等十三部内附，置瀚海、燕然、金微、幽陵、龜林、盧山六都督府，皋蘭、高闕、雞鹿、雞田、榆溪、蹛林、寘顔七州；四月，置燕然都護府，皋蘭等七州皆隸焉。資治通鑑卷一九八貞觀二十一年同。元和郡縣圖志卷四豐州天德軍：「貞觀二十一年於今西受降城東北四十里置燕然都護，以瀚海等六都督府、臯蘭等七州並隸焉。」此「蘭臯」乃「臯蘭」之倒文，據以乙正。

〔一六〕尋移于甘州東北一千一十八里隋故大同城鎮垂拱元年置大同城鎮　「一千」，底本脱；「大同城鎮」，底本作「大同鎮城」，庫本同，並據萬本及元和郡縣圖志天德軍序補乙。按新唐書卷四〇地理志四：甘州删丹縣：「北渡張掖河，西北行出合黎山峽口，傍河東壖屈曲東北行千里，有寧寇軍，故同城守捉也。」則同城在甘州東北一千里稍羸。據譚其驤唐北陲二都護府建置沿革與治所遷移：垂拱元年置大同城鎮，其後二年、三年移安北都護治此，則此「垂拱元年置大同城鎮」應序於「尋移于甘州東北一千一十八里隋故大同城鎮」文前。

〔一七〕其都護權移理删丹縣西南九十九里西安城　底本「西南」下有「一作西北」四字，據萬本、傅校及元和郡縣圖志天德軍删。譚其驤唐北陲二都護府建置沿革與治所遷移：安北都護移治同城後，萬歲通天元年前，同城棄守，安北都護自同城南移西安城。

〔一八〕天安軍　「天」，庫本同，萬本作「大」。按新唐書卷三七地理志一作「天安軍」，元和郡縣圖志天德軍作「大安軍」。

〔一九〕故落鹽池　按新唐書卷四三地理志七附録貞元宰相賈耽記夏州通大同雲中道：「渡烏那水，經胡洛鹽池、紇伏干泉，四十八里度庫結沙，一曰普納沙，二十八里過横水，五十九里至十賨故城，又十里至寧遠鎮。」此「故」蓋爲「胡」字之誤。

〔二〇〕西渡河至豐州一百六十里　「西」，元和郡縣圖志天德軍作「西南」。按唐天德軍城即今内蒙古巴彦淖爾盟烏拉特前旗東北，烏梁素海東南岸額爾登保力格蘇木土城；豐州治九原縣，在今五原縣西南黄河北岸，位於天德軍西南，則元和志是。

〔二一〕唐開元十年又于此城置安北大都護府　按唐會要卷七三：開元二年，「移安北都護於中受降城。」資治通鑑卷二一一開元二年同。此「十年」乃「二年」之誤。

〔二二〕南至靈州四百里　「靈州」，元和郡縣圖志天德軍作「麟州」。按麟州在中受降城南偏東，里距正合；靈州在中受降城西南，里距相去甚遠，不止四百里，此「靈州」爲「麟州」之誤。

〔二三〕南至長安一千八百八十里　「南」，底本作「東」，據萬本、庫本及元和郡縣圖志天德軍改。按唐西受降城即今内蒙古巴彦淖爾盟臨河市東之豐收村古城，位於長安北。

〔二四〕東至洛京取單于路二千五百里　「五百」，庫本同，萬本作「二百五十」，同元和郡縣圖志天德軍。

〔二五〕東北至磧口三百里　「東北」，庫本同，萬本作「北」，同元和郡縣圖志天德軍。

〔二六〕磧口西北至回鶻衙帳一千五百里　「西北」、「一千五百里」，庫本同，萬本作「西」、「一千單五里」。按元和郡縣圖志天德軍亦作「西」，武英殿本亦作「一千單五里」。

〔二七〕突騎施娑葛　「娑」，舊唐書卷九三張仁愿傳、資治通鑑卷二〇九唐景龍二年同，萬本、庫本皆作「婆」，同元和郡縣圖志天德軍。

〔二八〕與東西兩城相去各四百餘里　庫本同，而「相」誤作「所」，萬本據元和郡縣圖志此句下補「遥相應接，北拓三百餘里」十字，按舊唐書卷九三張仁愿傳同元和志。

〔二九〕牛頭朝那山　「朝」，萬本作「牟」。按舊唐書張仁愿傳、新唐書卷一一一張仁愿傳、資治通鑑卷二〇九唐景龍二年皆作「朝」。

〔三〇〕議者貶之　「者」，底本脱，據萬本、庫本及元和郡縣圖志天德軍補。「貶」，萬本作「劣」，同元和志。

太平寰宇記卷之四十

河東道一

并州

并州，太原郡。舊理太原、晉陽二縣，今理陽曲縣。禹貢冀州之域，禹貢曰：「既修太原。」注曰：「高平曰原，今以爲郡名。〔一〕」舜典曰：「肇十有二州。」王肅注曰：「舜爲冀州之北太廣，〔二〕分置并州，至夏復爲九州，省并州合于冀州。周之九州，復置并州。」職方曰：「正北曰并州，其山鎮曰恒山，藪曰昭餘祁，川曰滹沱、〔三〕嘔夷，浸曰淶、易。」釋名曰：「并，兼也。言其州或并或設，因以爲名。」春秋「晉荀吳敗狄于大鹵」，即太原晉陽縣也。中國曰太原，夷狄曰大鹵。按晉，大鹵、太原、大夏、夏墟、平陽、晉陽六名，其實一也。太康地記曰：「并州不以衛水爲號，又不以恒山爲名，而言并者，以其在兩谷之閒乎？」按今州本高辛氏之子實沈，又金天氏之子臺駘之所居也，左傳曰：「昔高辛氏有二子，伯曰閼伯，季曰實沈，居于曠林，不相能也，日尋干戈，后帝不臧，遷實沈于大夏，主參。金天氏有裔子曰昧，爲玄冥師，生允格、臺駘，以處太原。」注曰：「大夏，太原晉陽縣也。」太原，臺駘之所居。」〔四〕按今州又爲唐國，帝堯爲唐侯所封，又爲夏禹之所都也。「帝堯始封于唐，又徙晉陽，及爲天子都平陽。平陽即今晉州，晉陽即今太原也。」〔五〕又曰：「禹自安邑都晉陽，至桀徙都安邑，至周成王以封弟叔虞，是爲晉侯。」史記云：「成王與叔虞戲，削桐葉爲圭，曰：『以是封汝。』周公請封之于唐，〔六〕成王曰：『吾戲耳。』周公曰：『天子無戲言。』遂以封之。」今州，春秋時爲晉國，戰國時爲趙地，〔七〕左傳云：「晉趙鞅入晉陽以叛。」〔八〕潁容曰：「趙簡子居晉陽，至成公居邯鄲。〔九〕史記曰：「智伯率韓、魏攻趙，襄子奔保晉陽。」智伯後爲韓、趙、魏所滅，故其地屬趙。地理志云：「趙西有太原。」秦本紀云：「莊襄王二年，蒙驁攻趙，定太原；四年，初置太原郡。」始皇置三十六郡，仍爲太原郡。漢二年，魏豹反爲楚，盡有太原、上黨之地，九月，韓信虜魏豹，定魏地，置河東、上黨、太原郡；六年以太原二十一縣爲韓國，徙封韓王信，都太原；七年，信反，走入匈奴；十一年封皇子恒爲代王，都晉陽。文帝元年，皇子參爲太原王，都晉陽。地理志云：「太原郡領二十一縣，屬并州。」後漢末省并州入冀州。魏文帝黄初元年復置并州，改太原郡爲太原國。初，曹操圍袁尚于鄴，時袁紹外甥高幹爲并州刺史，〔一〇〕牽招説幹曰：「并州左有恒山之險，右有大河之固，北有强胡，宜速迎尚，并力觀變。」幹不能用，故敗。晉惠帝時，并州之地盡爲劉元海所有。其後劉曜徙都長安，自平陽以東盡入石勒。至苻堅、姚興、赫連勃勃並于河東郡置并州。後苻丕爲慕容垂所追，奔于晉陽，稱帝一年，爲慕容永所滅。後魏復爲太原郡。周武帝建德六年平齊，置六府于并州，後省六府，置并州總管。開皇三年廢總管，〔二〕置河北道行臺尚書省，今州理是也；九年廢行臺，復置并州總管。大業元年廢總管，三年罷州爲太原郡。隋季陵遲，寇盜充斥，煬帝以唐高祖爲山西河東道撫慰大使、太原郡留守，仍遣武賁中郎將王威、高君雅爲副。時賊帥歷山飛衆號十萬，來寇郡境，劉武周又殺太守王仁恭，舉兵馬邑，俄又攻汾陽宮。晉陽宮監裴寂、〔三〕晉陽令劉文靜勸高祖舉兵，旬月閒衆至數萬，威、君雅素有疑心，高祖斬之以徇，時大業十三年也。其年入關，克定京邑，高祖輔政。義寧元年，太原郡仍舊不改。唐武德元年改爲并州總管，并州領晉陽、太原、榆次、太谷、祁、陽直、壽陽、盂、樂平、交城、石艾、文水、遼山、平城、烏河、榆社十六縣；其年置清源縣，仍以榆社屬韓州；三年廢總管；其年置汾陽，仍以盂、壽陽二縣置受州，治盂縣，樂平、遼山、平城、石艾四縣置遼州，治樂平，太谷、祁二縣置太州，治太谷，仍以文水屬汾州；四年又置總管，管并、介、受、遼、太、榆、汾七州；其年改爲上總管；五年又改代、石二總管；其年改上總管爲大總管；六年又置朔州總管，〔三〕仍割汾州之文水來屬；其年廢太州，以太谷、祁二縣來屬；七年改爲大都督府；其年置羅陰縣，仍省陽直縣，〔一四〕改汾陽爲陽曲縣，又以文水屬汾州。貞觀元年省烏河、羅陰二縣，又以文水來屬；八年以廢受州之壽陽、盂、樂平、石艾，又割順州之燕然，凡五縣來屬，督并、汾、箕、嵐四州；十四年廢燕然縣。龍朔二年進爲大都督府。天授元年置北都兼都督府。開元十一年，玄宗行幸至此，以此州王業所興，又建北都，仍改并州爲太原府，立起義堂碑以紀其事；二十一年分天下州郡爲十五道，置採訪使以檢察非法，太原爲河東道；又於邊境置節度使以式遏四夷，河東最爲天下雄鎮。後唐同光元年，莊宗即位于魏州，改太原爲西京，以鎮州爲北都；三年改太原爲北京。後爲僞漢所據。至皇朝太平興國四年平晉，移州于三交寨陽曲縣界，〔一五〕太原舊城並從毀廢，仍改晉陽縣爲平晉縣。

元領縣十三。今九：陽曲，平晉，新置。文水，祁縣，榆次，太谷，清源，壽陽，盂縣。二縣廢：太原，入平晉。晉陽。同。〔一六〕三縣割出：交城，入大通監。廣陽，建軍。樂平。入廣陽軍。

州境：東西。缺。南北。缺。

四至八到：東至東京一千二百里。西至西京八百九十里。〔一七〕西南至長安一千六百里。東至趙州五百八十九里。南至潞州四百五十里。西至石州三百九十五里。北至忻州一百八十里。東南至遼州二百八十三里。西南至汾州二百里。西北取乾燭谷路至嵐州三百二十里。〔一八〕東北至代州五百里。

户：唐開元户二萬六千八百。皇朝管户主二萬六千八百二十，客二千五百二。〔一九〕

風俗：其人有堯之遺教，君子深思，小人儉陋。又多晉公族子孫，以詐力相傾，矜誇功名，嫁娶送死皆侈靡于他國。隋圖經云：「并州其氣勇抗誠信，韓、趙、魏謂之三晉，剽悍盜賊，常爲他郡劇。」漢書：韓信謂陳豨曰：「代爲天下精兵處。」後漢末，天下擾亂，高幹爲并州刺史，牽招説幹曰：「并州左有恒山之險，右有大河之固，北有强胡之援，可以守焉。」又風俗以介子推焚身，民咸言神靈忌燒火，由是士人至冬中輒一月寒食，不復煙爨，老少不堪，多因而死。周舉爲并州刺史，乃作書置子推廟，言盛寒去火，殘損人民，非賢者之意，使温食，衆惑少解，風俗頗革。今有祠存。

姓氏：太原郡十一姓：王、武、郭、霍、廖、郝、温、閻、昝、令狐、尉遲。晉陽郡三姓：魚、儀、景。

人物：衛綰，大陵人。戲車爲郎。　常惠，太原人。使匈奴，封長羅侯。　閔仲叔，晉陽人。　温序，字次房，太原人。〔二〇〕爲護羌校尉。　郭泰，字林宗，太原介休人。　王允，祁人。性剛疾惡，誅董卓，李傕輩憚之。　王烈，太原人。〔二一〕　温嶠，字太真，祁人。丰儀秀整，劉琨、王導輩雅重之。〔二二〕

王濟，字武子。官太僕。性好馬，嘗買地作馬埒，飾短垣繞之，號「黄金埒」。〔二三〕　孫楚，字子荆，太原榆次人。爽邁不羣，嘗與王濟語，誤云「漱石枕流」。濟曰：「流可枕，石可漱乎？」楚曰：「所以枕流，欲洗其耳；所以漱石，欲礪其齒。」〔二四〕　王僧辯，太原祁人。平侯景，加侍中、尚書令。　孫盛，字安國，楚孫。著晉陽秋，稱良史。　孫綽，字興公，楚孫。棄永嘉守，隱會稽山中。作天台賦，范榮期覽曰：「擲地有金石聲矣。」〔二五〕　唐王珪，字叔玠，〔二六〕祁人。侍中，永寧公。　温大雅，太原祁人。　武甄，字平一，文水人。以詩文名世。〔二七〕　王縉，太原人。爲相十四年，封齊國公。　王維，字摩詰，太原人。官尚書右丞。〔二八〕　王涯，太原人。爲相甘露事，族誅。　李憕，太原文水人。爲洛京留守，禄山反，憕守皇城，不降被殺，贈司徒、忠烈公。少子源至孝。　温庭筠，太原人。彦博子。〔二九〕　喬林，太原人。拜相八十日。　張楚金。太原人。秋官尚書。

土産：梨，貢。馬鞍，貢。甘草，龍骨，特生石，柏子仁，〔三〇〕黄石鉚，葡萄，貢。人參，礬石，〔三一〕鐵鏡。隋圖經云：「榆次龍骨，交城礬石，並充貢。」

陽曲縣，舊十六鄉，今十四鄉。本漢舊縣也，屬太原郡。晉地記云：「黄河千里一曲，此當其陽，故曰陽曲。」按舊陽曲，今忻州定襄縣是也，後漢末移于太原縣北四十五里陽曲故城是也。後魏書地形志陽曲屬永安郡，仍移今縣南四里陽直故城。隋開皇六年改爲陽直縣，十年又移于今縣東北四十里汾陽故縣，十六年改陽直縣爲汾陽縣，因漢舊名也。煬帝又改爲陽直縣，移理木井城，即今縣理是也。唐武德三年又于今縣西十五里分置汾陽縣，〔三二〕屬并州；七年省陽直縣，改汾陽爲陽曲縣，因漢舊名也。皇朝爲郭下縣。

方山，在縣東六十里。

汾水，西自交城縣流入，經縣西南，去縣三十里，又東南入太原縣界。

狼孟故城，在縣東北三十六里。〔三三〕史記曰「始皇十五年大興兵，至太原，取狼孟」是也。漢以爲縣，屬太原郡，晉末省。按城左右狹澗幽深，南面大壑，謂之狼馬澗。舊斷澗爲城，今餘壁猶存。

故盂城，漢盂縣也，本春秋晉大夫祁氏邑，在縣東北八十里。左傳曰：「晉殺祁盈，遂滅祁氏，分爲七縣，以孟丙爲盂大夫。〔三四〕」漢以爲縣。

石嶺鎮，在縣東北七十里。

乾燭谷，即羊腸坂也。

平晉縣，北三十里。舊二十五鄉，今十四鄉。本漢晉陽縣也，屬太原郡，至後魏並不改。按此前晉陽縣理州城中，高齊武成帝河清四年移晉陽縣于汾水東，今太原縣理是也。武平六年于今縣理置龍山縣，屬太原郡，因縣西龍山以爲名。隋開皇三年罷郡，置并州；十年廢龍山縣，移晉陽縣理之。大業三年罷州，爲太原郡，縣仍屬焉。皇朝平僞漢，其太原城中晉陽、太原二縣並廢爲平晉縣。

懸甕山，一名龍山，亦名結絀山，在縣西十二里。山海經云：「懸甕之山，晉水出焉，東南流注于汾水。」又郡國志云：「懸甕山多鮆魚，食之不驕。又有子推祠在山西。」

蒙山，在縣西北十里。十六國春秋云：「前趙劉聰征劉琨不剋，略晉陽之人，踰蒙山而歸。」即謂此也。今山上有楊忠碑，忠爲周將討齊戰勝，隋開皇二年追紀功烈，始建此碑。忠即文帝之考，謚曰武元皇帝。

石室山。後魏興國土地記云：「太原郡山有石室，方一丈四尺，四壁有篆字，人莫之識。」

嬰山。隋圖經云：「嬰山爲并州之主。」

介山，在縣西。〔三五〕有子推廟，甚靈。

汾水，自陽曲縣界流入。水經云：「汾水東南過晉陽縣東，晉水從縣南，東流注之。」又隋圖經云：「汾水所經立石谷，谷口有石孤立水內，高十餘丈。」

晉澤，在縣西南六里。隋開皇六年引晉水溉稻田，周迴四十一里。

護甲水，滹沱河，皆并之水名。

晉水，在縣西南。水經注云：「晉水出懸甕山，東過其縣南。〔三六〕昔智伯遏晉水以灌晉陽，城不没者三版，後人踵其遺跡，蓄以爲沼。沼水分二派：北瀆即智氏故渠也，其瀆乘高東北注入晉陽城，以周灌溉，東南出城注于汾水；其南瀆于石塘下伏流，東南出晉陽城南，又東南入于汾。」今按晉水初泉出處，砌石爲塘，自塘東分爲三派：其北一派名智伯渠，東北流入州城中，出城入汾水；其次派東流經晉澤南，又東流入汾水，此二派即酈道元所言分爲二派者也；其南派，隋開皇四年開，東南流入汾水。

洞過水，〔三七〕東自太原縣界流入，西入于汾，晉水下口也。水經注云：「劉琨爲并州，劉元海要擊之，〔三八〕合戰于洞過，即是此水。」今按此水出沾縣北山，沾即今樂平縣也，水經縣西南二十五里入汾水。

舊府城。故老傳晉并州刺史劉琨築。今按城高四丈，周迴二十七里。城中又有三城，其一曰大明城，即古晉陽城也，故左傳言董安于所築。史記曰：「智伯率韓、魏攻趙襄子于晉陽，引汾水灌其城，城不没者三版。」春秋後語云：「智伯攻晉陽，決晉水灌之，城中懸釜而炊。」今按城東有汾水南流，城西又有晉水入城，而史記云引汾水，後語云決晉水，二家不同，未詳孰是。高齊後帝於此置大明宮，因名大明城。姚最序行記曰：「晉陽宮西南又有小城，城内有殿，號大明宮。」即此也。城高四丈，周迴四里。〔三九〕又一城南面因大明城，西面連倉城，北面因州城，東魏孝靜帝于此置晉陽宮，〔四〇〕隋文帝更名新城，煬帝更置晉陽宮，城高四丈，周迴七里。又一城東面連新城，西面北面因州城，〔四一〕隋開皇十六年築，今名倉城，高四丈，周迴八里。

故唐城，在縣北二里。堯所築，唐叔虞之子燮父徙都之所也。

三角城，在縣北十九里。一名從人城。〔四二〕

捍胡城，一名看胡城，在縣北二十里。〔四三〕

受瑞壇，在州理倉城中。唐義旗初，高祖受瑞石于此壇，文曰「李理萬吉」。〔四四〕

晉陽故宫，一名大明宫，在州城内，今名大明城。〔四五〕後語曰：智伯攻趙，襄子謂張孟談曰：「無箭柰何？」對曰：「臣聞董安于，簡主之才臣也，理晉陽，公宫之垣，皆以荻蒿楛其墻之，蒿至于丈。」于是發而試之，其堅則箘簵之勁不能過也。公曰：「矢足矣，銅少。」對曰：「臣聞董安于理晉陽，公宫之室，皆以銅爲柱質，請發而用之，則有餘銅矣。」高齊文宣帝又于城中置大明宫。

竹馬府，在州城中。

汾橋，架汾水，在縣東一里。即豫讓欲刺趙襄子，伏于橋下，襄子解衣之所。橋長七十五步，廣六丈四尺。〔四六〕

晉祠，一名王祠，周唐叔虞祠也，在縣西南十二里。〔四七〕水經注云：「昔智伯遏晉水以灌晉陽，其川上源，〔四八〕後人蓄以爲沼。沼西際山枕水，有唐叔虞祠，水側有涼堂，〔四九〕結飛梁于水上，晉川之中，最爲勝處。姚最序行記曰：「高齊天保中，大起樓觀，穿築池塘，飛橋跨水，自高洋已下皆遊集焉。」至今爲北都之勝槩。

介子推祠，在縣東南五里。

唐叔虞墓，在縣西南十六里。

斛律金墓，在縣西南十七里。即高齊相國咸陽王斛律金。

晉祠碑，〔五〇〕唐貞觀二十年，太宗幸并州所置，御製并書。

起義堂碑，在乾陽門街。開元十一年，玄宗幸太原所立，御製并書。

講武臺，在縣西北一十五里。顯慶五年置。

夏禹祠。郡國志云：「禹初受禪于平陽，後遷安邑，都晉陽，故此有祠存。」

風伯雨師祠。隋圖經云：「二祠，晉劉琨所立。」

廢太原縣，三十鄉，〔五一〕本漢晉陽縣地，高齊河清四年自今州城中移晉陽縣于汾水東。隋文帝開皇十年移晉陽縣于州城中，仍于其處置太原縣，屬并州。大業三年罷州，置太原郡，縣仍屬焉。隋末移入州城。唐貞觀十二年還移于舊理，在州城東二里百六十步。〔五二〕皇朝平僞漢後，併入平晉縣。

洞過水，東自榆次縣界流入，西去縣三十里入晉陽縣界。

陽曲故城，在縣北四十五里。

陽直故城，在縣東北二十里。隋開皇十六年改陽曲縣理此。

晉渠，在縣西一里。自晉陽縣界流入。〔五三〕汾東地多鹹鹵，井不堪食，貞觀十三年，長史英國公李勣乃于汾河之上引決晉渠歷縣經鄽，又西流入汾水。

牢山，在縣東北四十五里。後魏書曰：「劉聰遣子粲襲據晉陽，猗盧救之，遂獵于晉陽牢山，陳閱皮肉，山爲之赤。」其山出金鉚。同鑛。〔五四〕

潛丘，在縣東南三里。〔五五〕爾雅云：「天下有名丘五，晉有潛丘是其一。」隋開皇二年于其上置大興國觀。

晉水。左傳謂智伯遏晉水以攻晉陽城。〔五六〕

王陵城。有晉太原王司馬輔冢存。

文水縣，南一百一十里。舊二十五鄉，今二十七鄉。本漢大陵縣地，屬太原郡。後魏省大陵，仍于今處置受陽縣，屬太原郡。隋開皇十年改受陽縣爲文水，因縣西文水爲名。天后朝以枌榆故邑，又改爲武興縣。神龍元年復爲文水縣。城甚寬大，約三十里，百姓于城中種水田。

文水，西北自交城縣界流入。水經云：「文水東到大陵縣，西南到平陶縣東北。〔五七〕」

神福泉，在故縣西北平地。俗云此水先有靈異，土人每祈禱之。〔五八〕

浰水。酈道元注水經云：「浰水出大陵縣西南山下，〔五九〕武氏穿井給養，井至幽深，後一朝，水溢平地，東南注于文水。」

大陵城，漢大陵縣也，在今縣北十三里。史記曰：「趙武靈王遊大陵，夢處女鼓琴而歌。異日，數言所夢，想見其狀。吳廣聞之，因進孟姚焉。」

平陶城，漢平陶縣也，在縣西南二十五里，屬太原郡。後魏改爲平遥縣，後西胡内侵，遷居京陵。按在今汾州界。

大于城，在縣西南十一里。本劉元海築，令兄延年鎮之，虜語長兄爲大于，因以爲名。

太原王墓，在縣西北十五里。即唐則天父武士彠音霍。〔六〇〕也，雙闕與碑石存。

祁縣，南九十里。舊四十鄉，今三十鄉。本漢舊縣，即春秋時晉大夫祁奚之邑，左傳：「晉殺祁盈，遂滅祁氏，分爲七縣，以賈辛爲祁大夫。」注曰：「太原祁縣也。」按漢祁縣在東南五里故祁城是也，後漢迄後魏並不改。高齊天保七年省。隋開皇十年重置，屬并州。唐武德三年改屬太州，六年省太州，還屬并州。

幘山，在縣東南六十里。

胡甲水，一名太谷水，東南自潞州武鄉縣界流入，又南入汾州平遥縣界。

故祁城，漢祁縣城也，在縣東南五里。晉大夫賈辛邑。水經注云：「賈辛以貌醜，妻不爲言，與之如皋，射雉，中之，妻乃笑。」按左傳：魏獻子謂賈辛曰：「昔賈大夫惡，娶妻而美，三年不言笑，御以如皋，射雉，獲之，其妻始笑而言。」注曰：「賈國之大夫。」〔六一〕以此而言，則辛非射雉者，酈道元所引爲謬。

趙襄子城，在縣西六里。

雲州故城，後魏雲州城也，在縣西二十里。孝武帝永熙中寄理并州界，謂此也。

祁奚墓，在縣東南七里。

後漢温序墓，在縣西北四十里。〔六二〕序本祁人也，爲隗囂將所殺，死葬洛陽，其子夢序云「久客思故鄉」，乃返葬焉。

周黨墓，在縣東南十四里。黨，後漢廣武人，世祖引見，伏而不謁。

高齊唐邕墓，在縣東南七十里。碑云「齊尚書令晉昌王」。

温大雅墓，在縣東北五里，〔六三〕唐禮部尚書。

榆次縣，南七十里。舊三十鄉，今三十七鄉。〔六四〕本漢舊縣，即春秋時晉魏榆地也。左傳曰：

「石言于晉魏榆。」注曰：「魏，晉邑；榆即州里名也。」史記云：「莊襄王二年，使蒙驁攻趙魏榆次。」〔六五〕漢以爲縣，屬太原郡。後魏太武帝併入晉陽縣，宣武帝復置榆次縣。高齊文宣省，自今縣東十里移中都縣理之，屬太原郡；十年改中都縣又爲榆次縣。

麓臺山，俗名鑿臺山，在縣東南三十五里。上有祠，號智伯祠。

洞過水，東自壽陽縣界流入，經縣南四里，又西南入太原縣界。

中都故城，在縣東十里。高齊移于廢榆次城，即今縣理是也。

鑿臺，在縣南四里。水經注云：「洞過水西過榆次縣南，水側有鑿臺，智伯瑶刳腹絶腸，折頸摺頤之處。」史記：「智氏信韓、魏，從而伐趙，攻晉陽，韓、魏殺之于鑿臺之下。」説苑曰：「智氏見伐趙之利，不知榆次之禍。」皆謂此也。今按其臺爲洞過水所侵，無復餘跡。

原過祠，俗名原公祠，在縣東九里。史記云：「智伯率韓、魏攻趙，襄子奔保晉陽。原過從，後，至于王澤，遇三人，自帶以上可見，帶以下不見。與原過竹二節，曰：『爲我遺趙毋卹。』原受之，以報襄子。襄子齋三日，親自剖竹，有朱書曰：〔六六〕『予霍太山山陽侯天使也。三月丙戌，予將使汝反滅智氏，汝亦立我百邑。』襄子拜受，遂滅智氏，祠三神于百邑，使原過主之。」

一升泉。隋圖經云：「沾嶺上有泉，名曰一升泉，水旱無增減。」

臺壁谷，在縣南六十里。出美棗。

太谷縣，東南七十八里。舊四十鄉，今十一鄉。本漢陽邑縣，屬太原郡，今縣東十五里陽邑故城是也。〔六七〕後漢明帝以馮魴爲陽邑侯。後魏太武帝省，景明二年復置陽邑縣。高齊及周同。隋開皇三年罷郡，屬并州；十八年改陽邑縣爲太谷縣，因縣西太谷爲名。唐武德三年分太谷、祁二縣置太州，六年省太州，縣復舊。

白壁嶺，在縣北七十五里。

蔣谷水，今名象谷水，源出縣東南象谷，經縣北四十里，〔六八〕北入清源縣界。

陽邑故城，在縣東南十五里。

咸陽故城，在縣西南十里。秦伐趙築之，以咸陽兵戍之，因名。

蘿薼亭，俗名落漠城，在縣西北十九里。

太谷山。山海經云：「少山有金玉，清漳之水出焉。」〔六九〕又晉地理記云：〔七〇〕「少山，即太谷水出，經祁縣界。」

清源縣，西南三十九里。舊十七鄉，今十鄉。〔七一〕本漢榆次縣地，地理志曰：「榆次有梗陽鄉，魏戊邑。」按梗陽在今縣南百二十步梗陽故城是也，自漢至晉皆爲榆次縣地。後魏省榆次縣，地屬晉陽。隋開皇十六年于梗陽故城置清源縣，屬并州，因縣西清源水爲名。大業二年省，又爲晉陽縣。〔七二〕唐武德元年重置。

汾水，經縣東，去縣九里，又東南入文水縣界。

梗陽故城，春秋晉大夫祁氏邑，在縣南百二十步。左傳曰「晉殺祁盈，遂滅祁氏，分爲七縣，以魏戊爲梗陽大夫」是也。隋開皇十六年于其城内置清源縣。

鵝城，在縣東南二十二里。晉陽秋曰：「永嘉元年，洛陽步廣里地陷，有鵝二，色蒼者飛沖天，白者不能飛。蒼色，〔七三〕胡夷之象，劉曜以爲己瑞，築此城以應之。」

閻没墓，在縣西南三里。左傳曰：「梗陽人有獄，魏戊不能斷，以獄上。其大宗賂以女樂，魏子將受之。魏戊謂閻没、女寛必諫，皆許諾。退朝，待于庭。饋入，召之。比置，〔七四〕三嘆。魏子問，對曰：『或賜小人酒，不夕食。饋始至，恐其不足。中置，自咎曰：豈將軍食之而有不足？及饋之畢，願以小人之腹爲君子之心，屬厭而已。』獻子辭梗陽人。」

清源水，出縣西北平地，東流經縣北，又東南入汾水。

壽陽縣，東北一百五十里。舊十鄉，今八鄉。本漢榆次縣地，晉于此置壽陽縣，〔七五〕屬樂平郡。盧諶征艱一作「難」。賦云：〔七六〕「歷壽陽而總轡。」即謂此。晉末省。後魏風土記云：「晉末山戎内侵，太原之户來向山東，戎即居之。」真君十年遷戎外，徙壽陽之户于大陵城南，置壽陽縣，屬太原郡。」隋開皇十年改壽陽縣爲文水縣，又于壽陽縣故城置壽陽縣，屬并州，即今縣是也。大業三年罷州爲太原郡，縣仍屬焉。唐武德三年置受州，縣改屬焉。貞觀八年廢受州，縣屬并州也。

馬首故城，在縣東南十五里。左傳曰：「晉分祁氏之田爲七縣，韓固爲馬首大夫。」即此地也。

洞過水，東自樂平縣界流入，在縣南五十里，又西南入榆次縣界。

石姥祠。郡國志云：「石形似姥，今有祠焉。」

神武故城，後魏神武郡也，在縣北四十里。〔七〕

故大陵城。隋圖經云：「趙武靈王遊大陵，夢處女鼓琴而歌。」是此城。

鷲嶺。隋圖經云：「嶺多鷙鷲，以名之。」在縣西三十里。

方山，在縣北四十里。

盂縣，東北二百二十里。舊十一鄉，今八鄉。本晉大夫孟丙之地。漢舊縣，屬太原郡，後漢及晉不改。按此前盂縣，在今縣西南陽曲縣東北八十里故盂縣城是也。後魏省，地屬石艾縣。隋開皇十六年分石艾縣置原仇縣，屬遼州，因原仇故城爲名，即今縣也。大業二年改原仇爲盂縣，從漢舊名，屬并州。唐武德三年割并州之盂、壽陽二縣于此置受州。貞觀八年省受州，盂縣復屬并州。

原仇山，在縣北三十里。出人參、鐵鉚，縣取此山爲名。

滹沱水，西自代州五臺縣界流入，南去縣百里。

白馬山，在縣東北六十里。山海經云：「白馬之山，其陽多玉石，其陰多鐵、赤銅，木馬之水出焉。」有白馬關，俗傳是後魏置。

仇由城，即縣之外城也，俗名原仇城。韓子曰：「智伯欲伐仇由國，〔七八〕道不通，鑄大鐘遺之。仇由大悦，除塗將内之，赤章曼支諫，不聽，斷轂而馳，仇由因亡。」蓋其地也。

卷四十校勘記

〔一〕今以爲郡名　底本「以」下衍「理」字，據萬本、庫本、永樂大典卷五二〇〇引本書及尚書禹貢注删。

〔二〕舜爲冀州之北太廣　「北」，底本作「地」，萬本同，據庫本及元和郡縣圖志卷一三太原府總序引王肅注改。

〔三〕滹沱　周禮職方作「虖池」。

〔四〕大夏太原晉陽縣也太原臺駘之所居　按此爲左傳昭公元年杜預注云：「大夏，今晉陽縣。太原，晉陽也，臺駘之所居。」此後文「太原」下蓋脱「晉陽也」三字。

〔五〕帝堯始封于唐至晉陽即今太原也　按此文及本條下文又曰：「禹自安邑都晉陽，至桀徙都安邑，至周成王以封弟叔虞，是爲晉侯。」並載於帝王世紀，見於太平御覽卷一六三引。元和郡縣圖志卷一三太原府總序引此文前，冠以書名「帝王世紀曰」五字，是也，此當脱。

〔六〕周公請封之于唐　按史記卷三九晉世家記此事，「周公」作「史佚」，而呂氏春秋卷一八審應覽記此事作「周公」。

〔七〕戰國時爲趙地　「地」，底本作「國」，據萬本、永樂大典卷五二〇〇引本書及元和郡縣圖志太原府總序改。

〔八〕左傳云晉趙鞅入晉陽以叛　按此乃春秋定公十三年經文，謂左傳，不確。

〔九〕至成公居邯鄲　史記卷四三趙世家載：「敬侯元年，趙始都邯鄲。」「敬侯卒，子成侯種立。」此「公」宜作「侯」。

〔一〇〕時袁紹外甥高幹爲并州刺史　「外」，底本作「以其」，萬本作「外」，永樂大典卷五二〇〇引本書同。三國志卷六魏書袁紹傳載：「以中子熙爲幽州，甥高幹爲并州」，建安七年，紹死，少子尚代紹位，後曹操攻鄴。同書卷二六魏書牽招傳：建安九年，曹操圍鄴，「時尚外兄高幹爲并州刺史，招以并州左有恒山之險，右有大河之固，帶甲五萬，北阻彊胡，勸幹迎尚，并力觀變。」則曹操圍袁尚時，紹已死。元和郡縣圖志太原府亦作「外」，據改。

〔一一〕開皇三年　「三」，萬本、庫本同。隋書卷一高祖紀上：開皇二年春正月，「置河北道行臺尚書省於并州」。同書地理志、元和郡縣圖志太原府亦作「二年」，疑此「三」誤。

〔一二〕晉陽宮監裴寂　「晉陽宮」，底本無，萬本同，庫本及永樂大典卷五二〇〇引本書有此三字。舊唐書卷五七裴寂傳：「大業中，歷侍御史、駕部承務郎、晉陽宮副監。」新唐書卷一高祖紀：大業十三年，「高祖留守太原，領晉陽宮監，而所善客裴寂爲副監，世民陰與寂謀，寂因選晉陽宮人私侍高祖。高祖過寂飲酒，酒酣從容，寂具以大事告之。」此脱「晉陽宮」三字，據補。

〔一三〕又置朔州總管　「置」，萬本、庫本作「改」。按永樂大典卷五二〇〇引本書作「管」，舊唐書卷三九地理志二作「改」，此「置」蓋爲「管」或「改」字之誤。

〔一四〕仍省陽直縣　「仍」，底本作「并」，據萬本、永樂大典卷五二〇〇引本書及舊唐書地理志二改。

〔一五〕三交寨　「寨」，底本作「塞」，萬本、庫本同，據永樂大典卷五二〇〇引郡縣志、嘉慶重修一統志卷一三六太原府引本書改。

〔一六〕同　中大本同，萬本、庫本作「入平晉」。

〔一七〕西至西京八百九十里　「西」，萬本、庫本同，中大本作「東」。按宋西京河南府在并州之南。元和郡縣圖志：太原府并州，「南至東都八百九十里」。按唐東都河南府，五代晉改爲西京，漢、周及北宋因襲，此「西」蓋爲「南」字之誤，「東」字亦誤。

〔一八〕西北取乾燭谷路至嵐州三百二十里　「三百」，萬本、庫本作「二百」。元和郡縣圖志卷一四：嵐州，「東南至太原府三百三十里」。與此近合。本書卷四一：嵐州，「東南至太原府二百五十里」。與此和萬本皆不符。

〔一九〕唐開元户二萬六千八百皇朝管户主二萬六千八百二十客二千五百二　開元户「二萬六千八百」，中大本同，萬本、庫本作「六萬二千八百」。元和郡縣圖志太原府并州：「開元户十二萬六千八百四十。」此誤，或「二萬」上脱「十」字，「八百」下脱「四十」二字。「管」，底本無，據萬本補。「五百二」，萬本、庫本同，中大本作「五百」，無「二」字。

〔二〇〕太原人　萬本作「太原祁人」，注云：「原本脱『祁人』二字，據後漢書補入。」

〔二一〕王允至太原人　萬本、庫本無王允、王烈傳略。

〔二二〕丰儀秀整劉琨王導輩雅重之　萬本、庫本無此十二字。

〔二三〕官太僕至號黄金埒　萬本、庫本無此二十一字。

〔二四〕字子荆至欲礪其齒　萬本僅書「太原人」三字，無此一段文，庫本同。晉書卷二六孫楚傳：「太原中都人。」世説新語言語引文士傳同，此作「榆次」，不合。

〔二五〕孫盛至擲地有金石聲矣　萬本、庫本無孫盛、孫烈傳略。

〔二六〕字叔玠　「玠」，底本作「介」，據舊唐書卷七〇、新唐書卷九八王珪傳改。萬本、庫本無此三字。

〔二七〕武甄字平一文水人以詩文名世　萬本、庫本無武甄傳略。

〔二八〕王維字摩詰太原人官尚書右丞　萬本、庫本無王維傳略。

〔二九〕彦博子　萬本、庫本無此三字。

〔三〇〕柏子仁　萬本作「柏實人」，同新唐書卷三九地理志三。庫本及元和郡縣圖志太原府作「柏子仁」，同此。

〔三一〕礬石　萬本此下列有「礜石」，同新唐書地理志三。

〔三二〕武德三年又于今縣西十五里分置汾陽縣　底本「又」下「于」上有「移」字，萬本同。按舊唐書地理志二新唐書地理志三及本書并州總序並載，武德三年分陽曲縣置汾陽縣，本文記載是析置汾陽縣所在地，元和郡縣圖志太原府陽曲縣：「武德三年又於今縣西十五里分置汾陽縣，屬并州。」此「移」爲衍字，據刪。

〔三三〕在縣東北三十六里　「三十六」，史記卷五秦本紀正義引括地志作「二十六」。

〔三四〕以孟丙爲盂大夫　「孟丙」，庫本同，萬本作「孟景」；「盂大夫」，萬本、庫本同，中大本作「孟大夫」。永樂大典卷五二〇四引本書同此。按左傳昭公二十年作「孟丙爲盂大夫」，漢書卷二〇古今人表作「孟丙」，水經汾水注亦作「孟丙爲孟大夫」，唯漢書卷二八地理志上作「晉大夫孟丙」。

〔三五〕在縣西　底本脱，萬本、庫本同，據中大本、永樂大典卷五二〇二引本書補。

〔三六〕晉水出懸甕山東過其縣南　按此爲水經晉水篇經文，應與下文水經注「昔智伯遏晉水以灌晉陽」云云分别。

〔三七〕洞過水　「過」，庫本作「渦」。下引水經注同。

〔三八〕劉元海要擊之　「劉元海」，朱謀㙔水經注箋作「劉淵」。劉淵，字元海。趙一清云：「按晉書，劉曜攻晉陽，劉琨使張喬拒之，戰于武灌，喬敗死。晉陽太守高喬等皆降。琨屯榆次，與左右數十騎，攜妻子奔趙郡，遂如常山。酈以爲琨與劉淵戰，誤。」全祖望、戴震改「淵」爲「曜」，王先謙合校水經注作「曜」。據晉書卷一〇二劉聰載記及資治通鑑卷八八，永嘉六年，劉聰遣劉粲、劉曜將兵寇并州，并州刺史東出收兵，粲、曜攻入晉陽。按漢劉淵早已卒，其時劉聰在位，此「劉元海」當爲「劉曜」或「劉粲」之誤。

〔三九〕周迴四里　「迴」，底本脱，據萬本、庫本、永樂大典卷五二〇四引本書及元和郡縣圖志太原府補。

〔四〇〕孝靜帝　「孝」，底本脱，庫本同，據萬本及元和郡縣圖志太原府補。

〔四一〕東面連新城西面北面因州城　底本「東」下衍「北」字，「西」下脱「面」字，並據萬本、永樂大典卷五二〇四引本書及元和郡縣圖志太原府删補。

〔四二〕從人城 「從」，萬本、庫本作「徒」。元和郡縣圖志太原府作「徙」，嘉慶重修一統志卷一三六太原府引元和郡縣圖志作「徒」，「徒」是。

〔四三〕在縣北二十里 「二十」，萬本、庫本作「二十二」，傅校同。元和郡縣圖志太原府作「二十三」。

〔四四〕李理萬吉 萬本、庫本作「李淵萬吉」。

〔四五〕今名大明城 「名」，底本作「在」，庫本同，據萬本及元和郡縣圖志太原府改。

〔四六〕廣六丈四尺 「四」，底本作「五」，據萬本、永樂大典卷五二〇四引本書、傅校及元和郡縣圖志太原府改。

〔四七〕在縣西南十二里 「南」，底本脱，據萬本、庫本、永樂大典卷五二〇三引本書、傅校及元和郡縣圖志太原府補。

〔四八〕其川上源 「源」，萬本據水經注改爲「㴾」。按水經晉水注、元和郡縣圖志太原府皆作「㴾」，永樂大典卷二〇三三引本書作「原」，「原」同「源」。

〔四九〕涼堂 永樂大典卷五二〇三引本書作「涼臺」。此「堂」當作「臺」。

〔五〇〕晉祠碑 萬本據元和郡縣圖志「碑」下補「在乾陽門街」，傅校同。

〔五一〕三十鄉 萬本、庫本作「管十三鄉」，傅校同，此「三十」蓋「十三」倒文。

〔五二〕在州城東二里百六十步　「里百」，底本作「百里」，庫本同，據萬本及傅校乙正。元和郡縣圖志太原府作「二百六十步」，武英殿本「二」下有「里」字，與萬本正合。

〔五三〕自晉陽縣界流入　庫本同，萬本「自」上有「西」字，同元和郡縣圖志太原府。

〔五四〕同鑛　萬本、永樂大典卷五二〇二引本書皆無此二字，蓋非樂史原文。

〔五五〕在縣東南三里　庫本同，萬本無「東」字，同元和郡縣圖志太原府。

〔五六〕左傳謂智伯遏晉水以攻晉陽　按史記卷四三趙世家云智伯引汾水灌晉陽，同書卷四四魏世家、水經晉水注載智伯決晉水灌晉陽，並見本書上文舊府城條引史記及春秋後語，不見於左傳。

〔五七〕西南到平陶縣東北　「西」，庫本同，萬本據水經注改爲「屈」。水經文水篇云：「文水出大陵縣西山文谷，東到其縣，屈南到平陶縣東北。」按此「西」應作「屈」，文見水經，萬本云注文，誤。

〔五八〕在故縣西北平地俗云此水先有靈異土人每祈禱之　「故」，萬本、庫本同，永樂大典卷五二〇二引本書無此字。「每祈禱之」，萬本、庫本同，永樂大典引本書作「祈禱感應」。

〔五九〕泌水酈道元注水經云泌水出大陵縣西南山下　二「泌水」，底本作「沁水」，萬本同，庫本作「泌水」，水經文水注：「文水逕大陵縣故城西，而南流，「有泌水注之，縣西南山下，武氏穿井給養，井至幽深，後一朝，水溢平地，東南注文水。」此二「沁」乃「泌」字之誤，據改。

〔六〇〕音霍　萬本、庫本並無此二字，傅校删，蓋非樂史原文。

〔六一〕賈國之大夫　「之」，底本脱，據萬本、庫本、永樂大典卷五二〇四引本書及左傳昭公二十八年杜預注補。

〔六二〕在縣西北四十里　「四十」，庫本同，萬本作「十四」，同元和郡縣圖志太原府。

〔六三〕在縣東北五里　「東北」，萬本作「東南」，嘉慶重修一統志太原府同。

〔六四〕今三十七鄉　萬本、庫本並作「三十鄉」，無「七」字，傅校同，疑此「七」字衍。

〔六五〕使蒙鷔攻趙魏榆次　史記卷五秦本紀、卷一五六國年表並載「蒙鷔攻趙榆次」，此「魏」字疑衍。

〔六六〕帶以下不見至有朱書曰　萬本作「自帶以下不可見。與原過竹二節，莫通。曰：『爲我以遺趙毋卹。』原過既至，以告襄子。襄子齋三日，親自剖竹，有朱書曰：『趙毋卹』」，同史記卷四三趙世家，與此多有異同。

〔六七〕今縣東十五里陽邑故城是也　「東」，本書下文陽邑故城條作「東南」。

〔六八〕經縣北四十里　「四十」，庫本同，萬本作「四」，同元和郡縣圖志太原府。

〔六九〕少山有金玉清漳之水出焉　底本脱「金」、「之」二字，庫本同，據萬本及山海經北山經補。

〔七〇〕晉地理記　萬本作「晉地記」。晉太康三年地志畢沅序：「太康三年地志，若沈約止稱之爲地志，酈道元稱爲地記，司馬貞、張守節稱爲地理記，新唐書稱爲土地記，其實一也。」

〔七一〕今十鄉　「十」，庫本同，萬本作「四」。

〔七二〕又爲晉陽縣　元和郡縣圖志太原府作「又爲晉陽縣地」。按隋書卷三〇地理志中：晉陽縣，「開皇十六年又置清源縣，大業初省入焉。」大業初省清源縣入晉陽縣，其地屬晉陽縣，此蓋脱「地」字。

〔七三〕色蒼者飛沖天白者不能飛蒼色　「色蒼者」，庫本同，萬本作「色黄蒼者」，同元和郡縣圖志太原府。「蒼色」，萬本據晉陽秋改爲「黄蒼雜色」。

〔七四〕比置　「置」，底本作「至」，萬本同，據庫本、永樂大典卷五二〇四引本書及左傳昭公二十八年改。

〔七五〕晉于此置壽陽縣　水經洞渦水注引太康地記：「樂平郡有受陽縣。」魏書卷一〇六地形志上：「受陽，晉屬樂平。」但晉書卷一四地理志上作「壽陽」。元和郡縣圖志太原府作「受陽」，又云：「唐貞觀十七年更名壽陽。」故於此前沿革所及皆作「受陽」。新唐書地理志三：壽陽，本受陽，「貞觀十七年更名」。

〔七六〕征艱一作難賦　注文，萬本無，傅校删。庫本作「征難賦」。按盧諶作征艱賦，注文及庫本誤。

〔七七〕在縣北四十里　「四」，元和郡縣圖志太原府作「三」。

〔七八〕仇由國　「由」，萬本同，庫本作「猶」，同史記卷七一樗里子列傳正義引括地志下「仇由」同。

太平寰宇記卷之四十一

河東道二

汾州　嵐州

汾州

汾州，西河郡。今理西河縣。禹貢冀州之域。其在虞舜至周之代，〔一〕皆屬并州。春秋時爲晉地。昔金天氏之後臺駘能業其官，宣汾、洮也。又高陽氏之後分爲晉國。〔二〕六國時屬趙，趙世家云「秦取我中都、西陽」是也。〔三〕秦併天下，爲太原郡之地。兩漢至晉爲西河國，〔四〕漢文帝爲代王，都于中都，故介休縣東南中都城是也。〔五〕後漢爲晉陽。〔六〕魏黄初二年于漢兹氏縣置西河郡。〔七〕後魏于西河郡兼置汾州，取汾河爲名。北齊又改爲南朔州，後周改曰介州。隋初亦如之，大業中廢州，復爲西河郡。義旗初，依舊領隰城、介休、孝義、平遥四縣，後割介休、平遥二縣爲介休郡。武德元年以介休郡爲介州，西河郡爲浩州；三年改浩州爲汾州，仍割并州之文水來屬。貞觀元年省介州，以介休、平遥二縣來屬，文水還并州；十七年以廢吕州之靈石來屬。天寶元年改爲西河郡。乾元元年復爲汾州。

元領縣五：西河，孝義，平遥，介休，靈石。

州境：東西一百六十四里。南北二百八十五里。

四至八到：東南至東京九百里。東南至西京九百三十里。西南至長安一千九百里。〔八〕東至潞州四百四十里。南至晉州三百九十里。西至石州一百六十里。北至交城縣七十四里。東南至管下孝義縣四十里。西南至隰州二百七十里。西北至嵐州，中間有界相隔，山路險隘，未詳里數。東北至太原府一百七十里。

户：唐開元户五萬三千七十六。皇朝管户主一萬五千一百八十九，〔九〕客二千三十九。

風俗：同并州。

姓氏：西河郡四姓：任、臨、欒、相里。

人物：唐段文昌。西河人。宰相。

土産：龍鬚席，貢。石膏。〔一〇〕賦：麻、布。

西河縣，舊二十七鄉，今十八鄉。〔一〕本漢茲氏縣地，曹魏于此置西河郡。晉改爲國，仍改茲氏爲隰城縣。今有美稷鄉，漢美稷縣地。唐上元元年改隰城爲西河縣。今城内有西河王斌碑，文字殘闕。

謁泉山，在縣東北四十里，一名隱泉山。上有石室，去地五十餘丈，頂上平地可十頃，相傳以爲子夏石室。

文水，西南自并州文水縣界流入。〔二〕

文湖，一名西河泊，在縣東十里。水經注云：「文水經茲氏故城東，爲文湖。」多蒲魚之利。

八門城，在縣北十五里。〔三〕十六國春秋云：「劉元海遣將喬嵩攻西河，因築此城以自固，高九丈，有八門。」俗亦名八門城。

臨汾宫。隋大業四年，帝北巡至五原，夏四月勅于汾州北四十里，臨汾水起汾陽宫，即管涔山汾河源所出之處。當盛暑之時，臨河盥漱，即凉風凛然，如八九月。其地多雨，經夏罕有晴日，一日之中倏然而雨，倏然而晴，晴雨未曾經日。雖高嶺千仞，嶺上居人掘地深二三尺，即清泉涌出。

比干山，在縣北一百一十里。

卜商祠，在縣北四十里。

孝義縣，東南三十五里。舊二十鄉，今八鄉。本漢茲氏縣地，曹魏移西河郡中陽縣于今理，永嘉後省入隰城。後魏又分隰城于今靈石縣東三十里置永安縣。唐貞觀元年以縣名與涪州縣名同，改爲孝義，因縣人鄭興有孝義，故以爲名。

勝水，在縣南一里。

團城，在縣西北十八里。後魏築，以防稽胡，其城紆曲，故名團城。

魏文侯墳，在縣西五里。

段干木墓，在縣東北二十五里。

雀鼠谷。冀州圖云：「在縣南二十里。長一百十里，南至臨汾郡霍邑縣界。汾水出于谷内，南流入河。即周書調鑒谷。」

板谷，在縣東北三十八里。

虞、虢二城。相傳晉滅虞、虢，遷其人于此，築城以居之。

左部城，〔一四〕在縣南二十五里。

瓜城，在縣北十里。此本虢城也。

六壁府。後魏書云「太平真君五年討胡賊于六壁」，即此城也。俗以城有六面，〔一五〕

因以爲名。在縣西八里。

平遥縣，東南八十里。舊三十鄉，今四十鄉。〔一六〕本漢平陶縣地，屬太原郡。晉改隸太原國。後魏以太武帝名燾，改平陶爲平遥。隋屬西河郡，義寧元年于介休縣置介休郡，平遥縣屬焉。唐武德元年于此置介州，縣屬不改。貞觀元年省州，縣入汾州。

中都故縣，在縣西十二里，屬太原郡。漢文帝爲代王，都于此。

謁戾山，在縣東南五十里，一名麓臺山。山海經云：「謁戾之山，嬰侯之水出于其陰。」〔一七〕

侯甲水。冀州圖云：「侯甲水起平遥，北流入太原界是。」

京陵，在縣東北七里。〔一八〕禮記：「趙文子與叔譽觀于九原。」即此處也。注云：「九原，卿大夫之墓地。」〔四〕有城，即周宣王所築，漢曾立京陵縣焉。

介休縣，東南六十里。舊二十六鄉，今十二鄉。本秦漢之舊縣，〔一九〕在介山西北，因以名之。後魏明帝時爲胡賊所破，至孝静帝更修築，遷朔州軍人鎮之，因立爲南朔州，仍屬汾州。高齊省介休入永安縣。周武帝省南朔州，復置介休縣，宣帝改介休爲平昌縣。隋開皇末又改平昌縣爲介休縣，義寧元年于縣置介休郡。唐武德元年改郡爲介州。貞觀元年州廢，縣歸汾州。

汾水，在縣北十二里。

介山，一名横嶺，地名綿上。左傳：「晉侯賞從亡者，介子推不言禄，禄亦不及，遂與母偕隱而死。晉侯求之不獲，以綿上爲之田，曰：『以志吾過，且旌善人。』」杜注：「西河介休縣南有地名綿上。」此山即綿上田之故地，漢以爲縣。郡國志云：「介山上有子推冢，并祠存。」

雀鼠谷，在縣西十二里。

昭餘祁，吕氏春秋云大陸，又名嘔夷之澤。周禮并州藪，俗名鄔城泊是。按藪自太原祁縣連延西接至此。

板橋城。郡國志云：「劉淵擊劉琨于此。」

中都城。冀州圖云：「中都縣城，東北五里。〔二〇〕」春秋昭公二年，〔二一〕「晉侯執齊無宇于中都。」是此。

郭林宗冢，在縣東南二十里。周武帝時除天下碑，唯林宗碑，詔特留。

靈石縣，南一百二十里。舊六鄉，今八鄉。本漢介休縣地，隋開皇十年因巡幸，傍汾開道，取其平直，得石文曰「大道好吉」，因分置靈石縣，以今縣西獲瑞石爲名。今縣東南有高壁嶺，雀鼠谷、汾水關，皆汾西險固之所。

靜巖山，在縣東北二十里。即太嶽，下有五龍泉。即文公封子推綿上之田，是此。

介山，在縣東北三十里。〔三二〕

汾水，在縣北十步。深一丈，闊三丈。北自汾州介休縣界流入，經絳郡西南流入河。水經云：「汾水又南過冠爵津，與桐水合。」按注云：「汾水關名也，在雀谷，一名爵津谷，俗謂之雀鼠谷。」〔三三〕

靈泉。郡國志云：「嶽廟下有靈泉，即五龍之水，以供祭祀，鼓動則泉流，聲絶則水竭。」

嶽廟。冀州圖云：「綿上田嶽廟甚靈，烏雀不栖其林，猛獸常守其庭。」

賈胡堡，在縣南三十五里。義寧元年，義師次霍邑，隋將宋金剛拒不得進，屯軍賈胡堡，會霖，神語曰：「若向霍邑，當東南傍山取路，八日雨止，我當助襲破之。」高祖使人視之，果有微路，笑曰：「此神不欺，趙襄子豈負我哉！」後如其言。

嵐州

嵐州，樓煩郡。今理宜芳縣。禹貢冀州之域。歷代所屬與并州同。春秋時，晉國之分，晉滅後爲胡樓煩王所居，趙惠文王滅樓煩而有其地，以爲縣。〔三四〕其後北境屬燕、秦，爲太原郡地。在漢即汾陽縣地，漢末其地無郡邑。曹魏遂立新興郡于此。西晉末爲劉元海之趙地，石勒爲後趙。〔三五〕永和六年，冉閔滅之，即爲魏地，尋屬前燕，後爲苻堅併之。堅敗，後魏道武帝克并州，置中山，遂有其地。後魏末于此置嵐州，因界内岢嵐山以立名。隋大業中于静樂縣界置樓煩郡。唐武德四年平劉武周置東會州，領嵐城縣，又以北和州之太和縣來屬；其年分嵐城置合會、豐閏二縣，〔三六〕仍自故郡城移嵐州于廢東會州，置嵐州，舊領岢嵐一縣，縣移舊嵐州；其年又以北管州之静樂縣來屬；七年置臨津縣；九年省合會、岢嵐、太和三縣。貞觀元年改臨津縣爲合河，三年又置太和縣，八年又省。天寶元年改爲樓煩郡。乾元元年復爲嵐州。

元領縣四。今三：宜芳，静樂，合河。　一縣割出：嵐谷。入岢嵐軍。

州境：東西三百二十里。〔三七〕南北二百七十八里。

四至八到：東南至西京一千二百二十里。〔三八〕東南至東京一千一百里。南至長安取太原路一千五百八十里。東至忻州二百四十里。南至石州二百三十里。西至勝州界一百八十里。西至麟州三百里。北至朔州三百里。東南至太原府二百五十里。西南至銀州三百里。西北至勝州一百九十里。東北至代州三百里。東北至朔州三百七十四里。

户：唐開元户一萬七千七百二十六。皇朝户主二千七百三十，客一千四百七十二。

風俗：同忻、代二州。

人物：無。

土產：知母，五色龍骨，朮，松柏木，熊皮，貢。麻，石蜜。〔二九〕

宜芳縣，舊十三鄉，今六鄉。本漢汾陽縣地，屬太原郡。〔三〇〕後魏末于今縣北置岢嵐縣。〔三一〕隋開皇十八年改爲汾源縣。大業四年改汾源爲靜樂縣，八年分靜樂縣置嵐城縣，屬樓煩郡。唐武德四年改爲宜芳縣，屬東會州；六年省會州，〔三二〕改屬嵐州。

故郡城，即魏置于此，武德中爲岢嵐鎮。大足中加兵三千，〔三三〕其後李迥秀又加兵六千人，號爲岢嵐軍，開元後廢之。論者以爲此地爲突厥之要衝，不可廢鎮，故有河北之亂。

秀容城，即漢汾陽縣城，劉元海所築。元海因感神而生，姿容秀美，故自目其城。在郡西南三十里。〔三四〕

羊腸坂，石磴縈委若羊腸，又古積粟之所也。

岢嵐山，後魏以山名邑，在縣北九十八里。高二千餘丈，與雪山相接。

岢嵐鎮，在縣西北九十八里。

靜樂縣，東四十五里。舊十鄉，今三鄉。本漢汾陽縣地，城内有堆阜三，俗名三堆城。後漢末屬九原縣。隋開皇三年自今宜芳縣北移岢嵐鎮于三堆城，十八年改爲汾源縣。大業三年改爲靜樂縣。〔三五〕唐武德四年于縣置管州；五年改爲北管州，因管涔山爲名；六年省，縣屬嵐州。

聖人山，有古仙之跡，故有此號。

繫舟山，在古秀容界。堯遭洪水，繫舟于此山，因以名之。

管涔山，在縣北一百三十里，一名菅涔山。山海經云汾水所出。涔音岑。菅，音姦。土人云：「其山多菅草，或以爲名。」又爲「管」字。前趙録：「劉元海族子曜，嘗隱于管涔山，夜有二童子入跪曰：『管涔王使小臣奉謁趙皇帝，獻劍一口。』置在前，拜而去。〔三六〕以燭視之，劍長二尺，光澤非常，背有銘曰：『神劍服御除衆毒。』曜遂服之，劍隨變爲五色。」

壺口山。禹貢曰：「壺口治梁及岐。」漢書曰：「山在北屈東南。」水經注云：「在北屈縣故城北十里。」〔三七〕

燕京山。水經注云：「桑乾水濳承太原汾陽縣北燕京山之天池也。」

風山。水經注云：「風山，其上有穴如輪，風氣蕭瑟，冬夏不止。〔三八〕」按九州志云：「馬邑之地，風多寒沍，冰一二丈。〔三九〕」

白馬山。山海經云：「白馬山，其陽出玉，其陰出鐵。」〔四〇〕

樓煩城。冀州圖云：「樓煩城，在縣東北七十里。」史記云「樓煩，匈奴國，趙武靈王置有鹽官」是也。

三堆城，在縣南八十里。故縣城于此置，城内有堆阜三，因以名之。

長城。隋圖經云：「因古跡脩築，長城起合河縣北四十里，東經幽州，延袤千里。」

汾陽宫，大業四年置，末年廢，在縣北三十里。〔四一〕

大河，河水北從馬邑界南流至臨泉縣，〔四二〕入離石郡界。

天池，俗名祁連汭，在縣東北一百四十里，周迴八里。水經注：「桑乾水潛承太原汾陽縣北燕京山之天池，池在京山之上，〔四三〕俗謂之天池，陽旱不耗，陰霖不濫。常有人乘車，大風飄之于水，有人獲其輪于桑乾泉。其水澄停鏡靜，潭而不流，若安定朝那之湫淵。池中常無片草，及其風籜有淪，輒有小鳥翠色，投池銜出，若會稽之松鳥也。〔四四〕隋煬帝于池南立宫，每至夜風雨輒吹破，宫竟不成。今池側有祠，謂之天池祠也。

汾水。周禮職方：「冀州，其浸汾。」按水出縣北管涔山，東流入太原郡界。

合河縣，西一百八十里。舊五鄉，今四鄉。本漢汾陽縣地，後魏于蔚汾谷置蔚汾縣，屬神武郡。〔四五〕隋開皇三年罷郡，屬石州。大業二年改爲臨泉縣，〔四六〕四年屬樓煩郡。唐武德四年改爲臨津縣，屬嵐州。貞觀元年改爲合河縣，以城下有蔚汾水西與黄河合，故曰合河。

黄河，在縣西二里。

合河。隋圖經云：「蔚汾水與黄河合，故曰合河。在縣城下。」

合河關，在縣北三十五里。

蔚汾關，在縣東七十里。

隋長城，在縣北四十里。東經幽州，〔四七〕延袤千里，開皇十六年因古迹修築。

卷四十一校勘記

〔一〕其在虞舜至周之代　庫本同，萬本作「其在虞舜十二州至周」，同元和郡縣圖志卷一三汾州。

〔二〕高陽氏之後分爲晉國　「分」，萬本、庫本並作「封」，傅校同。

〔三〕趙世家云秦取我中都西陽是也　底本「趙世家」作「趙氏世家」，「是」作「氏」，並據萬本、庫本及傅校改。底本「取」作「侵」，庫本同，據萬本改。底本「中都、西陽」作「西河、中陽」。按史記卷四二趙世家：趙武靈王十年，「秦取我中都及西陽。」同書卷五秦本紀：惠文王更元九年，「伐取趙中都、西陽。」同書卷一五六國年表：秦惠文王更元九年，「取趙中都西陽」；趙武靈王十年，「秦取我中都西陽。」本紀、世家、年表所記年歲實同，秦伐取趙中都及西陽，此「西河中陽」爲「中都西陽」之誤，據改，萬本作「西都及中陽」，亦爲「中都及西陽」之誤。按其誤緣因括地志，其云：中都即西都，西陽即中陽，「地理志云西都、中陽屬西河郡。」考漢書地理志，中陽縣屬西河郡，而中都縣屬太原郡，謂中都（即史記西都）屬西河郡，誤。

〔四〕兩漢至晉爲西河國　原校：「按通典：汾州，『二漢屬太原、西河二郡地，魏因之。晉屬太原郡、西河國地。』以今所領縣考之，則通典爲是。今但云『兩漢至晉爲西河國』，恐誤。」按兩漢、三國魏爲西河郡，非西河國，載於漢書卷二八地理志下、續漢書郡國志五，輿地廣記卷一九：汾州，「二漢屬太原、西河二郡，晉屬西河國。」是也。

〔五〕故介休縣東南中都城是也　底本「東南」下衍「爲」字，據萬本、中大本、庫本及傅校删。按漢中都縣在唐宋平遥縣（即今平遥縣）西南，不在介休縣（即今介休縣）東南，史記卷一〇孝文帝本紀：「立爲代王，都中都。」正義引括地志云：「中都故城在汾州平遥縣西南十二里。」元和郡縣圖志汾州平遥縣：「中都故城，在縣西十二里，屬太原郡，漢文帝爲代王，都於此。」本卷平遥縣中都故城條同。中都城在平遥縣西南，亦在介休縣東北。左傳昭公二年杜預注：「中都，晉邑，在西河界休縣東南。」蓋杜氏訛「東北」爲「東南」，此沿襲杜氏而誤。

〔六〕後漢爲晉陽　萬本作「後漢末廢地入晉陽」。按元和郡縣圖志汾州總序云：「後漢徙理離石，即今石州離石縣也。獻帝末荒廢。」水經原公水注：「西河舊處山林，漢末擾攘，百姓失所。」此處當有脱誤。

〔七〕黄初二年　「二」，底本作「三」，庫本同，據萬本及水經原公水注、元和郡縣圖志汾州改。

〔八〕西南至長安一千九百里　「百」，庫本同，萬本作「十」。按元和郡縣圖志汾州：「西南至上都一千九十里。」唐上都長安，則作「十」是。

〔九〕皇朝管户主一萬五千一百八十九　「管」，底本無，庫本同，據萬本補。

〔一〇〕龍鬚席貢石膏　萬本、庫本無「貢」字。按元和郡縣圖志、新唐書卷三九地理志三皆載汾州貢龍鬚席、石膏，則此「貢」宜書於龍鬚席之上，爲正文。

〔一一〕十八鄉　「十八」，萬本、庫本作「八」。

〔一二〕文水西南自并州文水縣界流入　按元和郡縣圖志卷一三太原府文水縣：「文水，西北自交城縣界流入，經縣西，又南入隰城縣界。」則文水由文水縣西北，南流入隰城縣（後改名西河縣）界，此「西南」蓋爲「西北」之誤。

〔一三〕在縣北十五里　「北」，底本作「東」，據萬本及元和郡縣圖志汾州改。

〔一四〕左部城　「左」，底本作「右」，注「一作左」，萬本、庫本作「左」。水經汾水注：「汾水之右，有左部城，側臨汾水，蓋劉淵爲晉都尉所築也。」晉書卷一〇一劉元海載記：「魏武分匈奴之衆爲五部，以（父）豹爲左部帥，其餘部帥皆以劉氏爲之。太康中，改置都尉，左部居太原茲氏，右部居祁，南部居蒲子，北部居新興，中部居大陵。」此「右」爲「左」字之誤，據以改删。

〔一五〕俗以城有六面　「面」，底本作「門」，據萬本、庫本、傅校及初學記卷八、太平御覽卷一九三改。

〔一六〕今四十鄉　萬本無「十」字，庫本同。

〔一七〕在縣東南五十里一名麓臺山山海經云謁戾之山嬰侯之水出于其陰　「五十」，萬本作「四十七」，庫本作「四十五」。按元和郡縣圖志汾州平遥縣：「麓臺山，在縣東南五十二里。」所記里數皆有差異。「嬰侯之水出于其陰」，同水經汾水注引山海經，萬本據山海經改補爲「嬰侯之水出焉，北流注於氾水」。按「氾水」乃「祀水」之誤，詳見王先謙合校水經注。

〔一八〕在縣東北七里　「東北」，庫本同，萬本作「東」，同元和郡縣圖志汾州。

〔一九〕本秦漢之舊縣　按秦漢介休縣在今介休縣東南十五里，今縣即唐宋縣，乃後魏移治。

〔二〇〕東北五里　嘉慶重修一統志卷一四四汾州府引本書：「中都故縣，在介休縣東北五十里。」此脱「在」、「十」二字。

〔二一〕春秋　按下文云「晉侯執齊無宇于中都」，見於左傳昭公二年，此「春秋」宜作「左傳」。

〔二二〕在縣東北三十里　「三十」，庫本同，萬本作「四十二」。元和郡縣圖志汾州作「在縣東四十二里」。

〔二三〕水經云至俗謂之雀鼠谷　原校：「按今水經及注，與此皆小異，大抵今記所引古書，但取其意，而增損其文，務要通俗，不盡與古書合，他皆類此。」按此云「與桐水合」，萬本無，不載於水經汾水篇及注，蓋爲衍文。「汾水關名也」，與初學記卷八引水經注合，今水經汾水注、太平御覽卷六四引水經注皆作「汾津名也」。

〔二四〕趙惠文王滅樓煩而有其地以爲縣　史記卷一一〇匈奴列傳、漢書卷九四匈奴傳皆載，趙武靈王北破林胡、樓煩，置雲中、鴈門、代郡。元和郡縣圖志卷一四嵐州總序亦云「趙武靈王破以爲縣」，此「惠文王」宜作「武靈王」。

〔二五〕西晉末爲劉元海之趙地石勒爲後趙　「趙地」，底本作「地趙」，據中大本、庫本及傅校乙正。萬本作「晉末陷於劉元海，石勒復有之」。

〔二六〕豐閏　「閏」，傅校及新唐書地理志三同，萬本、庫本及舊唐書卷三九地理志二作「潤」。

〔二七〕東西三百二十里　「二」，萬本據元和郡縣圖志嵐州改爲「一」。

〔二八〕東南至西京一千二百二十里　「二十」，庫本同，萬本作「一十」，同元和郡縣圖志嵐州。

〔二九〕石蜜　萬本此下列有「麻」，同元和郡縣圖志嵐州。

〔三〇〕屬太原郡　永樂大典卷五二〇四引本書此下有「漢高祖封靳强爲侯國，積粟所在，謂之羊腸倉」十八字。

〔三一〕後魏末于今縣北置岢嵐縣　萬本無「末」字，同元和郡縣圖志嵐州宜芳縣序，傅校删，當是。

〔三二〕會州　萬本、庫本同。按上文云：武德四年宜芳縣屬東會州。此時所省當爲東會州。「會州」上疑脱「東」字。

〔三三〕大足中加兵三千　「足」，底本作「定」，萬本、庫本同。按唐無「大定」年號。本書下文云：「其後李迥秀又加兵六千，號爲岢嵐軍，開元後廢之。」則「加兵三千」時在李迥秀之前。新唐書卷九九李迥秀傳：武則天大足初，檢校夏官侍郎，進同鳳閣鸞臺平章事。中宗時，出朔方道行軍大總管。「加兵六千」當在任朔方道行軍大總管時，此前武則天年號大足，此「定」當爲「足」字之誤，據改。

〔三四〕秀容城至在郡西南三十里　按太平御覽卷一六三引元和郡縣圖志屬忻州，本書卷四二忻州秀容縣叙後魏置秀容縣於縣西北五十里，隋開皇十八年移於今縣理，則此秀容城文乃錯簡，應移列忻州秀容縣。又後魏秀容縣城在唐宋秀容縣西北五十里，此云「在郡西南三十里」，誤。

〔三五〕大業三年改爲靜樂縣　「三年」，庫本同，萬本作「二年」，同元和郡縣圖志嵐州，隋書卷三〇地理志中作「四年」。

〔三六〕置在前拜而去　萬本、庫本同，作「置前，再拜而去」，同水經汾水注、太平御覽卷四五引前趙録。

〔三七〕水經注云在北屈縣故城北十里　按水經注無壺口山「在北屈縣故城北十里」之文。考水經河水注：「河水南逕北屈縣故城西。北十里有風山，上有穴如輪，風氣蕭瑟，習常不止。」初學記卷

八、太平御覽卷四五引水經注皆同，則此「水經注云在北屈縣故城北十里」，指風山而言，應移列下文風山條，此乃錯簡，太平御覽引水經注仍敘於風山，是宋初本不誤，永樂大典卷五二〇二引本書亦列在壺口山，是明代已錯簡。

〔三八〕冬夏不止　「冬夏」，庫本同，萬本作「習常」，同水經河水注。按初學記、太平御覽引水經注皆作「習常不止」。

〔三九〕冰一二丈　「二」，萬本、庫本作「深」，永樂大典卷五二〇二引本書作「厚」，此「二」蓋爲「厚」字之誤。

〔四〇〕其陽出玉其陰出鐵　庫本同，萬本作「其陽多石玉其陰多鐵多赤銅」，同山海經北山經。

〔四一〕在縣北三十里　「三十」，庫本同，萬本作「百二十里」，同元和郡縣圖志嵐州。

〔四二〕北從馬邑界南流至臨泉縣　永樂大典卷五二〇二引本書作「北從馬邑界入，南流至臨泉縣」，此「界」下脱「入」字。

〔四三〕池在京山之上　「京山」，水經瀔水注作「山原」，元和郡縣圖志嵐州作「在燕京山北」，此疑誤。

〔四四〕若會稽之松鳥也　「松鳥」，水經瀔水注作「耘鳥」，太平御覽卷六四引同，此「松」蓋爲「耘」字之誤。

〔四五〕後魏于蔚汾谷置蔚汾縣屬神武郡　按魏書卷一〇六地形志上，神武郡無蔚汾縣，隋書地理志中：「臨泉，後齊置，曰蔚汾，大業四年改焉。」通典卷一七九州郡九：「合河，北齊置蔚汾縣。」此

「魏」爲「齊」字之誤。

〔四六〕大業二年改爲臨泉縣　「二年」，隋書地理志中作「四年」，輿地廣記卷一九嵐州同，此「二年」蓋爲「四年」之誤。

〔四七〕東經幽州　「經」，底本作「至」，萬本、庫本及永樂大典卷五二〇四引本書皆作「經」，此「至」爲「經」字之誤，據改。

太平寰宇記卷之四十二

河東道三

石州　忻州　憲州

石州

石州，昌化郡。今理離石縣。禹貢冀州之域，即周并州之地。戰國初，趙之離石邑，後爲秦、魏二國之境，故史記云「秦伐趙，取離石」是也。秦併天下，爲太原郡地，兩漢爲西河郡地，有南單于庭，即左國城。前趙記云「今離石左國，單于所徙庭」是也。晉惠帝以劉元海爲離石都尉，故元海起事于此。後石勒改爲永石郡，後魏改爲離石鎮。北齊初置懷政郡，尋復爲離石鎮；〔一〕天保三年于城内置西汾州，因改離石爲昌化縣。後周建德六年改西汾州爲石州，改昌化縣爲離石縣。隋大業二年又改爲離石郡。唐武德元年改爲石州，五年置總管府，管石、北和、北管、東會、嵐、西定六州。貞觀二年廢都督府，三年復置都督，六年又廢之。天寶元年改爲昌化郡。乾元元年復爲石州。

元領縣五：離石，臨泉，平夷，方山，定胡。

州境：東西一百九十里。南北三百里。〔二〕

四至八到：東南至東京一千三百五十里。東南至西京一千九百里。西南至長安一千二百五十里。東至汾州一百六十里。正南微東至隰州二百五十里。西渡河至綏州二百三十里。北至嵐州二百九十里。東南至隰州二百九十里。西南至隰州石樓縣一百五十里。西北至嵐州二百三十五里。東北至太原府三百九十五里。

户：唐開元户九千二百六十二。皇朝户主三千九百一十二，客二千四百一十七。

風俗：同并州。

人物：無。

土産：胡女布，麝香，蜜，蠟燭，石英，松木。賦：麻，布，龍鬚蓆。

離石縣，八鄉。漢舊縣，屬西河郡，縣東北有離石水，因取爲名。後漢末荒廢，爲南單于庭左國城，是此地。魏黄初三年復置，後陷劉元海。石勒改爲永石郡。高齊文宣帝于此置昌化縣，屬懷政郡。後周復爲離石，屬石州。隋、唐不改。

盧城，在縣東二十里。晉并州刺史劉琨所築，以攻劉曜。

胡公山，在邑界。

離石山，今名赤洪嶺，在縣西五十步。又云離石水，今名赤洪水，東北從方山縣界流入。北齊高歡大破尒朱兆於赤洪嶺，〔三〕即此水之岸也。

臨泉縣，西北一百七十里。五鄉。本漢離石縣地，後周大象元年于此置烏突郡烏突縣。隋開皇元年改烏突郡爲太和郡，烏突縣爲太和縣；三年廢郡，以縣屬石州。唐武德三年改太和爲臨泉。

臨泉水，在縣北一百步，縣因此水爲名。

黄河，在縣北二十里。自嵐州合河縣西南流來。

平夷縣，南五十里。六鄉。本漢離石縣地，屬西河郡。後周大象元年割離石縣西五十一里置平夷縣，屬石州。

黄河，西去縣一百四十五里。

寧鄉水，在縣西南一百五十步。

方山縣，北九十里。六鄉。本漢離石縣地，北齊天保三年於離石縣北六十八里置良泉縣。唐武德二年移就隋廢方山縣城，并置方州；〔四〕至三年省州，縣依舊置。貞觀十一年又移縣就今理。

三角戍，在縣北七十三里。

赤洪水，源出縣東，流入離石界。

定胡縣，西九十里。五鄉。本漢離石縣地，屬西河郡。後周大象元年于此置定胡縣及置定胡郡，在今縣西。隋以其地阨險固，置孟門關。唐武德三年于此置西定州。貞觀二年廢州，置孟門縣；七年又廢縣爲孟門鎮；八年廢鎮，復爲定胡縣。

湫水。冀州圖云：「湫水河北從樓煩郡南入龍泉郡，經吕梁。尸子云：『吕梁未闢，河出孟門。』爲二吕梁，〔五〕在離石北以東，可三十餘里。〔六〕」

孟門關，在今縣西百步。周大象元年于此置孟門津，隋開皇六年改曰孟門關，在黄河東岸。

黄河，去縣西二百步。

忻州

忻州，定襄郡。今理秀容縣。古并州之域。春秋時爲晉國，戰國爲趙地。秦爲太原郡地，今州即漢太原郡之陽曲縣地，〔七〕黄河千里一曲，此當曲之陽，故曰陽曲。後漢末于今州地置新興郡。按土地十三州志云：〔八〕「漢末大亂，匈奴侵邊，自定襄以西盡雲中、鴈門之閒遂空。建安中，曹操集荒郡之户以爲縣，聚之九原界，以立新興郡，領九原等縣，屬并州，即此地。後魏書云天平二年置肆州，寄理秀容城，領靈丘等八縣。後周武帝徙肆州于鴈門郡。至隋初復立新興郡及雲州，開皇十八年改爲忻州，取界内忻川水爲名。至煬帝初廢忻、雲二州，以其地屬樓煩、定襄二郡。隋末爲樓煩郡之秀容縣。義旗初置新興郡，領秀容一縣。唐武德元年改爲忻州，四年又置定襄縣。天寶元年改爲定襄郡。乾元元年復爲忻州。定襄者，以漢有定襄城爲名。按河東記：「漢之定襄，今朔州是也。」

元領縣二：秀容，定襄。

州境：東西一百四十五里。南北八十六里。

四至八到：東南至東京約一千五百里。南至西京一千七十里。〔九〕西南至長安一千四百四十里。東至代州界一百九十里。南至太原府一百八十里。西至嵐州二百四十里。北至代州二百五十里。東南至太原府界一百二十里。西南至太原府及嵐州兩界各一百二十里。西北至嵐州界一百一十里。東北至代州界一百一十里。

户：唐開元户一萬四千四百三十八。皇朝户主四千一百六十八，客三千二百四十。

風俗：同蔚州。

人物：秦秀，新興雲中人。學行忠直知名。劉殷。新興人。祖母思堇，冬日視地，忽生堇焉。夢人曰：「西籬下有粟十五鍾。」銘曰：「七年粟百石，以賜孝子劉殷。」〔一〇〕

土産：麝香，貢。豹尾，貢。扇。賦：麻，布。

秀容縣，元十八鄉。本漢陽曲縣地，屬太原郡。後漢末於此置九原縣，屬新興郡。後魏莊帝于今縣東十里置平寇縣。〔一一〕隋開皇十八年于此置忻州，又于今縣西北五十里秀容故城移後魏明元所置秀容縣於今理，屬忻州。

程侯山，一名金山，在縣西北三十五里。水經注云：「忻水東歷程侯山北，山甚層銳，其下舊有採金處，〔一二〕俗謂之金山。」

繫舟山，堯遭洪水，繫舟于此，在縣南四十里。

大白馬山，在縣西南四十五里，連小白馬山。

雲母山，一名獨擔山，在縣西十五里。其山出雲母，山上有穴，入四五里，出玉芝。唐貞觀十八年勅使薛遵度採雲母玉芝于此山。

忻川水，在縣東三十二里。水經注云：「滹沱南歷忻中口，〔一三〕俯會忻川水，水出西管涔東山也。」

藍水，經秀容界。

肆盧川水，今名雲中水，一名分嶺水。

定襄縣，東四十五里。元十一鄉。本漢陽曲縣，屬太原郡。在河曲之陽，〔一四〕故曰陽曲。後漢末移陽曲縣于并州太原縣界，仍于此置定襄縣，屬新興郡。高齊省，武成帝移平寇縣于此。隋開皇十八年移平寇縣于崞音郭。〔一五〕城，今代州崞縣是也。唐武德四年分秀容縣于漢陽曲城重置定襄縣。

聖阜，今名聖人山，在縣東北二十里。石上手足跡猶存。

滹沱水，西自秀容縣界流入。

三會水。水經注云：〔一六〕「三會水出九原縣西，東流入滹沱水，經定襄界。」

梁城、東魏郡也。

蒲子，後魏縣也。

石嶺關，甚險固。

憲　州

憲州，今理樓煩縣。舊樓煩監牧也。元隸隴右節度使，至德後屬内飛龍使。舊樓煩監牧，嵐州刺史兼理。〔一七〕貞元十五年，楊鉢爲監牧使，〔一八〕遂專領監司，不係州司。龍紀元年，太原李克用爲晉王時，奏置憲州於樓煩監。其樓煩，開元四年王毛仲所築。

元領縣三：樓煩，玄池，天池。

州境：東西一百八十里。南北一百二十里。

四至八到：東南至東京一千五百里。東南至西京一千七百里。東至并州陽曲縣界一百二十里。西至石州方山縣界六十里。南至交城縣一百里。北至嵐州靜樂縣界二十里。

户：皇朝管户主一千二百六十，〔一九〕客五百六十九。

風俗：同嵐州。

土産：牧馬之地無所出。

樓煩縣，唐龍紀元年於監西一里置。

玄池縣，置在州東六十里，北臨大川。

天池縣，置在州西南五十里。本理于孔河館，乾元後移于安明谷口道人堡下。

古長城，在州東七十里下馬城東北。

獨子川，〔二〇〕在公主山下。基址猶存，高丈餘，古老傳云隋所築。

臨春山，在城南七十里，天池縣界。高百餘丈，西南接石樓山，下有泉流入鴈門，〔二一〕注于汾河。

鴈門關，在州東南六十里，屬天池縣鴈門鄉。其關東臨汾水，西倚高山，接嵐、朔州。

卷四十二校勘記

〔一〕北齊初置懷政郡尋復爲離石鎮　原校：「按隋書地理志：『離石縣，後齊曰昌化，置懷政郡，後周改爲離石郡。』今記但云『尋復爲離石鎮』，不書後周改離石郡事，恐有脱誤。」考輿地廣記卷一九：石州，「北齊置西汾州及懷政郡，後周改州爲石州，郡爲離石郡。」按此與下文記後周建置，皆不及改懷政郡爲離石郡事。

〔二〕南北三百里　「三百」，庫本同，萬本作「三百三」，同元和郡縣圖志卷一四石州。

〔三〕北齊高歡大破尒朱兆於赤洪嶺　「嶺」，底本作「岡」，庫本同，據萬本及北齊書卷一神武紀上、元和郡縣圖志石州改。

〔四〕唐武德二年移就隋廢方山縣城并置方州　原校：「按元和郡縣志：『高齊于此縣北六十八里置良泉縣，大業三年移就今縣南三十五里方山縣置，故名方山。』是隋改良泉爲方山，唐武德二年以是方山縣置方州也。然隋志無良泉，亦無方山，則二縣已廢。今記云唐武德二年移良泉就隋廢方山縣城，并置方州，未知孰是。然二縣廢置，諸書皆未備。」按隋書地理志不載，舊唐書卷三九地理志二：「方山，隋縣，武德二年置方州，三年州廢，縣屬石州。」與本書合，可補隋志之缺。

〔五〕湫水至爲二吕梁　原校：「按水經云：『吕梁未闢，河出孟門之上。』今記引尸子云河出孟門爲二，豈今記舛誤，或尸子之文然也。」按尸子云：「龍門未闢，吕梁未鑿，河出孟門之上。」即記所引之變文，記引冀州圖及尸子，謂二吕梁。又「吕梁未闢，河出孟門之上」，見於水經河水注，非水經，原校不確。

〔六〕可三十餘里「十」，永樂大典卷五二〇二引本書作「百」。水經河水注作「可二百有餘里」。此里數當誤。

〔七〕今州即漢太原郡之陽曲縣地「縣」，底本脱，據萬本、庫本及元和郡縣圖志卷一四忻州、太平御覽卷一六三引十道志補。

〔八〕土地十三州志　庫本同，萬本作「十三州志」。按十三州志，北魏闞駰撰，或稱十三州記，見水經濟水注，又名地理志，見水經穀水注。本書下文「漢末大亂，匈奴侵邊」云云，正是太平御覽卷一六三引十三州志文，此之土地十三州志，或别有所稱。

〔九〕南至西京一千七十里「南」，底本作「東」，萬本、庫本同，中大本作「南」。按元和郡縣圖志忻州：「南至東都一千七十里。」唐東都，五代晉、漢、周爲西京，北宋沿襲，忻州至西京，方向爲南，傅校改「東」爲「南」，是，據改。

〔一〇〕七年粟百石以賜孝子劉殷　「百石以賜孝子劉殷」八字，底本脱，據萬本、庫本及晉書卷八八孝友劉殷傳補。

〔一一〕後魏莊帝于今縣東十里置平寇縣　魏書卷一〇六地形志上：「平寇，真君七年併三堆、朔方、定襄屬焉。」則平寇縣早於莊帝以前太武帝已設置。

〔一二〕忻水東歷程侯山北山甚層鋭其下舊有採金處　「程侯山北」，清趙一清引本書補水經注滹沱水缺文作「程侯北山」，見王先謙合校水經注。新定九域志卷四引水經注云：「程侯北山下有採金穴。」亦作「程侯北山」。趙一清引新定九域志文謂：「樂記『處』字疑『穴』字之誤。」

〔一三〕忻中口　「忻」，永樂大典卷五二〇二引本書作「欣」，傅校改同。

〔一四〕在河曲之陽　萬本、庫本作「黄河千里一曲，曲當其陽」；中大本作「河千里一曲，縣當其陽」，元和郡縣圖志忻州同，「河」作「黄河」。按「河」蓋指滹沱河，非黄河。

〔一五〕音郭　萬本、庫本無此二字，傅校删。

〔一六〕水經注　永樂大典卷五二〇二引本書作「水經」，趙一清引本書補滹沱水亦作「水經」，見王先謙合校水經注。

〔一七〕嵐州刺史兼理　「理」，萬本、庫本作「領」，同舊唐書地理志二、輿地廣記卷一九，傅校改爲「領」。

〔一八〕楊鉢　「鉢」，底本作「鉢」，萬本同，據庫本及舊唐書地理志二改。

〔一九〕皇朝管户主一千二百六十　「管」，底本無，據萬本、庫本及傅校補。

〔三〇〕獨子川　「川」，萬本作「洲」，庫本作「州」，未詳孰是。

〔三一〕下有泉流入鴈門　「鴈門」，嘉慶重修一統志卷一五〇忻州引本書作「鴈門村」，此疑脱「村」字。

太平寰宇記卷之四十三

河東道四

晉州

晉州，平陽郡。今理臨汾縣。禹貢冀州之域。星分參宿。堯、舜所都平陽，即是此地。書謂「既修太原，至于岳陽」，亦此地也。春秋屬晉，戰國屬韓，後屬趙。地理志曰：「魏地，盡河東。」趙分晉，西有上黨，上黨乃韓之别郡，遠韓近趙，後卒降趙。秦併天下，爲河東郡地，二漢因之。魏正始八年分河東之汾北十縣，置平陽郡，以在平河之陽，以爲名。晉亦因之。劉元海僭號稱漢，亦都于此，故十六國春秋前趙録云：「河瑞元年，太史令宣于修之言于元海曰：『蒲子崎嶇，非可久安。平陽，唐堯所都。』于是徙居平陽。」後魏真君四年于此置東雍州，孝昌中改爲唐州，建義元年又改爲晉州，置總管府，仍與郡同移故平陽城東北二十里白馬城爲理。歷東魏、北齊、後周，皆爲重鎮。隋初改平陽爲平河郡，三年廢郡，又爲州。

至煬帝初州廢，又立爲臨汾郡，仍移于白馬城南一里；義寧二年又改爲平陽郡，領臨汾、襄陵、岳陽、冀氏、楊五縣，其年改楊縣爲洪洞。唐武德元年改爲晉州；二年分襄陵置浮山縣，分洪洞置西河縣；三年置總管府，管晉、絳、沁、吕四州；四年爲都督府，移治白馬城，改浮山爲神山縣。貞觀六年廢都督，十二年移治所於平陽古城，十七年省西河縣，以廢吕州之霍邑、趙城、汾西三縣來屬。天寶元年改爲平陽郡。乾元元年復爲晉州。元和十四年割襄陵屬絳州。太和元年改屬河中府。梁開平四年升爲定昌軍節度。後唐同光元年爲建雄軍。皇朝因之。

元領縣九。今十：臨汾，洪洞，襄陵，神山，霍邑，趙城，汾西，冀氏，岳陽，和川。

州境：東西三百二十四里。南北三百五十里。

四至八到：東南至東京九百里。東南至西京六百二十四里。西南至長安七百三十里。東至潞州三百九十里。南至絳州一百四十里。西至慈州二百五十里。一作二百一十五里。〔一〕北至汾州三百六十里。東南至澤州四百六十里。西南至慈州二百一十里。西北至隰州二百五十里。東北至沁州二百九十里。

户：唐開元户六萬八百五十二。〔二〕皇朝户主二萬八百八十九，客四千七百六十六。

風俗：詩含神霧云：〔三〕「唐地磽确，其人儉而蓄積，外急而内仁。」地理志云：「晉之人，君子深思，小人儉陋。」別傳云：「剛强多豪傑，矜功名，薄恩少禮，與河中、太原同。」

姓氏：平陽郡六姓：柴、賈、解、馬、路、鄧。晉陽郡二姓：習、景。

人物：衛青，字仲卿，平陽人也。武帝時爲大將軍，封長平侯。郅都，行法不避貴戚，號「郅蒼鷹」。〔四〕霍去病，平陽人。武帝時爲票姚校尉。霍光，去病異母弟，封博陸侯。〔五〕尹翁歸，平陽人。爲扶風令，〔六〕語不及私。鄧攸，字伯道。襄陵人。〔七〕賈逵，字梁道，襄陵人。爲弘農太守，魏太祖曰：「使天下二千石悉如賈逵，吾何患矣！」唐員半千。晉州臨汾人。

土產：蠟燭，貢。蜜蠟，貢。〔八〕葡萄，紅豆，紫草，紫參。賦：麻，布。

臨汾縣，舊十三鄉，今十鄉。本漢平陽縣，屬河東郡，在平水之陽，故曰平陽縣，即今州城也。魏置平陽郡，平陽縣屬焉，自魏至宇文周，屬郡不改。隋開皇元年改平陽爲平河縣，三年罷郡，縣屬晉州，其年又改平河縣爲臨汾縣。大業三年罷州，置臨汾郡，縣仍屬焉。唐義旗初，屬平陽郡。武德元年罷郡，置晉州，縣仍屬焉。

劉元海城。晉永嘉之亂，元海僭稱漢，于此置都，築平陽城，晝夜興作，不久則崩，募能城者賞之。先有韓媪者，于野田見巨卵，傍有嬰兒，收養之，字曰橛兒，時已四歲，聞元海築城不就，乃白媪曰：「我能城之，母其應募。」媪從之。橛兒乃變爲蛇，令媪持灰隨後遺誌焉，謂媪曰：「憑灰築城，可立矣。」竟如所言。元海問其故，橛兒遽化爲蛇，投入山穴，露尾數寸，使者斬之，仍掘其穴，忽有泉湧出，激溜奔注，與晉水合流，東入于汾。至今近泉出蛇皆無尾，以爲靈異，因立祠焉。

天井，在縣北五十里汾水東。前趙録曰：劉元海元熙三年，「晉將軍曹抽襲趙平虜卜休于天井，逆戰，滅之」。即此也。

襄陵故城，漢襄陵縣城，在縣東南三十五里。〔九〕本晉大夫郤犨城是也。

平山，一名壺口山，尚書謂「壺口治梁及岐」，即此地。今名姑射山，在縣西八里，平水出焉，足美石。〔一〇〕山海經：「憲山之南三百里，〔一一〕有姑射山。」冀州圖云：「西入文城郡，以山爲界。莊子：『藐姑射之山有神人居焉，肌膚若冰雪，綽約如處子，不食五穀，吸風飲露，乘雲氣，御飛龍，而遊乎四海之外。堯見之，窅然喪其天下。』即此也。」

石孔山，有九孔相通，深不能窮。

潏水，今名三交水，東自襄陵縣界流入。

汾河。水經注云：「汾水出平陽壺口山，〔一二〕東經狐谷亭。」冀州圖云：「汾水東北從西河界入，歷郡西南，入絳郡。」前趙録云：「晉永嘉三年，劉元海徙平陽於汾水，得白玉印，方四寸，高一寸二分，龍紐，其文曰『新室之印』，〔一三〕即王莽所造。」又南與平河水合流。

沁水。冀州圖云：「沁水東北從上黨至郡東南，入長平界。」

平水。冀州圖云：「平陽故縣西南十五里有平水，即晉水也，其旁有故城、宮闕基地，皆劉聰遺跡。」

澇水，源出烏嶺山，俗名長壽水。

夏水池。郡國志云：「縣西南三十里有大池，其水六畜不敢飲，一名翻鑊池，即煮眉間赤頭處，鑊翻因成池。池水上猶有脂潤。」

禮城，堯妻舜二女之地。

高粱城。河北圖云：「在縣東北三十七里。」左傳僖公二十四年：「殺懷公於此。」又郡國志云：「即高粱之墟。」

犨氏亭，晉大夫郤犨食菜之地，今有亭。

狐谷亭。郡國志云：「即狄侵晉，取狐、廚。」今爲亭。

霍將軍祠，在州西南，唐天寶七年勅置。〔一四〕

堯廟，在縣南六一作「十」。里。〔一五〕堯碑云：「舊在汾水西，晉元康中移於汾水東，顯慶三年移就今廟。」

姑射神祠，在縣北十三里姑射山東。唐武德元年勅置。

龍子祠，在姑射山東平水之源。其地茂林蓊鬱，俯枕清流，實晉州之勝境也。

劉和墓，在縣南三十五里。元海太子也，欲誅劉聰，爲聰所殺。

劉聰墓，在縣西南十一里。元海第四子。

洪洞縣，東北六十里。舊十六鄉，今四鄉。本漢楊縣，即春秋時楊侯國也。左傳曰：「虞、虢、焦、滑、霍、楊、韓、魏，皆姬姓也。」杜注曰：「八國，晉所滅。楊縣屬平陽。」晉地道記曰：「楊，故楊侯國，晉滅之，以賜大夫羊舌肸。漢以爲縣，屬河東郡，後漢同。魏置平陽郡，〔一六〕楊縣屬焉。」後魏改屬永安郡。開皇三年罷郡，改屬晉州。煬帝罷州，置臨汾郡，縣仍屬焉。唐義旗初改爲洪洞縣，取縣北故洪洞鎮爲名。

霍山，在縣東北三十里，霍水出焉。水經注云：「發源成潭，闊七十步，不測其深。」爾雅云：「霍山之上多珠玉焉。」又聖人崖，崖有七穴相通。水經注云：霍山北有雀鼠谷，「谷中道險，左右悉結成偏梁閣道，累石就路，俗謂之魯班橋。」

汾水，在縣西六里。

霍水，在縣北三里。水經注云：「霍水源出趙城縣東三十八里廣勝寺大郎神，西流至洪洞縣。」〔一七〕

故楊城，春秋時楊國，漢楊縣城也，在縣東南十八里。

洪洞故城，在縣北六里。後魏鎮城也，姚最序行記云：「周建德五年，從行討齊，師次洪洞，百雉相臨，四周重復，控據要險，城主張元靜率所部肉袒軍門。」即此也。

擒昌故城，後魏擒昌縣在縣東南二十四里。後魏太武帝擒赫連昌置，因名焉。

師曠祠，在縣東南二十五里。

郅都墓，在縣東南二十里。河東大陽人，〔八〕爲鴈門太守，匈奴患之。太后以漢法中都，景帝殺之。

劉元海墓，在縣東八里。稱趙，僭都平陽。

襄陵縣，東南二十六里。舊五鄉，今六鄉。本漢舊縣也，屬河東郡。魏正始八年分河東、汾北置平陽郡，以襄陵縣屬焉。後以此地擒赫連昌，遂于白馬城置擒昌縣。高齊天保七年省。周平齊，自臨汾縣東北二十里白馬故城移擒昌縣于今縣焉，亦隸平陽郡。隋初罷郡，置晉州。大業二年改爲襄陵縣，以趙襄子、晉襄公俱陵于是邑，以名縣；三年罷州爲郡，縣仍隸之。

三交水，在縣北十五里。

襄陵故城。冀州圖云：「襄陵郡東南三十二里，即故襄陵城也。大業初曰擒昌，後移就故城，即在趙城東南六十里。」

晉賈充墓，在縣西南十里。充字公閭，爲車騎將軍，贈太宰。
浮山，在縣東南七里。
澮水，一名巢山水，源出縣東南。
巢山，在縣北十五里。
神山縣，東七十八里。〔一九〕舊十二鄉，〔二〇〕今三鄉。本漢襄陵縣也，〔二一〕高齊省襄陵縣入擒昌。隋復置襄陵縣。唐武德二年，僕射裴寂奏分襄陵以東之地置浮山縣，以山名縣，隸晉州；至三年以吉善行于羊角山見神人；四年改爲神山縣。〔二二〕
黑山，在縣東四十四里。一名牛首，今名烏嶺山。黑水出焉，亦名澇水，發源西流入臨汾縣界。
羊角山，在縣西南三十里。
老君祠，在縣東南二十里。唐武德三年見神于羊角山下，語曲沃縣人吉善行曰：「報大唐天子，得聖理千年。」其年勅遣通事舍人柳憲立祠，因改縣爲神山。至開元十四年于舊廟置慶唐觀。
縣城，故郭城也。魏書擒昌縣有郭城，即此。其城東西高四丈，南北三面絶崖險固，周迴五里。

鳴山，在縣南十五里。每天欲雨，此土颯然有聲，草木不動，俗傳爲鳴山。

虜投交水，在縣南二十里。出龍角山西巢山，〔二三〕東北流入縣。水經注云：「澮水出巢山東谷，北經浮山，西入襄陵縣界入汾。」〔二四〕虜投交水，即澮水也。

霍邑縣，北一百五十里。元十四鄉。本漢彘縣也，〔二五〕屬河東郡，因彘水爲名。周厲王無道，周人流王于彘。按彘即今縣理是也。後漢順帝改彘縣爲永安縣，屬郡不改。魏分河東置平陽，縣又屬焉。後魏真君七年省，及宣武正始三年又於今州趙城縣東北十五里仇池壁置永安縣，〔二六〕又移于趙城縣東南三里。魏末復還今理。隋開皇十八年改爲霍邑縣，屬呂州，因霍山爲名。大業二年廢呂州，改屬晉州。隋末喪亂，武牙郎將宋老生屯兵于此，義師之至也，老生陳兵據險，師不得進，忽有白衣老父詣軍門曰：「霍山神遣語大唐皇帝，若向霍邑，當東南傍山取路，我當助帝破之。」〔二七〕遣人視之，果有微道。高祖笑曰：「此神不欺，趙襄子豈當負吾耶！」於是進師，去城十餘里，老生戰敗，棄馬步走，墮身隍中，劉弘基斬之，遂平霍邑，置霍山郡。武德元年廢郡，復置呂州，因呂鄉爲名。貞觀十七年州廢，縣入晉州。

霍山，一名太岳，在縣東三十里。禹貢曰：「既修太原，至于岳陽。」正義曰：「今河東彘縣有霍太山。」〔二八〕周禮職方氏冀州「鎮曰霍山」是也。

呂坡，在縣西南十里。古今地名記曰：「永安縣有呂鄉，晉大夫呂甥之邑也，呂州取名于此。」

汾水，自靈石縣界流入，經縣西二里，南入趙城縣界。

彘水，源出霍山，經縣南一里，西入汾水。

普濟寺。貞觀八年奉詔，〔二九〕以破宋老生，于此置寺，寺碑許敬宗之文。

觀堆祠，在縣東南三十里。堆高二里，周圍十里。史記云：「智伯率韓、魏攻趙，襄子懼，保晉陽。原過從，後，至於王澤，有三神與過竹二節，令遺毋卹。襄子齋三日，剖竹，有朱書曰：『余霍太山山陽侯天使也，余將使汝反滅智氏。』卒如其言，遂祠三神，使過主之。」俗謂其處爲觀阜。

周厲王陵，在縣東二十九里。〔三〇〕厲王無道，國人叛之，王出奔彘死，因葬此。

轟轟廟，在縣西百里。按碑文：「永徽五年，百姓爲石羅縣開國燕伯隴等立。〔三一〕又神道碑云：「唐故雲麾將軍燕鶱，字伯隴，即霍邑人也。」

趙城縣，東北九十里。舊十五鄉，今三鄉。本漢彘縣地，即造父之邑也。史記曰：「造父以善御幸于周繆王，得驥、温驪、驊騮、騄耳之駟，西巡狩，樂而忘歸。徐偃王作亂，造父爲繆王御，長驅歸周，一日千里以救亂。繆王以趙城封造父。」注曰：「趙城在河東永安縣。」按永安縣，本漢河東郡之彘縣，自漢迄晉不改。〔三二〕後魏太武帝廢，宣武帝又置，至隋不改。其趙城縣，唐義旗之初，分霍邑縣置，屬霍山郡，因故趙城爲名。武德元年廢郡，置吕州，縣仍屬焉。貞觀十七年州廢，縣入晉州。縣初置在故趙城縣内，麟德元年爲城内少水，移向西三里，即今縣理也。

汾水，在縣西一里。〔三三〕

趙城，〔三四〕在縣南三十五里。即造父受封于此。

霍山廟，在縣東南三十里。〔三五〕水經注云：「霍山有廟甚靈，鳥雀不栖其林，猛獸常守其庭。有靈泉以供祭祀，鼓動則泉流，聲絶則泉涸。」唐貞觀五年重修，更名霍山神。

趙簡子廟，在縣城内。

姑射山，在縣西三十二里。

伏牛臺，在縣南十五里。按帝王世紀曰：「伏羲，風姓，蛇身人首，常居此臺，伏牛乘馬，故曰伏牛臺。」

女媧墓，在縣東南五里，高二丈。按城冢記：「女媧墓有五，其一在趙簡子城東五里。」

赫連勃勃墓，在縣東三十五里霍山最高峰上。

汾西縣，東北一百八十里。元十鄉。亦漢彘縣之地，屬河東郡。後漢改彘縣爲永安縣，自漢迄于後魏猶爲永安縣。高齊又于此置臨汾郡及臨汾縣。〔三六〕隋開皇三年改臨汾爲汾西縣，十六年改屬汾州，十八年改屬呂州。大業二年改屬晉州。義旗初屬霍山郡。武德元年又屬呂州。貞觀十七年廢呂州，又屬晉州。至皇朝太平興國七年移歸舊理。

汾水，北自汾州靈石縣界流入，在縣東三十五里。東南入霍邑縣界。

青山，在縣西六十里。南入趙城，西北至温泉，總一百六十里。舊名青山，天寶六年改爲汾西山，亦姑射山之連延也。

冀氏縣，東二百一十里。舊八鄉，今三鄉。本漢猗居義反。氏縣地，屬上黨郡。按漢猗氏縣在今縣北三十五里猗氏故城是也，至晉省。後魏莊帝於猗氏城南置冀氏縣及冀氏郡，即今縣是也，屬晉州。高齊文宣帝省冀氏郡，以縣屬義寧郡。隋開皇三年罷郡，改屬晉州。

烏嶺山，在縣西三十里。

刁黃山，〔三七〕在縣東五十八里。

沁水，在縣東一里。水經云「沁水出謁戾山」，在潞州界，從和川縣南流來。

八十川水，在縣東三十里。出潞州長子縣界發鳩山，西南入縣界，合沁水。此川長八十里，因名八十川。

岳陽縣，東北一百五十里。舊八鄉，今二鄉。〔三八〕本漢穀遠縣地，〔三九〕後魏孝莊帝建義元年於今縣西北七十八里安澤故城置安澤縣，屬義寧郡。隋開皇十六年改屬汾州。〔四〇〕大業二年改安澤爲岳陽縣，以太岳之南，故名之；十二年罷州，置臨汾郡，縣仍屬焉。唐義旗初屬平陽郡，武德元年罷郡，改屬晉州；二年移于今理南三十三里東池堡。貞觀六年又移今理。

烏嶺山，在縣東十四里。

赤壁水，在縣南，西北流，合澗水。其澗水，一名通軍水。

千畝原，在縣北九十里。左傳：「晉穆侯夫人生太子，命之曰仇。其弟以千畝之戰生，命之曰成師。」即此地。今原下有沁水所經。

赤壁城，在縣西一里。隋岳陽縣理此。

東池堡，在縣南三十三里。今堡中貯義倉，北面絶崖，三面各二丈五尺，周迴一里。

和川縣，東北一百里。〔四一〕舊四鄉，今二鄉。亦穀遠縣之地，後魏孝莊帝于今縣南九里置義寧縣，屬義寧郡。隋開皇三年罷郡，改屬晉州；十六年置沁州，縣屬焉；十八年改爲和川縣。大業二年省。唐武德元年重置。皇朝太平興國五年割隸晉州。

烏嶺，在縣西十六里。

沁水，在縣東十里。

棄波水，在縣東八十步。

冀缺墓，在縣南三十六里。

卷四十三校勘記

〔一〕西至慈州二百五十里一作二百一十五里　萬本作「西至慈州二百一十五里」，庫本同。按本書卷四八：慈州「東至晉州二百四十里」，與此正文記載里距近似。

〔二〕唐開元户六萬八百五十二　「二」，萬本、庫本作「三」，同元和郡縣圖志卷一二晉州。中大本無「二」字，疑誤。

〔三〕詩含神霧　按隋書卷三二經籍志一：「詩緯十八卷，魏博士宋均注。」含神霧是詩緯中一篇，此「詩」下疑脱「緯」字。

〔四〕郅都行法不避貴戚號郅蒼鷹　萬本、庫本無郅都傳略。按漢書卷九〇酷吏傳：「郅都，河東大陽人。」據本書卷六陝州平陸縣叙云，漢太陽縣地，則郅都應移列陝州。

〔五〕霍光去病異母弟封博陸侯　萬本無霍光傳略，庫本同。

〔六〕扶風令　按漢無「扶風縣」，漢書卷七六尹翁歸傳：「以高第入守右扶風，滿歲爲真。」右扶風是與長官同名之政區名，比郡。此誤「右扶風」爲「扶風令」。

〔七〕鄧攸字伯道襄陵人　萬本、庫本無鄧攸傳略。

〔八〕貢　萬本、庫本無此字。

〔九〕在縣東南三十五里　「三」，底本作「二」，據萬本、庫本及史記卷五秦本紀正義引括地志改。

〔一〇〕足美石　「足」，庫本同，萬本作「出」。

〔一一〕憲山之南三百里　山海經東山經：「盧其之山，沙水出焉，「又南三百八十里，曰姑射之山。」按「盧其」，太平御覽卷九二五引山海經作「憲斯」。又太平御覽卷四五引本書則同此。

〔一二〕汾水出平陽壺口山　按水經汾水注：「汾水南與平河水合，水出平陽縣西壺口山，其水東逕狐谷亭北。」此「汾水」上蓋脱「汾水南與平河水合」八字，「汾水」爲「平河水」之誤。

〔一三〕其文曰新室之印　太平御覽卷六八二引前趙録作「有新保之」，晉書卷一〇一劉元海載記同。水經汾水注作「有新寶之印」，「室」作「寶」。

〔一四〕唐天寶七年勑置　底本「唐」上有「下」字，中大本作「于」，萬本、庫本及嘉慶重修一統志卷一三八平陽府引本書皆無此字，據删。

〔一五〕在縣南六一作十里　萬本、庫本作「在縣南十里」。按元和郡縣圖志晉州作「在縣東八里汾水東」。嘉慶重修一統志平陽府引新志謂在縣南八里。

〔一六〕魏置平陽郡　「置」，底本作「晉」，萬本、中大本、庫本皆作「置」。三國志卷四魏書三少帝紀：齊王正始八年，「分河東之汾北十縣爲平陽郡。」通典卷一七九州郡九：晉州，「秦爲河東郡地，二漢因之。魏分置平陽郡，晉因之。」輿地廣記卷一八同。此「晉」爲「置」字之誤，據改。

〔一七〕霍水源出趙城縣東三十八里廣勝寺大郎神西流至洪洞縣　按水經汾水注：「霍水出霍太山，發源成潭，闊七十步，而不測其深。西南逕趙城南，西流注于汾水。」與此引水經注異，此必有舛誤。

〔一八〕大陽　「大」，底本作「太」，據庫本及漢書卷九〇酷吏郅都傳、卷二八地理志上改。萬本誤作「太楊」。

〔一九〕東七十八里　「東」，底本作「西」，庫本、萬本同。按唐神山縣在今山西浮山縣南東郭，五代唐移治今浮山縣，皆在唐晉州（即今臨汾市）東南，元和郡縣圖志晉州神山縣：「西至州七十八里。」元豐九域志卷四晉州神山縣：「州東七十五里。」是也，此記縣在晉州之「西」，當是「東」字之誤，據改。

〔二〇〕十二鄉　「二」，萬本作「三」，庫本同。

〔二一〕本漢襄陵縣也　按唐於漢襄陵縣地設神山縣，非漢襄陵縣，元和郡縣圖志晉州神山縣：「本漢襄陵縣地也」，此「縣」下當脱「地」字。

〔二二〕四年改爲神山縣　「四年」，庫本同，萬本作「三年」。舊唐書卷三九地理志二、新唐書卷三九地理志三皆作「四年」，元和郡縣圖志晉州作「三年」。按唐會要卷七〇州縣改置上：「神山縣，武德二年九月置浮山，三年九月十九日，以吉善行於羊角山下見老君，改焉。」與本書下文老君祠條記載合，當是。

〔二三〕巢山　萬本、中大本、庫本及嘉慶重修一統志卷一三八平陽府引本書皆作「橋山」。

〔二四〕潏水出巢山東谷北經浮山西入襄陵縣界入汾　按水經汾水注：潏水「源東南出巢山東谷，北逕浮山東，又西北流與勞水合，亂流西北，逕高梁城北，西流入于汾水。」與此引文異，疑此有誤脱。

〔二五〕本漢彘縣也　「也」，底本作「地」，萬本、庫本作「也」。史記卷四周本紀正義引括地志：「晉州霍邑縣，本漢彘縣，後改彘縣曰永安。」同書卷四四魏世家正義：「晉州霍邑縣，漢彘縣也，後漢改曰永安，隋改曰霍邑，本春秋時霍伯國也。」元和郡縣圖志晉州霍邑縣：「本漢彘縣也。」太平御覽卷一六三引十道志同。此「地」爲「也」字之誤，據改。

〔二六〕正始三年　「三年」，嘉慶重修一統志卷一五三霍州引本書作「二年」，元和郡縣圖志晉州同，此「三」疑爲「二」字之誤。

〔二七〕霍山神至我當助帝破之　「遺」，底本作「遺」，據萬本、庫本及元和郡縣圖志晉州改。「帝」，底本脱，據萬本、庫本及元和郡縣圖志補。

〔二八〕禹貢至霍太山　庫本同，萬本引禹貢曰作「壺口、雷首，至於太岳，鄭康成注云今河東彘縣有霍太山」，同元和郡縣圖志晉州。按水經汾水注：彘水出太岳山，「禹貢所謂岳陽也，即霍太山也。」則與此合。

〔二九〕貞觀八年奉詔 「奉」，底本無，庫本同，據萬本及元和郡縣圖志晉州補。

〔三〇〕在縣東二十九里 元和郡縣圖志晉州作「在縣東北二十五里」。

〔三一〕百姓爲石羅縣開國燕伯隴等立 「爲」，底本無，庫本同，萬本有。原校：「按此文百姓下疑闕『爲』字。」按嘉慶重修一統志霍州引本書作「百姓爲羅縣開國燕伯龍立」。此當脱「爲」字，據補。又「石羅」，庫本同，萬本作「羅」，疑此「石」字衍，「隴」，庫本同，萬本作「龍」。「隴」爲「龍」字之誤，下同。

〔三二〕自漢迄晉不改 據續漢書郡國志一載，漢彘縣，東漢陽嘉二年更名永安縣，此後魏、晉不改，此當云「自後漢迄晉不改」，才合。後汾西縣序同。

〔三三〕在縣西一里 「一」，底本作「一百」，當誤，據萬本、庫本改。元和郡縣圖志晉州作「縣西四里」。

〔三四〕趙城 萬本、庫本同，中大本作「故趙城」。按本書趙城縣總序云：唐初置趙城縣，「因故趙城爲名」，「縣初置在故趙城縣内」，則作「故趙城」是，此脱「故」字。

〔三五〕在縣東南三十里 「東」，底本脱，庫本同，據萬本及元和郡縣圖志晉州補。

〔三六〕高齊又于此置臨汾郡及臨汾縣 元和郡縣圖志晉州同。隋書卷三〇地理志中：「汾西，後魏曰臨汾，并置汾西郡，開皇初郡廢。」通典卷一七九州郡九：「汾西，後魏置汾西郡。」按魏書卷一〇六地形志上，臨汾縣屬平陽郡，無汾西郡，但北齊、北周當是汾西郡。

〔三七〕刁黄山　「刁」，底本作「刀」，據萬本及嘉慶重修一統志平陽府引本書改。

〔三八〕舊八鄉今二鄉　萬本、庫本作「依舊八鄉」。

〔三九〕本漢穀遠縣地　「地」，底本無，庫本同萬本有。按漢穀遠縣即今山西沁源縣，唐岳陽縣即今古縣，非一縣，唐岳陽縣爲漢穀遠縣地，元和郡縣圖志晉州岳陽縣，「本漢穀遠縣地」，是也。此脱「地」字，據補。

〔四〇〕隋開皇十六年改屬汾州　「汾州」，萬本據元和郡縣圖志改爲「沁州」，嘉慶重修一統志平陽府引本書作「晉州」。按隋書地理志中臨汾郡：「後魏置唐州，改曰晉州。」領有岳陽縣，「後魏置，曰安澤，大業初改焉。」則隋開皇時安澤縣屬晉州，此「汾」爲「晉」字之誤。

〔四一〕東北一百里　嘉慶重修一統志平陽府：「和川故城，在岳陽縣東北九十里。……名勝志：和川廢縣，今爲和川鎮。」即今山西安澤縣北和川縣，在古縣城關鎮（即清岳陽縣）東北，其地在唐宋晉州（今臨汾市）東北二百里以上，此「一百」有脱誤。

太平寰宇記卷之四十四

河東道五

澤州　遼州

澤州

澤州，高平郡。今理晉城縣。禹貢冀州之域，虞舜及周亦爲冀州之地。春秋時屬晉，戰國時屬韓、魏，後屬趙。上黨本韓之别郡，遠韓近趙，後卒降趙。秦使白起破趙于長平，即今州北高平縣西北二十一里長平故城是也。秦併天下，今州即上黨郡高都縣之地也。二漢至晉因之。後魏道武帝置建興郡，〔一〕理高都城。孝莊改爲建州。北齊亦爲建州及置平陽、高都二郡。〔二〕後周併二郡爲高平郡。隋初郡廢，置澤州，蓋取濩澤爲名。濩音烏虢反。隋爲長平郡。唐武德元年改爲蓋州，領高平、丹川、陵川，又置蓋城四縣，又于濩澤縣置澤州，領濩澤、沁水、端氏三縣；三年于今理置晉城縣；六年廢建州，自高平移蓋州治之；八年移澤州治端氏；九年省丹川、蓋城。貞觀元年廢蓋州，自端氏縣移澤州于今治。天寶元年改澤州爲高平郡。乾元元年復爲澤州。會昌四年九月，中書門下奏：「河陽近雖制置，土宇猶褊，〔三〕澤州全有太行之險固，實爲東洛之藩垣，將務遠圖，所宜從便，望以澤州隸河陽府。」詔從之。皇朝不隸。

領縣六：晉城，高平，陽城，端氏，陵川，沁水。

州境：東西三百三十里。南北一百五十里。

四至八到：東南至東京四百六十二里。西南至西京二百二十五里。西南至長安一千里。東踰山至衛州四百一十里。南至懷州一百四十里。西至絳州四百五十里。北至潞州一百九十里。東南至懷州武德縣二百六十五里。西南至孟州濟源縣一百五十里。西北至晉州四百一十六里。東北至相州六百里。

户：唐開元户二萬二千二百三十五。皇朝户主一萬三千一百八，客一萬一百三十一。

風俗：同上黨。

姓氏：高平郡六姓：朱、范、巴、翟、〔四〕過、獨孤。

人物：無。

土産：人參，貢。紫草，白石英，貢。石雄，茯苓，蜜，蠟。

晉城縣，舊十四鄉，今八鄉。本漢高都縣，屬上黨郡。後魏改屬建興郡，孝莊帝改屬高都郡。周改屬高平郡。隋開皇三年改屬澤州，八年改爲丹川縣，因縣東丹水爲名。唐貞觀三年改置晉城，〔五〕以三國分晉地後封晉君于此，故曰晉城。

太行山，在縣南三十六里。禹貢曰：「太行、恒山，至于碣石。」

五門山，在縣西北八里。其山五，似門。

丹水，出縣北一十二里司馬山。俗傳秦坑趙衆，流血丹川，故名丹川，斯爲不經也。

司馬山，在縣北一十二里。昔晉帝巡狩此山，因以帝姓爲名。

石人山，在縣東南八十八里。有雙石高標類人形。

白水，在縣南二里。源出湖泓水，穿太行過，與丹水合。

莞谷水，在縣東四十八里。地理志云：「丹水不出莞，唯流在張黑水。」〔六〕

硤石山，在縣東南三十里。上有青蓮寺，西有擲筆臺，即遠大師置涅槃經疏藏之所。

天井泉，在天井關之南。泉有三所，極大，至深莫測。

天井關，一名太行關，在縣南太行山上。漢書：成帝陽朔二年秋，「關東大水，流民欲入函谷、天井、壺口、五阮關者，勿苛留也」。

午壁亭。水經注云:「午壁在晉城縣界。」〔七〕

高平縣,北八十里。舊十六鄉,今八鄉。本漢泫氏縣,屬上黨郡,西北在泫水之側,故名之。竹書紀年謂「梁惠王九年,晉取泫氏縣」,即此也。漢爲縣,屬上黨。後魏改泫氏爲玄氏,〔八〕屬建興郡,莊帝永安二年屬長平郡。高齊天保元年省玄氏縣,自長平高平城移理之,〔九〕仍改高平縣,屬高都郡。周改爲高平郡。隋開皇三年改隸澤州。

米山,在縣東一十里。趙將廉頗積糧于此。

髑髏山,在縣西五里。永嘉中,晉道陵遲,劉聰舉兵,積屍爲髑髏山。

羊頭山,在縣北三十五里。山海經:「神農嘗五穀之所,山形象羊頭。」

金門山,在縣北五里。其山崖土赤如金,當趙壘之門,因號金門山。

懸瓠山,在縣西南一十五里。山形如懸瓠。

泫水,一名丹水,在縣西北四十里。源出傘蓋山,穿太行,入河内縣沁源水。漢書地理志云:「泫水出上黨郡高都縣。」〔一〇〕唐貞元中,有縣令決開丹河通縣城澤人,又謂之泫泉。

絶水,在縣西北二十里。源出髑髏山楊谷,漢書地理志云:「楊谷出絶水。」又俗云秦軍築絶,不令趙飲。

省冤谷，東西南北各六十步，在縣西北二十五里。秦壘西面一百步，〔一二〕即趙括被殺，餘衆四十萬降白起之處。起懼趙變，盡坑之，露骸千步，積血三尺，地名煞谷。唐開元十年正月，玄宗行幸親祭，改名省冤谷。

炎帝廟，在縣北三十五里羊頭山上。

頭顱山，一名白起臺，在縣西五里。〔一三〕上黨記云：「秦坑趙衆，收頭顱，築臺于壘中，因山爲臺。」

丹水，一名長平水，水出長平故也。〔一三〕

關城，〔一四〕在縣北三十五里。秦立關于此。

光狼城。史記云：秦昭襄王二十七年，「白起攻趙，拔光狼城。」即此也。

長平關。冀州圖云：「長平關在縣北五十里。」

秦、趙二壁，對起，相去數里，趙括、白起相攻之所。又冀州圖云：「都向二城，在今縣西三十五里，秦據西城，趙守東城，秦坑趙卒在此。」

陽城縣，西一百二十里。舊九鄉，今八鄉。〔一五〕本漢濩澤縣地，屬河東郡，縣因濩澤以爲名。今縣西三十里故城即漢理，故墨子云：「濩澤，舜漁于此。」又郡國志云「今邑西有地云舜田」是也。後魏興安二年自故城移于今理。唐武德元年于此置澤州，因後周之舊名也；八年移澤州于端氏縣，仍屬不改。天寶元年改濩澤爲陽城縣。

析城山，在縣西南七十五里。禹貢云：「底柱、析城，至于王屋。」應劭注漢書云「析山在陽城西南」，〔一六〕即此也。山頂有湯王池，俗傳湯旱祈雨于此。今池四岸生龍鬚緑草，無林木。

王屋，〔一七〕在縣南五十里。仙經云：「王屋山有『仙宫洞天』，廣三千步，〔一八〕號『小有清虛洞天』。山高八千丈，廣數百里，太行、析山爲佐命，中條、鼓鍾爲輔翼。〔一九〕三十六洞，小有爲羣洞之尊，四十九山，王屋爲衆山之最，實不死之靈鄉，真人之洞境也。」

嶕嶢山，在縣西三十里。水經注云：「鹿臺山水經嶕嶢山東南。」〔二〇〕即此。

濩澤，在縣西北一十二里。墨子曰：「舜漁于濩澤。」

百眼泉，在縣東二十里。其泉鼎沸，百流爭騰。

沁水，在縣東二十三里。南入濩澤。

端氏縣，西北一百四十四里。舊八鄉，今四鄉。本漢舊縣地，屬河東郡。史記：「趙成侯十六年，與韓、魏分晉，封晉君以端氏。肅侯元年，復奪晉君端氏，徙處屯留。」漢以爲縣，故城在今縣西北三十里，即漢理。晉屬平陽郡。後魏屬安平郡。隋開皇三年罷郡，自故城移于今理。按郡國縣道記：「今端氏所理，即後魏文帝置安平郡故城之所。」

傘蓋山，在縣東北九十里。

沁水，在縣南一里。

石門山，在今縣西四十一里。

安平故城。後魏於此立郡，廢城在今縣西北三十里。〔二〕

秦河。源出縣北西榆村谷，南流入縣，合沁河。

紇䰄山，在縣西一十里。

陵川縣，東北一百三十里。舊八鄉，今四鄉。本漢泫氏縣地，隋開皇十六年於此置陵川縣。唐武德元年屬蓋州。貞觀元年改蓋州爲澤州，縣仍隸焉。

析城山，冀州圖云：「析城接陵川界。」

九仙臺，在縣西六十五里古賢村。壁立萬仞，三面泉流。古老相傳昔九仙曾會于此。

石勒陵，高四十尺，在縣西南四十里天河內。

太行山，在縣西南一百里。

沁水縣，西北二百里。舊六鄉，今二鄉。本漢端氏縣地，後魏莊帝于此置泰寧郡及東永安縣。〔三〕高齊省郡而縣在。隋開皇十八年改爲沁水縣，仍屬澤州。

黑嶺山，在縣西五十里。贊皇公詩「烏嶺全坑跋扈臣」是也。〔二三〕周宇文諱黑，改爲烏嶺。按春秋後語：魯公二十七年，「晉侯蒐于黄父」。杜氏注：「黑壤，晉地也，在絳之東。」

鹿臺山，在縣南三十里。山海經云「有鹿臺之山」者，即此也。

東輔山，在縣西南九十二里。其山及西輔山與析山相連，有若相輔之勢。

沁水，在縣東北五十六里。其水出沁州緜上縣界覆甑嶺，經晉州冀氏縣界，當州端氏縣。

害水，在縣南八十里，出西輔山。水經注云「害水出垣曲縣界」。〔二四〕

馬邑城，置在山上，縣東二十里。史記白起與趙括相戰于長平之時，築此城養馬。

其處峻險，南臨小澗，北拒大川。

王離城，在縣東北五十六里。史記秦將王離擊趙築。此城阻險臨崖，四面懸絶。

遼州

遼州，樂平郡。今理遼山縣。禹貢冀州之域。春秋時其地屬晉，戰國屬韓。秦爲上黨郡地。今州即漢上黨郡之涅縣地也。後漢於此置陽河縣，〔二五〕屬上黨郡。晉改爲轑陽，屬樂平郡。後魏太武併入武鄉，明帝改轑陽爲遼陽。隋開皇十年置遼山縣，屬并州，十六年屬遼州，即今州理。唐武德三年分并州之樂平、和順、平城、石艾四縣置遼州，治樂平；其年置義興縣；六年自樂平移于遼山，仍以石艾、樂平二縣屬受州，省義興縣，以廢榆州之榆社、平城二縣來屬；八年改遼州爲箕州，因遼山縣界箕山爲名。先天元年以與玄宗諱同聲，改爲儀州，因州東夷儀嶺爲名。天寶元年改爲樂平郡。乾元元年復爲儀州。梁開平三年以兖州管内有沂州，其儀州復爲遼州。

領縣四：遼山，和順，榆社，平城。

州境：東西一百五十里。南北一百五十九里。

四至八到：東南至東京七百里。西南至西京七百八十里。西南至長安一千六百四十里。東至磁州三百四里。西至并州三百四十五里。南至潞州三百三十一里。北至平定軍樂平縣一百七十里。東至潞州黎城縣一百九十五里。〔三六〕東北至邢州三百四十二里。

户：唐開元户七千九百九十五。皇朝户主二千七百一十七，客四千七百五十四。

風俗：蕃漢相雜，好武少士。

人物：無。

土産：人參。

遼山縣，元五鄉。河東圖云：「和順縣，晉大夫梁餘子養邑。」秦伐閼與，趙奢救之。奢曰：「譬如兩鼠鬭穴中，將勇者勝。」是此地也。在漢爲涅縣之地，後漢于此置陽河縣，俱屬上黨郡。晉改爲轑陽縣，屬樂平郡。後魏太武併入武鄉，明帝改轑陽爲遼陽。隋初改置遼山縣，屬并州，因縣西北轑山爲名。

箕山，在縣西四十五里。〔二七〕上有許由冢。按伯夷列傳曰：「余登箕山，上有許由冢。」後魏風土記云：「太原郡箕山有許由冢。」別説又云在今洛州洛陽縣，不當在此。其山有石室，方四丈，壁中文字篆書，人莫能識。又有鬼谷。

屋騋嶝。郡國志云：「高齊之初，鑴山腹寫一切釋經於此也。〔二八〕」

五指山，在縣東五十里。李穆叔趙記云：「轑陽東北有五指山，巖石孤聳，上有一手一足之跡，其大如箕，指數俱全。」又郡國志云：「北齊文宣王遣人量之，長七尺。」又十六國春秋云：「石勒當生之時，此山上草木，〔二九〕皆爲鐵騎之形矣。」

三臺嶺。後魏書云：「武鄉有三臺嶺。」

清谷水。水經注云「清谷口水，源出東北長山清谷。」亦云遼山縣西南黃巖山軫出也。〔三〇〕

晉大夫先軫祠，在縣南二里。

遼陽山，在縣東三里。南入潞州黎城縣界。

遼陽水，從平城縣西北八賦嶺下出，名八賦水，東南流經古遼陽城南過，謂之遼陽水。又東過合清漳水，號漳水。

清漳水，出太原郡樂平縣界沾嶺下。地理志：「前漢上黨郡有沾縣。」水經注云：「後漢分沾縣爲樂平郡，〔三〕治沾縣。」

龍泉水，在縣東三十里。山側有穴，闊一丈，去地一百尺，流注不絶，如龍之吐，故曰龍泉。

遼陽川，在遼陽城西。東過至山，東西二十里，中閒遼陽水通流。〔三〕

千畝原，在縣東南三十二里。地方千畝，平原膏腴，人賴其利。

祝融祠，在縣北二里。

和順縣，北八十五里。依舊五鄉。本漢沾縣地，即春秋閼與邑也，一名榆城。史記云：「秦伐閼與，趙惠文王使趙奢救之，大破秦師。」即此地也。後魏孝昌二年於此置樂平郡及樂平縣。隋開皇五年復移于今所，屬并州；十年又移于沾城，仍于今所置和順縣，因縣界内東北古和順城以爲名也。

九原山，在縣西十一里。國語：「趙孟與叔向遊於九原。」〔三〕即此也。

梁榆水。水經注云：「梁榆水出梁榆城西大嵰山。盧諶征艱賦云『訪梁榆之虚郭，弔闕與之舊都』〔三四〕」是也。

首陽山，在縣東四十里。按論語鄭玄注「首陽山在河中蒲坂城南」，今陽區山，俗號爲首陽山。

南萬水，在縣西南四十八里，出黄萬嶺下。〔三五〕又有南松子水、北松嶺水。〔三六〕

九京川，在九京山北，東西二十里。

故趙奢壘，在縣東五十里。

清漳水，在縣北。

榆社縣，西一百一十里。依舊管七鄉。本漢涅縣地，晉于今縣西北三十五里置武鄉縣，屬上黨郡。十六國前趙石勒即此邑人。後魏改屬武鄉，〔三七〕移于今縣南韓州武鄉縣界。隋開皇十六年於此置榆社縣，屬韓州，今潞州之襄垣縣理是也，因今縣西北榆社故城爲名。大業二年省。義寧元年又置。唐武德三年于縣置榆州，縣仍屬焉；六年廢榆州，以縣屬遼州。

武鄉水，在縣西一里。源從平城縣西南八賦嶺下出，西入武鄉縣。〔三八〕

石公泉，在縣東四十里。源發武鄉嶺下。是石勒飲馬之泉。

漚麻池，在縣北三十里。即石勒布衣時漚麻於此，與李陽所争處，今枯涸，才有

處。〔三九〕

古榆社城，在縣北三十五里。魏地形志云：「武鄉北有榆社城。」

古箕城，在縣東南三十里。地形志云：「太原二百一十里有箕城。」〔四〇〕春秋僖公三十三年，「晉人敗狄于箕」。即此也。

縣城，即故武鄉也，石勒時築。前趙録曰：「石勒，上黨武鄉人，僭號後還，令曰：『武鄉，吾之豐、沛，其復之三葉。』」

平城縣，西北九十里。依舊三鄉。本漢涅縣地，晉置武鄉縣，地屬焉。隋開皇十六年於趙簡子所立平都故城置平城縣，屬遼州。大業二年改屬并州。〔四一〕唐武德三年改屬榆州，六年省榆州，改屬遼州。貞觀八年改屬箕州。先天元年改屬儀州。

斷孤山，在縣南十五里。其山南高于衆山，〔四二〕四面孤絶，有斷孤水出焉。

北八賦水，在縣西北十四里。出北八賦嶺，東流入遼山縣界。

南八賦水，在縣西三十里。出南八賦嶺，東流入榆社縣界。

困悶城，在縣南十五里。舊圖經云：「趙簡子至此病篤，遂築此城，由此爲名。」又有困悶川。

卷四十四校勘記

〔一〕後魏道武帝置建興郡　魏書卷一〇六地形志上：建州，「慕容永分上黨置建興郡，真君九年省，和平五年復。」與此異。

〔二〕北齊亦爲建州及置平陽高都二郡　隋書卷三〇地理志中：「後齊置長平、高都二郡，後周併爲高平郡。」疑此「平陽」爲「長平」之誤。按魏書地形志上建州有高都、長平郡，並永安中置，非北齊置，此誤。

〔三〕土宇猶褊　「褊」，底本作「編」，萬本、庫本作「偏」，皆誤，據宋版及唐會要卷七〇州縣改置上改。

〔四〕翟　底本作「瞿」，據宋版、萬本、庫本改。

〔五〕唐貞觀三年改置晉城　「三年」，新唐書卷三九地理志三、唐會要州縣改置上同，舊唐書卷三九地理志二作「二年」。

〔六〕丹水不出莞唯流在張黑水　宋版、庫本同，萬本據漢書地理志改爲：「莞谷，丹水所出，東南入泫水。」按此引地理志，非漢書地理志。

〔七〕水經注云午壁在晉城縣界　水經沁水注：陽阿水「東南流，逕午壁亭東，而南入山」。與此引文別。又晉城縣置於唐貞觀三年，蓋樂史以午壁亭所在，按當時之地釋之。

〔八〕後魏改泫氏爲玄氏　「泫氏」，底本作「泫」，宋版、中大本同。按漢泫氏縣，北魏改爲玄氏縣，見魏書地形志上、元和郡縣圖志卷一五澤州，此「泫」下當脱「氏」字，從傅校補。萬本作「後魏改爲玄氏縣」，亦合。

〔九〕高平城　底本作「高城」，宋版、萬本、庫本同。按魏書地形志上：長平郡高平縣「治高平城」。此脱「平」字，據補。

〔一〇〕泫水出上黨郡高都縣　萬本同；宋版作「泫水出上黨縣」，中大本、庫本同。按漢書卷二八地理志上上黨郡高都縣有泫水，即本書所云，宋版、中大本、庫本誤。

〔一一〕秦壘西面一百步　「一」，底本作「以」，據宋版、萬本、庫本及嘉慶重修一統志卷一四五澤州府引本書改。

〔一二〕在縣西五里　「西五里」，底本作「西北九里」，庫本作「西北五里」，據宋版、萬本及元和郡縣圖志澤州改。

〔一三〕水出長平故也　「也」，底本作「地」，據宋版、萬本、庫本改。

〔一四〕闕城　萬本同，宋版作「故闕城」，蓋此脱「故」字。

〔一五〕今八鄉　「八」，萬本同，宋版作「四」。

〔一六〕析山在陽城西南　按漢書地理志上：濩澤縣，「禹貢析城山在西南。」注引應劭曰：「有濩澤，在西北。」與此引文不同。又二漢至隋，皆名濩澤縣，至唐天寶元年改名陽城縣，此以漢名濩澤改用唐名「陽城」，當誤。

〔一七〕王屋　宋版、庫本同，萬本、中大本皆作「王屋山」，當是。

〔一八〕廣三千步　「三千步」，萬本、庫本同，宋版、中大本皆作「三千里」，嘉慶重修一統志澤州府引本書作「三里」。

〔一九〕鼓鍾　「鼓」，底本作「古」，宋版、庫本同，萬本據一統志改爲「鼓」。按嘉慶重修一統志澤州府引本書作「鼓」。山海經中山經：「鼓鍾之山，帝臺之所以觴百神也。」郭璞云：「舉觴燕會，則於此山，因名爲鼓鍾也。」水經河水注：教水南流，「歷鼓鍾上峽」，「一水歷冶官西，世人謂之鼓鍾城。城之左右，猶有遺銅及銅錢也。城西阜下有大泉，西流注澗，與教水合，伏入石下，南至下峽。山海經曰：『鼓鍾之山，帝臺之所以觴百神也。』即是山也。」本書卷四七絳州垣縣：「鼓鍾山，在縣東北六十里。」此「古」爲「鼓」字之誤，據改。

〔二〇〕鹿臺山水經嶕嶢山東南　「東南」，宋版、庫本同，萬本作「東」，無「南」字。按水經沁水注：鹿臺山水「歷嶕嶢山東。」此「南」蓋爲衍字。

〔二一〕後魏於此立郡廢城在今縣西北三十里　按本書端氏縣序云漢端氏縣故城「在今縣西北三十里」，引郡國縣道記云今端氏縣「即後魏文帝置安平郡故城」，則此「廢城在今縣西北三十里」，乃漢端氏縣故城，非後魏安平郡城。

〔二二〕後魏莊帝于此置泰寧郡及東永安縣　按魏書地形志上：「泰寧郡，孝昌中置，及縣。」領縣四：東永安、西河、西濩澤、高延。則此「莊帝」應作「孝明帝」。

〔二三〕贊皇公　宋版同，萬本作「唐李德裕」。據舊唐書卷一七四李德裕傳載，大和七年，進封贊皇伯。

〔二四〕害水出垣曲縣界　按水經注無此文。又漢置垣縣，魏晉因之，北魏改置白水縣，北周改名亳城縣，隋大業初改名垣縣，至北宋改名垣曲縣，酈書何有垣曲之稱？蓋誤。

〔二五〕後漢於此置陽河縣　「陽河」，萬本、庫本作「陽阿」，同元和郡縣圖志卷一三儀州。王先謙合校水經注清漳水注作「轑陽」，校云：「按『轑陽』，近刻訛作『轑河』。」楊守敬水經注疏作「轑河」，云：「守敬按，元和志鈔本，漢上黨縣地，後漢於此置轑河縣（趙一清所見本亦如此），晉改爲轑陽。今本續漢志無轑河縣，蓋脱。嚴刻本元和志誤作『陽河』，蓋混於續漢志上黨之陽阿。」嘉慶重修一統志卷一五九遼州：遼山故城，「後漢末置轑河縣，晉曰轑陽」。吴增僅三國郡縣表附考證云：「漢末於上黨之北境置轑阿，旋置樂平，遂爲屬縣，晉改轑阿爲轑陽。」下文遼山縣總序同。

〔二六〕東至潞州黎城縣一百九十五里　按北宋遼州治遼山縣，即今左權縣，潞州黎城縣即今黎城縣，在遼州南，此「東」下疑脱「南」字，或「東」爲「南」之誤。

〔二七〕在縣西四十五里　「西」，元和郡縣圖志儀州作「東」。

〔二八〕鏁山腹寫一切釋經於此也　「鏁」，萬本、庫本及永樂大典卷五二四五作「鏽」；「腹」，萬本、庫本同，永樂大典引本書作「復」。

〔二九〕此山上草木　「此」，底本作「北」，庫本同，據萬本及太平御覽卷四五引十六國春秋改。

〔三〇〕遼山縣西南黄巖山軫出也　「軫出也」，庫本同，萬本作「畛流出」。

〔三一〕後漢分沾縣爲樂平郡　「後漢」，底本作「漢」，萬本、庫本同。水經清漳水注：「後漢分沾縣爲樂平郡，治沾縣。」即本書所引。魏書地形志上：「樂平郡，後漢獻帝置。」與酈書合，此脱「後」字，據補。

〔三二〕在遼陽城西東過至山東西二十里中間遼陽水通流　庫本、永樂大典卷五二四五引本書同，萬本作「在遼陽城西二十里，中間遼陽通流」，疑有脱誤。

〔三三〕九原山至遊於九原　二「原」字，庫本同，萬本作「京」。國語晉語八作「原」，韋昭注：「原當作京也。京，晉墓地。」禮記檀弓下亦作「原」。隋書地理志中、元和郡縣圖志儀州並作「京」。本書卷四七絳州正平縣：「九原，一名九京。」

〔三四〕訪梁榆之虚郭弔閼與之舊都　「訪」、「弔」，底本作「方」、「乃」，庫本同，據萬本及水經清漳水注引盧諶征艱賦改。

〔三五〕黃萬嶺　「萬」，底本脱，庫本同，據萬本、中大本及永樂大典卷五二四五引本書、嘉慶重修一統志遼州引本書補。

〔三六〕南松子水北松嶺水　「南松子水」之「子」，中大本、庫本及永樂大典卷五二四五引本書同，萬本及嘉慶重修一統志遼州引本書作「嶺」。「北松嶺水」之「嶺」，底本作「源」，據萬本、中大本、庫本及永樂大典引本書、嘉慶重修一統志引本書改。

〔三七〕後魏改屬武鄉　萬本作「於縣置武鄉郡縣仍屬焉」。按魏書地形志上：「鄉郡，石勒分上黨置武鄉郡，後罷，延和二年置。」郡治鄉。隋書地理志中：「鄉，石勒置武鄉郡，後魏去『武』字。」則此疑爲「於縣置武鄉郡，縣仍屬焉，後魏改爲鄉郡鄉縣」之脱誤。

〔三八〕西入武鄉縣　「西」，庫本、永樂大典卷五二四五引本書同，萬本作「南」，嘉慶重修一統志遼州引本書同。按武鄉水即今榆社縣西、武鄉縣東之濁漳河，由北南流，作「南」是。

〔三九〕才有處　萬本作「其跡猶存」，中大本作「才有迹」，庫本作「不知處」，永樂大典卷五二四五引本書作「止有處所」。元和郡縣圖志儀州作「纔有處所」，蓋此「處」下脱「所」字。

〔四〇〕太原二百一十里有箕城　「二百」，底本作「一百」，據萬本、中大本、庫本及永樂大典卷五二四五引本書改。

〔四一〕大業二年改屬并州　「二年」，庫本同，萬本作「三年」，同元和郡縣圖志儀州，此「二」疑爲「三」字之誤。

〔四二〕其山南高于衆山　庫本、永樂大典卷五二四五引本書同，萬本無「南」字，嘉慶重修一統志遼州引本書同，此「南」疑爲衍字。

太平寰宇記卷之四十五

河東道六

潞州

潞州，上黨郡。今理上黨縣。禹貢冀州之域。星分輿、井二度。本潞子國。周禮職方氏曰：「河内曰冀州，其川漳，其浸汾、潞。」春秋時，初爲黎國，後爲狄境。宣公十五年，晉人數狄罪，而滅赤狄潞氏，復立黎侯。後三晉分，地即歸韓之别都。戰國策謂「秦有安邑，則韓必無上黨〔一〕，以遠韓近趙，故卒歸趙。又隋圖記云：「上黨、南陽，古以爲縣，實都也。」秦併天下置郡，以此爲上黨郡，即楚、漢之際，魏豹盡有其地。豹滅，入漢，分爲河東、太原、上黨三郡。高后封惠帝子武爲壺關侯，即其地也。自漢末至後魏，因之不改。後周建德七年於襄垣縣立潞州，以其浸汾、潞爲名。隋開皇十六年于此置韓州，取三晉歸韓爲名。大業初州廢，復爲上黨郡。按釋名云：「上黨，黨所也。在山上，其所最高，故曰上黨。」又上黨記云：「高平赤壤，其地山阻，百姓不居，即此郡也。」唐武德元年改爲潞州，領上黨、長子、屯留、潞城四縣；二年置總管府，管潞、澤、沁、韓、蓋五州；四年分上黨置壺關縣。貞觀元年廢都督府，八年置大都督府，十年又改爲都督府，十七年廢韓州，以所管襄垣等五縣屬潞州。開元十七年以玄宗歷職于此，置大都督府，管慈、儀、石、沁等四州。按唐史：「上黨故宮，玄宗皇帝嘗爲上黨別駕，後所居爲啟聖宮。」有明皇「欹枕斜書壁」存。天寶元年改爲上黨郡。乾元元年改爲潞州大都督府。本昭義軍節度，梁龍德三年改爲匡義軍，以李繼韜歸順故也。後唐同光元年改爲安義軍，長興元年依舊名昭義軍。皇朝改爲昭德軍。

元領縣十。今八：上黨，長子，潞城，屯留，壺關，襄垣，黎城，涉縣。二縣割出：武鄉，建威勝軍。銅鞮。入威勝軍。

州境：東西二百九十三里。南北三百三十六里。

四至八到：東南至東京七百二十里。南至西京四百七十里。西南至長安一千三百三十里。東取亢陘嶺路至相州二百六十里。〔三〕南至澤州一百九十里。西至晉州三百九十里。北至遼州二百八十三里。東南至相州林慮縣界一百四十六里。西南至沁州沁源縣界一百九十六里。西北至沁州二百一十里。西北至太原府四百五十里。東北至洺州武安縣界二百四十里。

戶：唐開元戶六萬四千二百七十六。皇朝戶主一萬七千九百一十一，客六千九百六十一。

風俗：漢書地理志云：「上黨，本韓之別郡，去韓遠，去趙近，後乃降趙。土廣俗雜，其人大率精急，高氣勢，輕爲姦。丈夫相聚遊戲，悲歌慷慨。女子彈弦跕躧，游媚富貴。」

姓氏：上黨郡四姓：包、鮑、樊、上官。

人物：豫讓，上黨人。〔三〕 鮑永，〔四〕上黨屯留人。爲司隸校尉，後爲太尉，乃辟扶風鮑恢爲都官從事。帝嘗曰：「貴戚宜斂手，以避二鮑。」子昱，亦官太尉。 唐苗晉卿，潞州壺關人。爲吏部侍郎、河北採訪使，歸本縣，下馬過縣門，以父母之鄉故也。事親以孝聞。官至侍中，韓國公。 孫逖。潞州涉縣人。十五謁崔日用，令爲土火爐賦，握筆立成。後拜中書舍人，逖自以爲通籍禁闈，而父官纔邑宰，乃上表乞減外官與父，玄宗優詔獎之。

土產：石蜜，人參，以上貢。〔五〕墨，紫草，麻，布。

上黨縣，舊二十鄉，今十一鄉。〔六〕地本黎侯國，今有黎亭存，即西伯戡黎之所，注「黎在上黨東北也」。漢立爲壺關縣地，因壺山有關，以置名焉。隋開皇十六年分壺關置上黨縣，屬潞州。

慶雲山。上黨記云：「堯之將興，有五色雲出此山，故曰慶雲山。」

太行、熊耳、王屋，以上三山皆連亘邑界。

羊頭山。郡國志云：「有神農城，山下有神農泉，南帶太行。又有散蓋，〔七〕即神農嘗穀之所也。」

五龍山，在縣東南二十里。十六國春秋云：「上黨五龍山，慕容永時有五龍見于此山上，因置五龍祠，以祭五方神。」

雞鳴山，一名火山，在縣東南七十六里。

紫團山。地理志云：「此山出人參、紫草。」

井谷關。上黨記云：「在天井谷内，深邃如井，因以名之。」

濁漳水，在縣西南二十二里。河北記云：「源出發鳩山。」又冀州圖云：「濁漳出長子西，南流入涉縣界，〔八〕與清漳合，又東入魏郡。」

堯水。在邑界。

藍水。杜甫詩云：「藍水遠從千澗落。」

雞鳴水，出雞鳴山。

八諫水。水經注：「八諫水，源出上黨縣西。」〔九〕、

州城，漢壺關縣也。上黨記曰：「曹公之圍壺關，起土山於西城，内築界城以遮之。」〔一〇〕

長子縣，西南五十里。舊二十鄉，今九鄉。本漢舊縣，春秋時地名也。左傳曰：「晉人執衛石買于長子。」亦周史辛甲所封。竹書紀年云「梁惠成王十二年，鄭取屯留、長子。〔一〕」即長子之地。慕容永僭號于此，稱西燕，爲慕容垂所滅。隋開皇九年移寄氏縣理此，屬潞州，十八年改寄氏爲長子縣。

武訖嶺，在縣南四十五里。風土記曰：「秦、趙戰于長平，趙軍敗退，秦將白起逐至此，因名武訖嶺。」

鹿谷山。冀州圖云：「山在縣西，有大道入壺口，東出達襄國，西登奚斯巨嶺，以達河東，徑阻千里。」

發鳩山，在縣西南六十五里，濁漳水出焉。山海經云：「發鳩山，其上多柘木。有鳥狀如烏，而文首、白喙、赤足，名曰精衛，其名自相呼云。炎帝之女名女娃，遊于東海，溺而不返，化爲精衛，常取西山之木石，以堙東海。〔二〕」

漳水，一名濁漳，源出縣界，以涉縣有清漳之稱，故此稱「濁」。其源出刁黄山。〔三〕又按冀州圖云：「刁黄山，在縣西六十里。亦名發鴌山，漳水出焉。即壺關三老上書明戾太子寃者，死于此而冢存。」

神農井，在縣南五十里，出羊頭山小谷中。上黨記云：「神農廟西五十步有石泉二所，一清一白，俱甘美，〔一四〕呼爲神農井。」後魏風土記：「神農城，在羊頭山上，山下有神農泉，即神農得嘉穀之處。」

羊頭山，在縣東五十六里。後漢安帝時，羌寇河東，以任尚爲御史，擊破於羊頭山，謂此也。

廢長平關，在縣南四十里平嶺上。

潞城縣，東北四十四里。舊十六鄉，今六鄉。春秋時赤狄潞子嬰兒國也，晉滅之。漢爲潞縣，屬上黨郡。〔一五〕十三州志云：「潞縣，潞水出焉。」後魏太武帝改潞縣爲刈陵縣，屬襄垣郡。隋開皇十六年于此置潞城縣，屬潞州。

三垂山，在縣西南二十七里。前趙劉聰遣將喬琮攻晉上黨太守龐和于壺關，晉北將軍王廣、韓柔救之，聰將喬琮敗之于三垂。〔一六〕

黄阜山。冀州圖云：「潞縣西三十里。黄阜山有城，亦名黄沙嶺。劉聰將綦母劇敗晉將崔恕于黄阜，〔一七〕斬之。」

微子城，在縣東北二十里。

關龍逢祠。上黨記云：「王屋山有關龍逢祠。」

漳水，一名潞水，在縣北。闞駰曰：「潞水爲冀州寖，即漳水也。」按王猛與慕容評相禦于潞川，評鬻水與軍，入絹一疋，〔二八〕水二石，則此無他大川可以爲寖，所有唯漳水耳，故土俗尚謂濁漳爲潞水也。

武王塢，在縣西北四十里。塢東有後魏天柱將軍尒朱榮碑，文曰：「建義元年，東討逆賊，暨葛榮，〔二九〕軍次上黨。武王祠東原上有二狡兔從賊方而來，天柱彎弓祝之曰：『中則擒葛榮，不中則否。』應弦而殪，遂擒榮。」

玉女泉，在縣西北五里。深五尺，未嘗盈竭。泉内時有白氣升出，蒙覆其上，則有雨，時人謂之「玉女披衣」，恒以爲候。

屯留縣，西六十四里。元十七鄉，今八鄉。本晉邑。左傳襄公十八年，「晉人執衛行人孫蒯於純留」。又宣公十六年，「晉滅赤狄甲氏及留吁」。一名戎屯，與潞俱附中國，晉遂滅之。漢以爲縣，地理志屬上黨郡。〔三〇〕唐武德六年從霍壁移于今所。

鹿濵山。冀州圖云：「屯留縣有鹿濵山，即絳水源出此山。」

玉梭水，〔三一〕在縣西四十五里。

盤秀山，皆經邑界。

魚子陂。上黨記云：「屯留有魚子陂，多魚蒲之饒。」

余吾故城，〔三二〕亦春秋地名，漢爲縣，廢城在今縣西北。

絳水，出縣西南。

方山，去縣八十四里。

壺關縣，東南二十二里。舊十五鄉，今六鄉。古黎國之地，漢爲縣，屬上黨郡。〔二三〕以山形似壺，古於此置關，故名壺關。今潞府所理城是也。漢末，董卓作亂，以上黨郡移理于此。後魏宣武帝二年移壺關縣于頴陽岡，即今縣理。隋開皇十六年分壺關置上黨縣。大業三年省入上黨。唐武德四年又置。

抱犢山。道書福地記：「抱犢山，在上黨東南乙地，高七十丈。〔二四〕有石城，高十丈，方一里。南角有草，名玉枝，冬生花，高五六尺，味頗甘，取其葉末服之，方寸二三日不飢。宜五穀，多食物，無惡毒，寇賊不至。」玉匱云：「抱犢山東北去恒山之南數百里，南有穴，行三百里，出美陽縣西七十里石洞口。〔二五〕」

羊腸坂，在縣東南一百六里。〔二六〕亦名洞口，沾水出焉。王莽命五威將軍王嘉曰：「羊頭之阨，北當燕、趙。」舊有關，亦謂壺山，後魏移縣于此。

雞鳴嶺。輿地志云：「壺關有雞鳴嶺。」

鼠穴。史記云：秦攻趙閼與，趙奢曰：「其道險狹，〔二七〕如兩鼠鬬于穴中，將勇者勝。」

曹公壘，在縣東南一百二里。曹操攻高幹所築。

漢壺關三老令狐茂墓，在縣東北一十九里。〔二八〕上書明戾太子冤者，元隱城東山中，號徵君。

襄垣縣，北九十三里。舊十四鄉，今七鄉。亦漢舊縣，屬上黨郡。趙襄子所築，因以爲名。後魏太武延和二年改屬武鄉郡。後周建德六年又于襄垣城置韓州。〔二九〕唐武德元年移於甘羅水南，即今縣也。貞觀中廢韓州，以襄垣、黎城、涉、銅鞮、武鄉等五邑以隸潞焉。

銅鞮水，今名小漳水，亦名西漳水，自銅鞮縣界流入河也。按水經注云：「銅鞮水又東南經頃城西，即下虒聚也。」

松門嶺。冀州圖云：「松門嶺，在襄垣北一百三十里，道通太原驛路。」

涅水，在縣西北六十里。

天井關，在縣東南四十里。置在天井谷內，深邃似井，因以爲名。魏武初遷鄴，于此置關，周建德六年廢。

濁漳水，在縣南二十里。

黎城縣，東北一百二十里。舊八鄉，今四鄉。古黎國。春秋曰「晉荀林父滅潞，立黎侯而還」，〔三〇〕今縣東一十八里黎侯城是也。〔三一〕漢爲潞縣之地，後魏太武閒改潞縣爲刈陵縣。隋開皇十八年改刈陵縣爲黎城縣。唐武德元年屬韓州。貞觀十七年廢韓州，屬潞州。

白巖山，在縣東北七里。俗傳巖赤則土離兵起，土人皆惡其變，恒以白粉汙之，故目爲白巖。

古壺關，在縣東二十五里。春秋齊國夏伐晉，取八邑，〔三一〕有盂口，即壺口也，聲相近，故有二名。

清漳水，在縣東北三十里。〔三二〕

濁漳水，在縣西北五十六里。

望夫山，今名望夫嶺。郡國志云：「有石人佇立于山上。」

馮奉世墓及馮昭儀墓，在縣東二里。昭儀即奉世之女也，昭儀之子爲信都王。

涉縣，東北一百八十里。舊四鄉，今二鄉。本漢舊縣，屬魏郡，因縣南涉河水爲名。晉屬廣平郡。後魏省。周武帝自今洺州界移臨水縣理涉城，屬魏郡。隋開皇十年罷郡，於故涉城重置涉縣，屬慈州；十六年改隸韓州。貞觀十七年廢韓州，屬潞州。

崇山，在縣東南七十里。

清漳水，一名涉河，在縣南一里。西自黎城縣界流入。水經云：「清漳水東過涉縣西，屈從縣南。」〔三四〕酈道元注水經云：「漳水于此有涉河之稱，蓋名因地變也。」

瘦姑山，在縣西北八十里。又有肥婦山，地脈相連。

卷四十五校勘記

〔一〕則韓必無上黨　太平御覽卷一六三引戰國策同，戰國策秦策二陘山之事：「秦有安邑，則韓、魏必無上黨哉。」「韓」作「韓魏」，與此別。

〔二〕亢陘嶺　「亢」，庫本同，萬本據元和郡縣圖志卷一五潞州改爲「穴」。

〔三〕豫讓上黨人　萬本、庫本無豫讓傳略。

〔四〕鮑永　萬本、庫本此上有「東漢」二字。

〔五〕以上貢　萬本、庫本無此三字。新唐書卷三九地理志三：潞州「土貢：貲布、人葠、石密、墨。」宋史卷八六地理志二：隆德府（崇寧三年升潞州置）「貢人參、蜜、墨。」則萬本、庫本誤，與此下文「墨」不貢亦異。

〔六〕舊二十鄉今十一鄉　萬本、庫本作「依舊二十鄉」。

〔七〕散蓋　「散」，庫本同，萬本作「繖」，按「散」、「繖」同音。

〔八〕南流入涉縣界　按濁漳水出長子西者，即今濁漳南源，東北流，與濁漳西源、北源合流後，爲濁漳河，東流至涉縣，與清漳河合，此「南」疑爲「東」字之誤。

〔九〕水經注八諫水源出上黨縣西　按今本水經注無八諫水記載，且上黨縣爲隋設置，疑此有誤。

〔一〇〕起土山於西城内築界城以遮之　庫本同，萬本據元和郡縣圖志潞州引上黨記改補爲「起土山於城西北角，穿地道於城西，内築界城以遮之」。按讀史方輿紀要卷四二潞安府引上黨記文同此。

〔一一〕長子　「長」，庫本同，萬本作「尚」。水經濁漳水注、太平御覽卷一六三引竹書紀年皆作「尚子」，水經注云：「尚子，即長子之異名也。」

〔一二〕其名自相呼云至以堙東海　庫本同，萬本據山海經北山經改爲「其名自詨。是炎帝之少女名女娃，遊于東海，溺而不返，故爲精衛，常銜西山之木石，以堙于東海」。

〔一三〕刁黄山　「刁」，底本作「刀」，庫本同，據萬本及嘉慶重修一統志卷一四二潞安府引本書改。下同。

〔一四〕俱甘美　「俱」，底本脱，庫本同，據萬本及嘉慶重修一統志潞安府引本書補。

〔一五〕上黨郡　「郡」，底本無，庫本同，據萬本及漢書卷二八地理志上、元和郡縣圖志潞州補。

〔一六〕前趙劉聰遣將喬琮至喬琮敗之于三垂　「喬琮」，萬本、中大本、庫本皆作「喬衷」，讀史方輿紀要潞安府作「喬乘」。按晉書卷五孝懷帝紀：永嘉三年，「劉元海遣子聰及王彌寇上黨，圍壺關。并州刺史劉琨救之，爲聰所敗。淮南内史王曠、將軍施融、曹超及聰戰，又敗，超、融死之。上黨太守龐淳以郡降賊。」資治通鑑卷八七永嘉三年記事同，胡注：考異曰：「『王曠』，十六國春秋作『王廣』；『龐淳』，十六國春秋作『劉惇』，劉琨傳作『龔醇』。諸書皆不載『喬琮（或衷）』。」

〔一七〕綦母劌　「母」，元和郡縣圖志潞州作「毋」。

〔一八〕入絹一疋 「入」，底本作「人」，萬本、中大本、庫本同。王先謙合校水經注濁漳水注作「入絹四」，其云：「趙一清刊誤曰：朱謀㙔水經注箋曰：『入』，宋本作『人』。按『人』古字與『入』相似，然此是『入』字，不是『人』字。」據改。

〔一九〕暨葛榮 庫本同，元和郡縣圖志潞州作「鎮暨葛榮」，萬本補「鎮」字。

〔二〇〕上黨郡 「郡」，底本無，庫本同，據萬本及漢書地理志上、元和郡縣圖志潞州補。

〔二一〕玉梭水 「玉」，底本作「王」，萬本同，據庫本、嘉慶重修一統志潞安府引本書及傅校改爲「玉」。

〔二二〕余吾故城 「余」，底本作「餘」，庫本同，據萬本及漢書地理志上、水經濁漳水注改。

〔二三〕上黨郡 「郡」，底本無，庫本同，據萬本及漢書地理志上、元和郡縣圖志潞州補。

〔二四〕在上黨東南乙地高七十丈 太平御覽卷四五引道書福地記作「在上黨東南，高七丈」。傅校「乙」改爲「一里」。

〔二五〕美陽縣 「美」，底本作「羨」，據萬本、庫本、嘉慶重修一統志潞安府引本書及太平御覽卷四五引玉匱改。

〔二六〕在縣東南一百六里 「六」，底本脱，據萬本、庫本及元和郡縣圖志潞州補。

〔二七〕其道險狹 「其」，底本脱，據萬本、庫本、及史記卷八一廉頗藺相如列傳補。

〔二八〕縣東北一十九里 「一十九」，萬本、庫本皆作「九」。

〔二九〕後周建德六年又于襄垣城置韓州　按隋書卷三〇地理志中：「上黨郡，後周置潞州。」元和郡縣圖志潞州總序：「周武帝建德七年于襄垣縣置潞州，上黨郡屬焉。隋開皇三年罷郡，自襄垣縣復移潞州于壺關，即今州是也。」太平御覽卷一六三引圖經曰：「後周建德七年于襄垣縣立潞州，以其浸汾潞爲名。」本卷潞州總序：「後周建德七年於襄垣縣立潞州，以其浸汾潞爲名。隋開皇十六年於此置韓州，取三晉歸韓爲名。大業初州廢，復爲上黨郡。」凡此皆可證後周建德七年於襄垣縣置潞州，隋開皇三年潞州移治壺關，十六年置韓州，大業初州廢，必無後周又立韓州於襄垣縣之事。

〔三〇〕春秋曰晉荀林父滅潞立黎侯而還　按事載於左傳宣公十五年，此「春秋」宜作「左傳」。

〔三一〕今縣東一十八里黎侯城是也　史記卷四周本紀正義引括地志：「故黎城，黎侯國也，在潞州黎城縣東北十八里。」此「東」下蓋脱「北」字。

〔三二〕春秋齊國夏伐晉取八邑　按齊國夏伐晉，取邢、任、欒、鄗、逆畤、陰人、盂、壺口八邑，載於左傳哀公四年，此「春秋」宜作「左傳」。

〔三三〕在縣東北三十里　「三」，庫本同，萬本作「五」，同元和郡縣圖志潞州，此「三」蓋爲「五」字之誤。

〔三四〕清漳水東過涉縣西屈從縣南　底本「過」作「經」，「從」下脱「縣」字，庫本同，並據萬本及水經清漳水注改補。

太平寰宇記卷之四十六

河東道七

蒲州　解州

蒲州

蒲州，河東郡。今理河東縣。禹貢冀州之域。史記謂申爲實沈，〔一〕晉之分，自畢十二度至井十五度，觜、參，晉、魏、益州之分。漢蒲坂縣地，屬河東郡。本堯、舜所都，周初爲虞、芮、耿、楊、魏之地。春秋：〔二〕「晉獻公滅魏，以地賜畢萬。」十代之後，至文侯都，方列爲諸侯，文侯與韓、趙同列。武侯十一年，與韓、趙三分晉地。洎戰國時，即魏地，故三晉記云：「魏壽餘僞以魏叛，士會既濟，噪而還。〔三〕」今蒲津是也。又史記云：惠王三十一年，「秦用商君，東地至河，而齊、趙數破我，安邑近秦，於是徙治大梁。」秦併天下，爲河東郡地。漢高帝元年，項羽封魏王豹爲西魏王，王河東，都平陽；今晉州。二年，豹降，從漢王在滎陽，謁歸侍親疾，至則絶河津反爲楚，盡有太原、上黨地；九月，韓信虜豹，定魏地，復置河東郡。兩漢不改。至魏少帝正始八年分河東之汾北置平陽郡，晉亦如之。後魏初于河東郡置雍州，延和元年改雍州爲秦州。後周明帝改秦州爲蒲州，因取蒲坂爲名，仍領郡。隋初罷郡，大業三年又廢州，復改爲河東郡。唐武德元年罷郡，置蒲州，治桑泉縣，領河東、桑泉、猗氏、虞鄉四縣；二年置蒲州總管府，管蒲、虞、泰、絳、邵、澮六州；三年移蒲治河東縣，仍舊總管府，其年置温泉縣；九年又置都督府，管蒲、虞、芮、邵、泰五州，仍省温泉縣；其年罷都督府。貞觀八年割虢州之永樂來屬，十七年以廢虞州之安邑解縣、廢泰州之汾陰來屬。開元九年改爲河中府，仍置中都，時麗正殿學士韓覃上疏，陳其不可，曰：「兩都舊制，分官衆多，費耗用度，尚以爲當損，〔四〕況更建中都乎？昔漢帝感鍾離之言，息幸德陽之殿，趙主採續咸之諫，止造鄴都之宫。臣請下明詔，罷中都，則天下幸甚。」至七月詔停，復爲州。〔五〕又與陜、鄭、汴、懷、魏爲六雄，十二年昇爲四輔。天寶元年改爲河東郡。乾元元年復爲蒲州，三年又改爲河中府。大曆中，元載爲相，又上建中都議曰：「自古建大功者，未嘗不用天因地，故高祖保關中，光武據河内，皆深根固本，以制天下。臣等考天地之心，本聖人之意，驗古往之事，切當今之務，則莫若建河中爲中都，隸陜、虢、晉、絳、汾、潞、儀、石、慈、隰等十城爲藩衛。長安去中都三百里，順流而東，邑居相望，有羊腸、羊腸在潞州壺關縣東南一百六十里。〔六〕底柱之險，濁河、孟門之限，孟門在慈州文城縣西南三十六里，〔七〕即龍門上口。以轘轅爲襟帶，與關中爲表裏，劉敬所謂『扼天下之吭而撫其背』，即此之謂。推是而言，則建中都將欲固長安，非欲外之也；將欲安成周，非欲捨之也；將欲制蠻夷，非欲懼之也；將欲定天下，非欲弱之也。河中之地，左右王都，黄河北來，太華南倚。總水陸之形勢，壯關河之氣色。每歲白露既降，涼風已高，陛下據金城湯池，内綏華夏，命信臣驍將外馭戎狄，出于仲秋，還于農隙，有漕運泛舟之便，無登高履險之虞，不傷財，不害人，得養威而時狩，如此則國有保安之所，家無係虜之憂矣。」疏奏不省。初，代宗自幸陝之後，每歲八九月閒，京師洶洶，常懼戎寇復至，雖將相之家，皆理儲糗，爲行李之備。載知人情不安，遂獻此疏，冀因制置，竊有兵權，議亦宏博，〔八〕盡當時利害，然代宗探見載意，議故不行。皇朝爲護國軍節度。

元領縣十一。今九：河東，河西，虞鄉，臨晉，寶鼎，猗氏，永樂，龍門，萬泉。龍門、萬泉自絳州割到。

二縣割出：解縣，安邑。二縣入解州。

州境：東西二百五十里。南北一百七十七里。〔九〕

四至八到：東至東京九百三十六里。東至西京五百八十五里。西南至長安三百二十五里。東至絳州三百七十里。南至虢州一百七十八里。西至同州八十一里。北至絳州八十一里。東北至絳州取桐鄉路一百六十五里。〔一〇〕西南至華州一百四十七里。東南至陝州二百四十五里。西北至同州韓城縣一百四十里。

户：唐開元户七萬二百七。皇朝户主二萬一千八百八十八，客三千五百九十三。

風俗：漢書地理志云：「其俗剛强，多豪傑，尚侵奪，薄恩禮，好生分。」博物志云：「有山澤，近鹽沃，土之人不才。漢興，少有名人，衣冠大族，三代皆衰絶。」通典云：「山西土瘠，其人勤儉，而河東，魏晉以降，文學盛興，始自魏豐樂侯杜畿爲河東守，開置學宫，親執經教授，郡中化之，自後河東特多儒者。閭市之閒，習于程法。」

姓氏：河東郡九姓：裴、柳、薛、費、吕、滿、聶、茹、廉。

人物：風后，　郤缺，臨晉人。芮子拜大夫，賜冀爲采邑，因稱冀缺。　靈輒，臨晉人。嘗爲翳桑餓夫。　張儀，臨晉人。　范睢，解人。因須賈譖魏齊，笞擊幾死。後易姓名爲張禄，入秦拜相，封應侯。　霍去病，河東平陽人。〔一一〕　霍光，父仲孺，給事平陽侯家，通侍者衛少兒生去病，歸家娶婦生光。少兒女弟子夫得幸武帝爲后，去病以皇后姊子貴幸。　司馬遷，太史談之子。〔一二〕　張敞，河東平陽人。爲婦畫眉，長安中傳張京兆眉嫵。　王喬，河東人。爲葉縣令。　焦先，河東人。皇甫謐曰：「焦先者，棄榮味，釋衣裳，離室宅，絶親戚，閉口不言，曠然以天地爲棟宇，羲皇以來，一人而已。」　關漢壽亭侯，〔一三〕河東解人也。

柳惲，解人。官太子洗馬。　王通，謚文中子。〔一四〕　裴寂，蒲州桑泉人。唐起義功臣。　薛收，蒲州汾陰人。隋内史侍郎道衡之子，爲文學館學士。　王績，通弟，隱東皐著書，自號東皐子。　王勃，通孫。　盧綸，蒲州人。官侍御，與錢起輩稱大曆十才子。〔一五〕　薛元超，收子，相高宗。　薛稷，元超從子，相睿宗。　張嘉貞，蒲州猗氏人。子延賞，孫弘靖，三代爲相。　楊國忠，蒲州永樂人。　柳宗元，河東人。爲柳州刺史，時人呼爲柳柳州。　司空圖，字表聖，虞鄉人。官諫議大夫。〔一六〕　張巡。蒲州河東人。

土産：有鹽鐵之饒，竹扇，經紙，氈毯，五味子，天蒸棗，藺席，麻，布，綿，絹。

河東縣舊十三鄉，今五鄉。即漢蒲坂縣地，〔一七〕屬河東郡。春秋「秦、晉戰于河曲」，即其地。後魏移郡于縣理。隋開皇三年罷郡，十六年移蒲坂縣于城東，仍于今理置河東縣。大業二年省蒲坂縣入河東。

三山，在縣南三十里，即舜耕歷山處。禹貢謂「壺口、雷首至于太岳」，壺口山在慈州，太岳在晉州，雷首在河東界。此山有九名，謂歷山、首山、〔一八〕薄山、襄山、甘棗山、渠猪山、獨頭山、陑音而。〔一九〕山等之名。又湯伐桀，升自陑。注：「陑在河曲之南。」

三輅山。郡國志：「三輅山，北曰大輅，西曰小輅，東曰荀輅。」

長原，即蒲坂也，在縣東二里。漢志「始皇東巡見長坂」，〔二〇〕即此也。其原出龍骨。

又北五十三里有朔坂，即濩水所經，西南入河。

堯山，在縣南二十八里。水經注云：「河東有堯山，上有堯城，即堯所理處。」

風陵堆山，在縣南五十里。與潼關相對，有風陵城在其上。〔二一〕

中條山，經邑界。

首陽山，即在雷首山南阜也。昔夷、齊守節于首陽。

虞坂，一名吴坂，在虞城北十三里。〔二二〕

蒲津關，在縣西二里。亦子路問津之所。魏太祖西征馬超、韓遂，夜渡蒲坂津，〔二三〕即此也。後魏大統四年造舟爲梁，九年築城，亦關河之巨防。

嬀汭水，源出縣南三十里首山。〔二四〕此二泉，南流者曰嬀，北流者曰汭，異源同歸，渾流西注而入于河，即釐降二女之所。今有舜祠存焉，即後周宇文護所造。

涑水。冀州圖云：「東從絳郡界入，至長陽城南爲陂。〔二五〕」水經云：「涑水出河北縣雷首山，□□□□，一名雷水。」〔二六〕經桑泉界。

鐵牛。開元十二年于河東縣開東西門，各造鐵牛四，鐵人四，其牛下並鐵柱連腹，入地丈餘，并前後鐵柱十六，維橋跨河，至今存。

故陶城，在縣北三十里。史記謂「舜陶于河濱」，即此是。皇甫謐以爲在定陶，不在此。

羈馬故城，在縣南三十六里。郡國志云：「今謂之涉丘，即左傳謂翦我羈馬。」

蒲坂故城。郡國志云：「州南二里有蒲坂城，舊地理書相傳曰漢蒲坂城，〔二七〕即今郡所理大城，後人增築，大河在其西，雷首山在其南。後魏太武帝神䴥元年自安邑移郡于此城。」

涑水故城，在縣東北二十六里。左傳曰：「晉侯使呂相絕秦曰：『伐我涑川。』」

風陵故關，一名風陵津，在縣南五十里。魏太祖西征韓遂，自潼關北渡，即此處也。

舜祠，在州理城中。〔二八〕唐貞觀十一年詔致祭，以時洒埽。

伯夷叔齊祠，在縣北三十五里。

二妃陵，帝舜二妃之陵，在縣東一十里。俗謂娥皇女英陵。

伯夷墓，在縣南三十五里雷首山南。貞觀十一年詔禁樵蘇。

伯樂墓，在縣南四十里。又濟陰定陶及雍州亦有伯樂冢，未詳孰是。

河西縣，西四里。舊八鄉，今三鄉。本同州舊朝邑縣之地，唐上元元年以朝邑之地置河西縣，屬蒲州。至大曆三年，〔二九〕同州復置朝邑縣，仍析朝邑五鄉，并割河東三鄉，依舊爲河西縣。貞元七年，河中尹渾瑊奏于古安遠府城内置縣理，縣境東西十四里。

蒲津關，在縣東二里。通西北鄜、延、銀、夏之路。

河瀆廟，在縣正西北城外一里。

虞鄉縣，東七十里。舊十二鄉，今四鄉。本漢解縣地，屬河東郡。後魏太和十一年于今縣西十三里置南解縣，屬河東郡。周明帝廢南解縣，別置綏化縣，今縣西北三十里綏化故城是也。至保定元年改綏化爲虞鄉縣，復屬河東郡。周末置解縣于虞鄉城東，于解縣西五十里別置虞鄉，即此邑也。〔三〇〕

壇道山，在縣西南十三里，一名百梯山。山海經云：「虞鄉有梯山，山上有帝臺之漿也。」今山下有水潛出，停而不流，俗謂盎漿。〔三一〕其頂方平如壇，多產良藥，百梯方可升，故曰百梯山。南有投龍穴，莫測深淺。

白陘山，在縣東五十里。

洗馬泉，在縣東二里。

石錐山，在縣東二十四里。

王官故城，在縣南二里。左傳謂「秦伯涉河焚舟取王官」，又曰：「晉侯使呂相絶秦，曰俘我王官。」

解縣故城，在縣東三十里。左傳曰：「晉惠返國，許秦解梁。」〔三二〕

綏化故城，後魏綏化郡及綏化縣所理也，在縣西北三十里。周廢。

方山祠在縣西二十里。

五老仙人祠，在縣西十七里。

臨晉縣，東北七十里。舊十二鄉，今六鄉。本漢解縣地，按漢縣在今縣東南十八里故解城是也。後魏改爲北解縣。周省。隋開皇十六年分猗氏縣于今理置桑泉縣，因縣東桑泉故城以爲名也。天寶十三年改爲臨晉。〔三三〕

三嶷山，在縣東北三十里。三山鼎足，因名焉。

河水，北自汾陰縣界流入，經縣西四十里，入河東縣界。

涑水，東自猗氏縣界流入，在縣東二十三里。

故桑泉縣城，在縣東一十三里。左傳曰：「重耳圍令狐，入桑泉。」注曰：「桑泉在河東解縣西。」謂此也。

故解城，在春秋時解梁城，又爲漢解縣地也。〔三四〕後魏改爲北解縣，周省。廢城在今縣東十八里。〔三五〕晉惠公許賂秦伯以河外列城五，内及解梁城。注曰：「河東解縣也。」

瀵水，源出縣西三十八里。爾雅謂「瀵水出尾下」，郭注：「今河東汾陰有水口如車輪。沸涌，其深無限。」〔三六〕與河合。

故司空裴寂墓，在縣東北十七里。墓碑即祕書虞世南之文，率更令歐陽詢書。

寶鼎縣，北一百一十里。舊八鄉，今五鄉。古綸地，在夏爲少康之邑。〔三七〕漢爲汾陰縣，屬河東郡。汾水南流過縣，〔三八〕故曰汾陰。高帝封周昌爲侯，即此地也，今縣北九里汾陰故城是也。後漢至晉不改。劉元海省汾陰入蒲坂縣。後魏太和十一年復置汾陰縣于后土城。後周武帝又移于殷湯故城，〔三九〕復置汾陰郡，以汾陰縣屬之。隋開皇三年廢汾陰郡，〔四〇〕縣屬蒲州。大業三年罷蒲州，縣改屬河東郡。義寧元年改汾陰郡爲泰州，移泰州理龍門，〔四一〕縣又屬焉。唐貞觀十七年廢泰州，縣屬蒲州。開元十一年改爲寶鼎縣。

黄河，北自龍門縣界流入，在縣北一十一里，又西入臨晉縣界。趙簡子沈佞臣欒激曰：「吾嘗好聲色而激致之，吾嘗好臺榭而激爲之，吾嘗好良馬而激求之，吾好士六年矣而激未嘗進一人，是長吾過而黜吾善也。」遂沈之。

汾水，自龍門縣界，東際汾陰脽，去縣三十五里。

后土祠，在漢汾陰故城西北二里，今縣西北一十一里。漢武帝元鼎四年始立后土祠於汾陰脽上，成帝永始三年復汾陰后土祠如故，綏和二年復徙于長安北郊，哀帝建平三年復徙于汾陰，平帝時復徙長安北郊。唐玄宗開元十年幸之親祀，兼建碑，又御製文及書。〔四二〕脽音誰。〔四三〕

萬歲宮，在縣北九里。漢宮也，宣帝神爵元年幸萬歲宮，神魚舞河。〔四四〕

殷湯陵，在縣北四十三里。〔四五〕後魏太和中，有縣人張恩破陵求貨，其陵下先有石弩，以銅爲鏁，盜開埏門，矢發中三人皆斃。恩更爲他計，卒取得墓中物，其物多是鍾磬及諸樂器，再得其銘。恩恐人知，以銘投之汾水。後事泄，爲主司所理，乃於水取得其銘，銘曰：「吾死後二千年，終困于恩。」由是執事不復深加其罪。劉向云「湯葬地」，蓋不練其處也。

董澤。左傳文公六年，「晉改蒐于董」，即此。與絳州聞喜縣接界。

古北鄉城，在縣北三十一步。汾陰北鄉城，即採桑津也。

猗氏縣，東北一百一十里。舊九鄉，今六鄉。古爲郇國之地。本漢舊縣，史記曰：「猗頓用盬鹽起。」孔叢子曰：「猗頓，魯之窮士。陶朱公教畜五牸，乃適西河，大畜牛羊于猗氏之南，以興富于猗氏，故曰猗頓。」地理志猗氏屬河東郡，在今縣南二十里猗氏故城是也。後漢及晉不改，西魏恭帝二年改猗氏爲桑泉縣。周明帝復改桑泉縣爲猗氏縣，屬汾陰郡。隋開皇三年罷郡，屬蒲州。

涑川，自安邑縣界流入，經縣南六里。又西南入臨晉縣界。

故郇城，在縣西南四里。左傳：「晉人謀去故絳，欲居郇、瑕氏之地。韓獻子曰：

『郇、瑕氏土薄水淺，不如新田。』」即平陽絳邑縣也。杜注：「郇、瑕，古國名。河東解縣西北有郇城。」

令狐城。左傳曰：「晉文公從秦返國，濟河，圍令狐。」即此城，在縣西十五里。又有刳首梁，在令狐西三十里。

龍門山，連亘邑界。

永樂縣，南九十里。舊六鄉，今十鄉。本漢河北縣地，後周武成二年改河北縣爲永樂縣，保定二年省，以地屬芮城。唐武德元年分芮城縣復置于今理東北二里永固堡，以屬芮州，七年移于今理，九年改屬鼎州。貞觀八年改屬蒲州。

郎山。隋圖經云：「永樂郎山，漢武戾太子以巫蠱事出奔，〔四六〕其子遁于此山，因名。郎山君祠下有郎山君之次子觸峯將軍廟。」

中條山，在縣北三十里。

黄河，在縣南二里。

渠猪水，一名蓼水，今名百丈澗，源出縣北中條山。山海經「渠猪之水南流注于河」是也。

河水，西自河東縣界流入，經縣南二里。又東入芮城界。

永樂澗水，源出縣北中條山，經縣東二里。又南入河。

五老山，在縣東北十三里。堯升首山觀河渚，有五老人飛爲流星上入昴。因號其山爲五老山。

龍門縣，北一百九十八里。舊十鄉，今八鄉。古耿國，殷王祖乙所都，晉獻公滅之，以賜趙夙。秦置爲皮氏縣，漢屬河東郡。按皮氏縣在今縣西一里八十步古皮氏城是也。後漢屬郡不改。魏屬平陽，晉不改。後魏太武改皮氏爲龍門，因山爲名，屬北鄉郡。隋開皇三年廢郡，以縣屬絳州，十六年割屬蒲州。武德三年屬泰州。貞觀十七年州廢，隸絳州。大順二年與萬泉割屬蒲州。

汾水，東自稷山縣界流入，北去縣五里。又南入汾陰縣界。漢武帝行幸河東，作秋風辭，曰：「泛樓船兮，濟汾河；橫中流兮，揚素波。」即此水也。

故耿城，在縣南十二一作「三」。〔四七〕里。古耿國也。

伏龍原，在縣西南十八里。

黃河，北自慈州太寧縣界流入，〔四八〕去縣二一作「三」。〔四九〕十五里，即龍門口也。禹貢曰：「浮于積石，至于龍門。」注曰：「龍門山，在河東之西界。〔五〇〕」水經注云：「大禹導河積石，疏決龍門。即此處也。魏風土記曰：『梁山北有龍門，大禹所鑿，通其河，〔五一〕廣八十步，巖際鑴迹，遺功尚存。』」慎子曰：「河水之下，其流駛竹箭，駟馬追之不能及。」淮南子曰：「禹沐淫雨，櫛疾風，鑿龍門。」[五一]辛氏三秦記曰：「河津，一名龍門，水陸不通，魚鼈之屬莫能上。江海大魚集龍門下數千不得上，上則爲龍，不得上則曝腮龍門。」水經注云：「爾雅曰：鱣，鮪也。出鞏穴，三月則上渡龍門，得渡爲龍，否則，點額而還。」十六國春秋：「左賢王劉豹妻呼延氏祈子於龍門，有白魚至于祭所。其夜夢見魚化爲人，左手把一物，大如雞子，授呼延，曰：『日精服之生貴子。』[五二]以是十三月而生劉元海。」

蜚廉故城，在縣南七里。史記曰：「蜚廉生惡來，蜚廉善走，惡來多力，父子俱事紂。武王伐紂，殺之。」

龍門關，在縣西北二十二里。

大禹祠，在縣西二十五里。魏風土記曰：「梁山北有龍門山，上有禹廟。」隋末摧毁，唐貞觀九年奉勅更令修理。

唐高祖廟，在禹廟南絶頂上，畫作行幸儀衛之像，蓋義寧初義旗至此處也。

故萬春縣，唐武德五年割龍門縣置，[五三]屬泰州。貞觀十七年廢泰州，地入龍門縣。

萬泉縣，東一百五十里。舊十五鄉，今十一鄉。本漢汾陰縣地，屬河東郡，後漢及魏、晉不改。前趙劉元海時廢。後魏孝文帝又于后土城置汾陰縣，今縣北一里故后土城是也。又薛通城者，後魏道武帝天賜元年，赫連勃勃僭號夏州，東侵河外，于時有縣人薛通率宗族千餘家，西去汾陰縣城八十里築城自固，因名。唐武德三年割稷山、安邑、猗氏、汾陰、龍門等五縣，于薛通故城置萬泉縣，屬泰州，以縣東谷中有井泉百餘區，因名萬泉。貞觀十七年廢泰州，縣屬絳州。大順二年來屬。

介山，一名孤山，在縣南一里。晉太康地記曰：「晉文公臣介之推從文公逃難，返國，賞不及，怨而匿此山。文公求之推不出，乃封三百里之地，又號爲介山。」今按介之推所隱。乃綿山也。文公封之，以爲介推田，因號其山爲介山。杜注曰：「在西河介休縣。」言在此，非也。

解州

解州，解郡。今理解縣。本蒲州解縣，唐天授二年析虞鄉所置也。即夏桀鳴條之野。蚩尤之封域。有鹽池之利。漢乾祐元年，蒲帥李守貞反，權鹽制置使鄭元昭奏請于解縣置解州，以捍兇渠。于是授鄭元昭爲刺史，仍割蒲之安邑、絳之聞喜，與解縣爲三邑，以屬焉。

領縣三：解縣，安邑，聞喜。

州境：東西一百七十里。南北五十里。

四至八到：東至東京七百一十五里。東至西京三百八十五里。西至長安三百七十里。〔五四〕東至河中府一百里。南至虢州九十四里。北至河中府猗氏縣界三十里。東南至陝府七十里，經中條山白徑嶺路過，〔五五〕不通人馬。北至陝府，經安邑縣南，過上柳谷山路，至陝府一百三十五里。〔五六〕西南至陝府芮城縣界二十一里。東北至絳州一百六十五里。〔五七〕西北至河中府虞鄉縣界三十里。

户：皇朝户主七千二百五十，客一千四百七十七。

風俗：按左傳曰：「吴公子札觀樂，爲之歌唐，曰：『思深哉！其有陶唐氏之遺民乎！不然，何憂之遠也？非令德之後，誰能若是？』」今民有上古之風，則唐堯之風俗也。

土産：升麻，黄芩，瓜蔞根。

解縣，舊四鄉，今二鄉。本漢舊縣也，〔五八〕屬河東郡。後漢及晉不改。後魏改解縣爲北解縣，屬綏化郡，周省。按此前解縣在今臨晉縣界。隋文帝開皇十六年于此置解縣，屬蒲州。大業二年省解縣，九年自綏化故城移虞鄉縣于廢縣理，即今縣理是也。唐武德元年改虞鄉縣爲解縣，屬虞州，因漢舊名也，仍于蒲州界别置虞鄉縣。貞觀十七年廢虞州，縣屬河中府。洎至皇朝，屬解州。

中條山，在縣南二十里。

壇道山，經縣界。

鹽池，在縣東五里。春秋成公六年：〔五九〕「晉人謀去故絳，諸大夫皆曰：『必居郇、瑕氏之地，沃饒而近鹽。』」杜預曰：「鹽，鹽池也。」地理志云：「鹽池在安邑縣西南。」許慎説文曰：「鹽，鹽池，其池東西長五十一里，南北廣六里，周迴一百一十四里。」按穆天子傳「至于鹽池」是也。呂忱曰：「河東鹽池謂之盬，水出石鹽，自能成印，朝取夕復，終無減損。」但廣狹淺深，古今不同，蓋以載代□□，所以盈縮不定。〔六〇〕

女鹽池，在縣西北三里。東西二十五里，南北二十里。土人引水沃，畦水耗，土自成鹽，味小苦，不及縣東大鹽池。俗言此池亢旱，鹽即凝結；如逢霖雨，鹽則不生。今大池與安邑總謂之兩池，官置使以領之，元和時每歲收利約一百六十萬貫。〔六一〕

熨斗陂，在縣西二十里。後魏正始三年，穿以停船，今廢。陂似熨斗。

通路，自縣東南踰中條山，出白徑，趣陝州之道也。山嶺參天，左右壁立，間不容軌，謂之石門，路出其中，名曰白徑嶺焉。

盎漿，在縣南一十五里壇道山東嶺上。一名鍾山水，澄渟爲池，呼爲天池，上有盎漿。山海經云：「高前之山，其上有水，甚寒而清，謂之帝臺之漿。〔六二〕」郭璞云：「今河東解縣南壇道山有水潛出，停而不流。」即今見在。

明公祠，在縣東南八里。故老傳云昔有女子在中條山得道，今名其處曰聖女崖，亦名玉女溪，後有劉明於此學道，後人爲明於此立祠，因名焉。今其碑尚存，文曰「惟漢安二年」，按漢安即後漢順帝之年號也。

安邑縣，西南四十五里。〔六三〕元四鄉。本冀州之域。帝王世紀：「堯以二女妻舜，爲築宮室，封之于虞，故尚書云釐降二女於嬀汭，〔六四〕嬪于虞，即此也。」三代以降，爲晉之境。漢書地理志云：「河東土地平衍，有鹽鐵之饒。」〔六五〕晉太康地記云：「舜受禪安邑，或云蒲坂。」又帝王世紀：「禹或營安邑。」〔六六〕即虞、夏之兩都也。隋義寧元年置安邑郡。唐武德元年廢，置虞州。貞觀十七年又廢虞州，縣隸河東郡。今虞邑縣東三里，〔六七〕即廢州之地也。

龍池宮，在縣東南一十八里。唐開元八年置。傍有龍池水，流入鹽池，因以爲名。今古跡微存。

鹽宗廟，在縣東南十里。按呂忱云「宿沙氏煮海謂之鹽」，〔六八〕宗，尊之也，以其滋潤生人，可得置祠。〔六九〕

分雲神祠，在縣西南四十里中條之陰。特標諸峯，山頂出雲，東西分散，遂號分雲。又有風谷，每風出，吹砂飛石，樹木皆摧，俗謂之鹽南風。其祠見存。

中條山，在縣南二十里。其山西連華嶽，東接太行山，有路名曰虞坂。周武王封吴太伯之弟仲雍之後虞仲于夏墟，因虞爲稱，謂之虞坂。昔騏驥駕鹽車，即此坂也。春秋僖公二年：〔七〇〕「晉荀息請以屈産之乘、垂棘之璧，假道于虞以伐虢。」即此路也。

稷山，在縣東北六十七里。尚書舜典：「帝曰：棄，黎民阻飢，汝后稷，播時百穀。」孔安國曰：「棄，后稷也。」按左傳宣公十五年，「晉侯治兵于稷」。杜預注云「河東聞喜縣西有稷山」是也。山海經云：「其山多錫。」舊名玉山，后稷播時百穀于此，遂以名山。東自陝府夏縣界，經縣十二里。

玉鉤山，在縣東北二十里。其山東西一十里，勢如玉鉤，因此爲名。

涑水，在縣東北三十四里。春秋曰：〔七一〕「晉侯使呂相絶秦，伐我涑川。」注：「涑水出河東聞喜縣，〔七二〕西南流至蒲坂入黄河」是也。水經云：「涑水出河東聞喜縣界黎葭谷，謂之葦谷。」〔七三〕其水東自陝府夏縣界來，經縣四十里，〔七四〕西入河中府界。

銀谷，在縣西南三十五里中條山下。隋開皇十九年于此置鹽冶。

司鹽城，在縣西二十里。

蚩尤城，在縣南一十八里。管子記曰：「雍孤之山出金，蚩尤愛之，以爲劍戟。」史記曰：「黄帝與蚩尤戰于涿鹿之野。」按皇覽冢墓記云：「蚩尤冢在東平郡壽張縣，墳高七丈，常十月祀之。冢上有赤氣，如一匹紅練，土人謂之蚩尤旗。其肩髀冢在山陽郡鉅野縣。身體異處，故别葬之。」孔子三朝記云：「蚩尤，庶人之貪者，而有喜怒，故惡名歸之。」其城今摧毁。

鹽池，在縣南五里。其池周迴一百一十四里。山海經云：「景山南望鹽澤。」〔七五〕今在河東猗氏縣。又按地理志云：「鹽池在安邑縣西南。」許慎謂之鹽池。呂忱曰：「宿沙氏煮海謂之鹽，河東鹽池謂之盬。」今池水紫色，湛然不流，造鹽貯水深三寸，經三日則結鹽。

苦池，在縣東一十八里。〔七六〕其水鹹苦，牛羊不食，因以名之。亦名紅花池。

衛瓘墓，在縣東十七里高堠原上。按晉陽秋曰：「太保、淄陽侯衛瓘，河東安邑人也。瓘子恒，恒子玠。舊傳云衛瓘葬高槫，今墓前有高槫古道。」

鳴條陌，在縣東北一十五里。按地理志：「鳴條陌在安邑西北。」尚書云：「伊尹相湯伐桀，升自陑，遂與桀戰于鳴條之野。」孔安國曰：「地在安邑之西，桀逆拒湯。陑在河曲之南。」其地在縣北二十里是也。

昆吾亭。舊圖經云：「在縣西南一十里。爲夏方伯，助桀拒湯，湯師先伐昆吾，然後伐桀。」春秋左傳注：昆吾「以乙卯日與桀同誅」。宋永初山川記曰：「安邑有昆吾亭，古昆吾國也。」

清原，在縣北五十里。春秋僖公三十一年：〔七七〕「晉蒐于清原，作五軍以禦狄。」即此也。

聞喜縣，西南去州一百五里。元三鄉。本漢左邑縣之桐鄉也，武帝元鼎六年，將幸緱氏，至此聞南越破，大喜。因立聞喜縣，屬河東郡。按漢聞喜縣在今縣西南八里桐鄉故城是也。後漢廢左邑縣，移聞喜縣理之。至後魏改屬正平郡。周武帝移于柏壁，在今正平縣西南二十里。隋開皇三年罷郡，屬絳州，十年自柏壁移于甘谷口。〔七八〕唐武德已來，縣屬不改。元和三年，河中節度使杜黃裳奏移神策軍于縣宇，〔七九〕官吏權止桐鄉佛寺；至十年，刺史李憲奏復置縣于桐鄉故城，即今理也。

景山，在縣東南十八里。山海經：「景山草多藷藇、薯蕷、秦椒，〔八〇〕其陰多赭，其陽多玉。」

董澤，一名董池陂，在縣東北十四里。左傳：厨武子曰：「董澤之蒲，可勝既乎？」注曰：「河東聞喜縣東北有董池陂。」蒲，楊柳，可以爲箭。其澤東西七里，南北三里。

桐鄉故城，漢聞喜縣也，在縣西南八里。隋圖經云：「俗以此城爲伊尹放太甲于桐宫之所。」孔注尚書曰：「桐，湯葬地也。」按今尸鄉有放太甲處，在偃師縣界，非此也。又漢大司農朱邑屬其子葬桐鄉者，又在今舒州界，亦非此也。

龍頭壁，後周絳州及正平郡所理也，在縣東北二十八里。武帝又移于柏壁。事已具上。

祁奚墓，在縣東二十二里。今太原祁縣又有祁奚墓，未詳孰是。

裴光庭墓，在縣東三十里。唐侍中、太師，與父太尉埜相近。

卷四十六校勘記

〔一〕史記謂申爲實沈　「申」，萬本同，庫本作「畢」。史記卷二七天官書：「昴、畢，冀州。觜觿參，益州。」正義：「星經，益州，魏地，畢、觜、參之分。」則庫本是。

〔二〕春秋　按本書下文記晉獻公滅魏，賜畢萬魏，載於左傳閔公元年，此「春秋」宜作「左傳」。

〔三〕噪而還　底本作「而噪而」，萬本、中大本皆作「噪而還」。左傳文公十三年，晉「使魏壽餘僞以魏叛者，以誘士會。執其帑於晉，使夜逸。請自歸于秦，秦伯許之。履士會之足於朝。秦伯師于河西，魏人在東，壽餘曰：『請東人之能與二三有司言者，吾與之先。』使士會。……乃行。……既濟，魏人譟而還。」此衍「而」字，脱「還」字，據以删補。

〔四〕尚以爲當損　「損」，底本作「省」，據萬本、庫本及通典卷一七九州郡九改。

〔五〕至七月詔停復爲州　「七月」，庫本同，萬本作「六月」。通典卷一七九州郡九、元和郡縣圖志卷一二河中府、資治通鑑卷二一二唐紀二八皆作「六月」，舊唐書卷八玄宗紀作「七月」。

〔六〕羊腸在潞州壺關縣東南一百六十里　本書卷四五載，羊腸坂在壺關縣東南一百里，元和郡縣圖志河中府、卷一五潞州皆載：「羊腸在潞州壺關縣東南一百六里。」疑此「十」爲衍字。

〔七〕孟門在慈州文城縣西南三十六里　「在」，底本脱，據萬本、庫本及元和郡縣圖志河中府補。「三」，底本作「二」，萬本、庫本同，據本書卷四八慈州、元和郡縣圖志河中府改。

〔八〕議亦宏博　「宏」，底本脱，庫本同，據萬本及元和郡縣圖志河中府補。

〔九〕南北一百七十七里　「七十七」，底本作「七十」，據萬本、庫本、傅校及元和郡縣圖志河中府改。

〔一〇〕東北至絳州取桐鄉路二百六十五里　「六」，底本作「四」，萬本、中大本皆作「六」。元和郡縣圖志河中府：「東北至絳州取桐鄉路二百六十里。」元豐九域志卷三河中府：「東北至本府界一百七十五里，自界首至絳州九十里。」此「四」爲「六」字之誤，傅校改，據改。

〔一一〕風后至平陽人　萬本、庫本無風后、郤缺、靈輒、張儀、范雎、霍去病傳略。

〔一二〕司馬遷太史談之子　萬本、庫本無。

〔一三〕關漢壽亭侯　萬本、庫本作「關羽」。

〔一四〕柳惲至謐文中子　萬本、庫本無柳惲、王通傳略。

〔一五〕王績至稱大曆十才子　萬本、庫本無王績、王勃、盧綸傳略。

〔一六〕司空圖字表聖虞鄉人官諫議大夫　萬本、庫本無司空圖傳略。

〔一七〕即漢蒲坂縣地　「地」，底本作「也」，據萬本、庫本及傳校改。元和郡縣圖志河中府河東縣：「本漢蒲坂縣地也。」太平御覽卷一六三引十道志：河東縣，「本漢蒲坂地」。

〔一八〕首山　庫本同，萬本作「首陽山」。按史記卷一五帝本紀正義引括地志亦作「首陽山」。嘉慶重修一統志卷一四〇蒲州府：「按雷首、首陽，本爲一山，或稱雷首，或稱首山，或稱首陽。初無一定，大抵山南爲陽，以首陽爲首山之陽者近是。」

〔一九〕音而　萬本、庫本無此二字，傳校删，蓋非樂史原文。

〔二〇〕漢志始皇東巡見長坂　按「始皇東巡見長坂」，載於漢書卷二八地理志上河東郡蒲反顔師古注引應劭説，此云「漢志」，非也。

〔二一〕在縣南五十里與潼關相對有風陵城在其上　「五十」，庫本同，萬本作「五十五」，同元和郡縣圖志河中府。「上」，底本作「下」，據萬本、庫本、嘉慶重修一統志蒲州府引本書改。

〔二二〕在虞城北十三里　「十三」，萬本、庫本作「二十三」。

〔二三〕夜渡蒲坂津　「蒲坂津」，底本作「蒲」，庫本同，萬本作「蒲坂津」。按資治通鑑卷六六漢紀五八：建安十六年，曹操西征馬超、韓遂，遣徐晃、朱靈渡蒲阪津，既而操渡潼關，「遂自蒲阪渡西河」。即本書所記，此脱「坂津」二字，據補。

〔二四〕源出縣南三十里首山　「首山」，庫本同，萬本、中大本皆作「雷首山」，同元和郡縣圖志河中府。太平御覽卷六四引地記云：「河東郡首山之東北山中有二泉水，南流者曰嬀水，北流曰汭水。」則雷首山亦名首山。

〔二五〕至長陽城南爲陂　水經涑水注：涑水西南逕張陽城東，「又西南屬于陂」。魏書卷一〇六地形志下：河東郡北解縣「有張楊城」。史記卷五四曹相國世家正義引括地志云：「張楊故城，一名東張城，在蒲州虞鄉縣西北四十里。」此「長」蓋爲「張」字之誤，「陽」宜作「楊」。

〔二六〕水經云涑水出河北縣雷首山□□□□一名雷水　「河北縣」，底本作「河東縣」，萬本、庫本同。空缺四字，萬本、庫本無。原校：「按水經：『涑水出河東聞喜縣東山黍葭谷（按「葭」，底本作「薛」，據萬本及水經涑水篇改）。』又杜預注左氏成公十三年傳云：『涑水出河東聞喜縣，西南至蒲坂縣入河。』今記序安邑縣之涑水皆同此文，惟今河東縣所序，特爲舛誤，疑是涑水出河東聞喜縣，經雷首山，一名雷水，乃經桑泉界，不然則雷水自屬別條，以訛脱，遂錯見于此耳。」按水經河水注：河水南逕雷首山西，「又南，涑水注之，水出河北縣雷首山。……其水西南流，亦曰雷水。」本書所引出于雷首山之涑水，當即引自水經河水注，非水經涑水篇所云出于河東聞喜縣之涑水。此「水經」蓋脱「注」字。據本書河東縣總序，河東縣設置于隋代，北魏時何有此縣名？當是「河北縣」之誤，據改。空缺四字，蓋爲「水西南流」四字。

〔二七〕舊地理書相傳曰漢蒲坂城「地理」下底本有「志」字，據萬本、庫本及嘉慶重修一統志蒲州府引本書删。「曰」，底本脱，據萬本、庫本補。

〔二八〕在州理城中「城」，庫本同，萬本作「舜城」，同元和郡縣圖志河中府，此蓋脱「舜」字。

〔二九〕大曆三年　新唐書卷三七地理志一同州朝邑縣、卷三九地理志三河中府河西縣皆作「大曆五年」。

〔三〇〕周末置解縣于虞鄉城東于解縣西五十里别置虞鄉即此邑也　按漢置解縣，北魏改爲北解縣，又别置南解縣，北周廢北解縣，武成二年廢南解縣，别置綏化縣，保定元年改綏化縣爲虞鄉縣。隋開皇十六年又置解縣，大業二年省，九年移虞鄉縣於開皇廢解縣理，唐武德元年改爲解縣，復漢舊名（即今山西運城市西南解州），又於解縣西别置虞鄉縣（即今永濟縣東虞鄉鎮），載於本卷下文解州解縣序，此云「周末」，當誤，或爲「唐初」之誤；通典卷一七九州郡九：「虞鄉縣，『後於虞鄉城置解縣，更於解縣西五十里别置虞鄉縣。』或「周末置解縣于虞鄉城東」爲「後於虞鄉城置解縣更」之誤。

〔三一〕盎漿「盎」，庫本同，萬本作「鴦」。按水經涑水注：「世所謂盎漿也，發於上而潛於下矣。」太平御覽卷五九引山海經曰「帝臺之漿水也」，郭璞注曰：「河東解縣檀道山（按「檀」爲「壇」字之誤）有水潛出山上，俗名曰盎漿。」則作「盎」是，作「鴦」非。

〔三二〕晉惠返國許秦解梁　庫本同，萬本作「『晉惠公許賂秦伯以河外列城五，東盡虢略，内及解梁城』是也」，同左傳僖公十五年、元和郡縣圖志河中府。

〔三三〕天寶十三年改爲臨晉　「十三年」，萬本作「十二年」。按舊唐書卷三九地理志二、新唐書卷三九地理志三並作「十三年」，元和郡縣圖志河中府作「十二年」，唐會要卷七〇州縣改置上：「天寶十二載十二月一日勑改桑泉縣爲臨晉縣。」則十二年是。

〔三四〕故解城在春秋時解梁城又爲漢解縣地也　「故」，底本作「北」，據萬本、中大本、庫本及傳校改。又水經涑水注：「解縣故城，『春秋晉惠公因秦返國，許以河外五城，内及解梁，即斯城也。』」元和郡縣圖志河中府：「故解城，本春秋時解梁城，又爲漢解縣城也。」此「地」爲「城」字之誤。

〔三五〕廢城在今縣東十八里　「八」，底本作「六」，據萬本、中大本、庫本及本書臨晉縣總序、元和郡縣圖志河中府改。又「東」，元和志作「東南」，此疑脱「南」字。

〔三六〕瀵水出尾下至其深無限　萬本據爾雅釋水改爲「瀵大出尾下」，又據郭璞注文改爲「今河東汾陰縣有水口如車輪許，濆沸涌出，其深無限」。

〔三七〕古綸地在夏爲少康之邑　按續漢書郡國志一河東郡汾陰縣劉昭注引博物記以爲「古之綸，少康邑」，與此同。但左傳哀公元年：「虞思於是妻以二姚，而邑諸綸。」杜預注：「綸，虞邑。」續漢書郡國志二：梁國虞「有綸城，少康邑」。本書卷一二虞城縣載：「故綸城，在縣西三十五里，左氏謂少康逃于有虞，虞君妻以二姚，而邑諸綸。」則綸應在虞城縣。

〔三八〕汾水「汾」，底本作「河」，萬本、庫本同，據中大本及嘉慶重修一統志蒲州府引本書改。

〔三九〕殷湯故城「城」，底本作「地」，庫本同，據萬本及嘉慶重修一統志蒲州府引本書改。

〔四〇〕隋開皇三年廢汾陰郡「郡」，底本無，庫本同，中大本有。隋書卷三〇地理志中：「汾陰，舊置汾陰郡，開皇初郡廢。」此脱「郡」字，據補。萬本作「隋開皇三年以汾陰縣屬蒲州」，缺脱「廢汾陰郡」四字。

〔四一〕義寧元年改汾陰郡爲泰州移泰州理龍門　新唐書地理志三：寶鼎，「本汾陰。義寧元年以汾陰、龍門置汾陰郡，武德元年曰泰州。」又：龍門，「武德二年徙泰州來治。」則隋義寧元年于汾陰縣設汾陰郡，唐武德元年改汾陰郡爲泰州，二年徙州治龍門縣，疑此誤。

〔四二〕兼建碑又御製文及書　萬本、庫本作「兼建碑及御製文并書」，嘉慶重修一統志蒲州府引本書同。

〔四三〕脽音誰　萬本、庫本無此三字。

〔四四〕神魚舞河　庫本同，萬本作「神爵翔集」，云「原本訛『神魚舞海』，據漢書郊祀志改正」。按「神魚舞河」，並載于水經河水注，漢書卷八宣帝紀：「東濟大河，天氣清靜，神魚舞河。幸萬歲宫，神爵翔集。」漢書郊祀志不載，萬本誤。

〔四五〕在縣北四十三里　「三」，底本作「五」，據萬本、中大本、庫本及元和郡縣圖志河中府改。

〔四六〕漢武戾太子　「武」，底本脱，據萬本、庫本及漢書卷六三武五子傳補。

〔四七〕一作三　萬本、庫本無此三字。史記卷五秦本紀正義引括地志云：「故耿城，今名耿倉城，在絳州龍門縣東南十二里，故耿國也。」元和郡縣圖志河中府亦作「在縣南十二里」，此誤。

〔四八〕北自慈州太寧縣界流入　按元和郡縣圖志卷一二、舊唐書地理志二、新唐書地理志三、唐會要卷七〇州縣改置上及本書卷四八載，太（多作「大」）寧縣屬隰州，此「慈州」爲「隰州」之誤。

〔四九〕一作三　萬本、庫本皆無此三字。元和郡縣圖志卷一二絳州龍門縣：「黄河，北去縣二十五里。」此誤。

〔五〇〕在河東之西界　「東」，底本脱，庫本同，據萬本及尚書禹貢注補。

〔五一〕疏決龍門至通其河　庫本同，萬本據水經河水注改爲：「疏決梁山，謂斯處也。魏土地記云：梁山北有龍門山，大禹所鑿，通孟津河口。」

〔五二〕日精服之生貴子　太平御覽卷一四二引崔鴻三十國春秋前趙録、晉書卷一〇一劉元海載記並作「此是日精，服之生貴子」，此疑脱「此是」二字。

〔五三〕唐武德五年割龍門縣置　「置」，底本無，萬本、庫本同。新唐書地理志三：龍門，「武德五年析置萬春縣」。此當脱「置」字，據補。

〔五四〕西至長安三百七十里「七十」，庫本同，萬本作「七十五」。

〔五五〕白徑嶺「徑」，底本作「陘」，據萬本、庫本、傅校及水經涑水注、元和郡縣圖志河中府改。下同。

〔五六〕北至陝府經安邑縣南過上柳谷山路至陝府一百三十五里　按陝府，即陝州，在解州東南，本書上文載，解州東南至陝州經白徑嶺路，不能北經安邑縣而達陝府，此云「陝府」，有誤。元豐九域志卷三：解州，「北至本州界三十里，自界首至河中府九十五里。」與本書所載方向合，道里當，疑此二「陝府」爲「河中府」之誤。

〔五七〕東北至絳州一百六十五里　庫本同，萬本無此十一字。按元豐九域志卷三：解州，「東北至本州界一百三十五里，自界首至絳州三十里。」正合底本，萬本缺誤。

〔五八〕本漢舊縣也　元和郡縣圖志河中府臨晉縣：「故解城，本春秋時解梁城，又爲漢解縣城也，在縣東南十八里。」本書臨晉縣：「北解城，在春秋時解梁城，又爲漢解縣地（城字之誤）也。後魏改爲北解縣，周省。廢城在今縣東十八里。」則漢解縣即春秋解梁城，北魏改爲北解縣，北周省，故城在唐宋臨晉縣東南十八里，唐宋臨晉縣即今山西臨猗縣臨晉鎮，其東南涑水河北岸城東、城西，即漢解縣、北魏北解縣故址。隋唐解縣，即今運城市西南解州，本書解縣總序：「隋文帝開皇十六年于此置解縣，屬蒲州。大業二年省解縣，九年自綏化故城移虞鄉縣于廢縣理，即今縣理是也。唐武德元年改虞鄉縣爲解縣。」此以漢解縣爲唐宋解縣，誤也。

〔五九〕春秋　按下文所引成公六年事，載於左傳，此「春秋」宜作「左傳」。

〔六〇〕但廣狹淺深古今不同蓋以載代□□所以盈縮不定　萬本無「蓋以載代□□」四字及二空格，庫本作「蓋以年代久遠」，當是。

〔六一〕元和時每歲收利約一百六十萬貫　「約」，萬本、庫本皆無，元和郡縣圖志河中府作「納」。此「約」蓋「納」之誤。

〔六二〕謂之帝臺之漿　「之」，底本無，萬本同，據庫本及山海經中山經、太平御覽卷五九引山海經補。

〔六三〕西南四十五里　元豐九域志卷三：解州安邑縣，「州北四十五里」。按宋解州治解縣，即今運城市解州，安邑縣即今運城市東北安邑，位於解州東北，九域志所載是也，此「西南」蓋爲「東北」之誤，或「西南」下脱「去州」二字。

〔六四〕嬀汭　「汭」，底本作「妠」，萬本同，據尚書堯典、史記卷一五帝本紀、帝王世紀改。

〔六五〕有鹽鐵之饒　「饒」，底本作「利」，據萬本、庫本、傅校及漢書卷二八地理志下改。

〔六六〕禹或營安邑　「或」，底本作「亦」，據萬本、庫本及帝王世紀改。

〔六七〕虞邑縣　庫本同，萬本作「安邑縣」。按唐乾元元年改安邑縣爲虞邑縣，大曆四年復名安邑縣，宋沿襲不改，此宜作「安邑縣」。

〔六八〕吕忱云宿沙氏煮海謂之鹽　「宿」，庫本同，萬本作「夙」。王先謙合校水經注涑水注引吕忱曰作

〔六八〕「夙沙初作煮海鹽」，注云：「趙一清作『宿沙煮海謂之鹽』」。路史注引世本：「夙沙氏煮海爲鹽。宋衷曰：夙沙氏，炎帝之諸侯。」按「宿」、「夙」通稱。

〔六九〕以其滋潤生人可得置祠　庫本同，萬本作「以其滋潤，人利賴之，故置祠」，嘉慶重修一統志卷一五四解州引本書作「滋潤生人，人尊崇之，故立廟」。

〔七〇〕春秋　按本書下文所引僖公二年事，載于左傳，此「春秋」宜作「左傳」。

〔七一〕春秋　按本書下文所引爲成公十三年事，載于左傳，此「春秋」宜作「左傳」。

〔七二〕涑水出河東聞喜縣　「出」，底本脱，萬本、庫本同，據左傳成公十三年杜預注補。中大本作「自」，誤。

〔七三〕水經云涑水出河東聞喜縣界黎葭谷謂之葦谷　原校：「按水經：『涑水出河東聞喜縣界東黍薛谷。』注云：『俗謂之華谷。』今『黍』作『黎』，『薛』作『葭』，『華』作『葦』，未知孰是。」按水經涑水篇：「涑水出河東聞喜縣東山黍葭谷。」注云：「俗謂之華谷。」則作「黍葭」、「華」是，此又脱「東山」二字。

〔七四〕經縣四十里　讀史方輿紀要卷四一解州安邑縣：「涑水，在縣北。」此「縣」下蓋脱「北」字，萬本作「東」，誤。

〔七五〕景山南望鹽澤　「鹽澤」，庫本同，萬本作「鹽販之澤」，同山海經北山經。

〔七六〕在縣東一十八里　「東」下底本衍「北」字，據萬本、庫本及嘉慶重修一統志解州引本書刪。中大本作「北」，誤。

〔七七〕春秋　按本書下文所引僖公三十一年事，載于左傳，此「春秋」宜作「左傳」。

〔七八〕甘谷口　嘉慶重修一統志卷一五五絳州引本書作「甘泉谷」。

〔七九〕移神策軍于縣宇　「神策」下底本衍「鎮」字，據萬本、庫本及嘉慶重修一統志絳州引本書刪。

〔八〇〕景山草多藷萸薯蕷秦椒　萬本作「景山，其上多草、藷萸，其草多秦椒」，同山海經北山經。按水經涑水注引山海經作「其草多藷萸、秦椒」，疑此「薯蕷」二字衍。

太平寰宇記卷之四十七

河東道八

絳州

絳州，絳郡。今理正平縣。禹貢冀州之域。星分觜、參。虞舜及周並爲冀州地。春秋時屬晉，即故絳與新田之都也。左傳：「晉人謀去故絳，欲居郇、瑕氏之地。」注曰：「郇、瑕在河東解縣。」韓獻子曰：「郇、瑕氏土薄水淺，不如新田，遂遷新田。」注曰：「新田，今平陽絳邑縣是也。」史記曰：「晉靜公二年，韓、趙、魏三卿滅晉。」其地屬魏。戰國時亦爲魏地。秦置三十六郡，今州即秦之河東郡地也。楚、漢之際，魏豹盡有其地，韓信虜豹，定魏地，置河東、上黨、太原郡，今州即漢河東郡之臨汾縣地也。魏正始八年分河東汾北置平陽郡，又爲平陽郡地。後魏太武帝于今理西南二十里正平縣柏壁置東雍州及正平郡，其地屬焉。孝文帝廢東雍州，其正平郡不改。東魏孝靜帝復置東雍州；〔二〕周明帝武成二年改東雍州爲絳州，仍移于聞喜縣東北二十里龍頭城，〔二〕正平郡亦與州俱遷。武帝又移于今正平縣西南二十里柏壁，建德六年又移于今稷山縣西南二十里玉壁。隋開皇三年罷郡，自玉壁移絳州于東雍州城，即今州理是也，領縣八。大業三年廢州爲絳郡。唐義師將西入關，大軍進次古堆，去絳郡十餘里，通守陳叔達堅守不下，高祖命厨人曰：「明日早下絳城，然後食。」乃引兵攻城，自旦及辰，破之，仍置絳郡。唐武德元年置絳州總管府，管絳、潞、蓋、建、澤、沁、韓、晉、呂、澮、泰、蒲、虞、芮、邵十五州，絳州領正平、太平、曲沃、聞喜、稷山五縣；三年廢總管府，其年以廢北澮州之翼城置翼城縣，領翼城、絳、小鄉三縣。武德元年改爲澮州；二年改爲北澮州；四年州廢，三縣併入絳州，置南絳州，又置絳縣。〔三〕天寶元年改爲絳郡。乾元元年復爲絳州。

元領縣九。今七：正平，曲沃，太平，翼城，稷山，絳縣，垣縣。陝州割到。 三縣割出：萬泉，入蒲州。聞喜，入解州。龍門。入蒲州。

州境：東西三百六十五里。南北二百三十里。

四至八到：東南至東京一千里。東南至西京取垣縣王屋路四百八十四里。西南至長安五百九十里。東至澤州四百五十里。南至陝州二百二十里。西至同州四百一十里。北至慈州三百七十里。東南至河南府五百里。西南至蒲州三百七十里。西北至慈州二百四十里。東北至晉州一百四十里。

户：唐開元户八萬一千九百八十八。〔四〕皇朝户主三萬九千九百三十二，客六千六百三十八。

風俗：同河南府。

人物：荀息，趙衰，子盾代爲卿。介之推，姓王，名光。〔五〕董狐，呂相，祁奚，公孫杵臼，師曠，韓起，叔向，衛青，平陽人。〔六〕毌丘儉，聞喜人。欲襲司馬景王，兵敗。習鑿齒曰：「毌丘儉感明帝之顧命，可謂忠臣矣！」裴秀，字季彦，聞喜人。八歲能文，官黄門侍郎。〔七〕裴楷，秀從弟。〔八〕郭璞，字景純，聞喜人。善詞賦，少遇術士，得青囊書，遂精五行、卜筮，占驗如神。〔九〕裴松之，河東聞喜人。注陳壽三國志，又注司馬遷史記。曾孫子野，修宋史及宋略三十卷。裴行儉，〔一〇〕字守約，聞喜人。爲安撫大食使，生擒都支、遮匐而還。〔一一〕少子光庭，開元中爲侍中。〔一二〕裴炎，聞喜人。相高宗及則天，謀復唐祚，被誅。裴垍，字弘中，聞喜人。憲宗朝拜相。〔一三〕敬暉，太平人。誅張易之，拜侍中，進封平陽郡王。裴度，聞喜人。亦拜正司空。裴皞。字司東，聞喜人。官僕射。〔一四〕

土産：墨，梨，蠟燭，防風，交棱紗縠子，粱米，貲布，〔一五〕胡桃，羊，馬，乾棗。

正平縣，舊二十二鄉，今四鄉。本漢臨汾縣地，屬河東郡。按漢臨汾縣在今縣東北二十五里臨汾故城是也。魏正始八年分河東之汾北置平陽郡，臨汾縣屬焉。隋開皇初改屬正平郡；三年罷郡，屬絳州；十八年改臨汾縣爲正平縣，因正平郡爲名。大業三年罷州，置絳郡，縣仍屬焉。唐因之。

定境山，在縣西北五十里。唐長安年中，部人與慈州人爭界，〔一六〕因以青山爲界，天寶六年勅改爲定境山。

汾水，在縣南。東北自曲沃縣界流入。

澮水，在縣南七里。東自曲沃縣界流入。晉平公與齊景公至澮上，有犬貍身狐尾，隨平公之車，即此。

龍谷水，在縣東北一十八里。左傳昭公二十九年，「龍見于絳郊」，即此處也。

州城，本後魏東雍州及正平郡城也，太和中，皇都徙洛。罷州立郡，即謂此也。

臨汾故城，即漢臨汾縣，在今理東北二十五里。

柏壁，在縣西南二十里。後魏明元帝於此置柏壁鎮，太武帝廢鎮置東雍州及正平郡。周武帝於此置絳州，建德六年又自此移絳州于今稷山縣西南二十里玉壁城。〔一七〕按柏壁高二丈，周八里。

晉虒祁宮，在縣南六里。左傳曰：「石言於晉魏榆。晉侯問于師曠曰：『石何故言？』對曰：『石不能言，或憑焉。抑又聞之，作事不時，怨讟動于民，則有非言之物而言。』于是晉侯方築虒祁之宮。叔向曰：『子野之言君子哉！是宮也成，諸侯必叛。』」今按宮南有澮水，北有汾水，俱西流至宮西而合。隋末，依宮餘趾築堡，今名修義堡。

晉靈公臺，在縣西北二十一里故長修城中。〔一八〕左傳：「晉靈公不君，從臺上彈人，觀其避丸。」即此臺也。

晉齊姜墓，在縣南九里。申生之母也。

驪姬墓，在縣南八里。晉獻公伐驪戎，以驪姬歸，爲夫人，生奚齊，其娣生卓子，譖太子，申生自殺，晉室大亂。

晉羊舌大夫廟，在縣西二里。

九原，一名九京，晉大夫趙盾葬所。禮記謂「趙文子觀處」，有水名古水，出此原西。

王澤。水經注引史記曰：「晉智伯瑶攻趙襄子，襄子奔保晉陽，原過後至，遇三人于王澤，自帶以下不見，持竹二節，與原過曰：『爲我遺毋衈。』原過受之。」即此澤。

臨龍谷。郡國志：「在縣東南，後周與齊王交聘，路經谷側，使人多于此賦詩。」

故家雀關，在縣南七里。

故汾東城，在今縣東北一百二十里。

荀城。冀州圖云：「荀城在縣西十五里，即重耳所居之所。」

蜚廉城。蜚廉事紂所居，有城存。

長修故城。郡國縣道記云「絳西北三十里長修故城」，是。漢高帝二年封杜恬爲侯國，〔一九〕後漢省，故城南有修水西流入。

旋臺。夏桀所造，言可迴旋。

羲和廟，在州內。

殷之巫咸，晉之趙盾，皆有廟存。

曲沃縣，東五十里。舊二十鄉，今五鄉。本晉舊都絳縣地，漢以爲絳縣，屬河東郡，今縣南二里絳邑故城是也。後漢加「邑」字，屬郡不改。晉改屬平陽郡。後魏孝文帝于今縣東南十里絳山北置曲沃縣，屬正平郡，因晉曲沃爲名。周明帝移樂昌城，今縣南七里樂昌堡。〔二〇〕隋開皇三年罷正平郡，改屬絳州；十年又移于絳邑故城北，〔二一〕即今治也。

絳山，在縣南十三里。出銅鉚。開山圖：「絳水出絳山東谷，東距白馬山。」

澮水，經故城南，西流合絳水。〔二二〕

汾水，西南去縣二十二里。北自太平縣來。

絳邑故城，漢絳縣，本春秋晉都新田也，在縣南二里。左傳：「晉人謀去故絳，欲居郇、瑕氏之地。韓獻子曰：『土薄水淺，不如新田，有汾、澮以流其惡。』遂居新田。」漢以爲縣，屬河東郡。周勃封爲絳侯，即其地也。

陘庭故城，在縣西北。左傳曰：「曲沃武公伐翼，次于陘庭。」

臺駘神祠，在縣西南三十六里。左傳云：「晉侯有疾，卜人曰『臺駘爲祟』，問于子産，曰：〔三三〕『昔金天氏有裔子曰昧，爲玄冥師，生允格、臺駘，能業其官，〔三四〕宣汾、洮，障大澤，以處太原，帝用嘉之，封諸汾川，沈、姒、蓐、黄實守其祀。今晉主汾而滅之。由是觀之，則臺駘，汾神也。』」蓋晉都絳時所立也。

天井水，一名石搥水，三水皆經曲沃之地。〔三五〕又水經注云：「天井水西逕堯城南，又西流入汾。」

桐鄉城。尚書云「伊尹放太甲于桐宮」，是此地，在縣西南。

程公祠，在縣界。郡國志云：「龍頭城有程公祠，即晉賢士程子華與孔子相逢，〔三六〕傾蓋接轂與語，孔子以束帛賂之。死葬于此而冢存。」

晉里克墓，在縣界五里。

驪姬冢，在縣界。晉獻公夫人譖公殺太子申生者。

太平縣，北四十五里。舊十五鄉，今五鄉。本漢臨汾縣地，屬河東郡，自漢迄魏皆同。後魏太武帝于今縣東北二十七里太平故關城置泰平縣，屬平陽郡。周改爲太平縣，因關爲名。隋開皇三年罷郡，改屬晉州，十年來屬。隋理在今縣東北三十里太平故城是也。唐武德元年移于今理東北二十七里太平關城。貞觀七年移于今理。

汾水，北自臨汾縣界來，在縣東二十九一作「七」。〔二七〕里。

太平故關城，後魏泰平縣地，在縣北二十七里。〔二八〕隋開皇七年自此移太平縣于今理北三十里太平故城，〔二九〕大業三年於此置太平關，隋末廢。武德元年又自太平故城移縣理此，貞觀七年移于敬堡，〔三〇〕今理是也。

白波壘，在縣東南一十二里。後漢末靈帝中平六年，黄巾餘賊郭大等於西河白波谷寇太原，于此築壘。

子奇壘，在縣東三十里。十六國春秋曰：「後秦王姚興遣弟安北將軍、義陽公平字子奇，與征虜將軍狄伯支等步騎四萬伐魏，攻平陽，陷之，遂據柴壁。魏軍大至，截汾水以守之。平大敗，將麾下三十騎赴汾水而死，狄伯支等十將四萬人皆爲魏所擒。」今按此壘西臨汾水，壘側尚有柴村，子奇投汾，即此處也。

趙盾祠，在縣西南一十八里。

李牧祠，在縣東北一十三里。

晉公孫杵臼墓并程嬰墓，在縣南二十一里趙盾塋中。

唐城。堯年十六封唐侯于此。〔三一〕

翼城縣，東北一百里。舊十八鄉，今六鄉。本漢絳縣地，屬河東郡，自漢至魏不改。後魏明帝置北絳縣於曲沃縣東，〔三二〕屬北絳郡，周、齊不改。隋開皇三年罷郡，改屬晉州；十六年改爲翼城縣，屬絳州，因縣東古翼城爲名也。義寧元年于此置翼城郡，縣屬焉。唐武德元年廢郡，置澮州；四年廢澮州，縣屬絳州。

澮高山，一名詳高山，〔三三〕在縣東南二十五里。其山出鐵。又郡國志云：「晉平公與齊景公至澮上，有犬貍身狐尾，隨平公之車。」即此城也。驪姬冢在其下。

澮水，在縣南二十里。

羊角山，在縣東三十里。

烏嶺山，在縣東七十五里。山南北有長嶺，嶺上東西有通道，即穆天子傳云「鈃鐙」，即此也。

故翼城，在縣東南十五里。晉故絳都也。左傳曰：「曲沃莊伯以鄭人、邢人伐翼。」詩譜曰：「穆侯遷都于絳，曾孫孝侯改絳爲翼，翼爲晉之舊都。後獻公又北廣其城，方二里，又命之爲絳。」

故唐城，在縣西二十里。都城記：「唐國，帝堯之裔子所封也。」引春秋：〔三四〕『夏后孔甲時有劉累者，以豢龍之術事孔甲，夏后嘉之，賜氏曰御龍，以更豕韋之後。及龍一雌死，醢之以食夏后，既而更使求之不得，懼而遷于魯縣。』夏后蓋别封劉累之孫。至成王之時，唐人作亂，成王滅之而封其弟太叔虞，更遷唐人子孫於杜，謂之杜伯，即范會所言『在周爲唐杜氏。』〔三五〕然則唐是叔虞初封之處，至唐叔子燮北徙晉水之陽，因改曰晉。

古熒庭城，在縣東南八十五里。春秋襄公二十三年：〔三六〕「齊侯伐晉，取朝歌。爲二隧，入孟門，登太行，張武軍於熒庭。」杜預注云：「張武軍謂築壘壁，熒庭，晉地。」然形似□，〔三七〕此城蓋齊侯所築也。酈善長水經注云：「紫谷水東出白馬川，西經熒庭城南，而西出紫谷，與乾河合，即教水之支川也。」按此城與紫谷相當，是古熒庭也。

晉厲公墓，在縣東南一十六里，高一丈六尺。葬在翼城東門之後。杜預注云：「不以君禮葬。」按絳縣晉文墓，高二十丈，厲公不以禮葬，故小墓耳。

鄣壁城，後魏北絳郡及北絳縣也。

稷山縣，西四十九里。舊十六鄉，今六鄉。本漢聞喜縣地，屬河東郡，自漢迄晉不改。後魏孝文帝于今縣東南三十里置高涼縣，屬高涼郡。周文帝移高涼縣于玉壁，〔三八〕屬郡不改。其玉壁在縣西南一十二里。隋開皇三年罷郡，以縣屬絳州；十八年改爲稷山，以縣南稷山爲名。唐末屬河中府。後唐同光二年割隸絳州。

稷山，在縣南五十里。左傳曰：「晉侯理兵於稷，以略狄土。」杜預注：「今河東聞喜縣西有稷山。」即此地也。

汾水，東自正平縣界流入，在縣南五十里。

玉壁故城，在縣西南一十二里。後魏大統四年東道行臺王思政表築玉壁城，而因自鎮之；八年，高歡寇玉壁，思政有謀畧，攻竟不克，即謂此。

稷祠，在縣南五十里稷山上。

清原城。冀州圖云：「在縣西北二十里。晉文公蒐作五軍之所。」〔三九〕

羲和墓，在縣東北十七里。堯時，羲氏、和氏掌天地之官。

絳縣，東南八十里。舊十鄉，今四鄉。本漢聞喜縣地，自漢迄晉同。後魏孝文帝置南絳縣，其地屬焉，因縣北絳山爲名，屬正平郡。孝莊帝改屬南絳郡。縣理車箱城，今縣南十里車箱城是也。恭帝去「南」字，直爲絳縣。開皇三年罷郡，改屬絳州。武德元年自車箱城移于澮州，四年廢澮州，屬絳州。

教山，今名効山，亦名罩山，在縣東南八十五里。山海經云：「教山，其上多玉而無石。〔四〇〕教水出焉。」

備窮山，在縣東北二十五里。出鐵鉚，穴五所。

絳水，一名沸泉水，出絳山東谷，懸流奔壑，一十許丈。青崖若點黛，素湍如委練，極爲奇觀。水西北注于澮。史記稱「智伯率韓、魏，引水灌晉陽，不没者三版。智氏曰：『吾始不知水可以亡人之國，今乃知之。』汾水可以浸平陽，絳水可以浸安邑。〔四一〕于是韓、魏之君共殺智伯。」水在縣北一十四里。

晉文公墓，在縣東北二十里。左傳曰：「文公卒，將殯于曲沃，出絳，柩有聲如牛。」唐貞觀十一年詔致祭，禁樵蘇。

太陰山，在縣東南十里。崖壁峭絶，陽景不到，因曰太陰。

絳山，在縣西十八里。西入聞喜縣界，東距白馬山。

聖水，在縣西十里。疾者飲輒愈，耆老相傳云後魏太和六年，〔四二〕土人楊斛因耕，忽有三泉，黯然不流，汲一泉，二泉輒動，亦如苦縣九井，汲一井而八井泉動，即此類也。

古理車箱城，去縣東南十里。在太陰山北，四面懸絶。西魏大統五年修其城，東西長，形如車箱，因名。

禹廟，夏禹之廟，始皇廟亦在此。

禹臺，夏禹之所立。

璇臺瓊室，在城南門。夏桀所造。

垣縣，東南一百一十里。〔四三〕舊六鄉，今四鄉。本河東郡之縣名，其地即周、召分陜之所。今縣東北六十里有邵原祠廟于古棠樹。〔四四〕春秋襄公二十三年：「齊侯伐晉，取朝歌。爲二隊，入孟門，登太行，張武軍于熒庭，戍郫婢支反。〔四五〕邵。」杜注云：「晉邑。」晉書地理志云漢屬河東郡。〔四六〕後魏獻文帝皇興四年置邵郡于陽壺舊城。〔四七〕西魏大統三年置邵州，移于今所。隋大業三年廢邵州，置垣縣，以其地近故垣城，因以名縣。義寧元年置邵原郡。唐武德元年改爲邵州。貞觀元年州廢，縣入絳州。龍朔二年隸洛，乾封二年還絳，天授三年卻屬洛，長安二年還絳，貞元三年入陜，元和三年又歸絳。

王屋山，在縣東北，沇水所出。

鼓鐘山，在縣東北六十里。山海經云：「鼓鐘之山，帝臺之所以觴百神。」

黄河孟津水，在縣南門五步。從平陸縣東雍州谷口經王屋山，至縣界。

古陽壺城，南臨大河。左傳襄公元年春：「晉圍宋彭城，晉人以宋五大夫在彭城者歸，寘諸瓠丘。」杜注云：「瓠丘，晉地，河東東垣縣東南有壺丘。」水經注云：「清水又東南經陽壺城東，即垣縣之壺丘亭也。」

古清廉縣，在縣西北五一作「二」。十二里。〔四八〕後魏割聞喜、安邑東界之人，于清廉山北置縣，隸邵郡。隋大業二年廢。唐武德元年復置，九年廢。

古亳城，在縣西北十五里。尚書湯誥：「王歸自克夏，至于亳，誕告萬方。」即此也。

古皋落城，在縣西北六十里。一名倚箔城。按左傳閔公二年：「晉侯使太子申生伐東山皋落氏。」杜注云：「赤狄別種也。」水經注云：「清水東流注皋落城北。」

故垣縣，在今縣西北。漢爲縣，城東有白水，西南流合清水。

五戶祠，在縣西十七里。

卷四十七校勘記

〔一〕後魏太武帝至孝靜帝復置東雍州　按柏壁在唐宋絳州西南汾水南，即今新絳縣西南柏壁。水經汾水注：汾水「西逕魏正平郡南，故東雍州治，太和中，皇都遷洛，罷州立郡矣。」則水經注時，東雍州及正平郡在汾水之北，即唐宋絳州治，不在汾水南之柏壁，酈道元亦不記東雍州及正平郡曾置于柏壁，此載誠可疑。王仲犖北周地理志卷九：「至云東魏孝靜帝復置東雍州亦在柏壁，則時汾水以南，並爲西魏屬境，柏壁在汾水南，豈有東魏置州之理。」

〔二〕仍移于聞喜縣東北二十里龍頭城　按本書卷四六解州聞喜縣：「龍頭壁，後周絳州及正平郡所理也，在縣東北二十八里。」此「二十」下當脱「八」字。

〔三〕唐武德元年置絳州至又置絳縣　原校：「按新唐書地理志云：『義寧元年以翼城、絳置翼城郡，并置小鄉縣。武德元年曰澮州，二年曰北澮州，四年州廢，縣皆屬絳州。』文義甚明。今記序翼城縣亦云『義寧元年置翼城郡』，其廢置與新唐志皆同，惟絳州總序所引自武德元年置絳州總管府以下，至又置絳縣，凡百五字，皆舊唐書地理志全文，先後訛舛，錯雜失次，如曰『其年置翼城縣』，當作『義寧元年置翼城郡』，其曰『置南絳州，又置絳縣』，乃舊志誤以序絳縣之文，錯見于此，樂承誤而書。凡如此類者非一，皆不敢更以存舊也。」據新唐書卷三九地理志三及本書翼城縣載，此處有訛誤，「其年」爲「義寧元年」之誤，「廢北澮州」爲「絳州」之誤，「翼城縣」爲「翼城郡」之誤；「置南絳州，又置絳縣」應叙于絳縣，原校是也。

〔四〕唐開元户八萬一千九百八十八　「八」，底本作「六」，據萬本、中大本、庫本及元和郡縣圖志卷一二絳州改。

〔五〕姓王名光　萬本、庫本無此四字。

〔六〕衛青平陽人　萬本、庫本無。按漢衛青，河東平陽人，已列于本書卷四三晉州人物，是，此係重出而誤。

〔七〕裴秀至官黄門侍郎　萬本作「裴季」，據三國志卷二三魏書裴潛傳裴松之注引文章敍録，裴秀字季彦，萬本誤。又萬本及庫本無注文十五字。

〔八〕裴楷秀從弟　萬本、庫本無。

〔九〕字景純至占驗如神　萬本、庫本無此二十七字。

〔一〇〕裴行儉　萬本、中大本、庫本於裴行儉前列有王績，注文云：「龍門人，自稱東皋子。兄通，號文中子。」按王績，龍門人，故底本列于蒲州人物，萬本、中大本、庫本誤。

〔一一〕都支「支」，底本作「使」，據舊唐書卷八四、新唐書卷一〇八裴行儉傳及資治通鑑卷二〇二唐紀一八改。

〔一二〕字守約至爲侍中　庫本同，萬本作「聞喜人。爲安撫大使。少子光庭，開元中爲侍中」。

〔一三〕裴垍字弘中聞喜人憲宗朝拜相　萬本、庫本無裴垍傳略。

〔一四〕裴皞字司東聞喜人官僕射　萬本、庫本無裴皞傳略。

〔一五〕貲布「貲」，底本作「貨」，萬本、庫本同，宋版作「貲」。光緒山西通志卷一〇〇風土記下引本書作「貲布」，云：「按今本『貲』訛『貨』。」據改。

〔一六〕部人與慈州人爭界「部」，底本作「郡」，庫本同，據宋本、萬本、中大本及嘉慶重修一統志卷一五五絳州引本書改。

〔一七〕今稷山縣西南二十里玉壁城「二十」，萬本同，宋版、中大本、庫本皆作「十二」。按本書絳州總序及元和郡縣圖志卷一二皆作「二十」，通典卷一七九州郡九：稷山，「後周勳州故城在今縣西南十二里，即王思政所築玉壁城，爲周氏重鎮。」通鑑地理通釋卷一四引同，疑「二十」爲「十二」之倒誤。

〔一八〕在縣西北二十一里長修城中　萬本、庫本同，宋版、中大本皆作「在縣西北二十一里故修城中」。按本書下文引郡國縣道記云，長修故城在絳州西北三十里。蓋宋版、中大本「修城」爲「長修城」之誤，諸本「二十」皆爲「三十」之誤，元和郡縣圖志絳州正平縣，「晉靈公臺，在縣西北三十一里」是也。

〔一九〕漢高帝二年封杜恬爲侯國　「二」，底本作「十一」，萬本同，宋版、中大本、庫本作「二」。按漢書卷一六高惠高后文功臣表：「長脩平侯杜恬，以漢王二年用御史初從出關，以内史擊諸侯，攻項昌，以廷尉死事，侯。」此「十一」爲「二」字之誤，據改。

〔二〇〕周明帝移樂昌城今縣南七里樂昌堡　「今」上底本有「于」字，庫本同，宋版無。萬本作「周明帝移治樂昌城，即今縣南七里樂昌堡」，嘉慶重修一統志卷一三八平陽府引本書同。「于」字衍，或爲「即」字之誤，據宋版删。

〔二一〕又移于絳邑故城北　「北」，底本脱，庫本同，據宋版、萬本及嘉慶重修一統志平陽府引本書補。

〔二二〕經故城南西流合絳水　「南」、「西」，底本作「西」、「南」，宋版、萬本、中大本、庫本皆作「南」、「西」。水經澮水篇：「澮水出河東絳縣東澮交東高山，西過其縣南。」注云：「縣南對絳山，面背二水。」按絳縣，即指漢絳縣故城，二水，即汾、澮水，則澮水逕絳縣故城南，西流合絳水，此「西」、「南」爲「南」、「西」之倒誤，據以乙正。

〔二三〕曰　據左傳昭公元年載，晉侯有疾，叔向問于子産，子産云云，即本書下文所記，疑此「曰」上脱「子産」二字。

〔二四〕能業其官　左傳昭公元年：昧爲玄冥師，「生允格、臺駘，臺駘能業其官」。此「能」上脱「臺駘」二字。

〔二五〕三水皆經曲沃之地　「三」，底本作「二」，宋版、萬本、庫本皆作「三」。按水經汾水注：天井水「三泉奇發，西北流，總成一川，西逕堯城南，又西流入汾。」此「二」爲「三」字之誤，據改。

〔二六〕即晉賢士程子華與孔子相逢　「程子華」，萬本、中大本及嘉慶重修一統志平陽府引本書同，宋版作「程□□」，空闕二字，傅校同。庫本作「程本子」，誤。

〔二七〕一作七　宋版、萬本、庫本皆無此三字，此衍誤。

〔二八〕在縣北二十七里　「北」，據本書太平縣總序宜作「東北」。

〔二九〕今理北三十里太平故城　「北」，據本書太平縣總序宜作「東北」。

〔三〇〕貞觀七年移于敬堡　「敬堡」，宋版、中大本、庫本同，萬本及嘉慶重修一統志平陽府引本書皆作「敬德堡」，疑誤。

〔三一〕唐城堯年十六封唐侯于此　原校：「按帝王世紀：『堯年十五，受封于唐，二十登帝位』，而尚書正義謂『堯年十六以唐侯升爲天子』，亦與今記不同，未詳孰是。」

〔三二〕後魏明帝置北絳縣於曲沃縣東　魏書卷一〇六地形志上：北絳郡北絳縣，「二漢、晉曰絳，後罷。太和十二年復，改屬。」則北魏孝文帝太和十二年置北絳縣，非明帝，此誤。

〔三三〕詳高山　「詳」，底本作「祥」，據宋版、萬本、庫本及水經澮水注改。「山」，底本脱，據宋版、萬本及水經澮水注補。

〔三四〕春秋　按都城記引劉累豢龍事，載于左傳昭公二十九年，此「春秋」宜作「左傳」。

〔三五〕范會　按史記卷三九晉世家正義引括地志作「范匄」，同書卷四二鄭世家正義引括地志記此事引徐才宗國都城記作「范氏」，即范匄也，此「會」疑爲「匄」字之誤。

〔三六〕春秋　按本書下文所引齊侯伐晉，取朝歌，載于左傳襄公二十三年，此「春秋」宜作「左傳」。後同。

〔三七〕然形似□　宋版作「然形似□□」，傅校同，萬本無此文，當誤。

〔三八〕周文帝　萬本、庫本、嘉慶重修一統志絳州引本書同，宋版作「周武帝」，是，此「文」爲「武」字之誤。

〔三九〕晉文公蒐作五軍之所　「五」，底本作「三」，宋版、萬本、中大本同，庫本作「五」。按左傳僖公三十一年，「晉蒐于清原，作五軍以禦狄。」本書卷四六安邑縣清原引同，此「三」爲「五」字之誤，據改。又萬本作「晉文公蒐于此，作三(五字之誤)軍以禦狄」。

〔四〇〕其上多玉而無石　「上」，底本作「山」，萬本同，據宋版、庫本及山海經北山經改。

〔四一〕汾水可以浸平陽絳水可以浸安邑　按史記卷四四韓世家作「汾水可以灌安邑，絳水可以灌平陽」，戰國策秦策四秦昭王謂左右、資治通鑑卷一周紀一皆同，酈道元水經澮水注云：「汾水灌平陽，或亦有之；絳水浸安邑，未識所由也。」疑史記、戰國策「汾」「絳」二字互倒。

〔四二〕耆老相傳云後魏太和六年　萬本、中大本及嘉慶重修一統志絳州引本書同，宋版無「後魏」二字，「傳」下空缺一格，「太」下空缺一格。

〔四三〕東南一百一十里　元豐九域志卷四：絳州垣曲縣，「州東南二百一十五里」。按唐宋絳州治正平縣，即今山西新絳縣，唐垣縣，宋改名垣曲縣，至明清因襲不改，即今垣曲縣東南古城鎮，西北去新絳縣里距，與九域志記載正合，此「一百」蓋爲「二百」之誤。

〔四四〕有邵原祠廟于古棠樹　庫本「于」作「下」，萬本作「有邵原祠，置于古棠樹下」，嘉慶重修一統志絳州引本書同，宋版作「有邵原祠廟與古棠樹」，是，此「于」疑爲「與」字之誤。

〔四五〕婢支反　宋版、萬本、庫本皆無此三字，當非樂史原文。

〔四六〕晉書地理志云漢屬河東郡　按晉書卷一四地理志上河東郡垣縣無此文，誤。

〔四七〕後魏獻文帝皇興四年置邵郡于陽壺舊城 魏書地形志上：「邵郡，皇興四年置邵上郡，太和中併河内，孝昌中改復。」此「邵郡」宜作「邵上郡」。

〔四八〕在縣西北五一作二十二里 「一作二」，宋版無此三字。萬本、庫本作「在縣西北二十二里」，與此注同。嘉慶重修一統志絳州引本書作「在垣縣西北六十里」。按「在縣西北二十二里」者，當誤。

太平寰宇記卷之四十八

河東道九

慈州　隰州

慈　州

慈州，文城郡。今理吉鄉縣。禹貢冀州之域。赤狄廧咎如之國。在春秋時晉之屈邑，獻公子夷吾所居。事同重耳。晉里克敗狄于采桑是也。六國魏之封域。漢爲北屈縣，屬河東郡。汲冢古文：〔一〕「翟章救鄭，次于南屈。」應劭曰：「有南，故稱北也。」魏、晉屬平陽郡。東魏初置定陽郡，并置定陽縣，〔二〕值河西定陽胡人渡河居于此，立爲郡，因以名之。至天平元年以州南界汾水所經，故置南汾州，〔三〕後周建德六年又改南汾州爲西汾州。〔四〕隋開皇元年改定陽郡爲吉陽郡；三年罷郡爲縣；十六年改爲耿州，以州南舊祖乙城爲名，十八年改爲汾州，仍改定陽縣爲吉昌縣。大業三年廢，置文城郡。唐武德元年復爲汾州，五年又改爲南汾州。貞觀八年爲慈州，以州城内舊有慈烏戍爲名。天寶元年改爲文城郡。乾元元年復爲慈州。

元領縣五。今三：吉鄉，文城，鄉寧。二縣廢：仵城，併入吉鄉。呂香。併入鄉寧。

州境：東西二百五十一里。南北二百一十二里。

四至八到：東至東京一千二百里。東南至西京七百二十五里。西南至長安六百八十五里。東至晉州二百四十里。南至絳州二百七十三里。西至黄河六十五里。正西微北至丹州一百七十里。北至隰州二百里。東南至絳州太平縣一百九十里。西南至同州韓城縣界一百七十五里。西北至延州二百九十里。東北至汾州五百里。

户：唐開元户一萬二千二百七十五。皇朝管户主五千三百一十一，〔五〕客六百三十。

人物：無。

風俗：同晉州。

土産：蠟燭，貢。賦：麻，布，緑礬，鐵。

吉鄉縣，舊四鄉，今五鄉。漢北屈縣地，屬河東郡。左氏謂「屈産之乘」，即夷吾所居，古稱此邑有駿馬。今縣北二十一里古城，即漢邑理于此。後魏孝文帝移于今州置定陽郡，并置定陽縣，會有河西定陽胡人渡河居于此，因此爲名。隋開皇三年廢定陽郡，置石州，其縣屬州；十八年改定陽縣爲吉昌縣。大業三年改石州爲離石郡，縣屬不改。唐貞觀八年改置慈州，縣依舊屬焉。後唐避國諱，改吉鄉。

壺口山，在縣西南五十里。禹貢曰：「既載壺口，治梁及岐。」地理志云：「禹貢壺口山在北屈縣東南。」

風山，在縣北三十里。山上有穴如輪，風氣蕭瑟，未嘗暫止，當風衝畧不生草，故以風爲名。

黄河，北自文城縣流入，去縣六十里。

羊求水，出羊求川，去縣五十三里。

姚襄城，〔六〕在縣西五十二里。本姚襄所築，其城西臨黄河，控帶龍門、孟門之險，周、齊交爭之地。齊後主武平二年遣右丞相斛律明月、左丞相平原王段孝先破周兵于此城下，遂立碑以表其功，碑見存。齊氏又于此城置鎮，隋開皇廢，〔七〕唐武德二年又置鎮，九年廢。城高二丈，周迴五里。

文城縣，西北六十五里。舊二鄉，今一鄉。本漢北屈縣地，屬河東郡。後魏孝文帝于此置斤城縣，屬定陽郡。隋開皇三年罷郡，置汾州；十六年復于今吉鄉縣置耿州，改斤城爲文城縣，屬耿州；十八年又改耿州爲汾州，縣仍屬之。大業三年改汾州爲文城郡，縣屬不改。

石門山，在縣北六十里。

孟門山，俗名石槽，在縣西南三十六里。淮南子云：「龍門未闢，吕梁未鑿，河出孟門之上，大溢逆流，無有丘陵高阜，〔八〕名曰洪水。大禹疏通，謂之孟門。」水經注：「風山西四十里，河水南出孟門山，與龍門相對，即龍門之上口也，實爲黄河之巨阸。」今按河中有山，鑿中如石槽，東流懸注，〔九〕七十餘尺，兼孟津之名矣。

文城故城，在縣北三十里。〔一〇〕故老云此城晉文公爲公子時避驪姬之難，從蒲奔狄，因築此城，人遂呼爲文城。

石槽祠，在縣西，臨河東岸，即龍門也。

蒲水。冀州圖云：「蒲水從北龍泉郡入日斤川，注于河。」

廢仵城縣。〔一一〕本漢北屈縣地，屬河東郡，後魏于此置仵城郡，領京軍縣，孝文帝改京軍縣爲仵城縣。隋開皇三年廢仵城郡，縣改屬文城郡。唐改屬慈州。顯德三年併入吉鄉縣。

石門山，在縣北六十里。其山石壁夾道如門，因以爲名。

横嶺山，在縣東六十五里。

拓定故城，在縣西一里。周保定四年置，以拓齊境，因以爲名。周顯德三年廢。

鄉寧縣，東南五十里。舊二鄉，今三鄉。本漢臨汾縣地，屬河東郡。後魏太武帝分臨汾縣置太平縣，孝文帝又分太平縣置昌寧縣，屬定陽郡。隋開皇元年改定陽郡爲吉陽郡，縣仍屬之；十六年昌寧改屬耿州；十八年又屬汾州。大業三年改汾州爲文城郡，〔一一〕縣仍隸焉。唐又屬南汾州、貞觀八年改爲慈州，縣又屬焉。後唐改爲鄉寧。

兩乳山，在縣西南七十里。山有兩岫，望如乳形，因以爲名。

黄河，北從吉鄉縣界流入，〔一三〕去縣七十九里。

倚梯故城，在縣西南一百五里。累石爲之，東北兩面據嶺臨谷，西南二面俯眺黄河，懸崖絶壁百有餘尺，其西南角即龍門之上口也，以城在高嶺，非倚梯不得上，因以爲名。

城中有禹廟，後魏孝文帝西巡，至此立碑，今見存。

禹廟，在縣西南一百五里龍門東岸上，其碑是後魏孝文帝所立。

晉荀息墓，在縣東北一十六里。

廢吕香縣。本漢臨汾縣地。按郡國縣道記云：「吕香，本漢之北屈地，或謂之臨汾地則誤矣。」後魏太和四年于此置京軍縣，屬仵城郡，〔一四〕即仵城縣，孝文帝改爲平昌縣。隋開皇十六年省平昌入仵城縣。義寧元年於今縣東二十里又置平昌縣，因後魏舊名。

貞觀元年改爲吕香縣，以舊吕香鎮爲名。高宗上元三年移于今理是也。周顯德三年併入鄉寧縣。

馬頭山，在縣南六十里。其山峭嶷如馬首，因以爲名。

横嶺山，在縣西北六十一里。

騏邑。郡國縣道記云：「騏，漢縣，後漢省。武帝封屬國駒幾爲侯。」漢志云侯國，又表注稱：「在北屈界。」舊地書並失所在，今郡東一百四十里，則今邑是也。按縣東南約六七十里有馬頭山，蓋山形似馬，因以爲名，騏則馬之駿異，蓋縣因山取名，即知今地是也。〔一五〕

隰州

隰州，大寧郡，今理隰川縣。禹貢冀州之域。春秋時晉地，七國時屬魏。左傳曰：「晉驪姬使外嬖梁五與東關嬖五言于公曰：〔一六〕『蒲與二屈，君之疆也，不可以無主。』乃使重耳居蒲城。」注曰：「蒲，平陽蒲子縣也。」按重耳所居，今州北四十里隰川縣界北蒲故城是也，〔一七〕七國時屬魏。史記：「魏地東盡河東、河内。」又曰：「西河，魏文侯所興，吴起爲西河守，政化大行。〔一八〕文侯既卒，公叔譖之于武侯，吴起曰『吾恐西河將爲秦有』，遂奔楚。

未久，西河果入于秦。」按魏西河，今勝州富昌縣所理是，秦爲河東郡地，在漢爲蒲子縣，屬河東郡。後魏初屬伍城郡，孝文帝改蒲子爲長壽縣，〔一九〕太和十二年于此置汾州。周宣帝大象元年于今州東百步置龍泉郡。開皇五年改爲隰州，大業三年又改爲龍泉郡。武德元年又爲隰州，領隰川、温泉、大寧、石樓四縣；二年置總管府，領隰、中、昌、南汾、東和、西德六州；三年又置北温州屬焉。貞觀元年省中、昌、西德、北温四州，又以廢昌州蒲縣來屬，仍督隰、南汾、東和三州；三年廢都督府，又以廢東和州永和縣來屬。天寶元年改爲大寧郡。乾元元年復爲隰州。爾雅曰「下濕曰隰」，以州帶泉泊下濕，故以隰爲名。

領縣六：〔二〇〕隰川，蒲縣，温泉，永和，石樓，大寧。

州境：東西二百九十四里。南北二百九十八里。

四至八到：東至東京一千一百四十里。南至西京七百五十里。西南至長安九百九十里。東至汾州靈石界一百六十里。西南至延水縣界一百三十四里。〔二一〕南至慈州文城縣界一百二十八里。〔二二〕北至石州平夷縣界一百七十里。東南至晉州臨汾縣界一百八十五里。西南至慈州文城縣界一百三十里。東北至石州界平夷縣一百八十里。〔二三〕西北至綏州界延福縣黄河一百八十五里。〔二四〕

户：唐開元户一萬八千五百八十三。皇朝户主八千七百五十八，客七百七十三。〔二五〕

風俗：其人本號部落，久歸漢法。

人物：無。

土産：蜜，蠟，胡女布，已上舊貢。龍鬚席，出温泉縣。蕪荑，甚佳。不産絲蠶。

隰川縣，舊六鄉，今四鄉。本漢蒲子縣，地理志：「蒲子縣，武帝置。」〔二六〕屬河東郡。後漢同。魏少帝分河東置平陽郡，蒲子縣屬焉，至晉不改。十六國春秋曰：「劉元海僭號稱漢，初理于蒲子，後徙平陽。」又于此置大昌郡，〔二七〕以蒲子屬焉。周宣帝大象元年改置長壽縣。隋開皇十八年改爲隰川縣，縣南有龍泉下隰，因以爲名，屬隰州。

髑髏山，古戰場也。

紫川水，源出隰川縣，東與黄櫨水相近。

日斤川，州城在日斤川内。

石馬山，在縣東北五十里。山下有石馬，因名。

古長守城在州北三十五里。唐貞觀二年，〔二八〕襲逐北冀谷山上部落，于此置寨。下有仙洞，直至代州。

蒲水，源出縣東北蒲川石樓山，經縣西，又南流入大寧縣界。〔二九〕

黄櫨谷水，〔三〇〕出縣東北黄櫨谷。

蒲邑故城，在今縣北四十五里。晉公子重耳邑也，事已具上。

蒲子故城，在縣東北一里。漢蒲子縣。

長壽故城，在縣北四十里。後周置，隋改爲隰川縣。

龍泉故郡城，在縣東一百三十步。周龍泉郡也。

故橫城，在縣南三十五里。隋仁壽四年，楊諒作逆，遣僞將吴子通屯兵築城於此，橫絶蒲川道，因以爲名。

蒲縣，東南九十里。依舊四鄉。本漢蒲子縣地，自漢至晉不改。後魏孝武帝于東南五十里置石城縣，尋廢。後周大象元年于石城故縣置蒲子縣，取古蒲子縣爲名。隋開皇元年又移縣于今縣東北三十里故箕城置。大業二年又移于今縣西南二里，仍改爲蒲縣。唐武德元年移于今理。

孤山，在縣北三十里黑兒嶺下。其山不廣，故號孤山。

蒲谷川，在縣東北五十里。從黑兒嶺下分水合流入洛陽川。

長命谷，在縣東北一里。其谷長一十里，無水，在恩多原，俗呼爲長命谷。

黑兒嶺，在縣東北五十五里。從五鹿山下至□東，〔三〕長五十里，昔有劉黑兒居此。

晉文公廟，在縣西南坡上。唐武德二年置廟。〔三〕

五秃山，在縣東北五十里。山少草木，故名五秃，周迴七十七里。

仵城故郡城，在縣西南六十三里。後魏石城縣，周廢。〔三三〕

石城故縣城，在縣西南二里。隋蒲縣，武德元年移于東北二里，今縣理是也。

温泉縣。北一百六十里。〔三四〕舊四鄉，今五鄉。本漢土軍縣之地，後魏于故土軍縣東七十里置新城縣，地形志云：「新城縣屬吐京郡，太武帝改名嶺東縣，太和二十一年又改爲新城縣。」隋開皇三年廢吐京郡，以新城縣屬汾州；五年改汾州爲隰州，縣屬不改。唐武德三年于縣東南四十里置北温州及温泉縣，因縣南温泉爲名。貞觀元年省北温州，縣屬隰州。

遠望山，一名可寒堆，在縣西七十里。高五里，周迴七十里。〔三五〕

西陽泉水，源出縣東北，去縣十里。

温泉，在縣廨宇東北五十步。有池方圓十二步。〔三六〕其水冬温夏冷，因曰温泉。今有五龍神祠。

屈谷山，〔三七〕在縣南高嶺。煎鍊緑礬之處。

天井關，在太行山上。魏武轉輸之道羊腸是也，接晉陽界。

殺谷，白起殺趙括之谷。

新城故縣城，在縣西南七十里。後魏新城縣也。

高唐故縣城，在縣東南十五里。唐武德三年于王莊堡置高唐縣，屬北温州，貞觀元年廢。

永和縣，北一百里。依舊三鄉。本漢狐讘章涉切。〔三八〕縣之地，屬河東郡。後漢省。今縣西南三十五里狐讘故城是漢理所。曹魏初别置狐讘縣，屬河東郡。後魏太延二年省。高齊武平元年于曹魏狐讘城置臨河郡并臨河縣，〔三九〕屬汾州。隋開皇三年廢郡，十八年改臨河縣爲永和縣，以縣西南永和關爲名。大業三年罷隰州，置龍泉郡，又屬焉。貞觀二年改屬隰州，十一年移理仙芝谷西，〔四〇〕即今縣理也。

樓山，在縣東南二十二里。〔四一〕

黄河，西北自石樓縣界流入，東去縣六十里。南入大寧縣界。

索陁谷水，在縣西北，去縣三十里。西注仙芝谷。

雙山，在縣東二十里。二山各高千餘尺，峯巖秀異，因名雙山。

永和關，在縣西南九十五里。

狐讘故縣城，在縣西南三十五里。

石羊故城，在縣西南五十里。後魏太武築，置石羊軍，孝文移軍于漢狐讘城，其城遂廢。

樓山故縣，在縣南十五里。武德二年置，縣東有樓山，因名。貞觀初廢。

石樓縣，西北一百六十里。〔四二〕元管二鄉。本漢土軍縣，屬西河郡。晉省。後魏孝文帝太和二十一年于此城置吐京郡，〔四三〕領嶺東、嶺西二縣，屬汾州。水經注云：「吐京郡，即漢土軍縣也。蓋胡俗譯言，音訛變，故曰吐京郡也。」孝昌中陷賊，寄理西河。隋開皇三年廢吐京郡，以吐京、新城二縣屬汾州；五年又以吐京縣屬隰州；十八年改吐京爲石樓縣，因縣東石樓山爲名。大業三年罷隰州爲龍泉郡，縣屬不改。唐武德二年于此置西德州，石樓縣屬焉。貞觀元年廢西德州，又屬東和州；二年州省，縣屬隰州。

石樓山，在縣東南六十里。水經云：「蒲水出石樓山下。」〔四四〕

團圓山，在縣西北三十里。東西一百八里，其山頂高而團圓。

團城，在縣內。兼有吐京城。

百井谷，在縣西六十里。團圓山分水下，西流八十里入黃河，耆老云泉脈約百井。

小蒜谷，在縣西北三十里。出團圓山，有聖女泉，北流六十里入黃河。

屈產泉，在縣東南四里。接□□傳昔有白馬母飲此泉，〔四五〕生得龍駒。春秋曰：〔四六〕「晉獻公以屈產之乘，假道于虞以伐虢。」蓋此地生良馬。

黃河，在縣西一百一十里。北從石州界，下合吐京谷，至上平關南流。

龍泉，出縣東南十里。山下牧馬，多産名駒，故得龍泉之號。

縣理城，漢土軍城也。其城圓而不方，俗謂之團城。

大寧縣，西南六十八里。舊四鄉，今二鄉。〔四七〕漢北屈縣之地也，屬河東郡。後魏太武帝于今縣東南六十里置仵城縣，尋廢。周武帝保定元年于廢仵城縣西三里置大寧縣。隋開皇二十年移理廢浮圖鎮，即今縣理。大業二年省併入仵城。唐初于隋大寧縣故城復置。武德二年復于此置中州，以此縣屬焉。貞觀元年廢中州，大寧縣屬隰州。

孔山，在縣西北二十五里。耆老傳云此山頂上有孔如車輪三所，東西相去各二丈，〔四八〕其深不測，因以爲名。

日斤川，在縣内。從隰川縣及蒲縣兩界來，〔四九〕並呼日斤川，其水屈曲入黄河。

退過谷，在縣東北二十五里。耆老云其谷内草，牛馬食之常瘦，因名退過谷。有水流入日斤川。〔五〇〕

二龍窠。〔五一〕大曆十一年，黄龍養子于此山，今縣南三里。其窠半崖之上，有枯龍形。其小龍窠，在大龍窠南三百步。

二龍窠水，在縣西南六十六里。北從永和縣界南流入當縣，卻入慈州文城縣界。其水峻急，不通舟船。禹貢「導河積石，至于龍門」，即此龍門地也。

浮圖鎮。齊河清四年築，隋移大寧縣理此，即今縣理是也。

卷四十八校勘記

〔一〕汲冢古文　萬本同，宋版、庫本作「汲郡古文」，按漢書卷二八地理志上注引臣瓚曰、水經河水注引同。

〔二〕東魏初置定陽郡并置定陽縣　魏書卷一〇六地形志上：「定陽郡，舊屬東雍州，延興四年分屬焉。」又：「定陽縣，延興四年置。」隋書卷三〇地理志中：吉昌縣，「後魏曰定陽縣，并置定陽郡。」元和郡縣圖志卷一二：慈州吉昌縣，「後魏孝文帝於今州置定陽郡，并置定陽縣」。此云「東魏初置」，當誤。

〔三〕至天平元年以州南界汾水所經故置南汾州　魏書地形志上有南汾州，不載何時置，魏書卷一〇孝莊帝紀：永安三年，「以中軍將軍、前東荆州刺史元顯恭爲使持節、都督晉建南汾三州諸軍事、鎮西將軍、晉州刺史。」則南汾州之置，當在永安初，不始於東魏。

〔四〕後周建德六年又改南汾州爲西汾州　原校：「按汾州有三：後魏于西河郡置汾州，今汾州是也；魏于定陽郡置南汾州，今慈州是也；北齊于懷政郡置西汾州，今石州是也。後魏已有汾州，故東魏于今慈州置南汾州。北齊既改今汾州之汾州爲南朔州，但存今慈州之南汾州，故于今石州更置西汾州。後周滅齊，既改今石州之西汾州爲石州，故今慈州之南汾州，但名汾州。隋亦因之。隋志汾州無「南」字。至唐，而北齊之南朔州已再更爲浩州，武德初改浩州復爲汾州，故今慈州始又改爲南汾州。貞觀中改爲慈州。詳此，則慈州固在石州之南，不應云『西』。隋書地理志文城郡今慈州。注云『後齊爲西汾州』，離石郡今石州。注云『後齊置西汾州』，不應兩州同名西汾，改南汾州之名，自魏歷齊，當不改之。後周滅齊，改西汾州爲石州，而南汾州但爲汾州，此爲得實。隋志文城郡云『後齊改爲西汾州』，蓋衍文，今記云『後周建德六年又改南汾州爲西汾州』，蓋承其誤耳。凡言東西南北者，皆以别其同，建德六年乃周滅齊之歲，是年既改西汾爲石州矣，又改南汾爲西汾州，將以何别？此必不然。今慈州總序當云『東魏天平元年置南汾州，後周建德六年改爲汾州，隋開皇三年罷郡，十六年改汾州爲耿州，十八年復爲汾州』，乃爲無誤。」按北魏永安初，始置南汾州於定陽（唐宋慈州），至北齊北周仍曰南汾州，詳見王仲犖北周地理志卷九，此云東魏天平初置南汾州，後周建德六年改爲西汾州，恐非。北周地理志：「北周武成、保定之際，曾於玉壁僑立南汾州，故改定陽之南汾州稱汾州。齊復取定陽，以於西河僑置汾州，故不得不復改定陽之汾州爲南汾州也。周既平齊，僑置於玉壁之南汾州，保定初已改爲勳州，建德中又改爲絳州矣，故定陽之南汾州遂仍齊舊稱不變。」原校謂「後周建德六年改爲汾州」，恐亦未确。

〔五〕皇朝管户主五千三百一十一　「管」，底本無，據宋版、萬本、庫本及傅校補。

〔六〕姚襄城　「襄」，宋版、中大本、庫本並作「萇」，萬本據元和郡縣圖志卷一二慈州改爲「襄」。按通典卷一七九州郡九、通鑑地理通釋卷一四並作「襄」。北齊書卷一七斛律光傳：「武平二年，「率步騎五萬出平陽道，攻姚襄、白亭城戍，皆克之。」據改，下同。

〔七〕隋開皇廢　宋版、萬本、庫本同，中大本「開皇」下有「中」字，此疑脱。

〔八〕無有丘陵高阜　萬本「高阜」下有「滅之」二字，同山海經北山經郭璞注引尸子、水經河水注引淮南子。按太平御覽卷四〇引淮南子同此。

〔九〕東流懸注　「東」，元和郡縣圖志慈州作「束」，此「東」蓋爲「束」字之誤。

〔一〇〕在縣北三十里　「十」，底本脱，庫本同，據萬本及元和郡縣圖志慈州補。按賀次君括地志輯校據史記晉世家補正義引括地志作「在文城縣西北四十里」。

〔一一〕廢仵城縣　原校：「按魏書地形志作『五城』，隋地理志作『伍城』，或書『伍』爲『仵』，遂相沿耳。」按本書下文仵城郡之「仵」，魏書地形志上亦作「五」，隋書地理志中亦作「伍」。

〔一二〕大業三年　「三」，底本作「二」，庫本同，萬本作「三」。據隋書卷三煬帝紀，大業三年四月，改州爲郡，應作「三」，據改。

〔一三〕吉鄉縣　底本作「吉昌縣」，庫本同，按本書吉鄉縣敘後唐改吉昌縣爲昌鄉縣，萬本作「吉鄉縣」，據改。

〔一四〕後魏太和四年于此置京軍縣屬仵城郡　「屬」，底本缺，萬本、中大本、庫本同。按元和郡縣圖志慈州吕香縣：「後魏太武帝於此置邢軍縣，屬仵城郡，孝文帝改爲平昌縣。」則缺「屬」字，據補。又本書云後魏太武帝置京軍縣，李書謂「後魏太武帝置邢軍縣」，二説不同，按魏書地形志上：伍城郡治伍城縣，「世祖名京軍，太和二十一年改。」平昌，「世祖名刑軍，太和二十一年改。」則改平昌縣者爲刑軍縣　按「刑」、「邢」音同，與李書合。

〔一五〕舊地書並失所在至即知今地是也　「地書」，庫本同，萬本作「地理書」，當是。「今地」，萬本、庫本作「今縣」。

〔一六〕驪姬使外嬖梁五與東關嬖五言于公曰　庫本同，萬本作「驪姬賂外嬖梁五與東關嬖五，使言于公曰」，同左傳莊公二十八年原文。

〔一七〕今州北四十里隰川縣界北蒲故城是也　「北蒲故城」，萬本、庫本作「北蒲邑故城」。史記卷六秦始皇本紀正義引括地志云：「蒲邑故城在隰川縣界北四十五里。」同書卷四四魏世家正義引括地志云：「蒲邑故城在隰川縣南（按北字之誤）四十五里。」本書隰川縣下亦載「蒲邑故城」，則作「北蒲邑故城」是。

〔一八〕西河魏文侯所興吴起爲西河守政化大行　原校：「按此非史記全文，但今記以史記所載大意爲之辭耳，他如此類者甚衆，今一見之。」

〔一九〕孝文帝改蒲子爲長壽縣　按北魏無長壽縣，本書隰川縣總序云「周宣帝大象元年改置長壽縣」，與隋書地理志中記載合，此誤。

〔二〇〕領縣六　「領」上，萬本、庫本皆有「元」字。

〔二一〕西南至延水縣界一百三十四里　「三十四」，萬本、庫本皆作「二十八」。

〔二二〕南至慈州文城縣界一百二十八里　萬本、庫本皆無此十四字。

〔二三〕東北至石州界平夷縣一百八十里　「石州界平夷縣」，萬本作「石州平夷縣界」，是。庫本脱「平夷縣」，誤。

〔二四〕西北至綏州界延福縣黄河一百八十五里　「綏州界延福縣」，庫本同，萬本作「綏州延福縣界」。

〔二五〕客七百七十三　「三」，萬本、中大本、庫本皆作「二」。

〔二六〕地理志蒲子縣武帝置　按「武帝置」，乃漢書地理志顔師古注引應劭説，非漢書地理志原文。

〔二七〕大昌郡　「大」，底本作「太」，據萬本、中大本、庫本及元和郡縣圖志卷一二隰州、傅校改。

〔二八〕貞觀二年　「貞觀」，嘉慶重修一統志卷一五七隰州引本書作「貞元」。

〔二九〕經縣西又南流入大寧縣界　萬本、庫本作「經縣西南，又流入大寧縣界」。

〔三〇〕黄爐谷水　庫本同，萬本作「黄爐水」，同初學記卷八、元和郡縣圖志隰州。

〔三一〕從五鹿山下至□東　「至□東」，庫本作「至縣東」，萬本作「至此」，嘉慶重修一統志隰州引本書同，未詳孰是。

〔三二〕唐武德二年置廟　「二年」，庫本同，萬本作「三年」，嘉慶重修一統志隰州引本書同。

〔三三〕後魏石城縣周廢　庫本同，萬本作「後魏仵城郡也」，無「周廢」二字，同元和郡縣圖志隰州。按本書蒲縣總序，後魏石城縣在蒲縣東南五十里，不在蒲縣西南六十三里，此當爲「後魏仵城郡也」之誤。

〔三四〕北一百六十里　「六」，萬本作「九」。按元和郡縣圖志隰州同此，元豐九域志卷四隰州温泉縣：「州東北一百八十里。」

〔三五〕周迴七十里　「七十」，萬本作「七十五」，同元和郡縣圖志隰州，此蓋脱「五」字。

〔三六〕有池方圓十二步　「十二」，嘉慶重修一統志卷一四四汾州府引本書作「二十」。

〔三七〕屈谷山　「谷」，底本作「骨」，據萬本、中大本、庫本及嘉慶重修一統志隰州引本書改。

〔三八〕章涉切　庫本無，萬本作「之涉反」，同漢書地理志上顔師古注、元和郡縣圖志隰州。

〔三九〕高齊武平元年于曹魏狐讘城置臨河郡并臨河縣　按隋書地理志中：永和，「後周置，曰臨河縣及臨河郡。」元和郡縣圖志隰州永和縣，「高齊後主於其城置永和鎮，周宣帝廢鎮置臨河郡及臨河縣。」並謂北周置，與此不同。

〔四〇〕十一年移理仙芝谷西　按舊唐書卷三九地理志二作「武德二年移治於仙芝谷西」，與此不同。

〔四一〕樓山在縣東南二十二里　「東南」，元和郡縣圖志隰州作「西南」。萬本作「石樓山在西南二十里」，按本書卷石樓縣有石樓山，萬本誤。

〔四二〕西北一百六十里　元和郡縣圖志隰州石樓縣：「東至州九十里。」元豐九域志卷四：隰州石樓縣，「州西北八十里」。按唐宋隰州治隰川縣，即今山西隰縣，石樓縣即今縣，東南至隰縣里距，正合李書、王書記載，此疑有誤。

〔四三〕後魏孝文帝太和二十一年于此城置吐京郡　按元和郡縣圖志隰州亦謂後魏孝文帝置吐京郡，魏書地形志上載：「吐京郡，真君九年置。」當從地形志之說。

〔四四〕水經云蒲水出石樓山下　按蒲水出石樓山，實爲水經河水注文，非水經文。

〔四五〕接□□傳　庫本作「土人相傳」，萬本無「接□□」，嘉慶重修一統志汾州府引本書同萬本。

〔四六〕春秋　按本書下文所引晉獻公以屈產之乘假道于虞以伐虢，載於左傳僖公二年，此「春秋」宜作「左傳」。

〔四七〕今二鄉　「二」，萬本、庫本皆作「六」，中大本作「五」。

〔四八〕東西相去各二丈　「各」，底本脱，庫本同，據萬本及水經河水注、元和郡縣圖志隰州補。

〔四九〕從隰川縣及蒲縣兩界來　「來」，底本作「水」，庫本同，據萬本及嘉慶重修一統志隰州引本書改。

〔五〇〕有水流入日斤川　「有」，底本作「其」，庫本同，據萬本及嘉慶重修一統志隰州引本書改。

〔五一〕二龍窠　「窠」，萬本、庫本作「窩」，下文「窠」及二龍窠水條，萬本、庫本皆作「窩」。

太平寰宇記卷之四十九

河東道十

代州　寶興軍　雲州

代州

代州，鴈門郡。今理鴈門縣。古唐國之地。禹貢冀州之域。歷代所屬，與并州同。春秋爲晉地，其後三卿分晉，其地屬趙，即趙有代句注之北是也。按河東記云：「代句注在州西北三十五里，鴈門縣界西陘山也。」初，趙襄子殺代王而取其地，至趙武靈王破林胡、樓煩，築長城，自代傍陰山下，至高闕爲塞，而置雲中、鴈門、代郡。後北境復屬燕。秦莊襄王三年攻狼孟，取三十七城，即此地。秦併天下，爲太原、鴈門二郡之地。又云始皇十三年移樓煩郡于善無縣，〔一〕今句注山北下館城是也，故續漢書鴈門郡領縣十四，理陰館，漢因之。後漢書云「建安二年又立新興郡于太原北界」，〔二〕後廢之。漢末，〔三〕匈奴侵邊，其地荒廢。魏文帝移鴈門郡南度句注，置廣武城，即今州西故城是也。晉如之。後魏置梁城、繁畤二郡于此，尋廢之，明帝又移置廣武東古上館城内，即今府城是也。後周置肆州，大象元年自九原城移肆州于此。隋開皇五年改爲代州，取古代郡爲名。大業中改爲鴈門郡。隋末喪亂，陷于寇境。唐武德元年置代州總管，管代、忻、蔚三州，代州領鴈門、繁畤、崞、五臺四縣；五年廢總管；六年又置，管代、忻、蔚、朔四州。貞觀四年又督靈州，六年又督順州，十二年省順州，以懷化縣來屬。今督代、忻、蔚、朔、靈五州。高宗廢懷化縣。證聖元年置武延縣。天寶元年改爲鴈門郡，依舊爲都督府。乾元元年復爲代州。

元領縣五：鴈門，五臺，崞縣，繁畤，唐林。

州境：東西三百二十里。南北二百二十八里。

四至八到：南至東京一千七百里。南至西京一千三百三十里。西南至長安一千六百里。東至蔚州二百六十里。南至太原府五百里。西至嵐州界一百六十里。北至朔州界一百四十六里。東南取崩石嶺至鎮州五百四十里。西南至忻州二百五十里。西北至朔州二百二十四里。東北至蔚州四百里。

户：唐開元户一萬五千七百七。〔四〕皇朝户主三千五百六十七，客二千四百一十五。

風俗：鴈門，并州屬郡也，其風俗與太原略同。然自代北至雲、朔等州，北臨絶塞之地，封略之内，雜虜所居，戎狄之心，鳥獸不若，歉饉則剽劫，豐飽則柔從，芽報冤仇，號爲難制，不憚攻殺，所謂衽金革，死而不厭者是也。縱有編户，亦染戎風，比于他邦，實爲難理。

人物：周黨，字伯況，廣武人。少孤，爲宗人所養。徵爲議郎，以病去職，居澠池也。王霸，字儒仲，太原廣武人。少有清節。建武中，徵到，稱名不稱臣，有司糾之，問其故，對曰：「天子有所不臣，諸侯有所不友。」郝隆。字佐治，崞人。無書不讀。〔五〕趙至，字景真，代州人。

土産：麝香，天花，〔六〕豹尾，地菜，〔七〕鵰翎。貢。賦：麻，布。青，碌，貢。長松子。〔八〕

鴈門縣，一十二鄉。本漢廣武縣地，屬太原郡。後漢改屬鴈門郡。隋開皇三年罷郡，縣屬肆州，後改肆州爲代州，縣屬不改；〔九〕十八年改廣武縣爲鴈門縣，避太子之諱也。又圖經云：「邑地井泉鹹苦，民皆負輦遠汲，魏牽招爲郡鑿原爲渠，注水城内，迄今民賴其益。」

累頭山，在縣西北六十里。即句注陘西北三十五里山也。

石鼓山。郡國志云：「代郡石鼓在山下横卧，高一丈八尺，腰細，有過繩處。」

覆宿山，一名牛心山，一名伏牛山，在縣東南十五里。

夏屋山，一名下壺山，又名賈屋山，在縣東北三十五里。史記云：「趙襄子北登夏屋，誘代王，使厨人操銅枓音主。〔一〇〕擊殺之，遂有代地。」

句注山，一名西陘山，在縣北三十里。〔二〕爾雅爲：「北陵，西隃鴈門是也。」注云：「即鴈門山也。」水經注云：「鴈門郡北對句注，東陘其南，九塞之一也。晉咸寧元年句注碑曰：『蓋北方之險，有盧龍、飛狐、句注爲之首，天下之阻，所以分别内外也。』漢高祖欲伐匈奴，不從婁敬之説，械繫于廣武，遂踰句注，困于平城，謂此也。」

滹沱水，在縣南。

河神祠，在縣南。開元九年，并州長史張説奏置。〔三〕

龍泉水，源出縣西北平地。水經注云：「龍泉出鴈門縣西平地，其大三輪，泉源湧沸，騰波奮發，以巨石投之，水輒噴出。亦云潛通燕京山之天池也。」

常溪水。郡國志云：「鴈門有常溪水。」

廣武故城，漢故廣武縣城，今在郡西南。漢高祖械繫劉敬于此地，後敗，尋封敬以侯之。又冀州圖云：「廣武縣城，在句注陘南口之南二十里。」

靈丘故城。郡國志「鴈門靈丘縣有搗藥溪」是也。

故平城縣城，後漢末立，故縣城在西南。

參合城，漢代郡之縣名，柴武斬韓王信于此地。後廢，縣城存。

東户城。隋圖經云：「初築此城，以地多棗樹爲名。土人云此棗多輸北京。」

武州城，在縣西六十里。東魏置武州，領吐京、齊、新安三郡，以統軍户。齊改曰北靈州是也。

東陘關，地甚險固，在郡南二十里。

西陘關，在縣西北五十里。

武州塞，在鴈門。漢武時，單于將十萬騎入武州是也。

拓跋陵。

郅都墓。郡國志云：「漢郅都爲鴈門太守，匈奴憚之，不敢近塞。葬鴈門，墓側古柏五千餘株，今號曰郅君柏。

五臺縣，東南一百二十里。五鄉。〔三〕本漢慮音驢。虒音夷。縣，屬太原郡，因慮虒水爲名。晉省，後魏孝文帝復置，即今理是也，屬新興郡。高齊改屬鴈門郡。隋大業二年改爲五臺縣，因縣東五臺山爲名。

五臺山，在縣東北一百四十里。水經注云：「五臺山，五巒巍然，故謂之五臺。晉永嘉三年，鴈門郡葰音瑣。〔四〕人縣百餘家避亂入此山，見山人爲之先驅，因而不返，遂寧巖野。往還之士，稀有望見其村居者，至詣訪，莫知所在，故俗人以此山爲仙者之都矣。」

中臺山。山頂方三里，近西北陬有一泉水不流，謂之太華泉，蓋五臺之層秀。仙經云：「此山名紫府，常有紫氣，仙人居之。」內經以爲清涼山。

聖人阜。水經注云：「滹沱水東流經聖人阜，阜下有泉，泉側石有十二手跡，〔一五〕其西復有二脚跡甚大，莫窮所自，在縣西南四十八里。」

仙人山，〔一六〕在縣東南五十里。石嵒上有人坐跡，山腹石上有手跡，山下石上有雙脚跡，皆西向立。

渾河，出枝迴山。〔一七〕

慮虒水，在縣北十五里。源出縣界，漢因此水以立縣。

張公城。十六國時，石勒將張平築，城東有平碑。

崞縣，西南五十里。〔一八〕八鄉。漢舊縣，因山爲名，屬鴈門郡。漢末荒廢，晉初又置。後魏改爲石城縣。至東魏曾置廓州于此，以廓闢土疆爲稱；尋廢，分爲廣安、永定、建安三郡，以領軍户。後齊省郡，又立北顯州，後周廢。隋開皇十年改縣爲平寇，大業初改爲崞縣焉。崞音廓。〔一九〕

雲中城，在縣西一百里。即管涔之異名也。

樓煩故城，漢爲縣，故城在今縣東。

石門關，在縣西北八十里。

滹沱水，在縣東二百步。

繁時縣，東六十里。五鄉。本漢舊縣，屬鴈門郡。漢末，匈奴侵寇，舊縣荒廢，晉又置繁時縣，後周省。隋開皇十八年復置于今縣東六十里大堡戍，大業十二年移于武州城。唐聖曆二年以縣在平川，難以固守，遂東移于今理。其城三面枕澗，東接峻坂，極爲險固。

泰戲山，一名武夫山，亦名平山，亦曰戍夫山，今曰派山，在縣東南九十里。山海經云：「泰戲之山，滹沱之水出焉。」郭璞注云：「滹沱出武夫山也。」

滹沱河，源出縣東南孤阜山。〔二〇〕山海經云：「滹沱之水東流注于婁水。」〔二一〕冀州圖云：「又經繁時故城西三里，與五泉合，又西南入樓煩郡秀容界，又還入崞縣，又入秀容界，東北入五臺，南入恒山界。」

唐林縣，西南一百一十里。九鄉。漢廣武縣地，唐證聖元年分五臺、崞二縣于忻、代二州界置武延縣，神龍已後改爲唐林縣。〔二二〕梁開平二年改爲白鹿縣，後唐同光初復舊。晉改爲廣武，後復舊。

連枷棒，山名，在邑界。

滹沱水，在縣東。

寶興軍

寶興軍者，本代州烹煉之冶務，〔三三〕劉繼元割據之時，建爲寶興軍，地屬五臺山寺。皇朝平河東，因之不改。

雲州

雲州，雲中郡。今理雲中縣。禹貢冀州之域。虞及周屬并州之地。春秋時爲北狄地。戰國時其地屬趙，其後武靈王自代至高闕爲塞，而置雲中、鴈門、代郡。今州即秦鴈門郡地，在漢爲鴈門郡之平城縣也。史記云：「漢七年，韓王信亡走匈奴，上自將，遂至平城，爲匈奴所圍，用陳平秘計得出」是也。漢末大亂，匈奴侵邊，自定襄以西，雲中、鴈門、西河遂空。曹操鳩集散亡，又立平城縣，屬新興郡。晉又改屬鴈門，晉亂，劉琨表封猗盧爲代王，都平城。後魏道武帝又于此建都，東至上谷軍都關，西至河，南至中山隘門塞，北至五原，地方千里，以爲甸服。〔三四〕孝文帝改爲司州牧，置代尹。孝文帝遷都洛邑，改置恒州。孝昌之際，亂離尤甚，恒、代之北，盡爲丘墟。高齊文宣天保七年置恒安鎮，徙豪傑三千家以實之，今名東州城；其年廢鎮，又置恒州。周武帝平齊，〔三五〕州郡並廢，又于其所置恒安鎮，屬朔州。自周迄隋，仍爲鎮也。隋亂陷賊，唐武德四年平劉武周，六年置北恒州，七年廢。貞觀十四年自朔州北界定襄城移雲州及定襄縣于此。永淳元年爲默啜所破，移百姓于朔州。開元十八年復置雲州及雲中縣。〔二六〕天寶元年改爲雲中郡，升大同軍節度。乾元元年復爲雲州。後唐同光二年復爲大同軍節度。

元領縣一：雲中。

州境：東西一百七十七里。南北四百九十里。

四至八到：南至東京。缺。南至西京一千五百九十里。西南至長安一千九百六十里。東至天城軍六十里。東至納降守捉九十里。約與幽州分界。東至清塞城一百二里。東至桑乾都督帳一百五十里。東取寧武嬀州路至幽州七百里。南至代州界一百六十里。西至都尖谷五十里。〔二七〕西至靜邊軍一百八十里。北至長城三百里，即蕃界。北至土河四百里。東南至勝州四百里。西南至神堆柵九十里。西南至太原七百里。西北至蕃柵一百六十里。〔二八〕正西微北至單于都護府三百里。東北至陽河曲三百四十里，〔二九〕即蕃界。

户：唐開元户三千一百六十九。

風俗：同代州。

人物：無。

土產：鵰翎，羊，馬，菸蓉，犛牛尾。貢。郡國志云：「雲中、五原唾出口成冰，言苦寒也。」

雲中縣，七鄉。本漢平城縣，屬鴈門郡。漢末大亂，其地遂空。魏曹操又立平城縣，屬新興郡。晉改屬鴈門郡。後魏于此建都，屬代尹，孝文帝改代尹爲恒州，縣屬不改。隋爲雲内縣之恒安鎮。武德六年置北恒州。貞觀十四年自朔州北定襄城移雲州于此置，〔三〇〕因爲定襄縣。永淳元年爲賊所破，因廢雲州及縣。開元二十年與州復置，仍改爲雲中縣。〔三一〕

單于臺，在縣西北四百二十里。漢武帝元封元年冬，制曰：「南越、東甌咸服其辜，西蠻北夷頗未輯睦，朕將巡幸邊垂，擇兵振旅，躬執武節，置十二部將軍，親帥師焉。」行自雲陽，北歷上郡、西河、五原，出長城，北登單于臺，至于朔方，臨北河，勒兵十八萬騎，旌旗經千餘里，威振匈奴。遣使者告于單于曰：「南越王頭已懸于漢北闕矣。單于能戰，天子自將兵待邊，〔三二〕不能，亟來臣服。何但亡匿幕北寒苦之地爲！」匈奴讋焉。蓋其處也。

都田貴山。郡國志云：「後魏行宫在此山，俗曰河頭殿也。」〔三三〕

火山，在縣西五里。水經注云：「西溪水道源火山，山有火井，南北六七十步，〔三四〕廣減尺許，深不見底，炎熱上升，〔三五〕常若雷之發響，以草爨之，則烟騰火發。其山以火從地中出，亦名熒臺。井東五六尺有湯井，廣輪與火井相狀，熱勢亦同，以草内之則不然，皆沾濡露結，故俗以湯井爲目。井東有火井祠，歲時祀之。井北百餘步，有東、西谷，廣十許步。南崖下有風穴，〔三六〕其大容人，其深不測，穴中肅肅常有微風，雖三伏，亦須重裘，凛冽，人不敢當。〔三七〕

奚望山，在郡東一百里。

採掠山，後魏孝文帝掠地之處，在郡東。

白登臺，在縣東北三十里。漢書匈奴傳：「冒頓南踰句注，攻太原。高帝自將擊之，冒頓誘漢兵，漢兵北逐之。高帝先至平城，步兵未盡到，冒頓縱精兵三十萬圍高帝于白登，七日。」冀州圖云：「古平城在白登臺南三里，有水焉。其城東西八里，南北九里。」

白道泉。郡國志云：「白道高坂有土穴出泉，即古曲謂之『飲馬長城窟』。」〔三八〕

金河水。郡國志云：「雲中郡有紫河鎮，界内有金河水，其泥色紫，故曰金河。」

街河水。水經注云：「雲中街河水，西南合桑乾河水。」〔三九〕

君子津。冀州圖云：「雲中郡南有君子津，即大河之津。」又冀州圖云：「河水西從榆林郡界入，至州西南入馬邑郡界。」

乙速狐。隋圖經云：「乙速狐，代郡之浸名也，源出馬邑郡南。」

林胡。此州即古雲中郡林胡之地，趙武靈王北破林胡、樓煩，以置此郡。

善無城。後魏善無縣，隋廢，今故城存。

桐過縣城。冀州圖云：「桐過城，在郡西五十里。漢爲縣，即中部都尉理所。〔四〇〕」

武進故城，在縣東百四十里。〔四一〕漢西部都尉理所。

班氏故城。漢爲班氏縣，地理志屬代郡。又郡國志：「俗名去留城。」今廢城存。

北學城鎮，在縣北四十里。漢右部都尉理所。〔四二〕

雲中故宮，後魏所都築之，在故城東四十里。

高柳，武周，桑乾，東安陽，道人，且如，馬城，平邑，陽原，昌平，參合，當城，柏山，永固，〔四三〕已上並漢舊縣。

紫塞長城。冀州圖云：「大同以西，紫河以東，横亘而東至碣石以來，〔四四〕綿亘千里。崔豹古今注云：「秦始皇築長城，土氣皆紫，〔四五〕故曰紫塞。」

陰山道。按冀州圖云：「雲中周迴六十里，〔四六〕北去陰山八十里，南去通漠長城百里，〔四七〕即白道川也。南北遠處三百里，近處百里，東西五百里，至良沃沙土而黑，省功多獲，每至七月乃熟。白道川當原陽鎮北，欲至山上，當路有千餘步地，土白如石灰色，遥去百里即見之，即是陰山路也。從此以西，及紫河以東，當陰山北者，唯此道通方軌。自外道皆小而失次者多。」

青坡道。冀州圖云：「青坡道自平城東南四十里西北出至紇真山，東北斜向平城西門山東出經白登山南脚一百步，仍東迴二十里，出渴鉢口，更北行六十里至陽門口，其道始達。魏聖武田于山澤，〔四八〕神女自天降，聖武與之交，後期一歲復會，生一男，即神元，留之上昇而去，神元即魏始祖也。」按入塞圖云：「從晉陽西北行百八十里至新興，又西行二百五十里至馬邑，又東北行二百五十里至平城，又直東行二百二十里至高柳城，又東行一百八十里至代郡城，又東北行一百七十里至大甯城，當涿郡懷戎縣北三百里也。從大甯西北行百里至懷荒鎮，又北行七百里至榆關，又北行二百里至松林，又北行千里方至瀚海。又一道從平城西北行五百里至雲中，又西北五十里至五原，又西北行二百五十里至沃野鎮，又西北行二百五十里至高闕，又西北行二百五十里至郎君戍，又直北三千里至燕然山，又北行千里至瀚海。自晉陽至瀚海有此路。」又冀州圖云：「引入塞三道，〔四九〕自周、秦、漢、魏以來，前後出師北伐，唯有三道：其中道正北發太原，經鴈門、馬邑、雲中，出五原塞，直向龍城，即匈奴單于十月大會祭天之所也；一道東北發向中山，經北平、漁陽向白檀、遼西，歷平岡，出盧龍塞，直向匈奴左地，即左賢王所理之處；一道西北發自隴西，經武威、張掖、酒泉、燉煌，歷伊吾塞，匈奴右地，即右賢王所理之處。

自晉陽以北，地勢漸寒，平城、馬邑凌原二丈，雲中、五原積冰四五十尺，唾出口成冰，牛凍角折，而畜牧滋繁。」

紇真山，在縣東三十里。虜語紇真，漢之言三十里。其山夏積雪霜。

廢單于都護府，秦漢時雲中郡城也。唐龍朔三年置雲中都護府。麟德元年改爲單于大都護府。東南至朔州三百五十七里。振武軍在縣城内置。〔五〇〕在長安東北三千三百五十里，〔五一〕去洛陽二千里。天寶時户二千一百。領縣一，金河，與府同置。

卷四十九校勘記

〔一〕又云始皇十三年移樓煩郡于善無縣　據譚其驤秦郡新考，秦無「樓煩郡」，治善無縣爲鴈門郡。

〔二〕建安二年又立新興郡于太原北界　按三國志卷一魏書武帝紀：建安二十年，「省雲中、定襄、五原、朔方郡，郡置一縣領其民，合以爲新興郡」。此「二」下脱「十」字。

〔三〕漢末　按元和郡縣圖志卷一四代州：「後漢末，匈奴侵邊，其地荒廢。」此宜作「後漢末」。

〔四〕唐開元户一萬五千七百七　「七百七」，萬本、庫本同，中大本作「七百七十」，按元和郡縣圖志代州作「七十七」。

〔五〕趙至至無書不讀　萬本、庫本無趙至、郝隆傳略，傅校删，蓋非樂史原文。

〔六〕天花　萬本、庫本皆無此二字。按元和郡縣圖志代州、新唐書卷三九地理志三、元豐九域志卷四、宋史卷八六地理志二代州並無，傅校删，蓋非樂史原文。

〔七〕地菜　萬本、庫本皆無此二字。按元和郡縣圖志新唐書地理志、元豐九域志、宋史地理志代州並無，傅校删，蓋非樂史原文。

〔八〕長松子　萬本、庫本皆無此三字。按元和郡縣圖志、新唐書地理志、元豐九域志、宋史地理志並無，傅校删，蓋非樂史原文。

〔九〕縣屬不改　「縣」，底本脱，萬本作「仍」。據庫本及元和郡縣圖志雁門縣序補。

〔一〇〕音主　萬本、庫本皆無此二字，傅校删。

〔一一〕在縣北三十里　「北」，庫本無，萬本據元和郡縣圖志代州改補爲「西北」，是。庫本脱誤。

〔一二〕并州長史張説　「長史」，萬本、庫本皆作「刺史」，同元和郡縣圖志代州。按舊唐書卷九七張説傳：「開元七年，檢校并州大都督府長史，兼天兵軍大使。」新唐書卷一二五張説傳同，則本刊是。

〔一三〕五鄉　萬本、庫本皆作「今五鄉」，此蓋脱「今」字。

〔一四〕音瑣　萬本、庫本皆無此二字。

〔一五〕泉側石有十二手跡　「十二」，趙一清據本書補水經滹沱水注作「二」，見王先謙合校水經注。

〔一六〕仙人山　「山」，萬本、庫本皆作「崖」。

〔一七〕枝迴山　「枝」，底本作「板」，據萬本、中大本、庫本及傅校改。

〔一八〕西南五十里　「五十」，底本作「十五」，萬本、庫本同。元和郡縣圖志代州崞縣：「東北至州五十里。」元豐九域志卷四：代州崞縣，「州西南五十里」。按唐宋代州治雁門縣，即今山西代縣，崞縣即今原平縣北崞陽鎮，東北至代州里距，正合李書、王書記載，此「十五」乃「五十」之倒誤，據以乙正。

〔一九〕崞音廓　萬本同，庫本無。

〔二〇〕孤阜山　「孤」，庫本同，萬本作「派」，嘉慶重修一統志卷一五一代州引本書同。通典卷一七九州郡九作「泒」。嘉慶重修一統志云：泰戲山爲大孤山，滹沱河之源，「『派』、『孤』字形相近，或因派而誤爲孤，亦不可知」。

〔二一〕婁水　「婁」，中大本、庫本同，萬本作「漊」。按袁珂山海經校注北山經作「漊」，珂按：「經文漊，吴寬抄本作婁。」

〔二二〕神龍已後改爲唐林縣　元和郡縣圖志代州、舊唐書卷三九地理志二、新唐書卷三九地理志二及唐會要卷七〇州縣改置上並作「唐隆元年改爲唐林縣」。

〔二三〕本代州烹煉之冶務　「煉」，底本作「銀」，據萬本、庫本改，嘉慶重修一統志代州引本書作「鍊」，同「煉」。

〔二四〕以爲甸服　「以」，底本脱，庫本同，據萬本、傅校及元和郡縣圖志卷一四雲州補。

〔二五〕周武帝平齊　「武帝」，底本無，庫本同，據萬本及元和郡縣圖志雲州補。

〔二六〕開元十八年　「十八」，新唐書地理志三同，舊唐書地理志二作「二十」，與本書雲中縣總序同。

〔二七〕西至都尖谷五十里　「都尖谷」，通典州郡九作「東尖谷」。

〔二八〕西北至蕃柵一百六十里　「蕃柵」，通典州郡九作「却蕃柵」。

〔二九〕東北至陽河曲三百四十里　「陽河曲」，通典州郡九作「陽阿谷」。

〔三〇〕自朔州北定襄城移雲州于此置　「朔州」，底本作「朔」，萬本、庫本同，中大本作「朔州」。按元和郡縣圖志雲州：「自朔州北界定襄城移於此。」舊唐書地理志二：「自朔州北定襄城移雲州於此置。」此脱「州」字，傅校補，據補。

〔三一〕開元二十年與州復置仍改爲雲中縣　「二十年」，庫本同，萬本作「十八年」。按元和郡縣圖志雲州、新唐書地理志三、本書雲州總序皆作「十八年」，舊唐書地理志二作「二十年」。

〔三二〕遣使者告于單于至天子自將兵待邊　萬本、庫本無前一「于」字，無「兵」字，皆同漢書卷六武帝紀。

〔三三〕後魏行宫在此山俗曰河頭殿也　「河」，萬本、庫本作「何」。按水經河水注：魏帝行宫，「世謂之

〔三四〕 阿計頭殿，宫城在白道嶺北阜上」。此「河頭殿」蓋爲「阿計頭殿」之訛。

〔三五〕 南北六七十步 「六」，底本脱，庫本同，據萬本及水經㶟水注補。

〔三六〕 炎熱上升 按水經㶟水注作「炎勢上升」，下文稱「熱勢」，此「熱」爲「勢」字之誤。

〔三七〕 井北百餘步有東西谷廣十許步南崖下有風穴 「餘」，底本脱；「崖」，底本作「岸」，庫本同，並據萬本及水經㶟水注補改。

〔三八〕 雖三伏亦須重裘凛冽人不敢當 庫本同，惟「敢」作「可」；萬本作「雖三伏盛暑，寒吹凌人，不可當」。按水經㶟水注作「雖三伏盛暑，猶須襲裘，寒吹凌人，不可暫停」。

〔三九〕 即古曲謂之飲馬長城窟 「古曲」，庫本同，萬本作「古樂府」。

〔四〇〕 水經注云雲中街河水西南合桑乾河水 「雲中」，萬本、庫本皆無。按水經注㶟水注記載桑乾水無「街河水」，疑此有誤。

〔四一〕 漢爲縣即中部都尉理所 按漢書卷二八地理志下，定襄郡武皋爲中部都尉治，桐過非治所，此誤。

〔四二〕 在縣東百四十里 「在縣」，底本無，庫本同，據萬本補。

〔四三〕 在縣北四十里漢右部都尉理所 「在縣」，底本無，庫本同，據萬本補。按漢邊郡都尉多至三、四，以東、南、西、北、中部爲名，唯無「右部」之稱，此誤。

〔四四〕 柏山永固 按漢無此二縣。魏書卷一〇六地形志上，代郡領永固縣，水經㶟水注：「如渾水又東南流，逕永固縣，縣以太和中，因山堂之目以氏縣也。」則永固縣爲北魏所置，此誤。

〔四四〕横亘而東至碣石以來　「以來」，萬本、庫本無，疑衍。

〔四五〕秦始皇築長城土氣皆紫　萬本、庫本作「秦漢所築長城土色皆紫」。按太平御覽卷一九二引崔豹古今注曰：「秦所築長城，土色紫，漢塞亦然。」此疑脱「漢塞亦然」四字。

〔四六〕雲中周迴六十里　「六十」，萬本、庫本作「十六」，恐非。

〔四七〕南去通漠長城百里　「通漠」，萬本同，中大本、庫本作「通漢」。按舊唐書卷二太宗紀：「貞觀三年十一月，『以并州都督李世勣爲通漢道行軍總管，兵部尚書李靖爲定襄道行軍總管，以擊突厥。』」同書卷六七李勣傳、卷一九四突厥傳上及册府元龜卷三五七、資治通鑑卷一九三皆作「通漢道」，應作「通漢」。又「長城」，萬本同，中大本作「古城」，疑誤。

〔四八〕其道始達魏聖武田于山澤　「其道始達魏聖武」，萬本、庫本同，嘉慶重修一統志卷一四六大同府引本書作「其道始於魏聖武」，未知孰是。

〔四九〕引入塞三道　「引」，萬本、庫本無，未知孰是。

〔五〇〕振武軍在縣城内置　庫本同，萬本無「縣」字，同舊唐書地理志二。

〔五一〕在長安東北三千三百五十里　「三千」，庫本同，萬本據舊唐書地理志改爲「二千」，按此「三千」爲「二千」之誤。

太平寰宇記卷之五十

河東道十一

威勝軍　大通監　平定軍　岢嵐軍　火山軍　寧化軍

威勝軍

威勝軍，理銅鞮縣。本潞州銅鞮縣地，皇朝太平興國二年四月于此建軍，仍割銅鞮、武鄉二縣來屬；至太平興國六年又割廢沁州之沁源縣以隸焉。

領縣三：銅鞮，武鄉，沁源。沁州割到。

軍境：東西二百二里。南北二百四十三里。

四至八到：東南至東京，新置軍未有里數。東至黎城縣一百五十六里。西至大通監綿上縣九十里。南至屯留縣一百四十三里。北至遼州榆社縣一百五十三里。東南至襄垣縣一百五里。西北至綿上縣一百二十五里。西南至和川縣二百三十二里。東北至遼州遼山縣二百二十里。

户：舊户屬潞州。皇朝户主四千一百七十二，客三百二十七。

風俗：同潞州。

土産：人參。貢。〔一〕

銅鞮縣，元十二鄉。本漢舊縣，以銅鞮水爲名。春秋時，晉别邑。左傳：「鄭伯如晉，晉人執諸銅鞮。」晉太康地記云：「銅鞮，故晉大夫羊舌赤邑，時號赤爲『銅鞮伯華』。」漢以爲縣，屬上黨郡。隋開皇十六年改屬沁州，大業二年省沁州，復還潞州。唐武德六年屬韓州。貞觀十七年州廢，復入潞州。

閼與城，今名烏蘇城，在縣西北二十里。史記：秦昭襄王三十八年，「秦伐韓，軍于閼與。趙王問趙奢，奢對曰：『其道遠險狹，譬猶兩鼠鬭于穴中，將勇者勝。』王乃令趙奢將，救之。大破秦軍，遂解閼與之圍。」漢高紀曰：〔二〕「韓信破代，擒代相夏説于閼與。」孟康注：「邑名，在上黨涅縣也。」

斷梁城，在縣東北三十里。下臨深壑，東西北三面阻澗，廣袤二里，俗謂之斷梁城。

銅鞮山，在縣西二十里。本名堯山，天寶六年勅改爲銅鞮山。山高一千五百五十尺。

銅鞮水。水經注云「銅鞮水，出覆釜山，經襄垣縣道」〔三〕是也。又冀州圖云「烏蘇城在縣西北二十里，有銅鞮水」是也。

故甲水城，隋開皇十八年置甲水縣，縣故城在今縣北七十里。

石梯山，在縣西南七十里。水經注云：「銅鞮西有梯山，高一千九百尺。」〔四〕

銅鞮城，在縣南一十五里。本晉銅鞮宫。上黨記云：「銅鞮有晉宫闕猶存。」子産曰：「銅鞮之宫數里。」

叔向墓，在縣東一十八里。

晉大夫羊舌伯華墓，在縣南六十里。晉太康地記云：「銅鞮，晉大夫羊舌食邑，時號曰『銅鞮伯華』，墓高一丈五尺。」

武鄉縣，東北六十里。舊八鄉，今七鄉。本漢涅氏縣地，屬上黨郡。晉始置武鄉縣，屬上黨郡。石氏分上黨涅、沾二縣置武鄉郡，縣屬焉。後魏太和十五年自故涅城移武鄉郡于南亭川。隋開皇初廢郡，縣屬潞州；十八年置韓州，縣屬焉。唐貞觀十七年廢韓州，縣歸潞州。冀州圖云：「今理，即古榆社故城也。」

侯甲山，今名護甲嶺。水經注云：「涅縣胡甲山有長嶺，〔五〕謂之胡甲嶺，劉歆遂初賦云『登侯甲而長驅』。」是此也。

涅城。冀州圖云：「涅城在縣西六十里。後魏初于此立豐州，北齊改曰戎州。後周廢之。」

禿頂山，在縣西北九十里。

石臼嶺，在縣北六十五里。

護甲水，在縣西北八十八里。

鞞山。按石勒曾于此聞鼓鞞聲，因告其母，母云：「汝作勞耳鳴，非有感也。」〔六〕山在縣東北六十里。

武鄉水，在縣西六十餘步。源出遼州平城縣南八賦嶺，西南流入榆社縣界武鄉故城下，因名武鄉水。

沁源縣，西一百五里。舊管五鄉，今五鄉。漢穀遠縣地，原屬上黨，舊縣在今縣南一百五十步沁源孤遠故城是也。按晉地記云：「穀遠，今名孤遠，即後代語訛耳。」後魏建義元年于今所置沁源縣，因沁水名之，屬義寧郡。隋開皇三年罷郡，屬晉州；十六年置沁州，縣來屬。皇朝割隸軍。

霍山，山闊，故歷于郡界太岳也，在縣西七十八里。

沁水，在縣東一里。北自綿上縣界流入。

廢沁州，本陽城郡理沁源縣，州之分域，自漢已前，歷代所屬，與潞州同。又晉侯耀武德之墟，即漢上黨郡之穀遠縣地也。按穀遠縣在今州南一百五十步沁源縣南孤遠故城是也，語音訛，故謂之孤遠耳。魏、晉因之，後魏屬義寧郡。隋開皇初置沁州，〔七〕煬帝廢州爲沁源縣，以屬上黨郡。義寧元年置義寧郡，領沁源、銅鞮、綿上，仍分沁源置和川，凡四縣。唐武德元年改爲沁州，因沁水爲名，二年分沁源置招遠縣，三年省招遠縣，六年以銅鞮屬韓州。天寶元年改沁州爲陽城郡。乾元元年復爲沁州。皇朝平僞晉，廢沁州，以沁源縣入威勝軍，綿上縣入大通監，和川縣入晉州。

大通監

大通監，治交城縣。本漢晉陽古交城之地，管東西二治烹鐵之務也，東冶在綿上縣，西冶在交城縣北山。唐天授二年隨縣移于卻波村，即今理是也。先天二年又置盧川縣，開元二年廢。〔八〕

領縣二：交城，綿上。

監境：東西一百六十里。南北一百九十里。

四至八到：東至東京。缺。南至西京九百里。西南至長安一千二百二十里。東至清源縣四十里。西至石州離石縣二百三十里。北至樓煩靜樂縣二百三十里。東南至文水縣四十五里。西南至文水縣二十五里。西北至離石縣二百二十里。東北至晉陽縣一百里。

户：皇朝户主二千七百九，客五百二十一。

風俗：同并州。

土産：鐵，柏子。出縣北狐突山南，每年採進。

交城縣，舊十二鄉，今四鄉。本漢晉陽縣地，齊于此置牧。隋開皇十六年析晉陽置交城縣，屬并州，因縣西北古交城爲名。唐天授二年，〔九〕長史王及善自山北古交城移就郤波村置。

廢盧川縣，在縣東北九十五里。唐天授二年移交城于山南平川郤波村置，開元二年以盧川縣非要衝，因廢。

交城山，在縣北一百三十五里。出磨石。

西山冶，在監西文谷内義泉社，去監六十里。此冶取狐突山鐵鑛烹鍊。

少陽山，在縣西南九十五里。山海經云：「少陽之山，酸水出焉。其上多玉，其下多赤銀。」郭璞注云：「銀之精者。」

羊腸山。郡國志云：「萬根谷山，即羊腸坂也，在縣東南五十三里。石磴縈委若羊腸，後魏于此立倉，名羊腸倉。」皇甫謐曰：「羊腸塞在龍山，即晉陽西北九十里，古西河、上郡置關于此。」隋煬帝大業四年經此幸汾陽，改名深谷嶺。今嶺上有故石墟，俗云魏太武帝避暑之所。地理志云上黨壺關亦有羊腸坂，在今潞州界，不謂此也。

萬根谷。冀州圖云：「萬根谷，即向交城道，亦羊腸道也。」

汾陽城，在縣東北九十一里。後魏曰陽谷曲城。

童子谷。隋圖經云：「在縣東六十三里。齊天保七年，有童子數人放牧，見山上巨石，遂發心建佛像，高一百一十尺。」

陽曲故城，在縣西南七十里。開皇六年改爲陽直。

狐突山，在縣西南五十五里。出鐵鉚。

汾水，西北自嵐州靜樂界流入。

文谷水，出縣西南文谷。水經云：「文谷水出大陵縣西山文谷。」按大陵縣在今文水縣北十三里大陵故城是也。發源此城，〔一〇〕東南流入文水縣界。

綿上縣，舊四鄉，今三鄉。本穀遠之地，晉省穀遠，以其地屬介休。隋開皇十六年分介休縣南界置此縣，屬沁州，取晉封介之推地爲縣名，即綿上之地也。皇朝太平興國四年割屬

本監。〔二〕

羊頭山，一名謁戾山，在縣東北五十里。沁水所出。

介山橫嶺，即之推焚身之所。

沁水，一名少水，源出縣東南二十四里覆甑山。南流入上黨。又左傳：「齊侯伐晉，戍郫邵，封少水。」即謂此。注云：「封晉尸于少水爲京觀。」即沁水也。

霍山，在縣西八十里。

平定軍

平定軍，治平定縣。本并州廣陽縣，皇朝平晉陽，以此縣先歸，乃立平定軍，仍改廣陽縣爲平定縣，并樂平縣以屬焉。

領縣二：平定，樂平。

軍境：東南二百三十里。西北一百五十里。

四至八到：圖經上未有至東、西京里數。〔三〕東至土墋嶺一百五十里，接鎮州元氏縣界。南至遼州和順縣界八十里。西至并州壽陽縣界八十里。北至鎮州平山縣界九十里。東北至娘子關，接鎮州井陘縣界九十里。東南至趙州贊皇縣界一百二十里。西南至并州壽陽縣界九十里。〔一三〕西北至并州盂縣界九十里。

户：舊户屬并州籍。皇朝管户主一千七百五十六，〔一四〕客二百三十六。

風俗：同并州。

土産：同并州。

平定縣，元五鄉。本漢上艾縣地，屬太原郡。後漢屬常山國。晉屬樂平郡。後魏改上艾縣爲石艾縣，屬樂平郡。隋開皇三年罷郡，改屬遼州。大業二年省遼州後屬并州。唐武德三年又屬遼州，今太原府樂平縣理是也；六年改屬受州。貞觀八年廢受州後屬并州。天寶元年改爲廣陽縣，因縣西南八十里廣陽故城爲名。至皇朝改爲平定。

浮山，在縣東南三十五里。〔一五〕

畢發水，〔一六〕一名阜漿水，亦名妒女泉，源出縣東北董卓壘東。今其泉初出，大如車輪，水青碧。泉傍有祠，土人祀之，婦女炫服靚妝，必興雷雨，故曰妒女泉。郡國志云：「介之推之妹也，故老傳云此泉中有神似鼈，晝伏夜遊，神出，水隨神而涌。」其水東北流入井陘界。

廢受州城，在縣西北三十里。舊名塞魚城，武德八年因故蹟築，移受州理此，貞觀八年廢。

盤石故關，在縣東北七十里。

葦澤故關，在縣東北八十里。

董卓壘，在縣東北八十里。水經注云：「畢發水經董卓壘東。」〔一七〕

妒女祠，在縣東北九十里。按唐書：「高宗將幸汾陽，狄仁傑爲支頓使，并州長史李沖玄緣道出妒女祠，俗傳有盛服車馬過者，必致風雷之異，遂徵十萬餘衆更開别道以避之。公曰：『天子行幸，千乘萬騎，風伯清塵，雨師灑道，何妒女之敢害而避之哉？』遂止其役。還，具以聞，帝歎息曰：『真大丈夫也！』」

井陘故關，在縣東八十里。即韓信破趙之所。

舊廣陽縣城，在軍東南三里。

樂平縣，南六十里。舊六鄉，今五鄉。本漢沾丁念切。〔一八〕縣，屬上黨郡。晉于此置樂平郡，〔一九〕沾縣屬焉，又别置樂平縣。〔二〇〕後魏太武帝省樂平郡及縣，孝明帝于今儀州和順縣重置樂平郡及縣。高齊移理沾城，即今縣是也。隋開皇十六年于此置遼州，縣屬焉。大業二年省遼州，以樂平屬并州。唐武德六年屬受州。貞觀八年省受州，縣改屬并州。

少山，一名河逢山，在縣西南十里。福地記云：「河逢山在樂平沾縣，高八百丈，可避兵水，此即恒山之佐命也。」

沾嶺，在縣西南三十里。〔二一〕

清漳水，出縣西南少山。山海經云：「少山，清漳水出焉。」今按清漳水出樂平，濁漳水出潞州長子縣界。

縣城，即漢沾縣城也，隋文帝更加修築。

昔陽故城，一名夕陽城，在縣東五十里。左傳曰：「晉荀吴假道于鮮虞，遂入昔陽，滅肥，以肥子歸。」七國時，趙戍于此。〔二二〕

樂平山，在縣東七十六里。即古東山皋落氏之地，漢縣因山以名。

岢嵐軍

岢嵐軍，理嵐谷縣。在樓煩郡北百里。隋大業中置岢嵐鎮，押草城川賊路。唐長壽中，李迥秀置軍。長安三年于此置嵐谷縣，神龍二年廢，〔二三〕開元十二年重置縣。今復爲軍。舊取東北岢嵐山爲軍名。岢音賀。

領縣一：嵐谷。

軍境：東西一百五十里。南北一百三十里。

四至八到：元無至東、西二京里數。〔二四〕東至雪山六十里，與朔州分界，至朔州一百六十里。北至嵐州火山軍一百六十里。東南至嵐州宜芳縣九十里。東北至朔州一百六十里。西北至嵐州定羌軍一百二十里。西南至嵐州合河縣一百七十里。

户：皇朝管户主一千三十二，〔三五〕客三百一十八。

風俗：同嵐州。

土産：同嵐州。

嵐谷縣，舊六鄉，今四鄉。舊岢嵐軍也，在宜芳縣北界，〔三六〕隋大業中置岢嵐鎮，押草城川賊路。唐長安三年分宜芳于此置嵐谷縣。神龍二年廢縣置軍。開元十一年復置縣，〔三七〕今于縣復置岢嵐軍。

岢嵐山，在縣東二里。

古長城，從東北朔州界入本縣界六十里。縣北過西九十里入嵐州合河縣界，〔三八〕即秦之長城也。

雪山，在縣東北四十里。高三十里，長六十里，嵐、朔二州分界。

岢嵐河，在縣東。水從嵐州宜芳縣走馬嶺下流出，去縣四十里，西入合河縣界。

熒臺山，地中出火，因名。熒臺上復有火井。

火山軍

火山軍，在于嵐州火山之下，皇朝平晉後置，控臨邊境，仍以火山爲名。

火山，在軍東四十里。

軍境：東西。缺。南北。缺。

四至八到：圖經上未有至二京里數。〔二九〕東至白鴿寨七十里。南至岢嵐軍一百六十里。西至黄河七里。北至雄勇鎮界二十里。西南至定羌軍界七十里。〔三〇〕西南至府州五十里。西北至黄河中心慈母灘一百里。西北至朔州界六十里。

户：皇朝户主二百五十五。

寧化軍

寧化軍，本嵐州之故軍，東北接蕃界，皇朝太平興國六年改爲寧化軍。〔三一〕

汾河上源。雪山，蘆衙尖山。已上並在軍界。

軍境：東西。缺。南北。缺。

四至八到：東至忻州界從合寨九十里。〔三二〕南至嵐州靜樂縣六十里。〔三三〕正南以西至嵐州一百二十里。北至契丹界橫嶺六十里，自嶺至朔州一百里。東南至天門關一百四十里。西南至岢嵐軍一百五十里。

户：皇朝管户主四百一十四，〔三四〕客二百八十一。

卷五十校勘記

〔一〕貢　萬本、庫本無此字。按元豐九域志卷四、宋史卷八六地理志二載，威勝軍貢絁，無人參。

〔二〕漢高紀　按本書下引韓信擒夏説于閼與及孟康注，載于漢書卷三四韓信傳，非漢書高帝紀。

〔三〕水經注云銅鞮水出覆釜山經襄垣縣道　按水經濁漳水注：銅鞮水「出銅鞮縣西北石磴山，東流與專池水合」。無此文，疑舛誤。

〔四〕水經注云銅鞮西有梯山高一千九百尺　按今本水經注無此文，疑舛誤。

〔五〕涅縣胡甲山有長嶺　按水經汾水注：侯甲水「發源祁縣胡甲山，有長坂，謂之胡甲嶺」。疑此「涅縣」爲「祁縣」之誤。

〔六〕非有感也　庫本同，萬本作「非不祥也」，同晉書卷一〇四石勒載記上，太平御覽卷五七五引十六國春秋作「無不祥也」，萬本是。

〔七〕隋開皇初置沁州　按隋書卷三〇地理志中：開皇初廢義寧郡，「十六年置沁州」。本書沁源縣叙同，此誤。

〔八〕先天二年又置盧川縣開元二年廢　按舊唐書卷三九地理志二、新唐書卷三九地理志三載，先天二年置，開元二年廢者爲靈川縣，讀史方輿紀要卷四〇、嘉慶重修一統志卷一三六太原府載同，疑此「盧」爲「靈」字之誤。下同。

〔九〕天授二年　「二年」，元和郡縣圖志卷一三太原府同，舊唐書地理志二作「元年」。

〔一〇〕發源此城　元和郡縣圖志交城縣作「文水發源此城西北」。按大陵故城在今文水縣東北，文水即今文峪河，其源應在大陵故城西北，疑此「城」下脱「西北」二字。

〔一一〕皇朝太平興國四年割屬本監　按元豐九域志卷四：「太平興國四年以交城縣置大通監，六年以沁州綿上縣隸焉。」與此不同。

〔一二〕圖經上未至東西京里數　按元豐九域志卷四平定軍：「東京一千二百里。」

〔一三〕西南至并州壽陽縣界九十里　萬本、庫本無此十二字。

〔一四〕皇朝管户主一千七百五十六　「管」，底本無，據萬本、庫本及傅校補。

〔一五〕在縣東南三十五里　「三」，底本作「二」，據萬本、庫本及元和郡縣圖志太原府改。

〔一六〕畢發水　按太平御覽卷六四引隋圖經作「滭發水」，蓋「畢」、「滭」字通。水經濁漳水注、元和郡縣圖志太原府、元豐九域志平定軍皆作「澤發水」，「畢」、「澤」字異，讀史方輿紀要卷四〇、嘉慶重修一統志卷一四九平定州皆云「澤發水一名畢發水」，不知何據。

〔一七〕畢發水經董卓壘東　按水經濁漳水注：澤發水，「出董卓壘東」。與本書上文畢發水「源出董卓壘東」相同，則此「經」爲「出」字之誤。

〔一八〕丁念切　萬本、庫本皆無此注。

〔一九〕晉于此置樂平郡　按水經清漳水注：「後漢分沾縣爲樂平郡，治沾縣。」魏書卷一〇六地理志上：「樂平郡，後漢獻帝置。」此云「晉置樂平郡」，誤。

〔二〇〕又別置樂平縣　三國志卷一一魏書管寧傳：張琔「移居上黨，并州牧高幹表除樂平令」。據三國志卷一魏書武帝紀載，建安十年，高幹領并州牧，則後漢獻帝建安時已置樂平縣，此云晉置，誤。

〔二一〕在縣西南三十里　「三」，底本作「二」，據萬本、中大本、庫本及永樂大典卷五二〇二引本書改。

〔二二〕昔陽故城至趙戍于此　按唐宋樂平縣即今山西昔陽縣，昔陽故城應在今河北晉縣西，不在昔陽縣東。左傳昭公十二年：「晉荀吴僞會齊師者，假道於鮮虞，遂入昔陽。秋八月壬午，滅肥，以肥子緜皋歸。」昭公二十二年：「荀吴略東陽，使師僞糴負甲以息於昔陽之門外，遂襲鼓，滅之，以鼓子鳶鞮歸，使涉佗守之。」漢書卷二八地理志上：鉅鹿郡下曲陽注引應劭曰：「晉荀吴滅鼓，今鼓聚昔陽亭是也。」同書地理志下：真定國肥纍，「故肥子國」。史記卷五四曹相國世家正義引括地志：「下曲陽在定州鼓城縣西五里。」按唐鼓城縣即今晉縣。史記卷四三趙世家正義引括地志：「肥纍故城在恒州槀城縣西七里，春秋時肥子國。」按唐槀城縣即今槀城縣。又水經濁漳水注：白渠枝水「東逕昔陽城南，世謂之直陽城，非也，本鼓聚矣。……十三州志曰：『今其城昔陽亭是矣。』京相璠曰：『白狄之別也。』下曲陽有鼓聚，故鼓子國也。白渠枝水又東逕曲陽城（按漢晉下曲陽，北魏改名曲陽）北。」酈氏謂昔陽城本鼓聚，以昔陽鼓聚爲一，然叙白渠枝水東流，先逕昔陽城南，後逕下曲陽北，則又是二地，昔陽在下曲陽西北，續漢書郡國志二：鉅鹿郡下曲陽「有鼓聚，故翟鼓子國。有昔陽亭。」分爲二，則與酈氏所叙河流又合。此謂樂平縣東昔陽，乃沿杜預之誤。左傳昭公十二年杜預注：「昔陽，肥國都，樂平沾縣東有昔陽城。」括地志也沿襲其誤，史記趙世家正義引括地志：「昔陽故城一名陽城，在并州樂平縣東。」

〔二三〕唐長壽中李迥秀置軍長安三年于此置嵐谷縣神龍二年廢　按本書下叙嵐谷縣沿革云「長安三年置嵐谷縣，神龍二年廢縣置軍」，舊唐書地理志二同，新唐書地理志三謂長安三年置嵐谷縣，爲岢嵐軍，神龍二年省縣。

〔二四〕元無至東西二京里數　按元豐九域志卷四岢嵐軍：「東京一千八百里。」

〔二五〕皇朝管户主一千三十二　「管」，底本無，據萬本、庫本及傅校補。

〔二六〕在宜芳縣北界　「芳」，底本作「秀」，萬本、庫本同。按新唐書地理志三：嵐谷，「長安三年析宜芳置」。輿地廣記卷一九同，則嵐谷縣原爲宜芳縣地，舊唐書地理志二：「嵐谷，舊岢嵐軍也，在宜芳縣北界。」此「秀」爲「芳」字之誤，據改。

〔二七〕開元十一年復置縣　「十一年」，舊唐書地理志二、新唐書地理志三、元和郡縣圖志卷一四嵐州、唐會要卷七〇州縣改置上皆作「十二年」，此「一」爲「二」字之誤。

〔二八〕縣北過西九十里入嵐州合河縣界　永樂大典卷五二〇四引本書同，萬本、庫本「北過」上無「縣」字，疑是。

〔二九〕圖經上未有至二京里數　按元豐九域志卷四：火山軍，「東京一千五百里」。

〔三〇〕西南至定羌軍界七十里　萬本、庫本無「界」字。

〔三一〕本嵐州之故軍東北接蕃界皇朝太平興國六年改爲寧化軍　按元豐九域志卷四：「寧化軍，太平興國四年以嵐州之固軍爲寧化縣，五年於縣置軍。」輿地廣記卷一九亦云「太平興國四年析嵐州地置寧化縣，五年於縣置軍。」宋史卷八六地理志二寧化軍領寧化縣。

〔三二〕從合寨　「從」，武經總要前集卷一七作「徒」。

〔三三〕南至嵐州靜樂縣六十里　武經總要前集卷一七：寧化軍，「南至憲州界六十里」。按憲州治靜樂縣，此疑脱「界」字。

〔三四〕皇朝管户主四百一十四　「管」，底本無，據宋版、萬本、庫本及傅校補。

太平寰宇記卷之五十一

河東道十二

蔚州　朔州

蔚州

蔚州，安邊郡。今理興唐縣。禹貢冀州之域。虞及周屬并州。周禮：「并州川曰嘔夷，浸曰淶、易。」今嘔夷在靈丘，淶、易在飛狐，皆在州境。春秋時其地屬晉，戰國時屬趙，趙襄子殺代王有其地，其後武靈王置雲中、雁門、代郡。秦亦爲代郡。漢高帝元年，項羽徙趙王歇爲代王；二年陳餘迎歇還趙，歇又立餘爲代王；三年，韓信斬餘，置代郡，領縣一十八。東魏孝靜帝又于此置北靈丘郡，周宣帝于今理置蔚州。隋大業三年罷州，置雁門郡之靈丘縣。〔一〕唐武德四年平劉武周；六年置蔚州，寄治并州陽曲縣，仍置靈丘、飛狐二縣；七年寄治代州繁畤縣；八年寄治忻州秀容之北恒州城。貞觀五年移于今理。天寶元年改爲安邊郡。至德二年九月改爲興唐郡。乾元元年置蔚州。

領縣三：興唐，靈丘，飛狐。

州境：東西。缺。南北。缺。

四至八到：南至東京。缺。南至西京一千六百三十里。南至長安二千里。東至易州山路三百二十里。〔二〕南至鎮州取秦嶺路四百九十里。西至朔州三百八十里。東南至定州取轆轤路四百九十里。西南至代州四百里。西北至朔州四百六十里。〔三〕東北至嬀州界孔嶺關一百里，從關至嬀州又一百五十里。

户：唐開元户四千八百八十七。〔四〕

風俗：同代州。

人物：馮唐。代人也。以老爲郎。

土產：熊皮，豹尾，雕翎，金，銀，大韭。後魏孝文帝以土地沃壤，慮軍食闕，山野多種大韭，肥地皆長三尺，葉廣如馬藺，〔五〕但味少甘，食之禦饑。今圖經所謂大韭多生于山野及平川是也。賦：麻，布，花斑石。〔六〕

興唐縣，郭下。本漢靈丘縣地，唐開元十二年于州東北一百四十里橫野軍子城南置安邊縣，屬蔚州。天寶元年改爲安邊郡，仍改安邊縣爲興唐縣。〔七〕梁開平二年改爲隆化縣。後唐同光初復舊。晉初改爲靈仙縣。漢初復舊。

倒刺山，在縣東七十里。又號雪山，俗傳靈仙所居，與五臺山略等。〔八〕

嘔夷河，亦曰瓠𤫊河，上槽狹，下流闊，形有似瓠𤫊，因名。

橫野軍，置在州城内。〔九〕

靈丘縣，西南一百三十里。今五鄉。本漢舊縣，屬代郡，後漢省。東魏孝靜帝重置，屬靈丘郡。隋開皇三年罷郡，縣屬蔚州。大業二年省，〔一〇〕改隸代州。隋末陷於賊。唐武德六年又置，屬蔚州。

高是山，在縣西北七十里。山海經云：「高是之山，滋水出焉。」土地記云：「鹵城東三十八里有枚迴嶺，〔一一〕北與高是山連麓接勢，通爲高是山。」

太白山，在縣南十里。山有鐘乳穴，其深不測，仰望穴中，乳如懸穗。滴瀝穴中有小水，名石井。

石銘陘嶺，在縣西北八十里。上有石銘，題言「冀州北界」，故謂之石銘陘。

隘門山，亦曰隘口，今呼爲龍門，在縣東南十五里。壁立直上，層崖刺天，有古道極險隘，後魏明元帝于此置義倉之所。

嘔夷水，一名滱水，出縣西北高是山。周禮曰「并州其川嘔夷」，謂此也。

滋水，出縣西南枚迴山。懸河五丈，湍激之聲，響動山谷，樵伐之士，咸由此渡，巨木淪湑，久乃方出，或落崖石，無不粉碎也。

祁夷水，經邑界。

射臺，在縣南一十八里。水經注云：「靈丘縣有御射臺，臺南有御射碑。」即後魏文成帝和平二年南巡于此，路左有山，高七百仞，命羣臣射之，不過半，帝乃射之，箭過其頂三十餘仞，落山南三百步，遂刻石焉。其碑現存，陰刊從臣姓名。

真谷關，在縣北七十里。

開皇長城，西自繁畤縣，經縣北七十里，東入飛狐縣界。

趙武靈王墓，在縣東三十里。

飛狐縣，東南一百里。〔一二〕一十二鄉。本漢廣昌縣地，屬代郡，後漢屬中山國。魏封樂進爲廣昌侯，即謂此，後廢。晉又屬代郡。周大象二年于五龍城復置廣昌縣，即此邑也。隋開皇三年改屬蔚州，仁壽元年改廣昌縣爲飛狐縣，因縣北飛狐口爲名。隋末陷賊。唐武德六年重置，寄理今易州遂城縣界，遥屬蔚州。貞觀五年移還今所。

倒刺山，在縣東北百二十里。出椒、大黄。〔一三〕

淶水，亦名巨馬河，今名淶水源也。

磨笄山，一名靡笄山，在縣東北一百五十里。〔一四〕史記：「趙襄子姊爲代王夫人，襄子既殺代王，迎其姊。夫人曰：『以弟慢夫，非仁也；以夫怨弟，非義也。』磨笄自刎。〔一五〕百姓憫之，爲立祠于山上。」今與嬀川郡山相連。又隋圖經云：「趙襄子登之，以觀代國，一號看山。」按代地，本北狄，姜姓之國，周末强大，在七國前稱王，以今雲中、馬邑、五原、安邊、定襄，皆爲代國之北地焉。

長城。按邢子勵記云：「飛狐界，古長城也。」

交牙城。水經注云「廣昌縣南有交牙城」，〔一六〕未詳所築，以地有交牙川爲名。

板殿城。水經注云：「廣昌縣南有古板殿城。」〔一七〕

代城。十三州志云：「古代城在飛狐界。」按盧植説異云：「初置郡時，方就板幹，夜忽自移西南五十里大澤中，〔一八〕板幹自設結葦爲九門，于是就以爲城。」

三河冶。舊置鑪鑄錢，唐至德以後廢。元和七年，宰臣李吉甫奏：「訪聞飛狐縣三河冶銅山約數十里，銅礦至多，去飛狐錢坊二十五里，兩處同用拒馬河水，以水韝銷銅，〔一九〕北方諸處，鑄錢人工絶省，所以平日三河冶置四十鑪鑄錢，舊跡猶存，事堪覆實。今但得錢本，令本道應接人夫，仍舊鼓鑄，則不三年以來，其事即立，救河東困竭之弊，成易、定援接之形，制置一成，久長獲利。」詔從之。其年六月起工，至十月置五鑪鑄錢，每歲一萬八千貫。〔二〇〕時朝廷新收易、定，河東久用鐵錢，人不堪弊，至是俱受利焉。

飛狐道，自縣北入嬀州懷戎縣界，即古飛狐口也。漢書：酈食其説漢王曰「杜白馬之津，塞飛狐之口」，此皆言一方之阨也。又晉中興書曰：「建興中，劉琨自代出飛狐口，奔于安次。」是此道也。

香山，上有古寺，在縣城中。

朔州

朔州，馬邑郡。今理鄯陽縣。禹貢冀州之域。春秋爲北狄之地。秦爲雁門郡，在漢即雁門郡之馬邑縣也。史記：「漢高帝以韓王信居太原郡，爲韓國，以備胡。信以晉陽去塞遠，請理馬邑，上許之。後爲匈奴圍，信數求救，上賜書責信。信懼，以馬邑降胡，與胡同居參合。漢將軍柴武後屠參合，以殺信。」參合，即代郡縣也。漢末大亂，匈奴侵邊，自定襄已西，雲中、雁門之間遂空。建安末，曹操北征，集荒郡之人，又立馬邑縣，屬新興郡。至晉改屬雁門郡，晉亂，其地爲猗盧所據。晉懷帝時，劉琨表以鮮卑猗盧爲大單于，封代公，徙馬邑縣，即其地也。後魏都代，地即今郡，屬畿内。至孝文帝遷洛之後，又于今州北三百八十里定襄故城置朔州，領盛樂、廣牧二郡。葛榮之亂，州郡又廢。高齊天保六年又于今州西南四十七里新城置朔州，八年仍移于馬邑城，即今城也。武成帝置北道行臺，周武帝置朔州總管。隋開皇罷總管府，大業三年罷州爲馬邑郡。唐武德四年置朔州，領鄯陽、常寧二縣，其年省常寧縣。天寶元年改爲馬邑郡。乾元元年復爲朔州。

領縣二：〔二〕鄯陽，馬邑。

州境：東西四百八十里。南北九十七里。

四至八到：南至東京。缺。南至西京一千三百五十里。西南至長安一千七百二十里。東至蔚州四百六十里。南至代州界一百四十六里。西至嵐州三百七十四里。北至單于大都護府三百五十七里。東南至代州界一百二十里。西北至單于府一百二十里。東北至故雲州二百六十里。

户：唐開元户六百三十。〔三〕

風俗：同代州。

人物：張遼，字文遠，馬邑人。爲魏征東將軍。　賀拔勝，字破胡，神武人。爲僕尉。　尉遲恭，字敬德，馬邑人。封鄂國公。　安重榮。〔三〕

土產：雕翎，肉蓯蓉，豹尾，貢。甘草。

鄯陽縣，八鄉。本漢馬邑縣，屬雁門郡，漢末荒廢。建安中又置，屬新興郡。晉又屬雁門郡，晉末又廢。高齊于此置招遠縣，屬郡不改。隋開皇三年罷郡，改隸朔州。大業元年改爲鄯陽縣。

白登山，在紇真山北十里。

武周山。冀州圖云：〔二四〕「武周山，在郡西北。東西數百里，南北五十里。山之南面千仞壁立。」

紇真山。冀州圖云：「在城東北三十里。登之望桑乾、代郡數百里内宛然，夏恒積雪，故彼人語曰：『紇真山頭凍死雀，何不飛去生處樂。』」又有神泉，人歌曰：「紇真山頭有神井，入地千尺絶骨冷。」

元姬山。後魏書云：「道武侍人姓李，善謳謌，死葬此山，魏主思之，樂府爲之曲。」其曲存焉。

紫塞河，源出州界馬邑地，一名金河，南流合桑乾河，在縣東十里。

白樓。郡國志云：「即後魏納姚女爲后，悲思故國，造此樓登望，飾以鉛粉，故名之。」

馬邑城，即今州城也。搜神記云：「昔秦人築城于武周塞内，以備胡，城將成而崩者數矣。忽有馬馳走，周旋反覆，父老異之，因依走迹以築城，城乃不崩，遂名馬邑。」

陰館城，今名下館城，地理志云陰館縣屬鴈門郡。

太平城，後魏穆帝所理。此城，冀州圖云：「太平城城上埤垣，却敵在內。郭城東西南北各十里，內有統萬所送大釜二口，各受二百石。」

新城，一名平城，即猗盧所都。

安邊縣城，唐開元十七年置縣，〔二五〕在橫野軍城內，其後移理不定。

故梁郡城。〔二六〕冀州圖云：「梁郡城在鄯陽北二十里，即尒朱榮所居。」

秀容川。按川東北接恒州，南接肆州，西限大河，北接朔州，東西六百里，南北四百餘里。

楊泉。冀州圖云：「後魏太和中，文明皇太后來幸，遂釣得鯉魚一雙，皆長三尺，以黃金爲鎖，穿鰓放于池內，後皆長五尺，其一浮天爲五色虹而去，久之而滅。〔二七〕後一在池，至孝昌元年六月，行臺元淵北伐頓此，決池取魚，鱗甲非常，而淵忍而殺之，得金二觔八兩，淵來年爲葛榮所殺。」

句注山，在縣東南八十里。

河水，在縣西南三百里。

馬邑縣，東三十里。二鄉。〔二八〕本漢縣，屬鴈門郡。自後魏末陷入虜中，唐貞觀以來，爲大同軍城，其地屬鄯陽縣理。至開元五年分鄯陽縣東三十里置大同軍，以戍邊，復于軍內置馬邑縣，徵舊名也。此邑自置有户無税，建中年閒，河東節度使馬燧權移州于馬邑縣。

桑乾河，在縣東三十里。源出于北山下。

廢單于都護府，在州西北三百五十七里。本秦、漢時雲中郡城也，唐龍朔三年置雲中都護府。麟德元年改爲單于大都護府。振武軍在城內。管金河縣一，與府同置，今竝廢。

卷五十一校勘記

〔一〕隋大業三年罷州置雁門郡之靈丘縣，庫本同，萬本作「大業三年罷州，置雁門郡，治靈丘縣」。按靈丘縣，西漢置，東漢省，北魏復置，至隋不改，此云隋大業「置雁門郡之靈丘縣」，蓋誤。隋書卷三〇地理志中：雁門郡雁門縣，「舊曰廣武，置雁門郡。開皇初郡廢，十八年改曰雁門，大業初置雁門郡」。則大業三年置雁門郡，治於雁門縣，萬本「雁門郡治靈丘縣」，亦誤。輿地廣記卷一九蔚州：「隋大業初蔚州廢，屬雁門、上谷二郡」是也。

〔二〕東至易州山路三百二十里「二十」，庫本同，萬本作「六十」，同元和郡縣圖志卷一四蔚州。

〔三〕西北至朔州四百六十里　「西北」，萬本、庫本作「西南」。按通典卷一七九州郡九：安邊郡蔚州：「西北到馬邑郡四百六里。」馬邑郡即朔州，方向與此同。

〔四〕唐開元户四千八百八十七　「七」，底本作「一」，據萬本、中大本、庫本及元和郡縣圖志蔚州改。

〔五〕葉廣如馬藺　「藺」，底本作「蘭」，庫本同，據萬本及元和郡縣圖志蔚州改。

〔六〕花斑石　萬本、庫本無此三字。按元和郡縣圖志蔚州亦不載，傅校删。

〔七〕仍改安邊縣爲興唐縣　舊唐書卷三九地理志二、新唐書卷三九地理志三、元和郡縣圖志蔚州並載，至德二年改爲興唐郡，改安邊縣爲興唐縣，此句前蓋脱「至德二年改爲興唐郡」九字。

〔八〕與五臺山略等　「等」，底本作「同」，據萬本、庫本及元和郡縣圖志蔚州改。

〔九〕置在州城内　按本書上文興唐縣序云横野軍在蔚州東北一百四十里，此云「在州城内」，又不載其遷移。

〔一〇〕大業二年省　隋書地理志中：靈丘縣，後周置蔚州，「大業初州廢」。元和郡縣圖志蔚州靈丘縣：隋開皇三年罷靈丘郡，靈丘縣屬蔚州，「大業二年省蔚州，改屬代州」。此大業二年下蓋脱「蔚州」二字。萬本、庫本脱「省蔚州」三字。

〔一一〕枚迴嶺　「枚」，萬本據元和郡縣圖志改爲「枝」。按趙一清補水經滋水注引作「枚」，嘉慶重修一統志卷一四六大同府引本書亦作「枚」。下滋水條同。

〔一三〕東南一百里　元和郡縣圖志蔚州飛狐縣：「西至州一百五十里。」按蔚州治興唐縣，即今河北蔚縣，飛狐縣即今淶源縣，西北距蔚州里數，正合李書記載，此「一百」下蓋脱「五十」二字。

〔一三〕出椒大黄　庫本同，萬本作「出佳大黄」，同水經㶟水注引魏土地記、元和郡縣圖志蔚州。

〔一四〕磨笄山一名靡笄山在縣東北一百五十里　按史記卷四三趙世家正義引括地志云：「摩笄山，一名磨笄山。」疑此「靡」爲「摩」字之誤。「東北」，底本作「東」，萬本作「北」，據史記趙世家正義引括地志、元和郡縣圖志蔚州改。

〔一五〕襄子既殺代王至磨笄自刎　按此文見於魏土地記，載於水經㶟水注、史記卷四三趙世家正義引括地志，非史記。

〔一六〕廣昌縣南有交牙城　水經滱水注：「滱水東逕嘉牙川，川有二水，南來注之。水出恒山北麓，稚川三合，逕嘉牙亭東，而北流注于滱水。水之北山，行即廣昌縣界。」按「嘉」、「交」聲之音轉，嘉牙亭當即本書交牙城，本書云云，以釋酈注之文，非酈注原文。

〔一七〕水經注云廣昌縣南有古板殿城　「水經注」，萬本、庫本皆作「水經」，趙一清引本書亦同，見王先謙合校水經注，此「注」字蓋衍。

〔一八〕夜忽自移西南五十里大澤中　「夜忽」，萬本、庫本皆無，未知是否。

〔一九〕以水鞴銷銅　「鞴」，庫本同，萬本作「斛」，同元和郡縣圖志蔚州。

〔二〇〕每歲一萬八千貫　萬本「每歲」下有「鑄成」二字，同元和郡縣圖志蔚州，當是。

〔二一〕領縣二　「領」上，萬本、庫本皆有「元」字。

〔二二〕唐開元户六百三十　「百」，萬本、庫本同，中大本作「千」。按元和郡縣圖志卷一四：朔州，「開元户三千六百五十八。」疑此有脱誤。

〔二三〕尉遲恭至安重榮　萬本、庫本不列，傅校删。按舊唐書卷六八、新唐書卷八九尉遲敬德傳並載，善陽人，非馬邑人。

〔二四〕冀州圖　原校：「按太平御覽書目有冀州圖經，今記凡舉圖經，但云圖，間亦有云圖經者，今皆仍其故。」按章宗源隋書經籍志考證：「太平御覽地部引冀州圖經曰：……寰宇記多引冀州圖，省『經』字。」

〔二五〕唐開元十七年置縣　按元和郡縣圖志蔚州、新唐書地理志三皆載開元十二年置，唐會要卷七〇州縣改置上：「字邊縣，開元十二年七月置。」此「十七年」爲「十二年七月」之脱誤。

〔二六〕故梁郡城　「梁」，底本作「武」，萬本、庫本同，嘉慶重修一統志卷一四八朔平府引本書作「梁」，本書下文引冀州圖亦作「梁郡城」，此「武」爲「梁」字之誤，據改。

〔二七〕久之而滅　萬本無此四字，庫本同，嘉慶重修一統志朔平府引本書同，蓋非樂史原文。

〔二八〕二鄉　「二」，中大本同，萬本、庫本作「三」。